KB212841

365일 가정예배

일년 성경 일독을 위한
365일 가정예배

개정 초판 1쇄	2023년 12월 13일
지은이	김기원
펴낸이	이규종
펴낸곳	엘맨출판사
등록번호	제13-1562호(1985.10.29.)
등록된곳	서울시 마포구 토정로 222
	한국출판콘텐츠센터 422-3
전화	(02) 323-4060, 6401-7004
팩스	(02) 323-6416
이메일	elman1985@hanmail.net
	www.elman.kr
ISBN	978-89-5515-100-8 03230

값 15,000 원

일 년 성경 일독을 위한

365일 가정예배

김기원 지음

하나님의 사람을 **엘맨**
만들어 가는 ELMAN

머리말

오직 말씀입니다

『1년 성경 일독을 위한 신구약 요약강해』가 만 14개월 만에 1천여 시간의 노력과 수천 시간의 기도로 완성되었습니다.

본서는 제목 그대로 가정예배와 365일 새벽 기도 시 묵상할 말씀을 아주 쉽고도 간편하게 그리고 적용 위주로 구성했습니다.

그리고 무엇보다 창세기부터 계시록까지 하나님의 의도를 찾고 말씀을 주신 목적에 부응하고자 노력한 내용들입니다. 본서를 통하여 성경 일독을 하면서 가정이 회복되고 한 사람 한 사람 심령이 회복되고 한국교회가 회복되는 놀라운 은혜가 있기를 간절히 기도하며 꼭 그리 될 줄을 확신합니다.

아무쪼록 말은 많고 말씀은 흔한 것 같지만 흔하지 않는 시대가 되어가고 본문에 충실한 설교가 점점 줄어드는 것 같은 때에 오직 말씀만이 강하게 증거 되므로 날마다 변화되고 개혁되어가는 역사가 계속 되기를 간절히 소원합니다.

본서의 출판을 위해 수고해 주신 엘맨출판사 이규종 장로님과 교정에 수고해 주신 김현미 전도사님께 그리고 무엇보다 110권 이상의 책을 낼 수 있도록 격려해 준 가족들과 문서선교 협력자들에게 감사드리며 모두가 하나님의 주권적 역사임을 진실로 고백하며 하나님께 영광 돌려 드립니다.

지은이 김기원 목사

차례

모세 5경

1. 하나님이 천지를 창조하시니라

본문 창 1:1-31 / **찬송** 95장 / **요절** 창 1:1-2

"태초에 하나님이 천지를 창조하시니라 땅이 혼돈하고 공허하며 흑암이 깊음 위에 있고 하나님의 영은 수면 위에 운행하시니라"

신앙은 올바른 신관에서 출발해야 합니다. 하나님을 하나님으로 바로 알고 믿는 것입니다.

그 이유는 첫째, 하나님은 한 분이십니다.

하나님 외에는 참 신이 없습니다. 사탄은 많고 천사도 많으나 하나님은 한 분이십니다. 한 하나님이신데 삼위가 계십니다. 성부 하나님, 성자 하나님, 성령 하나님이십니다.

둘째, 하나님은 창조주 이십니다.

우주 만물을 지으셨습니다. 사람을 지으셨습니다. 모든 것은 하나님이 지으신 피조물입니다. 창조주이시기에 전지전능하십니다. 모르시는 것 없고, 못하실 일 없습니다.

셋째, 하나님은 영원하신 분이십니다.

영원 전부터 영원토록 계시는 분이십니다. 하나님은 시작도, 끝도 없습니다. 인간은 유한하나 하나님은 무한하십니다.

넷째, 하나님은 인격이십니다.

하나님은 지·정·의를 가지고 계십니다. 성경말씀에도 "하나님이 보시기에 좋았더라" 라고 기록되어 있듯이 하나님은 보고 느끼실 수 있습니다. 친히 우주를 지으시고 지어진 것을 보시며 기뻐하셨습니다.

금년 한 해도 하나님을 더 깊이 깨닫고 더 큰 믿음을 가지시기 바랍니다.

기도 _ 창조주 하나님, 하나님께서 아버지 되심을 감사합니다. 하나님과 더욱더 깊은 교제가 있게 하옵소서.

2. 하나님이 보시기에 좋았더라

본문 창 1:1-31 / **찬송** 478장 / **요절** 창 1:31

"하나님이 지으신 그 모든 것을 보시니 보시기에 심히 좋았더라 저녁이 되고 아침이 되니 이는 여섯째 날이니"

하나님께서 자신이 친히 우주 만물과 사람을 지으시고 하나님이 보시기에 좋았더라고 했습니다. 그런데 사람을 지으시고 난 뒤에는 '심히 좋았더라'고 했습니다. 좋았더라는 것은 모든 것이 하나님이 의도하신대로 질서 있게 잘 이루어졌다는 의미입니다.

하나님은 질서의 하나님이십니다. 어지러움의 하나님이 아니십니다. 노아시대의 무질서, 소돔 고모라의 무질서, 바벨시대의 최대의 무질서 모두가 하나님의 심판의 대상이었습니다. 마귀는 질서의 파괴자입니다. 질서의 파괴는 사탄의 역사입니다. 나의 지금까지의 삶은 하나님이 보시기에 어떠했겠습니까?

하나님과의 질서, 인간과의 질서 이것이 하나님 보시기에 좋은 것입니다. 질서가 무너지면 하나님 보시기에 좋지 않습니다. 하나님은 언제나 질서를 원하십니다. 첫 시간, 첫 예물, 처음 익은 열매를 하나님은 원하십니다. 우리는 얼마나 하나님 보시기에 좋은 일을 했습니까? 하나님이 보시기에 좋은 삶을 살아드릴 각오를 합시다.

하나님을 우선으로 하고 믿음으로 순종하는 영적인 질서를 지켜야 합니다. 이웃을 사랑하고 부모공경을 먼저 하는 육적인 질서를 지켜야 합니다.

직분에 충성하고 하나님의 일을 우선하는 사명의 질서를 지키는 것이 하나님 보시기에 좋은 삶입니다. 즉 먼저 할 것과 나중에 할 것, 귀중히 여길 것과 그렇지 않은 것을 구별하여 실천하므로 주님 오실 때 칭찬 듣는 자가 되시기 바랍니다.

기도 _ 질서의 하나님, 하나님을 본받아 절제하는 삶을 살게 하옵소서. 모든 생활이 하나님 우선이 되게 하옵소서.

3. 복 주신 일곱째 날

본문 창 2:1-25 / **찬송** 21장 / **요절** 창 2:2

"하나님이 그가 하시던 일을 일곱째 날에 마치시니 그가 하시던 모든 일을 그치고 일곱째 날에 안식하시니라"

하나님이 창조사역하신 날들 중에 일곱째 날은 복주신 날입니다. 구약시대에는 안식일로 일곱째 날이었지만 신약시대 예수님의 부활 후 첫째 날이 되었습니다.

이 날은 거룩히 지켜야 복됩니다. 즉 예배드리는 것이 가장 복된 것입니다. 예수 부활의 기쁨을 누리는 날로서 영혼 구원하는 일, 영적인 영양섭취의 날이 되어야 합니다.

이 날은 하나님이 주시는 복을 받는 날입니다. 영적 건강의 복, 육적 건강의 복, 평강의 복, 성도교제의 복입니다. 그러므로 영원한 안식과 복을 사모하며 준비하는 날이어야 합니다. 지상교회는 천상교회의 그림자요 성도의 교제는 영원한 교제의 그림자 입니다. 하나님의 나라는 영원한 주의 날입니다. 영원히 복된 날입니다. 또한 영원한 복을 놓치는 행위입니다.

복을 놓치면 화가 되고 천국을 놓치면 지옥이 되는 것입니다.

하나님이 복 주신 날에 하나님과 함께 보내는 행복이 있기를 바랍니다.

기도 _ 하나님, 복을 거절하는 어리석은 자들이 되지 말게 하시고 온종일 주의 날을 거룩히 지키게 하옵소서.

4. 하나님과의 관계 실패는 모든 것의 실패다

본문 창 3:1-24 / **찬송** 46장 / **요절** 창 3:19

"네가 흙으로 돌아갈 때까지 얼굴에 땀을 흘려야 먹을 것을 먹으리니 네가 그것에서 취함을 입었음이라 너는 흙이니 흙으로 돌아갈 것이니라 하시니라"

창세기 1, 2장의 장면은 창조의 장엄함과 무죄상태의 인간의 거룩하고 행복한 모습이 나옵니다. 3장은 너무나 대조적으로 인간의 타락과 슬픈 흑암의 장막이 그려져 있습니다. 사탄이 뱀의 모습으로 등장하여 유혹합니다(3:1-5). 행복한 생활을 하는 이들에게 사탄이 나타나 금단의 과일을 따먹게 했습니다. 아담 또한 하와로부터 유혹을 받았습니다. 아담과 하와가 범죄 하게 된 것입니다(3:6). 하나님과의 계약행위를 깨뜨렸습니다. 이것은 피조물의 위치를 떠나 자신의 힘으로 살려고 한 것입니다. 죄는 하나님의 명령을 불순종하는 것이요, 계약을 파괴하는 것입니다.

범죄의 결과 창조의 조화가 깨어지고 기쁨대신 슬픔, 행복대신 불행, 자유함대신 불안이 지배하게 되었고 하나님과의 교제가 끊어지고 죽음과 고통이 세상에 들어오게 되었습니다. 하나님은 이들에게 가죽옷을 지어 입히시고 에덴동산에서 쫓아내셨습니다.

쫓겨난 아담은 930세에 죽었습니다. 그는 가인과 아벨을 낳고 130세에 셋을 낳았습니다. 여기에서 우리가 깨달아야 할 것은 죄는 하나님의 명령을 어기는 것이며 불순종하는 것이라는 사실입니다. 죄는 감출 수 없으며 반드시 심판을 받는다는 사실입니다. 그러나 하나님은 죄는 미워하시되 죄인에게는 긍휼을 베푸십니다. 하나님과의 관계 실패는 모든 것의 상실이요 실패입니다. 하나님과의 관계가 정상으로 이루어지면 모든 것이 정상이 되고 그렇지 않으면 모든 것이 다 무너지고 실패합니다. 말씀을 떠나지 말고 하나님 뜻대로 살아가는 삶이 되시길 바랍니다.

기도 _ 하나님, 우리는 하나님의 낯을 피하지 말고 함께 살게 하옵소서. 주님의 명령에 순종케 하옵소서. 유혹에 넘어지지 않게 하옵소서.

5. 인간의 첫 번째 제사

본문 창 4:1-26 / 찬송 464장 / 요절 창 4:7

"네가 선을 행하면 어찌 낯을 들지 못하겠느냐 선을 행하지 아니하면 죄가 문에 엎드려 있느니라 죄가 너를 원하나 너는 죄를 다스릴지니라"

가인과 아벨은 각각 하나님께 제사를 드렸습니다. 가인은 자기가 농사지은 것을 제물로 드렸고 아벨은 자기가 기르는 양을 제물로 드렸습니다. 창세기 1장에서 4장까지 살해의 장면이 3가지 나옵니다.

첫 번째 동물 살해는 하나님이 하셨습니다.

아담과 하와의 허물을 가리기 위해 동물을 잡아 가죽옷을 지어 주셨습니다 (창 3:21). 이것은 피흘림이 없으면 사함이 없다는 신적인 속죄의 원리입니다.

두 번째 살해는 아벨의 동물 살해입니다.

세 번째는 가인의 동생 살해입니다.

이것은 죄는 결국 죽음을 불러들이고 죄가 장성하는 모습을 볼 수 있습니다.

본문에서 하나님께서는 믿음이 없이 드리는 가인의 제물은 받지 않으셨고, 믿음으로 드리는 아벨의 제물은 받으셨습니다. 아벨은 바른 예배를 드리고 죽었고, 가인은 잘못된 예배를 드리고 살았습니다. 얼마나 모순된 세상이 되었는지 모릅니다.

우리가 하나님께 나아가는 유일한 통로는 예수 그리스도의 구속의 피인데 이것은 예수 그리스도의 십자가 죽음으로 희생제물이 되신 것을 상징하는 것입니다. 우리는 하나님이 받으시는 희생의 예배를 드릴 것인가, 하나님이 받지 아니하시는 자기 공로를 드러내는 예배를 드릴 것인가를 생각해야 합니다. 가인은 예배에 실패하여 인생 전체를 실패했습니다. 우리는 하나님이 받으시는 예배를 드려야 합니다. 예수 그리스도의 십자가 보혈을 의지하고 주님 앞에 날마다 나아가는 자들이 되시길 바랍니다.

기도 _ 예배 받으시기를 원하시는 하나님, 우리가 예배의 성공자가 되게 하옵소서. 하나님이 받으시는 신령과 진정의 예배만 드리게 하옵소서. 예수 보혈 의지하고 나아가게 하옵소서.

6. 축복의 선언
본문 창 12:1-20 / **찬송** 292장 / **요절** 창 12:2

"내가 너로 큰 민족을 이루고 네게 복을 주어 네 이름을 창대하게 하리니 너는 복이 될지라"

 창세기 12장부터 50장까지는 부족시대입니다. 하나님은 사람들을 사랑하셨음이 틀림없습니다. 그러기에 생육하고 번성하며 땅에 충만하라는 축복을 하셨습니다.

 하나님의 관심의 초점은 사람에게 맞추어져 있습니다. 그러기에 하나님은 사람을 통해서 하나님의 뜻을 이루시기를 원하십니다. 창세기는 아담부터 요셉까지 세대가 기록되어 있습니다. 1-11장까지는 창조시대인데 주로 인류의 죄에 대하여 이야기 합니다. 그러나 12-50장까지는 부족시대로서 주로 하나님의 구원계획을 나타내주고 있습니다. 그것이 12장에서 아브라함에게 주신 축복의 선언입니다. 약속된 축복은 첫째, "내가 네게 복을 주리라"는 말씀입니다. 그리고 "너는 복의 근원이 되리라"는 두 번째의 약속이며 셋째로 "땅의 모든 족속이 너로 인하여 복을 얻을 것이라"는 축복의 예언입니다.

 내가 네게 복을 준다는 말이 계속 반복됩니다. 복은 하나님만이 주십니다. 그런데 하나님은, 하나님이 주시는 복을 받은 자가 그 복을 다른 사람에게 전달하기를 원하셨습니다. 은사나 은혜는 묻어두어서는 안됩니다.

 하나님은 아브라함이 완전했기 때문에 선택하신 것은 아닙니다. 다만 그의 순종과 믿음 때문이었습니다. 그도 실수를 했고, 거짓말도 했습니다. 도덕적으로 완성된 자도 아니었습니다. 다만 하나님의 사랑을 받은 자였습니다. 하나님의 축복의 선언이 우리에게 내려진 은혜를 감사하면서 승리하시기 바랍니다.

기도 _ 복주시기를 원하시는 하나님, 우리가 하나님의 축복의 대상이 된 것을 감사합니다. 하나님의 복을 받아 나누는 저희들 되게 하옵소서.

7. 네 씨로 천하 만민이 복을 얻으리라

본문 창 22:1-19 / 찬송 528장 / 요절 창 22:17

"내가 네게 큰 복을 주고 네 씨가 크게 번성하여 하늘의 별과 같고 바닷가의 모래와 같게 하리니 네 씨가 그 대적의 성문을 차지하리라"

창세기 12장부터는 아브라함, 이삭, 야곱, 요셉에 관한 기사입니다.

12-24장은 아브라함에 관한 기사이고, 25-27장은 이삭에 관한 기사이고, 28-36장은 야곱에 관한 기사입니다. 37-50장은 요셉에 관한 기사입니다.

창세기 1장에서는 하나님의 주권을 강조합니다.

즉, "하나님이 창조하시니 하나님이 보시기에 좋았더라. 하나님이 만드시니, 하나님이 보시기에 좋았더라"

하나님의 주권을 철저히 강조합니다.

그러나 인간이 하나님의 주권에 도전하므로 사망의 선언이 내려지고 아담, 하와는 영적으로 죽게 됩니다. 그 영적 죽음이 육체적 죽음을 가져왔고, 그 결과 육체적 사망뿐 아니라 불행을 가져왔습니다. 그러나 홍수 심판이 죄를 해결할 수 없었습니다. 그 이후 하나님의 구속의 사역은 새로운 무대로 아브라함으로부터 시작이 됩니다. 이것은 행위 언약에서 실패하고 자연의 언약에서도 실패하여 인간에게 은혜의 언약이 주어지게 된 것입니다.

하나님은 일방적으로 자기 백성을 성별하시고 자기 백성에게 복을 주시려고 약속하셨습니다. 그 약속은 어떤 일이 있더라도 지켜져 왔고 진행되어 왔습니다. 그 약속의 절정과 구체적인 실권이 예수 그리스도의 출생과 십자가 죽음입니다. 예수님은 아브라함의 후손입니다. 하나님의 약속은 실현된 것입니다.

예수 그리스도로 말미암아 천하 만민이 복을 받게 된 것입니다. 우리가 하나님의 약속의 자손, 구속의 혈통이 된 것을 감사해야 합니다. 최대의 축복은 하나님의 자녀가 된 것입니다. 하나님께 진실로 감사해야 할 것입니다.

기도 _ 사랑의 하나님, 예수 그리스도를 보내주신 것을 감사합니다. 모든 것이 하나님의 절대 사랑의 주권에서 이루어진 축복인 줄 믿고 감사드립니다.

8. 유월절 어린 양
본문 출 12:12-14 / 찬송 90장 / 요절 출 12:14

"너희는 이 날을 기념하여 여호와의 절기를 삼아 영원한 규례로 대대로 지킬지니라"

출애굽기는 이스라엘 백성들이 애굽에서 나오는 과정과 홍해를 건넌 후 광야 생활, 율법선포와 성막 예배에 대한 내용입니다. 또한 창세기 이야기의 계속이며 하나님께서 어떻게 언약의 나라를 조직하셨는가를 보여줍니다.

창세기에서 예비 되었던 것이 출애굽기에서 실현됩니다. 창세기 끝 부분과 출애굽기 첫 부분과는 약 350년간의 간격이 있습니다. 출애굽기의 중심사상은 구속의 역사입니다. 하나님의 능력이 나타나고, 애굽과 홍해를 통해 구분이 되고 어린양의 피로 이스라엘은 장차 죽음을 면하게 됩니다. 그리고 애굽의 압제로부터 해방되는 데 결정적인 계기가 되었던 것은 '유월절 어린 양의 피'였습니다.

예수 그리스도는 최종적인 유월절 어린양 이십니다. 그는 하나님의 어린양으로서 세상 죄를 담당하셨습니다. 바울 역시 예수 그리스도를 우리의 유월절 어린양으로 지적하셨습니다(고전 5:7). 예수님은 유월절 기간에 돌아가셨습니다(벧전 1:18-19). 이스라엘 백성의 유월절 식사는 죄 전가의 하나님과의 사귐을 나타냅니다. 즉 하나님과 사귐으로 죄가 전가된다는 것입니다.

1-18장은 이스라엘이 종살이에서 구원받고, 19-24장은 이스라엘이 시내산에서 언약을 받고, 25-40장은 이스라엘이 예배에 필요한 성막을 허락하셨던 것입니다.

이스라엘의 속박은 바로 우리의 죄의 결과를 보여줍니다. 그리고 출애굽은 우리의 구속을 보여주는 것입니다. 성막은 구약 예배의 중심에 위치하며 성전은 단지 성막의 본을 따서 건립한 항구적인 성소입니다. 어둠과 우물로 시작하여 영광으로 끝나는 출애굽기는 예수 그리스도, 어린 양의 피의 효력과 성도의 소망을 보여줍니다. 성도는 예수 그리스도의 새 언약의 피로 속죄함 받고 영원한 구속을 받은 완전 해방의 축복을 받은 자들입니다. 주님의 구속의 은혜에 감사하시기 바랍니다.

기도 _ 사랑의 하나님, 절망과 죄 중에서 자유 주시고 소망 주시고 완전한 구속을 주신 은혜를 감사합니다.

9. 약속의 땅으로 향하는 이스라엘

본문 출 12:31-51 / **찬송** 46장 / **요절** 출 12:42

"이 밤은 그들을 애굽 땅에서 인도하여 내심으로 말미암아 여호와 앞에 지킬 것이니 이는 여호와의 밤이라 이스라엘 자손이 다 대대로 지킬 것이니라"

창세기가 시작의 책이라면 출애굽기는 조직과 탈출, 피로 인한 구속과 하나님의 능력, 새로운 국가에 대한 언약의 기원입니다.

이스라엘이라는 이름이 다섯 가지 다른 방법으로 사용이 되었습니다.

첫째, 이스라엘은 야곱에게 준 이름입니다.

둘째, 구약에서 전체 계약 백성에게 준 이름으로 이스라엘 전체의 이름입니다.

셋째, 이스라엘은 이스라엘 백성에게 준 땅의 이름입니다.

넷째, 북방족 멸망 후 남쪽에서도(유다) 이스라엘이라고 불렀습니다.

다섯째, 하나님의 백성을 이스라엘이라고 합니다.

즉 선택받은 하나님의 백성을 영적으로 이스라엘이라고 합니다. 그런데 선택받은 하나님의 백성인 이스라엘이 위기를 많이 경험합니다. 그것은 하나님이 그의 백성을 신뢰하도록 단련하시기 위한 것이었습니다. 하나님은 자기 백성을 단련하셔서 하나님을 전적으로 의지하고 믿도록 하셨고 언제나 곁에 계신다는 사실을 믿고 체험토록 했던 것입니다.

위기가 없으면 신뢰도가 약해집니다. 평소에 하나님을 의지하는 것과 위기 시에 하나님을 의지하는 강도는 엄청난 것입니다. 이스라엘 백성의 광야생활은 집도, 옷도, 먹을 것도 없는 위기생활의 연속이었습니다. 여기서 하나님은 하나님 자신을 의지하도록 단련시킨 것입니다.

사랑하는 성도 여러분, 하나님이 가장 원하시는 것은 우리가 하나님을 전적으로 의지하며 사는 것입니다. 하나님을 향한 신뢰도만 약해지지 않는다면 하나님은 우리를 절대적으로 보호하시고 지키시며 축복하실 것입니다.

기도 _ 사랑의 하나님, 항상 우리를 보호하시고 지켜주심을 감사드리며, 하나님만 의지하게 하옵소서.

10. 유월절 예식의 의미

본문 출 12:21-28 / **찬송** 261장 / **요절** 출 12:25

"너희는 여호와께서 허락하신 대로 너희에게 주시는 땅에 이를 때에 이 예식을 지킬 것이라"

하나님께서 이스라엘 백성들에게 유월절을 지키라고 하셨습니다. 이것은 이스라엘 백성들이 애굽에서 나올 때 하나님께서 애굽 백성에게 무서운 재앙을 내리셨습니다. 그러나 그것을 계기로 이스라엘 백성에게는 새로운 역사적인 의미가 주어졌습니다. 이 순간을 잊지 말고 기억하여 지키라는 것이 유월절의 유래입니다. 그리고 이 유월절 예식의 의미를 자손 대대로 전하라는 것입니다.

첫째, 유월절 예식은 예수님의 희생을 예표합니다.

애굽에서 10가지 재앙 중 마지막 재앙은 짐승으로부터 사람에 이르기까지 첫 태생을 모두 죽이는 엄청난 재앙입니다. 그러나 양의 피가 보이는 집에는 죽음의 사자가 들어가지 못했습니다. 이것은 전적으로 하나님의 은혜였습니다. 오늘날의 성찬예식도 예수 그리스도의 피 때문에 죽지 않고 살게 된 것을 기념하는 표시와 감사 감격의 예식입니다.

둘째, 유월절 예식은 구별된 백성의 표시입니다.

어린양의 피의 신비한 효력이 애굽인들에게까지 미친 것이 아니고 하나님의 선택된 백성인 이스라엘에게만 미친 것입니다. 여기에서 선택의 중요성과 감사를 깨닫게 합니다.

셋째, 유월절 예식은 하나님의 은혜를 잊지 않게 하기 위한 표시입니다.

이스라엘 백성이 애굽의 속박에서 구원받고 재앙에서 생명을 보존한 은혜를 잊어버려서는 안 되기 때문에 유월절 예식을 통해 은혜를 잊지 않도록 하기 위한 것입니다. 유월절 예식의 의미와 같은 원리인 성찬예식의 의미를 올바로 깨닫고 늘 기억하면서 감사하는 성도들이 되어야 할 것입니다.

기도 _ 사랑의 하나님, 전적으로 하나님의 사랑과 은혜로 죄악의 징벌에서 구원받은 은혜를 영원히 잊어버리지 말게 하옵소서. 예수 그리스도의 십자가 은혜를 감사하는 삶이 계속되게 하옵소서.

11. 어린 양을 취하라

본문 출 12:1-30 / 찬송 263장 / 요절 출 12:14

"너희는 이 날을 기념하여 여호와의 절기를 삼아 영원한 규례로 대대로 지킬지니라"

유월절을 위해 희생된 어린양은 예수 그리스도를 상징합니다. 그리고 양의 피를 문설주 위 개인집에 뿌리는 것은 구원의 개인성과 갈보리 산상에서 피 흘리신 주님의 십자가를 상징합니다. 피를 뿌리는 것은 예수님이 십자가에서 피를 한 방울 두 방울 흘리셨음을 의미합니다. 즉 그릇에 담긴 피가 아니라는 것입니다. 양고기를 먹는 것은 구원 얻은 백성들이 예배드리고 성도의 교제를 하며 봉사하며 말씀을 상고하는 것을 나타낸 것입니다.

유월절에 누룩을 제하는 것은 누룩은 퍼지는 역할을 하므로 죄의 상징이며, 묵은 누룩은 원죄와 전통적인 비성경적 습성을 행하는 것이기 때문입니다. 쓴 나물은 예수 그리스도의 고통과 이스라엘의 고통을 잊어버리지 말고 기억하여 감사하게 하기 위한 것입니다. 하나님의 구원계획은 차질 없이 진행되는 것입니다.

우리도 성경의 기록과 역사적 사건을 통하여 하나님의 사랑의 피인 예수 그리스도의 흘린 보혈을 보아야 합니다. 그리고 언제나 잊어버리지 않고 감사하며 그 피로 구속받은 내 영적인 생명을 유지시켜 나가야 되는 것입니다.

어린 양을 취하는 자에게는 죽음의 사자가 침범하지 못하며, 마귀의 권세가 도전하지 못합니다.

유월절은(Passover) '넘어가는'(Passed over)이라는 뜻입니다. 죽음의 사자가 넘어가는 것입니다. 우리의 심령에, 우리의 가정에 예수님의 보혈이 뿌려져 원수 마귀가 한 길로 왔다가 일곱 길로 도망가는 역사가 있기를 바랍니다.

기도 _ 사탄의 권세에서 구원해 주신 하나님, 우리의 마음이, 우리의 심령이 어린양 예수님의 보혈로 깨끗이 씻음 받고 능력 받게 하옵소서.

12. 홍해 횡단과 광야생활

본문 출 14:21-31 / **찬송** 90장 / **요절** 출 14:31

"이스라엘이 여호와께서 애굽 사람들에게 행하신 그 큰 능력을 보았으므로 백성이 여호와를 경외하며 여호와와 그의 종 모세를 믿었더라"

이스라엘 백성은 하나님의 은혜와 강권적인 역사로 홍해를 건넜습니다. 애굽의 속박으로부터 완전히 해방된 것입니다. 이스라엘 백성이 애굽에서 모두 나올 수 있었던 것은 첫째, 하나님의 강권적인 역사입니다. 둘째, 조상 대대로 내려오면서 전달된 약속의 소망입니다. 즉 젖과 꿀이 흐르는 가나안 땅의 소망입니다. 셋째, 환경입니다. 강퍅한 바로왕이 이스라엘 백성을 차별대우 하면서 힘든 일을 다 시켰고 관리들이 이스라엘 백성들을 학대했기 때문에 견딜 수가 없었던 것입니다.

바로가 마침내 그들로 하여금 애굽땅을 떠나도록 하였지만 이스라엘 족속은 곧바로 약속의 땅인 가나안에 이를 수는 없었습니다. 근처에 있는 다른 나라들과의 싸움을 피하기 위해 홍해쪽으로 가게 했습니다. 이것은 적군과의 싸움이 벌어지면 이스라엘이 애굽으로 돌아갈까 하여서 홍해를 건너 광야쪽으로 가게 하셨던 것입니다. 그리고 하나님이 홍해를 갈라지게 하시고 낮에는 구름기둥, 밤에는 불기둥으로 인도하였습니다. 이스라엘을 보내고 후회한 바로의 군대는 홍해가 합해지므로 몰살하였습니다. 이제 이스라엘은 애굽의 바로에게서 완전 자유함을 얻었습니다.

모세는 하나님의 인도하심에 감사하며 노래했습니다. 출애굽기 15:1에 "내가 여호와를 찬송하리니 그는 높고 영화로우심이요, 말과 그 탄 자를 바다에 던지셨음이로다"고 했습니다. 출애굽기 15:18에 또한 그는 "여호와의 다스리심이 영원 무궁하시도다"고 고백했습니다.

이스라엘이 홍해를 건넌 사건은 이스라엘이 미래를 소망하는 기초가 되었습니다. 광야와 같은 어려움이 있을지라도 믿음으로 끝까지 견디는 자는 하나님의 인도하심으로 소망의 땅 가나안에 도착하고야 말 것입니다. 우리는 이미 홍해를 건너 영원한 하나님의 나라로 가고 있습니다. 하나님이 다스리고 인도하심을 믿으시기 바랍니다.

기도 _ 하나님, 우리의 소망이 시들지 않게 하시고 위만 바라고 나아가는 믿음을 주시옵소서.

13. 홍해는 세례의 상징입니다.

본문 출 14:21-31 / 찬송 288장 / 요절 출 14:30

"그 날에 여호와께서 이같이 이스라엘을 애굽 사람의 손에서 구원하시매 이스라엘이 바닷가에서 애굽 사람들이 죽어 있는 것을 보았더라"

바울은 고린도전서 1:1-2에서 "우리 조상들이 다 구름아래 있었고 바다 가운데로 지나며 모세에게 속하여 다 구름과 바다에서 세례를 받고" 라고 했습니다.

1523년 루터가 만든 기도서에도 홍해 사건을 세례와 연관 지어 언급하고 있습니다. "그러므로 주님은 회개치 않은 바로와 그의 모든 사람들을 홍해에 빠져 죽게 하시고 주님의 백성 이스라엘은 홍해를 거쳐 마른 땅으로 인도하셨나이다. 그리하여 장차 이 사건이 주님의 거룩한 세례를 상징하게 하셨나이다"고 했습니다. 홍해가 이스라엘을 위하여 길을 열었고 이스라엘 즉 교회의 대적인 바로의 세력을 삼켜버렸습니다.

세례는 씻음의 표시입니다. 우리의 구원이 이루어지는 것을 출애굽 구속사건으로 보여주는 것입니다. 이것은 우리의 소망은 오직 세례를 주시는 하나님께 있으며 하나님께 두지 않으면 안 된다는 사실을 보여줍니다. 우리가 여기에서 주의할 것은 이스라엘 자손이 세례를 받았고 광야에서 만나를 받아먹었음에도 불구하고 불평하고 원망했다는 것입니다. 그래서 대부분 가나안으로 향하는 도중에 멸망당했다는 사실을 잊어서는 안 됩니다. 인내하는 자만이 모세의 노래처럼 어린양의 노래를 부를 수 있는 것입니다.

이스라엘이 홍해를 건넌 것처럼 물세례만 가지고 영원한 구원이 보장된 것은 아닙니다. 성령세례를 받아야 합니다. 등만 가지고 있는 것을 물세례 받은 것으로 의미한다면 기름을 준비한 자는 성령세례 즉 구원의 확신을 가진 자라고 말할 수 있습니다.

우리는 성령세례 받아 구원의 확신을 갖고 가나안 땅, 영원한 하나님의 나라로 향하면서 승리하시기를 바랍니다.

기도 _ 사랑의 하나님, 주님을 믿는다고 하면서 원망하고 불평하며 감사를 잊어버리지 않도록 도와주옵소서.

14. 여호와께 안식일인즉

본문 출 16:21-30 / **찬송** 540장 / **요절** 출 16:23

"모세가 그들에게 이르되 여호와께서 이같이 말씀하셨느니라 내일은 휴일이니 여호와께 거룩한 안식일이라 너희가 구울 것은 굽고 삶을 것은 삶고 그 나머지는 다 너희를 위하여 아침까지 간수하라"

하나님께서 이스라엘 백성들에게 안식일을 거룩히 지키라고 명했습니다. 그래서 만나를 주시는 과정에서 평일에는 하루분만 거두게 하시고 안식일을 위해서는 그 전날 이틀 분을 거두도록 하셨습니다. 안식일은 여호와의 날임을 강조했습니다(25절). 안식일은 보통날과 구별하신 날입니다. 그래서 이날은 하나님이 큰 복을 내려주시는 날입니다. 하나님께 거룩히 지키는 날로 주력해야 할 것입니다. 또한 안식일을 범하면 아무런 유익이 없고 하나님이 주시는 복을 받지 못합니다(26-27절). 하나님이 함께 하시지 아니하시면 집을 짓는 자의 수고가 헛됩니다. 성을 지키는 자의 경성함이 허사입니다.

안식일을 지키지 못하는 이유는 의심과 욕심 때문입니다. 안식일을 범하여 얻는 것은 아무 것도 없다는 사실을 알아야 합니다. 계산을 할 줄 아는 지혜가 필요합니다. 깨닫고 순종하는 자들은 안식일을 지켰습니다(30절). 출애굽기 20:8-11절을 보면 안식일은 하나님이 쉬시고 지키신 날이요, 계명입니다. 지키라고 명령했습니다. 안식일은 신약시대의 주일과 같습니다.

사랑하는 성도 여러분,
주일을 깨닫고 지킵시다.
여호와의 날입니다.
범하면 아무 유익이 없습니다.
하나님이 주시는 복을 놓치지 맙시다.

기도 _ 사랑의 하나님, 주의 날을 지키는 복을 주시고 열심을 주시고 주의 날을 속되게 하는 어리석음을 범치 않게 하옵소서. 깨닫고 지키는 자들이 되게 하옵소서.

15. 시내산의 하나님

본문 출 19:1-25 / **찬송** 249장 / **요절** 출 19:6

"너희가 내게 대하여 제사장 나라가 되며 거룩한 백성이 되리라 너는 이 말을 이스라엘 자손에게 전할지니라"

시내산은 여호와께서 자신을 계시하신 산입니다. "나는 너희 하나님 여호와이다"라고 말씀하셨습니다. 자신의 백성인 이스라엘과 엄숙히 언약을 체결하셨던 곳이기도 합니다. 즉 계명이 선포된 장소이며, 모세가 중개자로서 하나님과 대면하여 이야기했던 곳입니다.

이스라엘 자손들이 이 시내산 아래 장막을 쳤을 때 여호와께서는 그 산에 아무도 오르지 못하게 하고 그 지경조차도 밟지 못하도록 명령했습니다. 이것은 이곳에 하나님이 강림하실 것이기 때문에 미리 성별하신 것입니다. 그러므로 시내산은 하나님의 산입니다. 이 하나님의 산인 시내산에서 자신의 백성들에게 말씀하신 것입니다. 시내산에 대한 기록은 시편 68:8-9절에 보면 '시내산에서 땅이 진동했다'는 기록이 있습니다. 왕상 19:11이하에는 하나님께서 호렙산에서 엘리야에게 세미한 음성중에 자신을 계시하셨습니다. 그런데 이 호렙산도 역시 시내산으로 봅니다. 우리도 하나님을 만날 수 있는 성별된 시내산이 있어야 합니다. 거기서 하나님 말씀의 가르침을 받아야 하는 것입니다.

오늘날 교회는 하나님의 산, 시내산이 되어야 합니다. 하나님의 산, 교회에서 하나님의 임재를 깨닫고 하나님의 말씀을 들어야 할 것입니다. 시내산의 율법은 신약교회의 모형이며 이는 교회를 주시는 것은 하나님의 은혜입니다. 왜냐하면 율법은 하나님의 은혜에 기초하고 있기 때문입니다. 십계명의 근본 사상은 "하나님을 사랑하고 이웃을 사랑하라"는 것입니다. 하나님은 교회를 통해 하나님과 이웃을 어떻게 사랑해야 하는가를 가르칩니다. 이 시간 시내산의 하나님을 만나시기 바랍니다.

기도 _ 하나님, 내 마음이 하나님의 시내산이 되게 하시고 우리 교회가 하나님의 산이 되게 하옵소서.

16. 성막 봉헌식

본문 출 25:1-40 / 찬송 379장 / 요절 출 25:2

"이스라엘 자손에게 명령하여 내게 예물을 가져오라 하고 기쁜 마음으로 내는 자가 내게 바치는 모든 것을 너희는 받을지니라"

    살아계신 하나님은 이스라엘을 성별시키고자 그들에게 성소를 짓게 하셨습니다. 그것은 이스라엘 백성이 십계명 중에서 제1계명의 분부대로 하나님만 섬기고 다른 것은 섬기지 말아야 할 것을 구체화시킨 것입니다. 즉 하나님이 그들의 중심에 계셔서 백성들은 하나님을 섬기고, 하나님은 그 섬김을 받으면서 함께 교제하기 위한 것이었습니다. 예수 그리스도는 말씀이 육신이 되어 우리 가운데 오신 분이십니다.

    하나님은 자기 백성과 영원히 함께 거하시기를 원하십니다. 그래서 하나님은 우리와 함께 계시고, 우리는 하나님의 백성이 되는 은혜와 사랑의 교제가 이루어지게 되는 것입니다. 성막의 중심을 이루는 것은 법궤를 보관하는 지성소와 성소입니다. 이 법궤에는 율법을 새긴 동판이 들어있습니다. 지성소는 대제사장만이 매년 속죄의 날에 한 번 들어갈 수 있습니다. 그러나 성소는 다른 제사장들도 들어갈 수 있습니다.

    하나님의 은혜의 언약이 성막을 통해 실현되어가고 있는 것입니다. 성막은 하나님과의 거룩한 교제의 장소이며 하나님의 영광이 임하는 예배의 장소입니다. 하나님은 자기 백성 중에 거하시는 것입니다. 우리는 우리와 교제를 원하시는 하나님 앞에 거룩한 백성으로서의 삶을 유지하며 하나님과 영적인 교제를 이루고 삶의 동반자가 되어야 할 것입니다.

기도 _ 위대하신 하나님, 거룩하신 하나님이 우리 아버지가 되시고 우리 가운데 거하심을 감사드립니다. 늘 하나님과의 교제가 이루어지는 삶이 되게 하옵소서.

17. 거룩한 백성을 위한 율법

본문 레 1:1-17 / **찬송** 320장 / **요절** 레 1:2

"이스라엘 자손에게 말하여 이르라 너희 중에 누구든지 여호와께 예물을 드리려거든 가축 중에서 소나 양으로 예물을 드릴지니라"

레위기는 레위인(제사장)에서 나온 것이며 백성의 생활에 대해 교훈하신 것입니다. 출애굽기는 주로 하나님이 백성에게는 허락하지 않은 산에서 모세를 통해 말씀하시는 내용입니다. 그러나 레위기에서는 백성 중에 함께 거하시는 성막에서 말씀하셨습니다. 창세기는 범죄로 인한 인간의 타락을 볼 수 있습니다. 출애굽기에서는 보혈과 하나님의 능력에 의한 구속과 구원을 나타내셨습니다. 그리고 레위기에서는 속죄를 근거로 한 예배와 친교를 볼 수 있습니다.

또한 창세기는 인류의 기원을, 출애굽기는 선민의 구원을, 레위기는 선민의 생활을, 민수기는 선민의 시험을, 신명기는 선민에게 재확인시키는 내용입니다.

레위기 1-17장은 희생 제사제도입니다. 하나님께 나아가는 방법 제사입니다. 18-27장은 구원받은 백성들의 생활에 관한 법으로서 하나님과 동행하는 삶을 설명하고 있습니다. 레위기의 5대 제사와 8가지 절기는 거룩한 백성이 하나님과 교제하는 것을 나타냅니다. 레위기에는 '하나님께서 명하셨다, 하나님께서 말씀하셨다'라는 말이 56회 반복됩니다. 그리고 '나는 여호와다'라는 말이 47회, '거룩'이라는 단어가 87회, '속죄'가 45회 정도 반복됩니다.

기독교는 구속의 종교입니다. 이스라엘 백성이 악이 존재하는 세계에 살면서 악을 멸할 수 있는 비결을 하나님으로부터 훈련받았습니다. 우리도 하나님의 백성이지만 악이 존재하는 세상에 삽니다. 그러나 하나님과 동행하며 말씀에 순종함으로써 악을 이길 수 있습니다.

기도 _ 사랑의 하나님, 하나님의 백성인 우리가 거룩한 삶을 살 수 있도록 도와주시옵소서.

18. 여호와께서 마련해 주신 제사

본문 레 2:1-16 / **찬송** 90장 / **요절** 레 2:1

"누구든지 소제의 예물을 여호와께 드리려거든 고운 가루로 예물을 삼아 그 위에 기름을 붓고 또 그 위에 유향을 놓아"

죄는 용서받을 수 있습니다. 그러나 죄의 대가를 치루어야 한다는 것입니다. 죄는 해결되어야 합니다. 속죄는 사죄를 선포해야 합니다. 하나님과의 친목은 깨끗해야 합니다. 죄는 씻어야 합니다.

하나님은 역사를 통해서 용서의 하나님이심을 나타내시고 예수 그리스도를 받을 만하도록 오래 준비하셨습니다. 예수 그리스도의 오심은 새로운 사건이 아닌 준비된 사건입니다. 속죄는 속죄가 목적이지 방법이 목적이 아닙니다. 제사를 드릴 때마다 기억할 것은 동물이 죽었지 사람이 죽지 않았다는 것입니다. 이것은 히브리인 자신의 생명을 드린다는 의식입니다. 그러므로 희생양은 사온 것이 아닌 자기가 키운 양을 칼로 찌르고 죽입니다. 죄가 이렇게 무섭다는 것을 보여주었던 것입니다.

번제는 그리스도께서 세상을 위해 복종하신 것을 의미합니다. 자발적인 복종입니다. 그러므로 번제는 그리스도의 고난과 죽음을 나타내고 있는 것입니다. 소제는 유일하게 피 없이 드리는 제사입니다. 소산물을 하나님께 헌납하는 것입니다. 성도의 매일의 삶이 그리스도와 동행해야 함을 나타냅니다. 화목제는 하나님과의 친교를 나타냅니다. 속죄제는 하나님께 대한 죄를 사함받기 위해 드리는 제사입니다. 속건제는 사람이나 성물에 대하여 범죄한 것을 사함받기 위해 드리는 제사입니다.

하나님은 이스라엘의 수준까지 낮아지심으로 이스라엘이 이해할 수 있는 언어로 말씀하시고 방법을 제시하심으로 속죄의 필요성과 사죄받은 기쁨을 체험케 했던 것입니다. 우리는 예배를 통하여, 하나님과의 영적인 교제를 통하여 말씀의 훈계를 지키고 생활하므로 거룩한 백성의 삶을 살아야 할 것입니다.

기도 _ 사랑의 하나님, 하나님의 자녀인 우리가 하나님의 뜻에 맞게 살게 하옵소서.

19. 정결 음식과 부정한 음식

본문 레 11:1-28 / 찬송 88장 / 요절 레 11:24

"이런 것은 너희를 부정하게 하나니 누구든지 이것들의 주검을 만지면 저녁까지 부정할 것이며"

레위기 11장은 정결한 짐승과 부정한 짐승에 관한 규례의 말씀입니다. 일반적으로 동물들 중에서 땅에 기어 다니는 것을 부정한 것으로 분류하고 있습니다. 모양이 뱀처럼 생긴 것은 부정한 것으로 간주되고 있습니다. 새김질을 하지 않는 짐승들이나 비늘이 없는 생선, 새 중에서도 사나운 것과 보기에 흉측한 것은 다 먹지 못하게 되어 있습니다.

하늘을 쳐다보고 앞을 보고 나아가는 짐승이나 고기종류는 먹을 수 있고 땅에서 기어 다니거나 땅속에 있거나 땅으로만 향하는 것은 먹지 못하게 되어 있습니다. 이것은 인간은 하나님만 바라보고 위엣 것을 찾고 살아가야 한다는 진리이고 또 그래야만 산다는 것을 가르치고 있습니다.

하나님은 하나님의 수준으로 인간을 가르치시지 않고 인간수준으로 내려오셔서 가르치셨습니다. 레위기는 이스라엘이 거룩한 백성으로서 구별되게 살아야 함을 강조하면서 부정한 것과 정결한 것을 분별할 줄 알아야 함을 교훈하셨습니다. 다시 말해서 하나님은 실제적인 상황과 여건 속에서 교훈해 주셨습니다. 이미 노아시대에 정결한 동물과 부정한 동물을 구별했습니다. 뿐만 아니라 그 당시의 위생환경은 허술했습니다. 그러므로 위생상으로도 타당한 근거가 있는 것입니다.

12장, 13장, 14장, 15장도 성결에 관한 규례를 말합니다. 하나님의 백성은 이방 사람과 다릅니다. 그러므로 먹는 것도, 몸도 구별하여 거룩하게 잘 다스려야 합니다. 사람은 태어날 때부터 부정한 존재이기에 해산한 후에 즉시 속건제를 드려야 했습니다. 그러나 하나님의 은혜로 거룩한 백성이 되었으니 거룩하게 살아야 하는 것입니다.

기도 _ 은혜의 하나님, 모든 면에서 이방 사람과는 다른 삶의 자세로 자신을 거룩하게 할 수 있도록 도와주시옵소서.

20. 오직 피를 통한 대속죄

본문 레 16:1-34 / **찬송** 154장 / **요절** 레 16:34

"이는 너희가 영원히 지킬 규례라 이스라엘 자손의 모든 죄를 위하여 일 년에 한 번 속죄할 것이니라 아론이 여호와께서 모세에게 명령하신 대로 행하니라"

피흘림이 없으면 사함이 없고, 사함이 없이는 구원이 없습니다. 죄인의 피는 속죄할 수 없습니다. 그리스도께서 우리를 구속하시고 정결케 하신 사실은 대속죄일을 통하여 분명히 나타나 있습니다.

대속죄일은 1년에 한 번씩 대제사장이 속죄를 위하여 지성소에 들어갑니다. 대제사장은 자기 자신과 온 집뿐 아니라 이스라엘 회중들을 위하여 행하는 것입니다. 자신과 가족들을 위해서는 제사장 직분에 헌신할 때 했던 것처럼 어린 수소를 속건제로 드립니다. 그리고 수양을 번제로 드립니다. 하지만 이 때에는 대제사장의 모든 의복과 장식들을 갖추지 않습니다. 속죄일이므로 제사장은 속옷만 입었습니다. 백성들을 위하여서는 염소 두 마리를 속건제로 드리고 숫양을 번제로 드렸습니다. 제사장은 먼저 제사장 자신과 그의 집을 위해 제사를 드렸다는 사실을 명심해야 합니다.

대제사장이 수송아지의 피를 가지고 성막에 들어가 분향단에서 불을 가져다가 향품을 태워 향기로운 냄새를 피웁니다. 그리고 나서 분향하는 연기가 가득한 중에 지성소를 들어가 언약궤 앞에 피를 뿌립니다. 하나님은 예수 그리스도의 피흘림을 통해 인류의 죄를 사하시고 구원하시기 위한 계획을 여러 의식들을 통하여 차질 없이 진행시켜 왔습니다.

짐승의 피는 인간을 구원할 수 없습니다. 짐승의 피는 그 피를 보고 죄의 잔인성과 예수의 피를 깨닫게 하는 하나의 방법일 뿐입니다. 예수님은 이 땅에 보냄받은 하나님의 어린 양입니다.

"그가 찔림은 우리의 허물을 인함이요 그가 상함은 우리의 죄악을 인함이라 그가 징계를 받으므로 우리가 평화를 누리고 그가 채찍에 맞으므로 우리가 나음을 입었도다."

기도 _ 구속의 하나님, 보혈의 피로 우리를 속량해 주심을 감사합니다. 복음을 만민에게 전하게 하옵소서.

21. 선민의 절기

본문 레 23:1-25 / 찬송 545장 / 요절 레 23:24-25

"이스라엘 자손에게 말하여 이르라 일곱째 달 곧 그 달 첫 날은 너희에게 쉬는 날이 될지니 이는 나팔을 불어 기념할 날이요 성회라 어떤 노동도 하지 말고 여호와께 화제를 드릴지니라"

　레위기에 나타난 일상생활 중에 성결법과 계명들은 모두 구속적 사역에 근거를 두고 있습니다. 성결의 율법은 반복이 됩니다. 우리는 한번의 회개로 천사가 되는 것이 아닙니다. 우리가 살아가면서 짓는 자범죄는 날마다 회개해야 합니다. 레위기 18장 이하의 내용은 ① 18장은 성적 부도덕을 금한 규례이고 ② 19장은 사회질서에 관한 규례 ③ 20장은 불순종에 대한 형벌 ④ 21장은 제사장들의 성결에 관한 규례 ⑤ 22장은 제물의 성결에 관한 규례입니다. 그리고 23장부터는 절기에 관한 규례가 나옵니다. 절기 역시 성결에 근거한 것입니다. **첫째, 안식일은 한 주일의 이레 되는 날입니다. 둘째, 유월절은 첫 곡식 단을 추수하는 날입니다.** 일명 무교절이라고도 합니다. **셋째, 오순절은 유월절로부터 일곱 주간이 지나고 오십 일째 되는 날입니다. 넷째, 나팔절은 제 7월(약 10월쯤)의 첫날입니다.** 제 7월에는 장막절뿐 아니라 대속죄일도 끼어 있습니다. 나팔소리는 여호와의 위엄과 거룩함을 상기시키는 소리입니다. 심판의 신호가 되기도 합니다. 나중에 이날은 신년의 첫날이 되었습니다. **다섯째, 대속죄일은 백성들이 스스로 근신하는 날입니다. 여섯째, 장막절은 장막생활을 했던 광야의 생활을 기념하는 절기입니다.** 칠일 동안 계속되며 그 때는 열매를 다 거두고 기쁨이 충만한 시기입니다. 그러므로 장막절은 유대인의 절기 가운데 가장 큰 절기이며 수많은 무리를 이 종려나무 가지를 손에 들고 행진합니다. 그뿐 아니라 이스라엘은 안식년과 희년을 지켰습니다. 매 7년마다 땅은 휴경하고 종들은 자유를 얻습니다. 희년은 매 50년마다 인데 역시 땅은 휴경하고 안식년과 희년은 여호와의 자비로운 명령입니다(사 61:1-2). 하나님은 자비의 하나님이십니다. 메시아는 희년을 가지고 이 땅에 오셨습니다. 영원한 안식의 그림자입니다.

기도 _ 사랑의 하나님, 거룩한 백성이 하나님의 은혜를 감사하며 하나님이 이루신 영원한 안식을 소망하며 감사케 하옵소서.

22. 순종에 대한 축복과 불순종에 대한 징벌

본문 레 26:1-22 / **찬송** 320장 / **요절** 레 26:21

"너희가 나를 거슬러 내게 청종하지 아니할진대 내가 너희의 죄대로 너희에게 일곱 배나 더 재앙을 내릴 것이라"

26장은 레위기의 결론부분에 해당됩니다. 하나님의 율법 순종 여부에 따라 개인과 국가의 운명이 결정됩니다. 그리고 이 약속은 이스라엘의 역사 속에 계속 실천되어 왔습니다. 말씀에 대한 순종은 영과 육의 축복이 주어지며 믿음의 수준과 신, 불신의 증거가 됩니다. 14절부터 불순종에 대한 저주가 기록되어 있습니다. 영적인 저주는 물론이고 재앙, 병, 농토, 여러 분야에까지 저주가 미칩니다.

이스라엘은 생명의 길과 사망의 길 사이에서 자유롭게 선택할 수 있었습니다. 그러나 선택의 결과에 대해 책임을 져야 했습니다. 하나님은 순종의 결과와 불순종의 결과를 통하여 자신이 하나님 되심을 증거하려고 하셨습니다. 그리고 하나님이 이스라엘 가운데 함께 하심을 믿게 하셨던 것입니다(26:12-13).

구약의 모든 선지서는 언약의 축복과 진노에 관한 주제를 다루고 있습니다. 그 주제가 더욱더 발전되고 구체화되어 율법과 선지서는 통일되고 신약의 요한계시록에 언급된 일곱 대접의 재앙에서도(26:18-19) 율법과 선지서의 사상이 그대로 반영되고 있습니다. 성경은 우리가 생각하는 그 이상으로 통일성이 있습니다.

이 세상의 그 어떤 것도 우연은 없습니다. 순종하면 축복을 받지만 불순종하면 저주가 필연적입니다. 순종 없이 축복을 기다린다든지 불순종하면서 무사하기를 기대한다는 것은 어리석은 일입니다.

여러분의 오늘은 어제의 결과요, 여러분의 내일은 오늘의 결과가 될 것입니다. 기도하고 결단하여 실천해야 합니다. 하나님은 여러분에게 축복주시기를 한없이 원하십니다.

기도 _ 사랑의 하나님, 우리의 거역하는 본성을 성령의 불로 태워주셔서 온전한 순종이 있게 하옵소서.

23. 서원과 십일조에 관한 규례

본문 레 27:1-34 / **찬송** 325장 / **요절** 레 27:2

"이스라엘 자손에게 말하여 이르라 만일 어떤 사람이 사람의 값을 여호와께 드리기로 분명히 서원하였으면 너는 그 값을 정할지니"

여호와께서 시내산에서 이스라엘 자손을 위하여 모세에게 명하신 계명 중에 서원과 십일조에 관한 규례가 있습니다. 레위기 마지막 장은 하나님이 명하신 규례를 지킬 것과 특별히 서원과 십일조에 대해 언급하고 있습니다.

1-25절은 서원에 관하여, 26-29절은 여호와께 바쳐진 예물에 관하여, 30-33절은 십일조에 관하여 쓰여진 규례입니다.

사람이나 생축이나 가옥, 토지 등을 자원하는 심령으로 여호와께 바치고자 할 때 요구되는 각종 율례입니다. 서원은 자원으로 하는 것이나 일단 하고 나면 하나님의 영광을 위하여 반드시 실천해야 합니다. 자신에게 해가 될지라도 실천해야 합니다. 즉 생축의 첫 새끼나 십일조 등은 서원물이 될 수 없습니다. 또한 부정한 짐승 역시 서원물로 불가능합니다. 이는 하나님의 것을 가지고 서원물로 사용해서는 안 된다는 것입니다. 그리고 십일조는 하나님의 것이라고 못을 박습니다. 십일조가 여호와의 것이라는 말은 땅과 모든 것은 하나님의 창조의 산물이라는 사실을 강조하는 것입니다.

인간의 모든 삶은 하나님께로부터 출발하고 하나님께로 나아가며 하나님과 교제하는 생활이어야 함을 강조하는 것입니다. 너희는 먼저 그의 나라와 그의 의를 구하라고 했습니다. 언제나 하나님을 우선으로 하는 생활, 즉 하나님을 최고로 사랑하는 생활이어야 합니다.

하나님을 진정으로 사랑하십니까? 하나님을 우선으로 하는 삶입니까? 하나님의 은혜와 사랑에 너무나 감사하여 하나님께 헌신하기를 서원할 마음이 생기지 않습니까?

하나님으로 인하여 기뻐하며 즐거워하는 삶, 그것이 우리 모두의 삶이 되기를 바랍니다.

기도 _ 사랑의 하나님, 사랑과 은혜를 감사드리며 하나님을 진정으로 사랑하며 하나님을 우선하는 삶이 되게 하옵소서.

24. 첫 번째 인구조사
본문 민 1:1-19 / **찬송** 597장 / **요절** 민 1:19

"여호와께서 모세에게 명령하신 대로 그가 시내 광야에서 그들을 계수하였더라"

  민수기 1-12장은 여행에 대한 준비 내용이고, 13-24장은 광야에서 방황하는 내용이며, 25-36장은 가나안으로의 진군하는 내용입니다.

  이스라엘의 광야에서의 생활은 무의미하고 목표가 없는 방황이 아니었습니다. 가나안이란 분명한 목적지가 있는 생활이었습니다. 약속의 땅을 얻기 위해 두 차례의 인구조사가 실시되었습니다. 첫 번째 인구조사는 광야 행군의 효율성과 각종 전투의 군대조직 편성을 위한 기초 작업이었고, 두 번째 인구조사는 약속의 땅, 정복전쟁의 수행과 땅 분배를 위한 것이었습니다.

  민수기는 숫자를 나타내는 말로 인구조사란 말에 근거하여 번역된 이름이지만 사실 민수기에는 '원망한다'는 말이 많이 등장합니다. 그러므로 광야에서의 '원망의 책'이라고도 할 수 있습니다. 그러나 이런 원망 속에서도 하나님의 인내를 볼 수 있습니다.

  1장에서 계수한 인구는 레위 지파와 여자와 아이들을 제외하고 603, 550명이었습니다. 그러므로 그 당시 이스라엘의 인구가 적어도 약 2백만 명은 훨씬 넘었을 것이라 추산됩니다. 애굽에 들어갈 때 70여명이었던 식구들이 2백만 명 이상으로 번창한 것입니다.

  여기에서 우리가 깨달은 것은 하나님은 한 사람 한 사람을 중요하게 여기십니다. 하나님은 혼돈의 하나님이 아니시고 질서를 좋아하십니다. 하나님은 한 사람 한 사람에 대해 관심을 가지십니다. 예수님은 청중에게만 전도한 것이 아니라 사마리아 수가성 여인 한 사람, 삭개오 한사람에게도 지극한 관심을 가지셨습니다.

  우리는 천국 백성의 숫자에 포함된 자들이 되어야겠습니다. 항상 가나안의 소망을 품고 전진해야 할 것입니다. 우리는 끝까지 인내하시며 우리를 사랑하시는 하나님께 늘 감사해야 할 것입니다.

기도 _ 전지전능하신 하나님, 변함없는 하나님의 사랑과 세밀하신 하나님의 관심에 감사드립니다. 천국 백성의 반열에 참여하는 우리들이 되게 하옵소서.

25. 레위 족속과 초태생 성별

본문 민 3:1-20 / 찬송 342장 / 요절 민 3:12

"보라 내가 이스라엘 자손 중에서 레위인을 택하여 이스라엘 자손 중에 태를 열어 태어난 모든 맏이를 대신하게 하였은즉 레위인은 내 것이라"

레위 족속과 제사장들이 영광스러운 자리를 차지하고 있습니다. 제사장들은 거룩한 장막 안에서 봉사하고 아론의 후손이 아닌 레위 족속들은 그 장막과 모든 기구들을 운반하는 일을 해야 했습니다. 그리고 계수할 때도 레위 족속은 따로 계수되는 것을 봅니다. 그 이유는 이스라엘이 애굽을 떠날 때 여호와께서 자기를 위하여 이스라엘의 처음 난 남자들을 보존하셨기 때문입니다. 이것은 처음 난 남자들은 모두 성막에서 봉사해야 했기 때문입니다. 그러나 나중에 레위 지파가 처음 난 자들의 위치를 차지하게 되었습니다. 레위 지파를 구별하기 전에는 처음 난 남자들이 봉사했다는 것입니다.

하나님은 레위 족속의 위치 배치나 모든 제도가 여호와 중심으로 살라는 사실을 강조합니다. 이는 하나님이 우리 가운데 계시다는 믿음을 주기 위해서인 것입니다. 우리의 삶은 하나님 중심으로 하나님이 우리와 함께 계심을 철저히 믿어야 합니다.

요한계시록 21:3에 "보라 하나님의 장막이 사람들과 함께 있으매 하나님이 저희와 함께 거하시리니"라고 했습니다. 하나님은 각 지파 진영의 배열에서 하나님이 우리와 함께 계신다는 사실을 발견할 수 있습니다. 레위 족속과 제사장들이 영광스러운 자리를 차지하고 있는 것은 하나님의 거룩한 장막에서 봉사하는 일이 영광스러운 일임을 강조하는 것입니다.

우리는 언제나 하나님 중심, 성경 중심, 교회 중심의 생활을 해야 합니다. 하나님을 우선으로 하는 삶 그리고 우리가 하나님의 일을 하는 것이 가장 복되고 영광스러운 일이라는 사실을 알아야겠습니다. 하나님께서 남다르게 구별해 주신 복된 하나님의 자녀의 위치를 주신 것에 감사하시기 바랍니다.

기도 _ 하나님, 우리는 세상중심, 내 중심으로 살았음을 회개합니다. 자신의 신분을 의식하며 감사하고 하나님 중심으로 살게 하옵소서.

26. 나실인이 되려거든

본문 민 6:1-27 / 찬송 403장 / 요절 민 6:8

"자기의 몸을 구별하는 모든 날 동안 그는 여호와께 거룩한 자니라"

나실인은 '구별된 자'를 의미합니다. 명령적인 것이 아니고 자발적인 것으로 나실인은

첫째, 독주를 마셔서는 안 됩니다.

이는 육적 본능의 억제를 말합니다. 머리를 잘라서도 안 되며 시체를 가까이 해서도 안 됩니다. 그 당시에는 시체를 가까이 하는 것을 부정하게 보았습니다.

둘째, 나실인은 일정기간 나실인이 있고 평생토록 나실인으로 사는 경우가 있습니다.

이는 하나님께 구별되게 헌신하는 의미입니다. 예수님은 이 땅에 오셔서 흠없는 희생양으로 자신을 철저히 드린 나실인이십니다.

우리 성도는 신령한 의미에서 나실인입니다. 신앙생활은 몸으로 하는 것이지 하나의 사고나 사상의 범주가 아닙니다. 삶 자체를 구별되게 드려야 합니다. 먹는 것이 다르고, 앉는 장소가 다르고, 사는 방법이 달라야 합니다. 우리 몸은 성령이 계시는 거룩한 전이기에 깨끗해야 하는 것입니다.

머리를 깎지 않는 것은 제사장들이 머리를 깎지 않았기 때문인데 머리는 가장 중요한 부분으로 하나님의 인도만 받고 하나님이 주시는 힘으로 살아가라는 의미입니다. 그래서 축복기도할 때 머리에 손을 얹고 하는 것입니다.

우리는 하나님 앞에 나실인으로 이 생명 다하도록 충성하여 하나님의 영광을 위해 우리의 몸과 마음을 다 바쳐야 하겠습니다.

기도 _ 사랑의 하나님, 하나님의 영광을 위해 우리의 몸과 마음을 다 바치게 하옵소서.

27. 제사장의 축복기도

본문 민 6:22-27 / **찬송** 302장 / **요절** 민 6:26

"여호와는 그 얼굴을 네게로 향하여 드사 평강 주시기를 원하노라 할지니라 하라"

제사장의 축복기도는 사람에게 베풀어 주신 하나님의 선물입니다. 제사장은 축복을 주는 자가 아니라 복을 빌어주는 자입니다. 즉 복을 빌어주는 거룩한 특권이 있는 것입니다.

축복이란 저주를 뒤집어 놓은 것입니다. 축복은 하나님이 주십니다. 그 누구도 복을 줄 수는 없습니다. 하나님이 우리에게 복을 주시는 경로는 말씀을 통하여 주십니다. 즉 말씀순종 여부에 따라 주십니다. 구원은 무조건적인 은혜로 받지만 축복은 순종여부에 달려 있는 것입니다.

축복은 받아야 합니다. 그 목적은 전도의 문을 열기 위함입니다. 축복받지 아니하면 전도의 문이 열리기 힘들고 전도하기도 어렵습니다. 하나님의 말씀을 소홀히 하면 하나님은 우리를 지켜주시지 않습니다. 하나님이 지켜주시면 그 속에는 모든 것이 다 있습니다. 다른 신을 섬긴다면 하나님은 축복하시지 않습니다. 이사야 1:15에 "너희가 손을 펼 때에 내가 눈을 가리우고 너희가 많이 기도할지라도 내가 듣지 아니하리니" 라는 말씀이 있습니다. 성수주일과 십일조는 축복받을 기본 행위입니다. 하나님께 감사가 인색하면 축복주시지 않습니다. 하나님이 쓰시는 하나님의 사자를 사랑하지 아니하면 축복하시지 않습니다.

하나님은 모든 좋은 것의 원천입니다. 우리는 하나님의 축복을 기다려야 합니다. 축복을 막고 있는 행위가 무엇인지 반성해야 합니다. 오늘도 하나님의 축복이 충만하시기를 바랍니다.

기도 _ 복 주시기를 원하시는 하나님, 감사에 인색하지 않게 하시고, 하나님이 쓰시는 하나님의 사자를 사랑하게 하옵소서.

28. 구름기둥 불기둥의 인도

본문 민 9:1-23 / **찬송** 570장 / **요절** 민 9:23

"곧 그들이 여호와의 명령을 따라 진을 치며 여호와의 명령을 따라 행진하고 또 모세를 통하여 이르신 여호와의 명령을 따라 여호와의 직임을 지켰더라"

이스라엘 백성들이 전체적으로 순종한 것 두 가지가 있습니다. 이는 유월절을 다 지켜 행하였고(5절), 구름기둥 불기둥의 인도대로 다 따랐습니다. 한사람도 낙오자가 없었습니다. 오래 머물고 싶어도 갔고, 가고 싶어도 구름기둥 불기둥이 움직이지 아니하면 그대로 있었습니다. 이스라엘이 길을 떠나야 할 때마다 여호와께서 친히 어떤 징조를 보여주셨습니다.

이스라엘의 광야생활은 지상의 전투적 교회의 그림자입니다. 그러므로 일명 광야교회라고도 합니다. 영원한 가나안으로 나아가고 있는 전투적 교회는 하나님의 절대적 주권 앞에 순종해야 합니다. 성령의 인도를 따라야 하는 것입니다. 전 교우가 교회의 방침에 순종해야 하며, 주일을 성수하고 주님을 사랑하는 일에는 하나가 되어야 합니다. 그리스도의 공동체는 주님의 인도에 순종해야 합니다. 원망, 불평, 시기, 질투는 금물입니다.

다시 말해서 하나님의 말씀을 전체가 순종해야 합니다. 다 지켜 행해야 합니다. 개인의 사상이나 주장은 금물입니다. 하나님은 어지러움의 하나님이 아닙니다. 성령의 인도에 순종해야 하며 성령은 감동하시고 또한 인도하십니다. 성령은 말씀을 통하여, 주의 종을 통하여, 교회를 통하여 역사하십니다. 낮에도 인도하시고, 밤에도 인도하십니다. 성령의 인도를 거역하지 말아야 합니다.

교회는 여호와의 명을 좇는 순종의 공동체입니다(23절). 직임을 다해야 하고 사명을 다해야 합니다. 여호와의 명보다 우선해야 할 것은 그 무엇도 없습니다. 교회는 자신의 뜻을 교회에 반영시키는 곳이 아닙니다. 오로지 순종의 공동체입니다.

기도 _ 사랑의 하나님, 우리는 오로지 하나님의 뜻과 성령의 인도에 순종만 있게 하옵소서.

29. 나팔과 호밥

본문 민 10:1-34 / 찬송 405장 / 요절 민 10:8

"그 나팔은 아론의 자손인 제사장들이 불지니 이는 너희 대대에 영원한 율례니라"

출애굽 한 지 거의 1년 동안 이스라엘 백성은 시내 광야에 머물러 있었습니다. 출애굽 제 1년 3월초에 시내 광야를 드디어 출발하게 되었습니다. 그때 하나님께서 모세에게 나팔 2개를 만들라고 했습니다. 은나팔은 이백만이 넘는 이스라엘 백성들에게 행군 신호를 전달하기 위해서 만들었습니다. 물론 구름기둥, 불기둥이 인도했지만 이백만이 넘는 이스라엘 백성을 인도하고 통솔하기 위해서는 보다 구체적인 신호가 필요했기 때문이었습니다.

이 은나팔은 회중을 집합시킬 때 사용하는데 이때는 은나팔 2개를 동시에 불었습니다. 또한 각 지파 우두머리를 모을 때 사용했는데 이때는 은나팔 1개를 불었습니다. 그 외에도 적군을 치기 위해 출전할 때, 종교적 절기나 국가적 의식 때에도 사용되었습니다.

다음은 모세의 처남 호밥(Hobab)을 세워 광야의 길 안내를 부탁했습닏. 하나님께서 친히 인도하셨지만 모세는 그의 처남 호밥에게 길 안내를 하게 한 것입니다. 왜냐하면 낯설고 험난한 광야를 이백만명이 넘는 이스라엘 백성들이 무사히 통과하기 위해서는 그곳 지리에 익숙한 사람의 도움이 필요했기 때문입니다. 하나님의 인도하심과 돌보심을 불신해서 나온 방법이 아니라 하나님의 명을 좇아 앞장서서 순종할 자가 필요함을 의미합니다.

예수 그리스도의 공동체는 은나팔을 부는 자와 앞장서서 헌신하는 자가 필요합니다. 항상 나팔소리에 귀를 기울여야 합니다. 하나님의 말씀은 나팔과 같습니다. 이 말씀을 선포하는 자가 있어야 하고 하나님의 명령에 앞장서서 순종하는 자가 있어야 합니다. 어느 교회든 호밥의 역할을 하는 자가 필요하고 하나님은 호밥과 같은 사람을 준비하고 사용하시는 것입니다.

기도 _ 사랑의 하나님, 주님의 말씀에 앞장서서 순종하는 모범적인 순종자가 되게 하옵소서.

30. 방황속에 불평하는 무리들

본문 민 11:1-15 / **찬송** 419장 / **요절** 민 11:1

"여호와께서 들으시기에 백성이 악한 말로 원망하매 여호와께서 들으시고 진노하사 여호와의 불을 그들 중에 붙여서 진영 끝을 사르게 하시매"

젖과 꿀이 흐르는 약속의 땅, 조상 대대로 그리워하며 선전되어 온 땅, 그 땅을 향하여 진군하는 이스라엘 백성들은 또다시 원망과 불평을 터뜨리기 시작했습니다. 애굽 땅에서 종살이했던 이스라엘 백성들은 새로운 신정국가가 조직되었지만 종의 근성은 여전히 남아 있었습니다. 즉 원망과 불평을 많이 했는데 이것이 노예의 근성인 것입니다. 광야의 메마르고 험난한 지형에 이르자 그만 불평과 원망이 나오기 시작했던 것입니다. 이들은 가나안 땅에 들어가는 길에는 어려움이 없는 줄 알았습니다. 마치 예수 믿으면 무조건 만사형통해 지는 줄 아는 자들과도 같습니다. 우리는 가나안의 희망을 품고 현실의 어려움을 인내해야 합니다.

하나님은 불평과 원망을 가장 싫어하시는데 이는 불신에서 나온 행동이기 때문입니다. 그래서 원망하는 자들은 불로 사르는 벌을 내리셨던 것입니다. 성경에 기록된 여호와의 불은 하나님의 임재와 심판의 상징입니다. 모세가 하나님께 간절히 기도함으로 하나님이 불을 거두셨습니다. 여기서도 모세의 위대성이 나타나는데 불평하는 무리를 죽여 달라고 하지 않고 오히려 중보기도를 했습니다. 언제나 책임은 하나님이 지십니다. 하나님은 불평, 원망을 제일 싫어하십니다. 12장에서도 아론과 미리암이 모세를 비방하고 원망하다가 미리암은 문둥병이 걸렸던 것입니다.

하나님을 원망하지 말고 주의 종을 비방하지 말아야 합니다. 모세가 구스여인을 취한 것은 그들의 개념으로는 원망할 수도 있는 것입니다. 구스는 에디오피아입니다. 일반적으로 모세의 아내 십보라가 죽고 재혼한 것으로 알지만 어떠하든지 비방은 하나님이 기뻐하시지 않았다는 증거입니다.

아론과 미리암이 비방했는데 미리암이 문둥병이 걸린 것은 미리암이 먼저 주동이 되었기 때문입니다. 우리는 비방보다는 이해를, 원망보다는 협조를, 불평보다는 감사를 드리는 참된 신앙생활을 해야 하겠습니다.

기도 _ 하나님, 나의 잘못된 습성을 회개하오니 용서 하옵시고 거듭난 자의 삶으로 성도의 모습을 보일 수 있도록 도와주옵소서.

31. 가나안 땅의 정탐

본문 민 13:1-33 / 찬송 455장 / 요절 민 13:16

"이는 모세가 땅을 정탐하러 보낸 자들의 이름이라 모세가 눈의 아들 호세아를 여호수아라 불렀더라"

모세는 하나님의 명령을 좇아 가나안 땅에 정탐꾼을 파견했습니다. 지파에서 한 사람씩 선발하여 40일 동안 가나안 땅을 두루 다니며 정탐하게 했습니다. 그들은 그 땅이 매우 비옥하다는 것과 그 거민들이 매우 강대하다는 사실을 보고하였습니다. 12명중 10명의 정탐꾼들은 가나안 족속들이 너무 강하여 이스라엘 백성들이 그 땅을 정복하기는 불가능하다는 보고를 했습니다. 그러나 갈렙과 여호수아는 충분히 가나안 땅을 정복할 수 있다는 확신에 찬 어조로 설득했습니다. 그래도 이스라엘 백성들은 10명의 정탐꾼의 보고로 말미암아 마음이 동요되고 극단적인 반역과 범죄를 저지르게 됩니다. 그들은 지도자를 선출하여 다시 애굽으로 돌아가자고 했습니다. 결국 이러한 행동은 여호와께로부터 진노를 사게 되었습니다. 그러나 모세는 이스라엘 백성을 멸망시키지 말도록 간절히 호소하는 기도를 했습니다. 40일 동안 기도했습니다. 하나님은 모세의 기도를 들으셨으나 불평분자들은 가나안 땅에 들어가지 못하게 하고 모두 광야에서 죽게 하셨습니다. 광야에서 40년을 방황하게 만든 것입니다(40일 정탐일을 1일을 1년으로 해서 40년). 즉 차라리 광야에서 죽는 것이 낫다고 말한 그들의 말대로 된 것입니다.

우리는 하나님의 능력보다 인간의 생각으로 원망하고 불평하는 것이 무서운 결과를 초래한다는 사실을 명심해야 합니다. 우리는 모든 사건을 하나님의 능력과 주권 하에 두어야 합니다. 하나님이 함께 하시면 못하실 일이 없다는 여호수아와 갈렙 같은 믿음이 필요합니다.

우리는 인간적인 계산 때문에, 불신앙의 두려움 때문에 하나님의 마음을 상하게 하지는 않았습니까? 하나님의 섭리에 무조건적인 믿음의 순종이 있어야 하겠습니다.

기도 _ 하나님, 믿음의 눈과 믿음의 담력을 주셔서 두려워하거나 불평하지 않게 하옵소서.

32. 가나안 땅에서도 지켜야 할 제사법
본문 민 15:1-29 / 찬송 510장 / 요절 민 15:16

"이는 모세가 땅을 정탐하러 보낸 자들의 이름이라 모세가 눈의 아들 호세아를 여호수아라 불렀더라"

 민수기 15장은 장차 가나안 땅에 들어가서 지켜야 할 여러 가지 제사제도가 언급되어 있습니다. 이것은 하나님을 반역하므로 광야에서 죽어야 할 기성세대 때문이 아니라 그들의 자녀들이 가나안 땅에 들어가게 될 것이므로 후세대를 위한 것이었습니다. 그래서 제사에 사용된 제물의 분량과 타국인에게도 제사의 규례가 동일하게 적용된다는 것입니다. 또한 첫 열매의 제사, 범죄시의 제사, 용서받지 못한 죄, 안식일을 범한 자에 대한 벌 등에 대해 언급하고 있습니다.
 제사방법도 다시 언급하였는데 이는 제물을 불에 태워드리는 화제와(3, 19절), 제물을 아래위로 흔들어 바치는 거제(19절), 포도주나 기름 또는 피를 부어서 드리는 전제나(7, 10절), 제물을 앞뒤 흔들어 바치는 요제가 있습니다. 구약의 제사는 신약의 예배입니다. 예배는 언제나 계속되어야 하며 어떤 경우이든 예배가 우선 되어야 합니다. 그리고 예배에는 꼭 회개와 사죄의 은총이 있어야 합니다. 우리는 우리 후세대 자녀들에게 예배에 대한 모범과 교육을 어느 정도 시키고 있습니까? 예배를 우선으로 하는 신앙 자세입니까? 공적인 예배를 예사로 빠지는 자는 없습니까?
 하나님을 섬기는 데는 인간이 고안해 낸 방법이 아니라 하나님이 친히 계시해 주신 방법을 따라야 하는 것입니다. 예배는 아무리 강조해도 부족합니다. 예배의 성공은 신앙의 성공이요 신앙성공은 곧 인생성공입니다. 예배 없이 신앙이 성숙해 질 수 없습니다. 예배의 본, 예배에 대한 올바른 자세가 필요합니다.

기도 _ 사랑의 하나님, 예배의 특권과 예배의 축복을 등한시 하지 말게 하시고 언제나 예배를 우선하는 생활이 되게 하옵소서.

33. 고라, 다단, 아비람

본문 민 16:1-30 / 찬송 407장 / 요절 민 16:28

"모세가 이르되 여호와께서 나를 보내사 이 모든 일을 행하게 하신 것이요 나의 임의로 함이 아닌 줄을 이 일로 말미암아 알리라"

고라는 레위인이고 다단과 아비람은 르우벤 지파입니다. 르우벤은 야곱의 장자였습니다. 족장들은 불평과 원망에 앞장섰습니다. 고라는 본격적으로 반역했고 다단과 아비람은 항거했습니다. 그로 인해 이스라엘 온 회중으로 원망과 불평이 확산되었고 고라의 일로 죽은 250인 외에도 147,000명이 염병으로 급사했던 것입니다. 이들은 모세와 아론을 대적하는 일에 하나가 되었습니다. 물론 고라 일당의 목적은 다단과 아비람의 목적과는 달랐습니다. 이처럼 불경건하고 저주스러운 일치는 파멸과 저주를 가져오는 것입니다. 여호와의 불이 교회의 추종자들을 삼켜버렸습니다.

하나님은 원망과 불평을 가장 싫어하십니다. 그리고 하나님의 종을 대적하는 행위를 자신을 대적하는 행위와 동일시했습니다. 그래서 하나님이 직접 손을 쓰셨습니다. 땅이 갈라지게 해서 고라와 다단과 그들의 가족 및 물건들이 일시에 갈라진 땅속으로 묻혀 버리게 했습니다.

하나님은 모든 역사를 자신이 섭리하시며 자신의 일을 모세를 통해서 진행하고 계신다는 사실을 증명했던 것입니다.

교회 안에서 고라의 일당과 다단과 아비람은 하나님의 심판의 대상입니다. 그러므로 교회를 어지럽히거나 주의 종을 반역하는 사람은 반드시 하나님께서 징벌하십니다. 모세가 힘써 중보 기도를 했지만 하나님은 진노하셨습니다. 사람이 망하려면 망하기전 징조가 보입니다. 망하는 길로 계속 빠지게 됩니다.

우리는 죄와 교만으로 인해 영적으로 미련하거나 어둡지 말아야 합니다. 하나님의 역사 앞에 오로지 따르기만 해야 합니다.

기도 _ 사랑의 하나님, 우리가 하나님의 명령과 주의 사자의 명령에 따르게 하옵소서.

34. 아론의 직분을 보존하시는 하나님

본문 민 17:1-13 / 찬송 75장 / 요절 민 17:5

"내가 택한 자의 지팡이에는 싹이 나리니 이것으로 이스라엘 자손이 너희에게 대하여 원망하는 말을 내 앞에서 그치게 하리라"

아론의 지팡이에서 싹이 난 신기한 기적의 장입니다. 고라 일당의 반역으로 이스라엘 백성 가운데는 아론의 제사장 직에 대한 부정적 입장을 취하는 무리들이 있었습니다. 그래서 하나님께서 아론의 제사장직에 대한 확증을 주시기 위해 그의 지팡이에 싹이 나게 하신 것입니다. 이것은 하나님이 세운 직분자들은 하나님이 지키시고 인도하신다는 교훈을 주는 것입니다. 족장들이 가지고 온 지팡이는 싹이 나지 않고 아론의 지팡이에만 싹이 났습니다. 지팡이는 목자나 여행자들에게도 사용되지만 통치자에게는 권위의 상징입니다.

한 번 고라와 다단 아비람 일당의 반역에 가담된 자들은 좀처럼 고쳐지지 않았습니다. 지팡이에 싹이 난 것을 보고도 회개하기보다는 두려움에 떨기만 했습니다. 우리는 여러 가지 증거를 보고 회개하고 순종하고 겸손해야 합니다. 두려워하는 것이 아니라 회개해야 된다는 것입니다. 그리고 아무리 부족하고 못나도 직분을 하나님이 주셨다는 사실을 알아야 됩니다. 족장들의 지팡이에 싹이 나지 않은 것은 사람에 의해 뽑힌 자들과 하나님이 세우신 자들과는 구별되기 때문입니다. 하나님이 세우신 직분은 살아계신 하나님이 함께하시는 증거가 나타납니다.

우리는 많은 증거 속에 살아가면서도 완악해지거나 두려워하지 말고 겸손히 엎드려 회개해야 할 것입니다. 이단자들은 외견상으로는 훌륭하게 보였으나 그들의 내심은 반역이었습니다. 우리는 하나님의 역사에 반역자가 되지 말아야 할 것입니다.

기도 _ 사랑의 하나님, 말세 교회는 고라와 다단 아비람의 영향으로 제사장의 권위를 실종시키고 있습니다. 당신의 영광을 위해 우리의 몸과 마음을 바칠 수 있도록 하옵소서.

35. 모세를 통해 나타나는 기적

본문 민 20:1-29 / 찬송 216장 / 요절 민 20:11

"모세가 그의 손을 들어 그의 지팡이로 반석을 두 번 치니 물이 많이 솟아나오므로 회중과 그들의 짐승이 마시니라"

이스라엘 백성이 광야 40년에 이르는 방황과 고통의 기간이 마무리 되어가는 시점에 왔습니다. 40년 동안 연단을 받았으나 고질적인 불평과 원망은 뿌리가 뽑히지 않았습니다. 마실 물이 없자 또다시 불평과 원망이 일어나기 시작했습니다. 모세와 아론은 기도했습니다. 기도는 문제해결의 지름길이 있습니다. 그런데 여기에서 모세가 크게 실수한 것이 있는데 지팡이로 반석을 두 번 쳤던 것입니다. 이는 하나님이 명하신 대로 하지 않았고 하나님께 영광 돌리기보다 자기가 반석을 치면 물이 나오는 능력자로 나타냈기 때문입니다.

우리는 무엇을 하든지 하나님께 영광 돌려야 하지 가로채서는 안 됩니다. 모세는 백성의 원망 속에 순식간에 이성을 잃고 실수하는 범죄를 저질렀습니다. 이런 실수로 모세는 가나안 땅에 들어갈 수 없게 되었던 것입니다. 지도자는 책임도 큽니다. 반석에서 물을 나게 하셔서 마시게 하시되 모세에게 잘못된 책임은 추궁하셨던 것입니다.

미리암도 죽고(1절) 아론도 죽었습니다(22-29절). 아론의 아들 엘르아살이 대를 이어 대제사장이 되었습니다. 모세는 가나안 입성 전 느보산에서 죽었습니다. 아무리 공로가 있고 위대한 지도자라도 하나님의 영광을 가로채는 것을 하나님은 가장 싫어하십니다. 우리는 하나님 제일주의로 살아야 합니다.

사랑하는 성도 여러분,

하나님의 영광을 가로챈 것은 없습니까? 자기를 나타내는 것은 하나님의 영광을 가로채는 것입니다. 모든 기적과 역사는 하나님이 행하십니다. 하나님 제일주의로 사시기 바랍니다.

기도 _ 사랑의 하나님, 우리가 원망하지 말게 하시고 나의 명예를 위해 바쁘지 않게 하옵소서. 하나님 제일주의로 살게 하옵소서.

36. 구리뱀 복음

본문 민 21:1-9 / **찬송** 520장 / **요절** 민 21:8

"여호와께서 모세에게 이르시되 불뱀을 만들어 장대 위에 매달아라 물린 자마다 그것을 보면 살리라"

이스라엘은 가나안 땅을 눈앞에 두고 하나님의 도우심으로 전쟁에서 한차례의 승리를 거두었습니다. 그러나 또다시 원망하기 시작했습니다. 여호와께서 주시는 만나를 '박한식물'이라고 불렀던 것입니다. 여호와께서 이러한 원망에 대하여 불뱀을 보냈습니다. 드디어 백성들은 모세에게 도움을 청하게 되었습니다. 모세는 모든 사람이 쳐다볼 수 있는 곳에 장대를 세워 구리뱀을 달았습니다. 불뱀에 물린 자들이 구리뱀을 쳐다보기만 하면 누구든지 살아났습니다.

예수님은 니고데모에게 거듭나는 사실을 설명하면서 이 구리뱀 이야기를 하셨습니다. 두 번 태어나는 사실에 대한 대답이었습니다. 즉 모세가 광야에서 구리뱀을 든 것 같이 인자도 들려야 한다고 하셨는데 이것은 십자가 죽음을 가리키신 것입니다. 사탄에게 물려 죽어가고 있는 우리들에게 예수 그리스도의 십자가로 생명을 주셨던 것입니다.

우리는 하나님의 섭리에 순종과 감사를 해야 합니다. 하나님을 원망하고 불평하는 것은 하나님을 화나게 한다는 것을 깨달아야 합니다. 그러나 어떠한 경우도 하나님의 사랑과 은혜는 계속되는 것입니다. 회개하고 주님만 의지하면 용서받고 살 수 있습니다. 장대 위의 불뱀을 쳐다보는 것은 단순하고 쉽습니다. 구원의 복음은 쉽습니다. 단순합니다. 우리는 인간 본성의 노예가 되어 실수하고 범죄했더라도 주님의 십자가 쳐다보며 회개하면 살 수 있는 것입니다.

기도 _ 은혜의 하나님, 예수님의 십자가 구속의 은총을 감사합니다. 주님만 바라보고 의지하며 믿게 하옵소서.

37. 발람의 예언

본문 민 24:1-25 / **찬송** 545장 / **요절** 민 24:9

"꿇어앉고 누움이 수사자와 같고 암사자와도 같으니 일으킬 자 누구이랴 너를 축복하는 자마다 복을 받을 것이요 너를 저주하는 자마다 저주를 받을지로다"

민수기 23장은 모압왕 발락이 발람 선지자를 매수하여 이스라엘을 저주하도록 했습니다. 그러나 결과적으로 발람은 이스라엘을 축복하게 되었습니다. 발람이 돈에 매수된 것은 사실입니다. 그러나 여호와께서 발람의 입을 통제해서 여호와가 원하시는 말밖에는 아무 말도 못하도록 막으셨던 것입니다.

인간의 간교한 계획은 성공하는 것 같지만 하나님은 살아 계시기에 무너뜨리고야 맙니다. 발락이 세 번째까지 시도했으나 실패했습니다. 발락은 심히 분노했습니다. 그래서 발람을 향하여 자기 집으로 '달려가라'고 고함쳤습니다. 어리석고 죄악된 욕망을 채우지 못한 본성이 드러난 것입니다.

사탄은 언제나 처음엔 미소로 접근합니다. 그것은 진실된 미소가 아니라 미혹을 위한 거짓입니다. 그러나 실패할 때는 본색이 드러납니다. 발람은 저주를 예언하지 않고 이스라엘은 성별된 민족이며 하나님이 인도하는 민족으로 번영과 축복을 예언했습니다. 그리고 한 별과 한 홀을 예언했습니다(24:17). 이것은 예수 그리스도의 출생을 예언한 것입니다. 예수 그리스도는 철장으로 만국을 다스리실 광명한 새벽별이십니다(계 22:16, 12:5).

세상 권세자들은 자기들의 승리와 정권야욕을 위해서는 종교든 선지자든 다 이용하려고 합니다. 우리도 물질에 눈이 어두우면 유혹받고 넘어집니다. 하나님의 도우심이 필요합니다. 하나님은 자신의 계획대로 섭리하시고 당신의 백성을 보호하시며 축복하십니다.

기도 _ 사랑의 하나님, 하나님의 자비와 변치 않으심을 감사합니다. 물질의 유혹에 눈이 어두워지지 않게 하옵시며, 아버지의 뜻을 분별하는 영안이 열리게 하옵소서.

38. 비느하스의 열심

본문 민 25:1-18 / 찬송 342장 / 요절 민 25:11

"제사장 아론의 손자 엘르아살의 아들 비느하스가 내 질투심으로 질투하여 이스라엘 자손 중에서 내 노를 돌이켜서 내 질투심으로 그들을 소멸하지 않게 하였도다"

선민 이스라엘 백성들은 모압 여인들과 음행하며 그들이 섬기는 바알 우상의 종교의식에 동참하게 되었습니다. 바알 브올은 브올산에서 섬기는 바알이라는 뜻입니다. 그들과 함께 어울렸다는 것입니다. 바알 산당 옆에는 항상 바알신을 섬기는 여사제들의 음행을 위한 방이 딸려 있었습니다. 그래서 바알 숭배는 곧 음행으로 연결되었습니다. 그들과 어울려서 절을 하고 우상의 제물을 먹고 취하며 음행했던 것입니다.

이때 하나님께서 백성의 두령들을 붙잡아 태양을 향해 목을 매어 달도록 명령했습니다. 이는 이스라엘 전체를 대표하여 두령들이 대신 벌을 받게 하려는 것입니다. 사실 두령들이 직접적인 잘못을 행한 것은 아닌데 지도자로서 책임지고 대신 벌을 받으라는 것입니다. 백성의 지도자로서 윤리적으로나 신앙적으로나 모범을 보여야 하는데, 도리어 음행과 우상숭배에 빠졌기 때문입니다. 결국 그 일로 염병이 발생하여 24,000명이 죽게 되었습니다.

이런 위기의 순간에 아론의 손자 비느하스가 시므온 지파의 두령 시므리를 창으로 찔러 죽이고 그와 내통한 미디안 여인도 함께 죽였습니다. 비느하스의 이 결정적인 행동으로 염병이 그쳤으며 여호와께서 바느하스에게 아름다운 약속을 주셨습니다. 즉 '평화의 언약'인데 대제사장 직분은 항상 비느하스 계통의 후손들이 담당하리라는 약속을 받았습니다. 예수 그리스도께서 온전한 희생을 드리실 때까지 속죄제를 드리는 제사장은 항상 비느하스의 후손이었습니다. 비느하스는 하나님의 명령을 담대히 실천한 것입니다. 여호와께서 이스라엘을 범죄케 한 그들을 진멸하라는 명령을 내리셨기 때문입니다. 그 당시 두령을 죽인다는 것은 상당한 용기가 필요했습니다. 위험을 무릅쓰고 순종한 것입니다. 신앙생활을 용단입니다. 우리는 하나님의 명령을 지킬 수 있는 용단 있는 행동이 필요합니다.

기도 _ 하나님, 세상적인 것에 미혹되지 않게 하시고 죄악과 타협하지 않는 강한 믿음의 소유자가 되게 하옵소서.

39. 여호수아의 등장

본문 민 27:18-23 / **찬송** 347장 / **요절** 민 27:22

"모세가 여호와께서 자기에게 명령하신 대로 하여 여호수아를 데려다가 제사장 엘르아살과 온 회중 앞에 세우고"

하나님께서 모세의 후계자로 여호수아를 세우셨습니다. 여호수아는 '신에 감동된 자'라고 했습니다. 여호수아를 세울 때 제사장 엘르아살과 온 회중 앞에 세우고 안수했습니다. 그리고 여호수아는 제사장 엘르아살의 말을 순종하도록 했습니다. 갈렙은 새 땅을 분배하는데 주동역할을 했습니다. 여호수아는 어떠한 사람이었습니까?

첫째, 여호수아는 구원자라는 뜻입니다. 그는 이름대로 살았습니다. 이름대로 사명이 주어졌습니다. 헬라어는 예수입니다. 즉 여호수아는 예수님의 그림자인 것입니다.

둘째, 여호수아는 긍정적인 지도자입니다. 그는 믿음에 근거한 긍정적인 자였습니다. 가나안에 들어갈 수 없다는 열 정탐꾼의 보고에 동요되지 않고 들어갈 수 있다고 했습니다.

셋째, 여호수아는 하나님께 인정받고 하나님이 세우신 자입니다. 그러므로 하나님이 함께 하셨고 함께 하실 것을 약속하며 강하고 담대하라고 했습니다.

넷째, 여호수아는 사람에게 인정받았습니다. 모세는 그의 믿음과 용기, 인내, 지혜를 인정하였던 것입니다.

다섯째, 여호수아는 결단력이 강했습니다. 이스라엘 백성들에게 머뭇머뭇 거리지 말고 용단을 내리라고 촉구했습니다. 자기는 여호와만 섬기겠다고 공개적으로 말했습니다.

우리의 신앙도 여호수아처럼 결단력 있는 신앙생활을 하므로 하나님께 인정받아야 하겠습니다.

기도 _ 사랑의 하나님, 시대는 여호수아와 같은 지도자를 찾고 있습니다. 그리고 필요합니다. 하나님, 우리에게 여호수아 같은 믿음과 지도력을 주옵소서.

40. 제7월에 드릴 제사규례

본문 민 29:1-40 / **찬송** 215장 / **요절** 민 29:1

"일곱째 달에 이르러는 그 달 초하루에 성회로 모이고 아무 노동도 하지 말라 이는 너희가 나팔을 불 날이니라"

민수기 26장에 새 세대의 인구조사가 있고 27장에 여호수아를 모세의 후계자로 등장시킵니다. 그리고 28장에 와서는 하나님께 드릴 제사에 대해 교훈합니다. 제 7월에는 중요한 세 절기가 있는데 1일은 나팔절이고 10일은 대속죄일이며 15일부터 한 주간은 초막절입니다. 7월은 안식의 달입니다. 추수기와 파종기에 있는 휴식기간입니다. 이 기간에 이스라엘 백성들은 대부분의 시간을 성소에서 보냈습니다.

1. 나팔절: 안식의 달인 7월의 첫날에 나팔절로 지켰습니다. 일반력에서는 1월의 첫날입니다. 즉 정월 초하루입니다. 이 날은 10일의 대속죄일을 준비하는 날로 나팔을 불었습니다(레 23:24). 매월 초하루는 월삭입니다. 이스라엘 백성들은 매일 아침 드리는 상번제와 매월 초하루에 드리는 월삭이 있습니다. 그리고 7월 첫째날은 나팔절 제사를 첨가하여 드리는 것입니다. 그러니까 이날은 상번제, 월삭, 나팔절 제사를 다 드리는 날입니다. 이 날은 수송아지 하나, 수양 하나, 일년된 흠없는 수양 일곱을 드리는 번제와 아울러 소제를 드리고 속죄제까지 드려야 합니다. 이것은 예배의 의무는 그 어떤 이유로도 약화되거나 면죄될 수 없다는 의미입니다.

2. 대속죄일: 7월 10일은 개인적인 죄와 민족적인 죄를 청산하는 날입니다. 일년중 가장 중요한 날입니다. 이 날은 대제사장이 속죄의 피를 들고 지정소에 들어가는 유일한 날입니다. 모든 백성은 노동을 멈추고 안식하며 자신의 마음을 괴롭게 하는 날입니다. 이날은 이스라엘이 지켜야 할 영원한 규례입니다.

3. 초막절: 장막절이라고도 하는데 7월 15일에 시작하여 일주일간 계속됩니다. 초막절에는 백성들이 집을 떠나서 초막을 짓고 생활을 합니다. 이것은 이스라엘 백성들이 광야에서 방황하며 초막생활을 하던 것을 기억하며 그때 도우시고 가꾼 모든 곡식을 거두어 감사하는 감사절이기도 합니다.

이것은 성도의 신앙생활은 예배와 회개와 감사라는 의미이기도 합니다.

기도 _ 하나님, 예배를 통해 은혜받고 더욱더 육신의 정욕대로 살지 않도록 노력하게 하옵소서. 하나님의 은혜와 사랑을 감사케 하옵소서.

41. 도피성

본문 민 35:1-34 / 찬송 585장 / 요절 민 35:11

"너희를 위하여 성읍을 도피성으로 정하여 부지중에 살인한 자가 그리로 피하게
하라"

　서원에 관한 규례는 레위기 27장에 기록이 되어 있습니다. 민수기 30장에는
가정생활에 관계되는 주요 내용이 있습니다. 즉 미성년자가 서원할 경우, 남편
을 처음 맞이하는 여자가 서원할 경우, 과부나 이혼당한 여자의 경우, 남편과
동거하는 여자의 경우 등에 관해 기록되어 있습니다. 그리고 31장은 미디안에
대한 보복전쟁의 기사인데 이것이 모세의 직무상 마지막 장면입니다. 이 전쟁
은 하나님의 명령에 의한 것입니다.
　33장은 애굽에서 요단까지의 여정을 회고하며 정리했습니다. 34장은 가나
안 분할에 대한 하나님의 지시와 35장은 레위인의 성읍들과 여섯 도피성에 대
하여 기록하면서 끝이 납니다. 레위인과 도피성을 왜 이렇게 중요하게 다루고
있습니까?
　레위 지파는 성막에서 봉사하는 임무가 주어졌습니다. 그러므로 레위지파에
게는 충분한 배려가 있었는데 먼저 레위인들에게 48개의 도시와 그 주변의 땅
을 주되 각 지파에서 공평하게 취하여 주라고 했습니다. 그리고 그중 6개의 성
읍은 부지중에 살인한 자를 위한 도피성을 주어집니다. 물론 고의로 살인한 자
는 해당되지 않습니다.
　구약 초창기는 보복의 원리가 적용되었습니다. 피를 흘리게 한 자는 그 사람
이 피를 흘려야 됩니다(창 9:6). 그러나 이 보복으로 인한 무분별한 살인이나
무조건적인 보복을 막기 위해 도피성 제도를 만든 것입니다. 뿐만 아니라 부지
중에 실수나 잘못으로 살인한 자들에게 피할 곳을 주셨던 것입니다. 이것은 하
나님께서 생명을 사랑하신다는 증거입니다.
　도피성은 죄인에게 구원의 길을 주신 하나님의 구원계획의 그림자입니다. 예
수 그리스도는 우리의 도피성입니다. 예수 그리스도를 말미암아 보호를 받습
니다. 즉 예수 그리스도 안에 있으면 구원을 받습니다. 우리는 예수 그리스도
안에서 죄와 사망의 법에서 자유함을 얻었습니다.

기도 _ 우리의 도피성이 되신 하나님, 세상의 불의와 죄악이 우리를 엄습한다 할지
라도 우리를 끝까지 보호하시는 성이 되어 주옵소서.

42. 반복되는 율법

본문 신 1:1-46 / **찬송** 376장 / **요절** 신 1:33

"그는 너희보다 먼저 그 길을 가시며 장막 칠 곳을 찾으시고 밤에는 불로, 낮에는 구름으로 너희가 갈 길을 지시하신 자이시니라"

신명기는 모세 5경 중 마지막 부분으로 율법의 반복, 두 번째 율법(second law)이란 의미가 있습니다. 5장에서 십계명이 다시 한 번 나오고 다른 많은 율법도 반복이 됩니다. 그러나 반복은 되지만 신명기의 특성이 뚜렷합니다. 마치 신약 복음서가 반복되는 부분이 많지만 각각 특성을 가지고 있듯이 신명기의 율법도 특성을 가지고 있습니다. 신명기는 모세가 행한 긴 설교입니다. 이스라엘 백성들이 모압 평지에 장막을 치고 있을 때입니다. 요단강만 건너면 이제 가나안에 본격적으로 들어가게 됩니다. 지금까지는 유목생활이었습니다. 그러나 가나안 땅에 들어가면 농경생활이 시작됩니다. 생활방식을 바꿔야 됩니다. 그렇게 되면 농사짓는 사람들이 섬기는 땅의 신들을 섬기고 싶은 유혹에 빠지고 싶을 것입니다. 그리고 땅의 신들을 섬기는 일은 축제 분위기 속에서 마음껏 먹고 취하고 음행하는 일이었기에 쉽게 매력을 느끼고 빠지기 쉬운 것입니다. 바알신에게는 농사가 잘 되게 해달라고 가나안 사람들이 빌었고, 그 신의 덕택으로 풍성한 열매를 주셨다고 생각하고 있는 그들의 사상에 쉽게 빠질 우려가 있었던 것입니다. 민수기에 나타난 바알브올의 사건이 바로 그것입니다(25장).

이방신을 섬기는 전당에 여호와의 이름이 대신 등장을 하나 내면적인 변화는 이루어지지 않고 있었습니다. 즉 우상 섬기는 방법 그대로 여호와를 섬기는 것이었습니다. 이것은 로마 카톨릭 방법과도 같습니다. 카톨릭은 자연종교 위에 즉, 우상 위에 복음을 건축하려고 하기 때문에 쉽게 세력은 확장하지만 기독교의 본질은 떠난 것입니다. 이런 위험성을 앞에 두고 신명기는 다시 율법을 반복하는 것입니다. 즉 오직 여호와만 섬겨야 된다는 사실을 철저히 강조합니다. 이방 거짓 종교와 타협하지 말라는 것입니다. 우리는 여호와만 섬기고 있습니까? 오늘 우리에게도 율법의 반복이 절실히 필요한 때가 아닙니까?

기도 _ 사랑의 하나님, 우리를 항상 불기둥, 구름 기둥으로 인도하심을 감사합니다. 끝까지 주를 섬기며 변치않는 사랑으로 주의 일을 행하게 하옵소서.

43. 그들과 다투지 말라

본문 신 2:1-23 / **찬송** 410장 / **요절** 신 2:5

"그들과 다투지 말라 그들의 땅은 한 발자국도 너희에게 주지 아니하리니 이는 내가 세일 산을 에서에게 기업으로 주었음이라"

하나님께서 이스라엘 백성들에게 화평의 명령을 했습니다. 에돔 족속과 모압 족속과 암몬 족속과는 다투지 말라고 했습니다. 왜냐하면 에돔 족속은 이삭의 아들, 에서의 후손들이고, 모압 족속은 아브라함의 조카 롯의 후손들이고, 암몬 족속 역시 롯의 후손입니다. 하나님께서 이같은 명령을 내리신 이유가 무엇입니까?

첫째, 동족간에 분쟁을 원치 아니하시는 하나님이시기 때문입니다.

야곱이나 에서나 다 아브라함의 직계손입니다. 야곱과 에서는 쌍둥이 형제입니다. 에돔은 에서의 후손들이 사는 땅입니다. 세일은 에서의 고향입니다. 하나님은 이 땅의 족속과 다투지 말라고 하셨습니다. 이 땅은 하나님이 에서에게 준 기업입니다. 하나님은 동족끼리의 분쟁을 원치 아니하십니다.

둘째, 하나님은 화평의 주인이시기 때문입니다.

하나님은 평화를 원하십니다. 예수님은 평화의 왕으로 이 땅에 오셨습니다. 침략의 근성은 마귀의 속성입니다. 전쟁은 원래 하나님이 만드신 것이 아닙니다. 타락한 인간이 만든 것입니다. 서로 물고 뜯으면 피차 멸망합니다(갈 5:15). 로마서 12:18에도 "할 수 있거든 모든 사람과 화평하라"고 했습니다. 산상수훈에도 "화평케 하는 자가 복이 있다"고 했습니다. 하나님은 화평의 주인이시기에 화평을 원하십니다.

셋째, 화평을 꼭 실천해야 하기 때문입니다.

선택이 아니라 해야 하는 것입니다. 화평은 싸우지 않는 것이요 사랑하는 것입니다. 화평 없는 사랑은 없습니다. 화평은 괴롭히지 않는 것입니다. 우리는 얼마나 화평을 실천하고 있습니까? 우리의 마음속에 다툼의 대상, 미움의 대상은 없습니까?

기도 _ 사랑의 하나님, 이웃을 내 몸처럼 사랑하며 화평의 도구가 되게 하옵소서.

44. 유일하신 하나님

본문 신 4:9-40 / **찬송** 32장 / **요절** 신 4:39

"그런즉 너는 오늘 위로 하늘에나 아래로 땅에 오직 여호와는 하나님이시요 다른 신이 없는 줄을 알아 명심하고"

하나님께서 에돔, 모압, 암몬과는 싸움을 금했습니다. 그러나 헤스본은 정복할 것을 명령했습니다. 헤스본은 아모리 족속의 수도입니다. 가나안으로 가는 과정에 아모리 지경을 지나야 하는데 아모리왕이 허락지 않았기 때문입니다. 유랑민족 이스라엘이 헤스본을 격파하고 나니 그 소문이 퍼져 모압족속과 가나안 거민들이 조심하고 두려워하게 되었습니다.

신명기 3장에는 바산을 정복하고 바산왕 옥을 징벌한 사건이 나옵니다. 정복한 땅을 르우벤과 갓지파에게 그리고 므낫세 반지파에게 분배했습니다. 이어서 가나안 정복을 위한 모세의 기도가 있었습니다. 즉 요단 저편에 있는 아름다운 땅, 산과 레바논을 보게 하소서 하고 기도했던 것입니다. 기도는 응답되었으나 모세는 비스가 산에서 가나안을 바라보기만 하고 들어가지는 못했습니다. 여호수아를 후계자로 세우고 모세의 사명은 끝이 납니다.

신명기 4장은 여호수와의 규례와 법도를 준행하라고 명령하고 있습니다. 그 규례와 법도는 바로 생명입니다. 지키면 살고 안 지키면 죽습니다. 그리고 바알브올 사건을 예를 들면서 우상을 섬기면 망한다는 사실을 강조했습니다. 하나님은 질투하시는 하나님이시기에 하나님 외에 다른 신을 섬길 때 그냥 두지 아니하십니다.

하나님은 이스라엘을 너무나 사랑하시기에 다른 신을 섬기는 일은 허용하시지 않습니다. 우상숭배는 멸망을 가져옵니다. 그러므로 이스라엘 백성의 잘못을 회개할 것을 촉구하셨습니다. 회개하면 하나님은 자비하신 하나님이시기에 버리지 아니하며 멸하지 아니하리라고 말씀하셨습니다.

유일하신 하나님, 하나님만 섬길 때 수많은 보호와 보장이 약속됩니다. 우리는 하나님의 사랑을 믿고 오직 하나님만 섬겨야 할 것입니다. 하나님보다 더 사랑하는 것은 우상입니다.

기도 _ 사랑의 하나님, 이스라엘의 실수보다 우리의 실수가 더 많고 더 큽니다. 용서해 주시고 오직 하나님만 섬기게 하옵소서.

45. 하나님의 말씀에 대한 태도

본문 신 5:1-33 / **찬송** 205장 / **요절** 신 5:33

"너희 하나님 여호와께서 너희에게 명령하신 모든 도를 행하라 그리하면 너희가 살 것이요 복이 너희에게 있을 것이며 너희가 차지한 땅에서 너희의 날이 길리라"

신명기 5장은 출애굽기 20:2-17에 기록된 십계명이 다시 언급되어 있습니다. 모든 율법을 설명하기 앞서 십계명을 먼저 강조하며 되새깁니다. 십계명은 모든 율법의 핵심입니다. 하나님의 말씀에 대한 올바른 태도는

첫째, 자세히 들어야 합니다.

자세히 듣는다는 것은 주의를 기울여 하나님의 말씀을 듣는 쪽으로 신경을 써야 한다는 것입니다. 하나도 건성으로 듣거나 빠뜨리지 말아야 됩니다. 하나님의 말씀을 들을 줄 아는 자가 복된 자입니다. 더더구나 무지한 자는 지혜로운 자의 말을 들어야 합니다. 은혜 받으려면 먼저 귀가 열려야 합니다.

둘째, 열심히 배워야 합니다.

우리의 마음을 다해 하나님의 말씀을 알려고 노력해야 합니다. 기독교는 교과서가 있는 종교입니다. 항상 말씀에 마음을 쏟아 하나님의 뜻을 깨달으려고 하는 자세이어야 합니다. 말씀의 교훈을 덮어두고 자기 취미위주, 자기 욕망위주, 자기 고집대로 하려고 하는 것은 무지의 소치입니다. 열심히 배워야 합니다.

셋째, 부지런히 지켜야 합니다.

우리는 우리의 삶 전 영역에서 하나님의 말씀을 지켜야 합니다. 율법은 바로 생활의 핵심 되는 지침입니다. 그냥 외우기 위한 것이 아닙니다. 그대로 살기 위한 것입니다. 열심히 지켜야 합니다. 듣고, 배우고, 지키는 것이 하나님 말씀에 대한 성도의 자세입니다.

우리는 얼마나 우리의 삶이 말씀화 되어 있습니까? 말씀에 대한 자세는 어떠하십니까? 지금은 말씀운동을 일으켜야 할 때입니다.

기도 _ 사랑의 하나님, 지금도 기록된 말씀을 통해, 역사 속에 움직이는 말씀을 통해 교훈하시는 하나님의 말씀을 잘 듣고, 배우고 그대로 실천하는 삶이 되게 하여 주옵소서.

46. 호렙산에서 받은 십계명

본문 신 5:1-33 / **찬송** 540장 / **요절** 신 5:3

"이 언약은 여호와께서 우리 조상들과 세우신 것이 아니요 오늘 여기 살아 있는 우리 곧 우리와 세우신 것이라"

　이스라엘 백성들의 율법에는 크게 세 가지가 있습니다. 일반법과 종교법과 도덕법입니다. 애굽의 종살이 할 때는 애굽의 법에 의해 살았습니다. 그러나 광야 생활이 시작될 때부터는 새로운 율법이 필요했습니다. 그래서 모세와 아론이 그때그때 필요한 규칙과 규정을 만들어 지내다가 점점 어렵게 되자 하나님을 의지하게 되었고 하나님은 이때 십계명을 주셨습니다.

　십계명은 첫째 계명이 유일신관입니다. 유일신관은 오직 하나님만 창조주요, 인간의 생사화복을 주장하시는 분으로 믿는 것입니다. 그러므로 인간의 예배 대상은 하나님 밖에 없다는 것입니다. 신령과 진정으로 예배해야 됩니다. 마음, 뜻, 목숨을 다하여 하나님을 사랑하고 다만 그를 섬기라고 했습니다. "나 외에는 다른 신들을 네게 있게 말지니라"

　또한 십계명은 종교의 본질에 대한 계명입니다. 우상을 만들지 말라는 것입니다. 하나님 외에는 섬김의 대상이 없습니다. 하나님만 섬기고 그에게만 영광을 돌려야 합니다. 하나님은 그 어떤 형체도 만들어 섬길 것을 금하고 있습니다. 하나님 자신만을 섬기라고 했습니다. 출애굽기 20:5에 하나님은 질투하시는 하나님이라고 했습니다. 하나님은 우상을 만들어 섬기는 것을 가장 싫어하십니다.

　다음, 하나님의 이름을 사용하는 문제입니다. 여호와의 이름을 망령되이 부르지 말라는 것입니다. 하나님의 이름을 이용해서 거짓 맹세하거나 거짓을 정당화하지 말아야 합니다. 하나님의 이름은 존귀한 이름입니다. 영광을 받아야 할 이름입니다. 하나님의 이름이 욕되이 불리거나 우리를 통하여 하나님의 이름에 누를 끼치지 말아야 합니다. 그러므로 가치 없고 쓸모없는 일에 함부로 사용하지 말라는 것입니다.

　믿음과 경배의 대상에 대한 바른 태도가 신앙의 바른 출발이요, 태도입니다.

기도 _ 사랑의 하나님, 우리를 사랑하심을 감사합니다. 끝까지 주를 사랑하며 섬기는 자가 되게 하옵소서.

47. 하나님께 받은 십계명

본문 신 5:1-33 / 찬송 202장 / 요절 신 5:12

"네 하나님 여호와가 네게 명령한 대로 안식일을 지켜 거룩하게 하라"

제 4계명은 안식일에 관한 계명입니다. 안식일의 기원이 출애굽기에서는 하나님이 천지를 창조하시고 제 7일에 쉬셨음에 기원을 두고 있습니다만 신명기에서는 애굽으로부터의 구속에 기원을 두고 있습니다.

안식일은 '중지하다, 삼가다, 쉬다'는 의미가 있습니다. 하나님께서는 안식일을 복되며 거룩한 날로 삼으셨습니다. 안식일은 하나님의 명령입니다. 인간이 만든 제도가 아닙니다. 영원한 안식의 그림자입니다. 안식일은 주님을 위한 날입니다. 안식일의 주인은 주님이십니다. 그러므로 육체의 노동을 멈추고 주님께 영광을 돌리는 일에 힘써야 합니다. 그 대신 엿새 동안은 힘써 일해야 합니다.

제 5계명은 이웃과의 관계된 첫 번째 계명입니다. 부모 공경에 관한 계명으로 이는 인간 사이의 관계입니다. 부모 공경 제대로 못하는 사람이 이웃 사랑을 제대로 할 수는 없습니다. 기독교는 효도를 강조하는 종교입니다. 잠언 23:22-24에 "너를 낳은 아비에게 청종하고 네 늙은 어미를 경히 여기지 말지니라"고 했습니다. 자녀가 부모에게 순종하고 섬기는 일은 복받는 일입니다. 언제나 즐겁고 마음 편안하게 해 드려야 합니다.

다윗은 부모를 잘 섬기는 자였습니다. 아버지 말씀을 잘 순종했던 것입니다. 이삭이나 요셉도 마찬가지입니다. 부모를 경히 여기고 제대로 섬기지 못하는 자가 신앙생활 잘하는 척 하는 위선을 버려야 합니다. 부모를 예수 잘 믿게 하는 것이 최고의 공경입니다. 부모의 사랑을 기억하며 교훈을 지켜야 합니다. 형제간에 우애하고 화목하며 부모에게 관심을 가지고 부모가 좋아하는 것으로 대접해야 합니다.

안식일을 잘 지키고 부모 공경 잘하여 건강의 복과 잘되는 복을 받으시기 바랍니다.

기도 _ 전능하신 하나님, 주님의 날을 범치 않게 하시며 항상 감사하면서 주신 부모님을 공경하며 올바로 섬기게 하옵소서.

48. 지켜야 할 십계명

본문 신 5:1-33 / **찬송** 218장 / **요절** 신 5:17-19

"살인하지 말지니라 간음하지 말지니라 도둑질 하지 말지니라"

제 6계명은 생명의 존엄성에 대한 계명입니다.

살인은 범죄의 산물입니다. 최초 살인은 형제지간에 일어났습니다. 가인이 아벨을 죽였는데 이유는 제사 때문이었습니다. 종교적 시기 때문인 것입니다. 미움, 시기, 질투, 분노 등 상한 감정은 살인까지 발전해 갑니다. 사람에게는 사람의 생명을 빼앗을 권리가 없습니다. 생명의 주관자는 하나님뿐입니다. 인간이 범죄함으로 월권행위를 한 것입니다. 신비주의적 종교는 육적 생명을 경시하고 윤리적 종교는 영적생명을 경시합니다. 그러나 기독교는 육적생명, 영적생명 모두 중요하게 여깁니다. 하나님은 한 사람의 생명도 잃어버리는 것을 원치 않습니다. 한 생명이 천하보다 귀하기 때문입니다.

제 7계명은 가정윤리이기도 하고, 성의 윤리이기도 합니다. 가정보호를 위해 7계명을 주셨습니다. 가나안 땅의 종교들은 모두 제사의식을 통해 성적 방종을 허용했습니다. 성경의 결혼관은 죽지 않는 이상 평생에 한번만 하는 것을 원칙으로 하고 있습니다. 구약시대에는 간음하다 발견되면 현장에서 돌로 쳐 죽였습니다. 가정의 신성이 보호되지 아니하면 점점 더 방종하게 되고 방종의 결과는 피의 오염을 가져오게 됩니다. 더욱더 타락한 인간이 출생하게 되는 것입니다.

제 8계명의 도적질은 남의 소유를 빼앗거나 자기의 것으로 만드는 것입니다. 그리고 타인에 대하여 마땅히 할 일을 하지 않는 것입니다. 우리 사회는 사기, 위조, 변조, 강도, 과대광고 등 온갖 형태의 도적질이 난무합니다. 우리는 자신의 분수대로 살고 내가 노력한 대가만 기다려야 되겠습니다. 도적질은 큰 죄입니다. 생명의 존엄성, 가정의 신성함, 노동의 신성함을 깊이 인식해야 할 것입니다.

우리는 계명을 무시한 삶은 아니었습니까? 세상 풍조나 습관대로 살지 않았습니까?

기도 _ 사랑의 하나님, 우리는 생명을 경시했습니다. 가정의 신성함에 대한 인식도 약합니다. 노력의 대가보다 엄청난 공짜를 기대하는 심리도 있습니다. 좋지 않은 모든 것이 바뀌도록 도와 주옵소서.

49. 계속 가르치고 그대로 살아야 할 십계명

본문 신 5:1-33 / 찬송 204장 / 요절 신 5:29

"다만 그들이 항상 이 같은 마음을 품어 나를 경외하며 내 모든 명령을 지켜서 그들과 그 자손이 영원히 복 받기를 원하노라"

성경은 우리에게 이웃은 사랑해야 할 대상이지 미워하거나 속이는 대상이 아니라고 가르쳐 줍니다. 잠언 18:21 "죽고 사는 것이 혀의 끝에 달렸다"고 했습니다. 온유한 혀는 생명나무(잠 15:4)이라고 했습니다. 사람의 인격은 주로 그의 말을 통해 나타납니다.

이웃에 대하여 거짓 증거하지 말아야 합니다. 이웃을 도와주고, 사랑하고, 착한 일을 행하며 진실하게 교제하며 협력해야 할 대상입니다. 얼마나 많은 사람들이 거짓증거 때문에 고통받고 있으며 거짓증거 때문에 사회가 어지러워지고 혼란이 발생하고 있는지 모릅니다. 언어의 가치는 진실성과 신빙성에 있습니다.

하나님은 진리의 하나님이십니다. 마귀의 본성은 거짓입니다. 요한복음 8:44에 "그는 거짓말쟁이요, 거짓의 아비라"고 했습니다. 하나님은 거짓 증거하는 자를 심판하십니다. 잠언 19:5, 9에 벌을 면치 못한다고 했습니다. 그리고 끊어짐을 당한다고 했습니다(슥 5:3).

그리고 마지막 열 번째의 계명 역시 이웃에 관한 것인데 이웃의 것을 탐내지 말라고 했습니다. 즉 이웃의 아내나 소유를 탐내지 말라는 것입니다. 인간에게는 소유욕이 강합니다. 그러나 이 소유욕이 남의 것을 가지려고 할 때는 탐심이 되는 것입니다. 탐욕은 한계가 없습니다. 눈은 보아도 족함이 없고 귀는 들어도 차지 아니합니다(전 1:8). 그러므로 자신의 분수를 알고 자신을 다스려야 합니다.

"욕심이 잉태한 즉 죄를 낳고 죄가 장성한 즉 사망을 낳느니라"(약 1:15)고 했습니다. 우리는 하나님이 주신 일정한 소유량에 만족하면서 자족하는 생활로 하나님께 영광 돌려야 합니다.

기도 _ 사랑의 하나님, 우리는 이웃을 사랑하며 이웃의 것을 탐내지 않도록 도와주시옵소서.

50. 하나님을 전심전력하여 사랑하라

본문 신 6:1-25 / **찬송** 314장 / **요절** 신 6:5

"너는 마음을 다하고 뜻을 다하고 힘을 다하여 네 하나님 여호와를 사랑하라"

인간의 사명은 하나님을 사랑하는 것입니다. 하나님을 사랑하고 하나님께 영광 돌리기 위해 우리 인간은 창조되었습니다.

우리는 하나님을

첫째, 마음을 다하여 사랑해야 합니다.

마음은 정서적인 기능을 말합니다. 마음은 애정의 중심입니다. 마음에 없는 사랑은 사랑이 아닙니다. 동물적 차원의 행위일 뿐입니다. 사람은 무엇을 사랑하느냐에 따라 인격이 형성됩니다. 돈을 사랑하면 수전노가 되고, 세상을 사랑하면 욕망의 노예가 되지만, 자기 자신만 사랑하면 이기주의자가 됩니다. 하나님을 사랑하면 하나님의 거룩한 자녀가 됩니다.

둘째, 성품을 다하여 사랑해야 합니다.

성품은 생명 혹은 인격을 말합니다. 그리고 영혼을 의미하기도 합니다. 하나님을 생명으로, 인격으로, 영적으로 사랑해야 합니다. 하나님은 영이시기에 영으로 사랑해야 합니다.

셋째, 힘을 다하여 사랑해야 합니다.

힘은 육체적 능력을 의미합니다. 하나님을 영적으로, 육신적으로, 정신적으로 사랑해야 합니다. 하나님을 사랑하고 그 뜻대로 행하는 자에게는 모든 것이 합력하여 선을 이룹니다.

하나님을 사랑하는 것은 하나님의 말씀을 마음에 새기는 것이며 하나님의 말씀을 자녀에게 부지런히 가르치는 것입니다. 집에서나, 길에서나, 깨든지, 자든지, 손목에 매어 기호삼고 집 문설주와 바깥문에 기록하면서라도 가르쳐야 합니다. 하나님 사랑이 율법의 완성이며 신앙의 내용이며 천국 삶의 모습입니다.

기도 _ 사랑의 하나님, 우리는 하나님의 사랑을 억만 분의 일도 깨닫지 못합니다. 하나님이 우리를 사랑하신 그 사랑, 억만 분의 일이라도 사랑하게 하옵소서.

51. 하나님의 백성들의 생활

본문 신 14:1-29 / 찬송 463장 / 요절 신 14:2

"너는 네 하나님 여호와의 성민이라 여호와께서 지상 만민 중에서 너를 택하여 자기 기업의 백성으로 삼으셨느니라"

신명기 7장은 가나안 족속들과 그들의 우상을 쳐부수라는 명령입니다. 8장은 지난날 받은 은혜를 기억하여 더욱더 하나님께 순종할 것을 명합니다. 9-10장은 이스라엘 백성들에게 가나안 땅에 들어가서 교만하지 말 것을 경고합니다. 11장은 축복을 약속하는 동시에 저주의 경고도 있습니다. 12장은 하나님을 바로 섬기는 방법에 대해 가르칩니다. 우상을 파괴할 것과 제물을 드리는 방법, 피를 먹지 말 것과 식사에 관한 규례, 우상숭배 풍습을 본받지 말 것을 말합니다. 13장 역시 거짓 증거의 유혹을 멀리할 것을 당부합니다. 14장은 하나님의 백성들의 생활에 대해서 말씀하고 있습니다.

첫째, 이방인들의 풍습을 따르지 말아야 합니다. 특히 1, 2절은 이스라엘 백성들을 '여호와의 자녀', '성민', '만민 중에 택하신 자들', '여호와의 기억의 백성'이란 말로 호칭했습니다. 이것은 하나님이 택하신 백성과 자녀가 되었다는 사실을 강하게 표현하고 있습니다. 이스라엘 백성은 죽음이 절망이 아니며 몸은 거룩한 하나님 소유이기에 함부로 상하게 해서는 안 됐습니다.

둘째, 3절에서 22절 말씀으로 음식생활도 이방인과 구별되어야 합니다. 성경은 "하나님이 지으신 모든 것이 선하매 감사함으로 받으면 버릴 것이 없다"(롬 14:14, 딤전 4:4)고 했습니다. 그러나 여기는 의식적인 이유 때문입니다. 하나님의 백성은 식생활마저도 이방인과 달라야 했습니다.

셋째, 십일조를 드려야 합니다. 모든 소득은 하나님의 것입니다. 여기서 모든 소득의 1/10은 레위인에게 바칩니다. 그러면 레위인은 십일조의 십일조를 제사장에게 바칩니다(민 18:16). 이것은 제사장들의 생활비로 쓰고 나머지 십분의 구는 다시 십일조를 떼어 온 가족이 성소에 가지고 가서 즐거운 잔치를 벌이는 비용으로 사용했습니다. 그리고 이 둘째 십일조는 안식년을 기준해서 3년과 6년에는 성소에 가지고 가지 않고 각성에 모아 가난한 자들을 구제하는 데 사용했습니다. 십일조는 십일조만 하나님의 것이 아니라 모두 하나님의 것이라는 표시입니다. 우리는 하나님의 백성으로서 먹는 것도, 물질사용도 하나님 자녀다워야 합니다.

기도 _ 하나님, 우리의 삶이 성별되어 하나님의 백성으로서의 삶이 되도록 도와주옵소서.

52. 은총의 표시인 도피성

본문 신 19:1-21 / **찬송** 510장 / **요절** 신 19:14

"네 하나님 여호와께서 네게 주어 차지하게 하시는 땅 곧 네 소유가 된 기업의 땅에서 조상이 정한 네 이웃의 경계표를 옮기지 말지니라"

이스라엘 백성들은 매 7년마다 부채를 면제해야 합니다. 그리고 아낌없이 구제해야 합니다. 종도 7년째는 해방을 주는데 스스로 살 수 있도록 빈손으로 내보내지 않았습니다. 그리고 가축의 첫 새끼는 하나님께 바쳐야 합니다. 16장에서는 유월절, 칠칠절, 초막절을 지킬 것을 명하면서 예물을 드릴 것을 말씀하셨습니다. 그리고 또다시 우상을 금할 것을 명합니다.

17장에서도 우상숭배에 대한 처벌 규례를 말씀하시는데 하나님이 우상을 얼마나 싫어하신다는 사실을 알 수 있습니다.

18장은 구약의 3대 직분에 관한 율법입니다. 제사장, 레위인, 선지자에 관한 율법입니다. 이스라엘 백성들은 선지자들과 꿈꾸는 자들의 말을 구별할 줄 알아야 함을 강조했습니다.

하나님은 당신의 백성이 혼돈에 빠지거나 죽임을 당하거나 죄악으로 멸망하는 것을 원치 아니하십니다. 요단강 동쪽에 3개, 서쪽에 3개 있는 도피성은 인간의 실수로 범한 죄를 용서하시고자 하는 하나님의 관용과 자비 그리고 처벌과 공의를 동시에 나타내는 제도입니다. 이것은 마땅히 죄와 허물로 죽을 수밖에 없는 우리가 예수 그리스도께 나아가면 그 안에서 용서받고 구원받는 것을 나타내는 것입니다. 도피성은 가까운 곳에 있었습니다. 도피자가 도피성 밖에서는 죽음을 당할 수 있으나 도피성 안에서는 보호가 됩니다. 그러므로 도피성 안에서만 살아야 합니다. 우리는 죽을 수밖에 없는 죄인이지만 그리스도 안에서는 절대 안전합니다. 악한 원수가 틈타지 못합니다.

우리는 죽어 마땅한 죄인이었지만 주님의 은총으로 구원을 받았습니다. 하나님의 은혜를 감사하면서 주님 안에서 거하는 생활이 이루어지기를 바랍니다. 하나님의 은총을 늘 감사하고 있습니까? 잊어버리거나 배은망덕의 삶은 아니었습니까?

기도 _ 은총의 하나님, 마땅히 죄와 허물로 죽어야 할 우리를 구원하시고 사람으로 보호하여 주심을 감사드립니다. 늘 주안에 거하는 생활이 이루어지게 하옵소서.

53. 성도는 담대해야 합니다.

본문 신 20:1-20 / **찬송** 39장 / **요절** 신 20:1

"네가 나가서 적군과 싸우려 할 때에 말과 병거와 백성이 너보다 많음을 볼지라도 그들을 두려워하지 말라 애굽 땅에서 너를 인도하여 내신 네 하나님 여호와께서 너와 함께 하시느니라"

신앙생활은 영적 싸움입니다. 우리의 싸움은 혈과 육에 대한 것이 아닙니다. 어두움의 권세자들과의 싸움입니다. 전쟁에는 담대함이 필요합니다. 더구나 가나안을 향해 진군해야 하는 이스라엘은 두려움을 버리고 전진해야 했습니다. 이스라엘은 광야생활 40년 동안 지쳐 있었습니다. 반면 가나안 백성은 요새를 준비하고 높은 성과 싸움준비에 만전을 기하고 있었습니다. 그러므로 이스라엘 백성들은 겁을 먹게 되었던 것입니다. 그때 하나님께서 이스라엘 백성들에게 내가 지금까지도 지켜준 것 같이 인도하고 보호할 것이니 용기 있게 싸우라고 격려하신 것입니다. 즉 이스라엘의 승리가 확실하기에 담대하라고 했습니다. 하나님이 함께 하시면 승리만 있습니다. 우리의 영적전쟁도 마찬가지입니다. 하나님이 함께 하시기에 승리할 수 있습니다. 그러므로 두려워 말고 담대해야 합니다.

또한 전쟁의 승패는 하나님께 달려 있습니다. 가나안에 비하면 이스라엘은 약합니다. 그러나 하나님의 도우심으로 이길 수 있습니다. 성도들의 영적 싸움에도 자신의 능력에 견주어 볼 때 낙심할 수밖에 없습니다. 그러나 하나님이 능력 주시기에 넉넉히 이길 수 있는 것입니다.

마지막으로 하나님이 함께 하시기에 담대해야 합니다. 하나님은 이스라엘과 함께 하셨습니다. 하나님은 성도와 함께 하십니다. 하나님이 함께 하심으로 이스라엘은 위태한데 처하지 않을 것이며 두려워할 필요가 없는 것입니다. 이스라엘이 앞으로 치러야 할 전쟁은 세속전쟁이 아니라 성전 즉 하나님의 명령에 의한 거룩한 전쟁입니다.

두려움은 신앙 있는 성도의 자세가 아닙니다. 항상 영적전쟁에서 담대히 승리하시기 바랍니다.

기도 _ 하나님, 하나님께서 우리와 함께 하심을 믿고 담대히 나가 승리하게 하옵소서.

54. 첫 열매와 십일조를 바쳐라

본문 신 26:1-19 / **찬송** 50장 / **요절** 신 26:16

"이런 일들을 행하는 모든 자, 악을 행하는 모든 자는 네 하나님 여호와께 가증하니라"

하나님은 인간의 생명과 인권을 귀중하게 여기십니다. 신명기 21장은 범인을 알 수 없는 살인사건이 일어났을 때와 포로로 잡아온 자를 아내로 취할 때의 방법에 대한 율법입니다. 포로로 잡혀온 가련한 여인이라도 함부로 학대하거나 감정대로 다루는 일이 없도록 인권을 보호하는 것이 율법의 정신입니다.

22-25장은 선택된 이스라엘 백성들이 가나안 땅에 들어간 후에 이웃과의 관계나 결혼생활 등을 어떻게 할 것인가에 대한 즉 사회생활에 관한 여러 가지 율법들입니다. 26장은 첫 열매를 바칠 때에 어떻게 할 것이며 십일조에 관한 규례로서 신명기의 3대 연설 중 두 번째 연설이 끝나는 부분입니다. 그러니까 5장의 십계명부터 시작된 연설이 26장에서 십일조로 끝을 맺습니다. 이것은 우리를 죄와 사망 가운데에서 구원하신 하나님의 은혜를 감사하는 삶이어야 하며 감사의 삶이 없이는 계명이나 율법을 지킬 수 없다는 사실을 나타내고 있는 것입니다.

첫 열매는 하나님께 바쳐야 합니다. 이것은 모든 것이 하나님께로부터 온다는 사실을 인정하는 신앙 고백입니다. 재물을 가지고 자신의 욕망을 채우기 보다는 하나님께 영광을 돌리고 그 분이 원하시는 뜻을 이루는데 우선적으로 사용해야 된다는 교훈입니다. 십일조에 대해서는 이미 14:28-29절에도 설명되어 있습니다. 그러나 여기서는 제 3년의 십일조에 관한 내용입니다. 이것은 하나님이 명하신 대로 십일조를 올바르고 양심적으로 사용했음을 맹세해야 한다는 것입니다. 십일조를 얼마나 합당하게 사용하는 지에 대해서도 관심을 소홀히 하면 안 됩니다. 특별히 본문에 보면 제 3년의 십일조는 가난한 사람을 돕는데 사용해야 되었습니다. 그리고 아무리 급한 일이 생겼다 해도 십일조의 용도를 바꾸는 일이 있어서는 안 된다는 교훈입니다.

우리는 얼마나 십일조 생활에 성실하며 믿음으로 드리고 있습니까?

기도 _ 사랑의 하나님, 우리에게 행함이 있는 믿음을 주시고 모든 것이 하나님이 주인이라는 사실을 인정하는 삶이 되게 하옵소서.

55. 그리심산의 축복과 에발산의 저주

본문 신 27:1-26 / **찬송** 419장 / **요절** 신 27:1

"모세와 이스라엘 장로들이 백성에게 명령하여 이르되 내가 오늘 너희에게 명령하는 이 명령을 너희는 다 지킬지니라"

이스라엘 사람들에게 주어진 언약과 축복과 저주는 가나안 사람들의 마음속에도 알려지도록 하였습니다. 그래서 가나안 사람들은 에발산의 제단을 보고, 그리심산의 제단도 보고 축복의 선언과 저주의 선언을 알았습니다.

그리심산에는 축복을 선포하기 위해, 에발산에는 저주를 선언하기 위해 각각 6지파씩 양편으로 나누어 서도록 하였습니다. 축복의 산 그리심산에 서도록 되어 있는 6지파는 율법에 순종하는 자들을 상징하고, 저주의 산 에발산에 서도록 되어 있는 자들은 율법에 불순종하는 자들을 상징하는 것입니다. 레위 사람들이 선포하는 저주가 하나 하나 끝날 때마다 모든 백성들은 '아멘' 해야 됩니다. 아멘은 '정말 그러합니다', '진실로 소원합나다'라는 의미가 있습니다.

첫 번째 저주가 우상숭배 죄이고 두 번째 저주는 부모를 무시하거나 저주하는 죄입니다. 다음은 형제를 실족케 하는 일이요, 다음은 성적인 범죄에 관한 저주입니다. 12가지 저주가 나오는데 마지막 저주는 율법의 모든 말씀을 실행치 아니하는 자에 관한 저주입니다.

사실 인간은 12가지 뿐 아니라 백의 백가지가 다 저주받을 일들입니다. 행위가 완전하며 의로운 자는 한 사람도 없습니다. 예수님께 우리 대신 저주를 받으심으로 저주의 대상인 우리가 축복의 대상이 된 것입니다.

28장은 축복과 저주의 내용입니다. 순종에 대한 축복과 불순종에 대한 저주입니다. 하나님은 우리가 순종하여 끝없이 복을 받기를 원하십니다. 우리는 새로운 피조물이 되었으니 순종하여 금생과 내생의 복을 받으시기 바랍니다.

기도 _ 복주시기를 원하시는 하나님, 그리심산의 축복의 선포가 우리의 것이 되게 하옵소서.

56. 순종의 축복과 불순종의 저주

본문 신 28:1-24 / **찬송** 429장 / **요절** 신 28:1

"네가 네 하나님 여호와의 말씀을 삼가 듣고 내가 오늘 네게 명령하는 그의 모든 명령을 지켜 행하면 네 하나님 여호와께서 너를 세계 모든 민족 위에 뛰어나게 하실 것이라"

하나님은 복의 근원이십니다. 기독교의 복은 물질적이고 현세적이기 보다는 영적이고 내세적인 복을 더 추구합니다. 그렇다고 현세적이고 물질적인 복을 도외시하는 것은 아닙니다. 실제로 하나님께서는 물질적인 복까지도 주십니다. 그런데 우리가 복을 누리려면 한 가지 조건이 전제되어야 합니다. 그것은 하나님의 말씀을 준수해야 한다는 것입니다. 신명기 28장은 하나님의 율법 준수를 명하고 있습니다.

하나님의 명령과 율법, 그 말씀을 순종하면

첫째, 평안의 복을 받습니다.

하나님이 원수 마귀를 물리쳐 주시고 대적을 막아주시고 지켜주시기 때문에 안전합니다. 안전하면 평안한 것입니다. 세상의 찰나적인 평안이 아니라 영원한 평안이요 영적인 평안이며 믿음, 소망, 사랑의 평안입니다.

둘째, 물질 풍족의 복을 받습니다.

물질적으로 풍족하게 됩니다. 아브라함은 은, 금이 풍족해졌습니다. 욥도 훗날에 배나 축복을 받았습니다. 하나님은 창조주요 만물의 주인입니다. 우리가 하나님의 말씀을 순종하면 꾸어줄지라도 꾸지 않게 됩니다.

셋째, 뛰어나게 되는 복을 받습니다.

하나님이 명철과 지혜를 주심으로 뛰어나게 됩니다. 요셉이 그랬고, 모르드개, 에스더가 그러했으며 다니엘이 그러했습니다.

하나님의 말씀을 순종치 않고 인간의 지혜나 수단을 꾀하는 자는 결국 곡식의 이삭같이 베임을 당하게 되는 것입니다. 여호와를 섬기지 않고 불순종하면 끊임없이 환난을 당하고 물질적으로 빈곤하며 결국 인간이하의 대접을 받게 됩니다.

기도 _ 축복주시기를 원하시는 하나님, 우리의 마음과 몸과 삶을 통해 하나님께 충성과 복을 받게 하옵소서.

57. 회복시키시는 사랑의 하나님

본문 신 30:1-8 / 찬송 255장 / 요절 신 30:8

"너는 돌아와 다시 여호와의 말씀을 청종하고 내가 오늘 네게 명령하는 그 모든 명령을 행할 것이라"

하나님께서는 이스라엘과 더불어 언약을 맺으셨습니다. 이스라엘 백성들이 실수하고 범죄했을지라도 회개하면 회복시켜 주신다고 약속했습니다. 하나님은 계속해서 너의 하나님 여호와를 사랑하고 그 규례와 명령을 지켜 순종할 것을 명했습니다.

누가복음 15:11-32에 탕자가 회개하고 돌아올 때 회복되었듯이 우리가 우리 죄를 자백하면 저는 미쁘시고 의로우사 멸망하지 않고 복 주실 것을 약속하셨습니다. 하나님은 사랑의 하나님이시요, 소망의 하나님이십니다.

회복되는 길은 **첫째, 하나님의 사랑을 믿을 때 회복이 됩니다.**

내가 잘못하므로 저주만 생각하고 하나님의 사랑을 믿지 않을 때는 회복이 불가능합니다. 불순종하면 저주를 내리십니다. 저주는 당연히 환난과 고통을 동반합니다. 그러나 그때 우리는 자신을 살펴보면서 하나님은 사랑의 하나님이심을 깨닫고 믿어야 합니다. 히브리서 12:5-13의 내용처럼 사랑의 채찍이기 때문입니다.

둘째, 하나님은 회개를 기다리시고 회개하면 회복시켜 주십니다. 회개의 과정 없이는 회복도 없습니다. 회복의 복을 받은 자는 반성하고 회개하지만 회복의 복을 받지 못한 자는 회개하지 않습니다. 이스라엘이 그렇게 반복되는 범죄를 저질러도 선지자들의 음성을 듣고 하나님의 말씀 앞에 회개할 때 여러 가지 방법과 모양으로 회복시켜 주셨습니다.

셋째, 순종하면 회복이 됩니다. 불순종으로 징계를 받고 환난을 만났을지라도 다시 순종하면 회복이 됩니다. 과거의 불순종에 사로잡혀서 현재의 순종을 어렵게 해서는 안 되겠습니다. 순종하면 회복이 됩니다.

사랑의 하나님을 만나고 체험해 보시지 않겠습니까? 하나님의 사랑을 믿고 회개하고 순종하십니다. 그러면 회복의 복을 주시는 사랑의 하나님을 체험하게 될 것입니다.

기도 _ 사랑의 하나님, 우리는 자신을 반성하며 회개의 생활을 계속하여 회복의 복을 받게 하옵소서.

58. 하나님께 감사 찬양드려라

본문 신 32:1-20 / **찬송** 31장 / **요절** 신 32:14

"소의 엉긴 젖과 양의 젖과 어린 양의 기름과 바산에서 난 숫양과 염소와 지극히 아름다운 밀을 먹이시며 또 포도즙의 붉은 술을 마시게 하셨도다"

하나님께서 40년 전에 호렙산에서 맺은 언약은 출애굽 1세들이 광야에서 죽었으므로 이제 출애굽 제 2세들과 하나님이 언약을 맺으셨습니다. 그 언약은 근본적으로 같은 것이었습니다.

하나님과 맺은 언약에서 가장 큰 배반은 우상숭배입니다. 하나님은 독초와 쓴 뿌리가 생기지 않도록 경고합니다. 독초와 쓴 뿌리는 악독한 교훈을 주장하며 회개할 줄 모르는 강퍅한 자들을 가리킵니다. 혹시 범죄했을지라도 하나님의 목소리를 듣고 회개하면 용서하시고 축복하신다는 것입니다. 우리 앞에는 생명과 사망과 복과 저주가 있습니다. 살기 위해서 생명을 택하라고 권고하고 있습니다. 하나님의 명령을 지켜 행하면 생명과 번성과 복이 임한다고 했습니다.

31-34장은 신명기의 결론 부분입니다. 모세가 120세에 후계자 여호수아를 세우고 여호수아와 이스라엘 백성들에게 격려를 하고 있습니다. 가나안 땅에 들어갈 수 있다고 격려한 것입니다. 믿음의 사람들은 항상 말이 다릅니다. 좌절시키고 실망시키기 보다는 격려해 줍니다.

모세는 그의 마지막을 노래로 끝을 맺습니다. 역시 멋있는 최후이고 지도자입니다. 모세의 노래의 주제는 하나님이십니다. 하나님의 완전, 공평, 진실, 공의로우심을 노래하며 그에게 감사했습니다.

이스라엘은 오히려 하나님을 원망하고 버리고 이름에 합당하게 살지 못했지만 모세는 이스라엘을 축복했습니다. 33장에 모세의 축복이 기록되어 있습니다. 12지파 하나하나 축복했습니다. 모세는 노래와 축복의 기도를 마치고 곧 그의 생애를 마치게 됩니다. 모세의 축복은 창세기 49장에 야곱의 축복과 비교가 됩니다. 그리고 또다시 하나님을 찬양합니다.

우리도 일생을 통해 하나님을 찬양하며 그를 영화롭게 해야 할 것입니다.

기도 _ 사랑의 하나님, 선택을 잘하고 마지막을 잘 장식할 수 있도록 도와주시옵소서.

역사서

59. 약속의 땅을 정복하라

본문 수 1:1-18 / 찬송 338장 / 요절 수 1:4

"곧 광야와 이 레바논에서부터 큰 강 곧 유브라데 강까지 헷 족속의 온 땅과 또 해지는 쪽 대해까지 너희의 영토가 되리라"

가나안은 약속의 땅입니다. 아브라함에게 주마하고 약속하신 땅입니다. 하나님께서 아브라함에게 두 가지 '큰 민족을 이룰 것과 가나안 땅을 주실 것'을 약속하셨습니다. 이것은 하나님의 섭리요 거저주시는 은혜입니다. 여호수아는 조상들이 우상을 섬김으로 받았던 환난을 상기시키면서 백성들에게 여호와만 섬길 것을 당부했습니다.

여호수아는 모세의 뒤를 이어 위대한 장군으로, 군사 전략가로 이스라엘의 인도자로 충성했습니다. 그는 전적으로 하나님을 의지하는 신앙인이었습니다. 여호수아는 '예수'라는 이름입니다. 예수는 아람어이고 여호수아는 히브리어 이름입니다. 여호수아는 예수님의 그림자입니다.

내가 너와 함께 하리라. 약속의 땅은 여호수아와 이스라엘의 전투만으로 정복하는 것이 아니며 하나님의 인도와 도와주심으로 주어집니다. 가나안 중심 방어지인 여리고에서 정탐꾼들은 라합이라는 기생의 협력을 받게 되었습니다. 그녀는 하나님은 우주의 하나님이심을 믿는 자였습니다.

그녀는 하나님은 지방신이 아니고 애굽에서 기사를 행하신 하늘의 하나님, 온 우주의 신이심을 믿었습니다. 그녀는 이방인이었습니다. 전에는 하나님을 모르고 우상을 섬기는 죄인이었지만 이제 하나님을 알고 믿어 구원을 얻었던 것입니다.

여호수아서는 가나안 입성, 가나안 정복, 가나안 정착에 대한 내용입니다. 이스라엘 백성들은 여호수아의 명령에 '그대로 순종하겠다'고 하였습니다. 오늘날도 교회에서 교인들이 영적지도자를 향해 이러한 아름다운 모습을 보여준다면 약속의 땅, 가나안 정복은 더욱더 힘차게 이루어질 것입니다.

기도 _ 사랑의 하나님, 약속의 땅은 우리 앞에 이루어지고야 말 것을 믿습니다. 믿음 주시고 순종으로 지도자를 따르게 하옵소서.

60. 구원받은 라합

본문 수 2:1-24 / 찬송 252장 / 요절 수 2:21

"라합이 이르되 너희의 말대로 할 것이라 하고 그들을 보내어 가게 하고 붉은 줄을 창문에 매니라"

이스라엘은 가나안에 들어가기 전에 여리고를 정복해야 했습니다. 여리고에 들어간 정탐꾼들은 하나님의 도우심으로 기생 라합을 통해 안전히 정탐활동을 마치고 돌아올 수 있게 되었습니다.

기생 라합은 약속대로 붉은 줄을 매달아 보이게 함으로 보호받고 구원받게 되었습니다. 이것은 이방인이라도 전적으로 하나님을 믿으면 구원받을 수 있다는 진리입니다. 라합이 정탐꾼을 살리기 위해 거짓말을 했습니다. 이것은 거짓말을 합리화할 수 있다는 것이 아닙니다. 이는 정탐꾼을 살리기 위해서는 현실적으로 거짓말이 불가피한 상황이었던 것입니다. 그녀의 거짓말 자체가 구원받게 된 동기가 아니라 하나님께서 그녀의 믿음을 긍휼히 여기셔서 구원해 주신 것뿐입니다. 이것은 전적으로 하나님의 은혜입니다.

다시 말해서 라합은 비록 죄 많은 기생이었고 거짓말을 했음에도 불구하고 그녀의 믿음이 하나님께 인정받게 된 것입니다. 라합이 정탐꾼들에게 구원을 요청한 것은 이스라엘의 하나님을 믿는 믿음 때문이었습니다. 이 여인은 구원의 기회를 잘 포착한 지혜로운 여인입니다. 그리고 붉은 줄은 라합을 구원하기 위한 표식입니다. 이것은 초대교회부터 지금까지 늘 그리스도의 속죄의 피를 예표하는 것으로 이해해 왔습니다.

우리를 죽음에서 구원할 유일한 길은 예수 그리스도의 십자가 보혈뿐입니다. 하나님을 믿는 믿음과 그리스도의 십자가는 죄인이 구원받는 유일한 방법이고 길입니다.

우리는 하나님을 믿는 믿음이 있어야 합니다. 그리고 예수 그리스도의 십자가 보혈을 힘입어야 됩니다. 하나님의 약속에 의해 구원받게 된 하나님의 은혜를 진실로 감사하시기 바랍니다.

기도 _ 은혜로우신 아버지, 이방인인 우리를 구원해 주시니 감사합니다. 하나님의 사랑과 십자가 은혜를 늘 감사하는 생활이 되게 하옵소서.

61. 할례와 유월절

본문 수 5:1-15 / **찬송** 445장 / **요절** 수 5:15

"여호와의 군대 대장이 여호수아에게 이르되 네 발에서 신을 벗으라 네가 선 곳은 거룩하니라 하니 여호수아가 그대로 행하니라"

여호수아는 약속의 땅을 사모했습니다. 요단강을 건너기 전에 요단강가에서 유숙하면서 하나님의 지시를 기다렸습니다. 200만이 넘는 이스라엘 백성이 한꺼번에 요단강을 건너기 위한 인간적인 방법은 전혀 없었습니다. 40년 전에 홍해를 건널 때도 그랬던 것처럼 오직 하나님의 방법으로 이스라엘 백성은 요단강을 건너게 되었던 것입니다. 그것은 언약궤가 앞에 가고 그 뒤를 따르는 것이었습니다. 언약궤는 레위인이 매었습니다.

요단강을 건넌 저들은 요단강 가운데에서 돌을 취하여 '길갈'이라는 곳에서 기념비를 세웠습니다. 이것은 후손들의 귀중한 신앙교육 자료로 삼게 하시기 위함이었습니다. 그리고 길갈에서 할례와 유월절을 행했습니다. 여리고를 공격하려고 진군하기 전에 행해야 할 중요한 일이 이스라엘의 모든 남자들이 할례를 받는 일이었습니다. 왜냐하면 광야 여행기간 동안에 할례를 실시하지 못했기 때문입니다. 유월절 역시 시내산을 떠난 후에 거의 40년간 지키지 못했으므로 지키게 하셨습니다. 그리고 이제부터 하늘의 만나 대신 땅에서 나는 소산을 먹게 되었습니다. 이것은 성도들이 구원받기 이전의 옛 생활의 흔적들을 말끔히 씻어 버리고 새로운 삶을 살아야 될 것을 의미하고 있는 것입니다.

그리고 여리고 전쟁을 앞두고 할례를 행하고 유월절을 행하게 하신 것은 하나님과의 관계를 재정립하는 의미였습니다. 그리고 이것은 육을 버리고 유월절을 통해 신앙공동체 의식을 갖게 하는 의미가 있었던 것입니다.

하나님의 명령에 순종하는 것이 승리의 비결입니다. 신앙의 행위는 비현실적인 것 같고 어리석은 소행 같으나 전쟁은 하나님께 속해 있고 승리도 하나님의 손에 달렸다는 사실을 알아야 합니다. 하나님과의 관계가 잘 정립되고 성도들과의 교제가 이루어지는 결속이 있으면 여리고는 무너지게 되는 것입니다.

기도 _ 능력의 하나님, 하나님께서 우리를 찾아오시고 문제를 해결해 주시고 승리로 이끄시는 분이심을 믿습니다.

62. 승리를 주시는 하나님

본문 수 6:1-7 / **찬송** 359장 / **요절** 수 6:2

"여호와께서 여호수아에게 이르시되 보라 내가 여리고와 그 왕과 용사들을 네 손에 넘겨 주었으니"

하나님의 기묘한 작전계획은 여리고를 무너뜨리고 승리를 가져왔습니다. 엿새 동안 연속 이스라엘 사람들이 성 주위를 소리 없이 한 바퀴씩 돌았습니다. 그때마다 제사장은 하나님의 보좌인 언약궤 앞에서 일곱 번씩 나팔을 불어야 했습니다. 제 7일에는 여리고성을 일곱 번 돌고 제사장은 나팔을 불었습니다. 그 다음에 모든 백성들이 크게 소리 지르면 성벽이 무너지게 함락되는 것이라고 했으므로 그대로 순종했습니다.

하나님의 전지전능하심을 믿음이 없는 인간이, 체험이 없는 교인들이 어찌 측량할 수 있겠습니까? 하나님의 능력을 피조물인 우리 인간은 측량도, 이해도 할 수 없는 것입니다. 하나님은 때때로 인간이 도저히 이해할 수 없는 방법으로 역사하십니다. 인간의 믿음을 시험하시기 위해서 엉뚱한 방법을 요구하시기도 합니다.

하나님께서 아브라함에게 백세에 주셨던 독자를 바치라고 하셨습니다. 그리고 본문에도 가나안 족속을 전멸할 것을 명령했습니다. 여리고성 함락도 터무니없는 전술이었습니다. 이것은 하나님은 우리에게 절대 순종과 인내심을 요구하시는 것입니다. 하나님은 우리에게 이루어 주시되 기다리게도 하시고 기도의 응답을 주시되 한꺼번에 주시지 않을 때도 있으며 승리를 주시되 믿음과 인내를 요구하시기도 합니다.

하나님을 믿는 믿음으로 인내와 순종이 있는 자는 승리의 기쁨을 맛보고야 말 것입니다. 하나님의 일하시는 방법은 우리의 생각을 초월합니다. 그러므로 오로지 믿고 순종해야 합니다.

기도 _ 은혜로우신 아버지, 여리고가 우리 앞에 있습니다. 그러나 여리고가 두려운 것이 아니라 우리의 부족한 인내와 불순종이 두렵습니다. 도와주시옵소서.

63. 실패의 원인
본문 수 7:1-26 / **찬송** 274장 / **요절** 수 7:11

"이스라엘이 범죄하여 내가 그들에게 명령한 나의 언약을 어겼으며 또한 그들이 온전히 바친 물건을 가져가고 도둑질하며 속이고 그것을 그들의 물건들 가운데에 두었느니라"

 신앙은 승리를 가져오고, 자신의 영혼을 구원하고, 가족을 구원의 길로 인도하고, 말씀대로 순종하는 것입니다.
 말씀대로 순종하면 여리고는 무너집니다.
 그러나 죄는 실패를 가져옵니다.
 죄는 하나님이 금하신 것을 행하는 것이며 하나님이 하라는 것을 하지 않는 것입니다. 이스라엘의 승리는 철저한 순종이었습니다. 그러나 아간은 아무것도 취하지 말고 철저히 멸하라는 하나님의 명령을 불순종했습니다. 아간은 개인주의 자였습니다. 이스라엘 공동체에 개인주의는 용납될 수 없습니다. 물질과 욕심은 하나님의 명령도 무시하게 되고 전체의 실패도 생각지 않게 되는 것입니다. 이것은 개인주의가 교회의 부흥을 막는다는 사실을 알게 하여 주시는 교훈입니다.
 아간은 탐욕 때문에 양심의 소리를 외면했습니다. 아간은 물건을 도적질한 후 물건을 공개하지 않고 숨겨 놓았습니다. 이것은 자신도 행동이 옳지않음을 알았다는 증거입니다. 그런데도 불행하게 아간은 양심의 소리를 외면했습니다. 양심의 소리를 들은 요셉은 보디발의 아내의 요구를 거절했습니다. 그러므로 그는 형통하게 되었습니다.
 이스라엘은 아간 한사람의 범죄로 전체 실패를 맛보았습니다. 그러나 지도자 여호수아와 장로들의 기도와 회개로 실패의 원인을 깨닫게 하고 아간과 그가 훔친 것들을 돌로 쳐 죽이고 불사름으로 다시 승리하게 되었습니다. 이것은 죄는 이렇게 무서우며 반드시 형벌이 뒤따르게 되며 회개하면 승리를 가져온다는 진리를 가르쳐 줍니다.

기도 _ 사랑의 하나님, 우리가 실패했을 때 실패의 원인을 성령으로 깨닫게 하시고 회개하므로 새 능력을 얻어 승리하게 하옵소서.

73

64. 여호수아의 실수

본문 수 9:1-27 / 찬송 543장 / 요절 수 9:27

"그 날에 여호수아가 그들을 여호와께서 택하신 곳에서 회중을 위하며 여호와의 제단을 위하여 나무를 패며 물을 긷는 자들로 삼았더니 오늘까지 이르니라"

이스라엘의 여리고 정복 소문은 가나안 모든 족속에게 퍼졌습니다. 가나안 족속은 공포에 떨었습니다. 그래서 가나안 여러 왕들이 서로 동맹하여 이스라엘을 대적하려고 했습니다. 그런데 그중에서 기브온 거민들은 이스라엘과 화친을 맺기 위해 사신들을 보내었습니다. 여호수아는 그들에게 속아서 화친조약을 맺게 되었습니다. 기브온의 교활한 전법에 속았습니다. 불행하게도 여호수아는 이 문제에 있어서 여호와의 뜻을 묻지 않았습니다. 여호수아는 기브온 사신들의 말솜씨에 매혹되어 그들과 계약을 맺었던 것입니다.

여호수아가 여호수아 된 것은 하나님의 은혜입니다. 조금 방심한 것이 큰 실수였습니다. 조금이라도 기도하지 않고 방심하면 마귀의 올무에 넘어가고야 맙니다. 결국 여호수아도 속은 줄 알았습니다. 그러나 자기의 맹세를 지켜야 했습니다. 그 대신 기브온 거민들로 하여금 회중을 위하여 여호와의 단을 위해 나무를 패며 물 긷는 자가 되도록 했습니다.

후대에 사울왕이 기브온 사람들을 학살하였는데 그 결과 무서운 재앙인 3년 기근이 있었습니다. 그 기근은 사울의 몸에서 난 일곱 아들이 처형당함으로 그치게 되었습니다. 실수로 했던 맹세도 하나님의 이름으로 한 것은 지켜야 했던 것입니다. 우리는 함부로 서약해서는 안 됩니다. 그러나 일단 맹세하거나 서약했으면 무슨 일이 있어도 지켜야 하는 것입니다.

자기 과신에 빠지지 말아야 하겠습니다. 하나님께 기도하지 않으면 영안이 어두워집니다. 마귀는 거짓의 아비이기에 가면술이 뛰어납니다. 하나님이 인도해주시지 않으면 아무리 위대한 지도자라도 실수하게 됩니다. 오늘도 주님의 인도를 기도해야 합니다.

기도 _ 우리의 목자 되시는 하나님, 우리 인생의 전폭을 목자 되신 주님께 맡기게 하옵소서.

65. 이스라엘의 승리

본문 수 12:1-24 / **찬송** 358장 / **요절** 수 12:6

"여호와의 종 모세와 이스라엘 자손이 그들을 치고 여호와의 종 모세가 그 땅을 르우벤 사람과 갓 사람과 므낫세 반 지파에게 기업으로 주었더라"

이스라엘이 가나안 땅을 점령하는 방법은 하나님의 명령에 순종하는 것이었습니다. 가나안 남부에서는 다섯 왕들이 이스라엘과 대항하기 위해 동맹을 맺었습니다. 그래도 태양이 기브온 위에 머물고 달이 머무는 기적으로 남부전쟁에서 승리했습니다. 남부지역의 요새들을 하나 하나 점령하고 이스라엘은 계속 북진하였습니다. 북쪽에서도 연맹이 결성되었습니다. 그러나 메롬 호수의 전투에서 그 연맹을 정복하여 역시 승리를 거두었습니다. 12장에는 패배한 가나안 땅의 왕들의 명단이 기록되어 있습니다.

우리가 여기에서 깨달을 수 있는 것은 아모리 다섯 왕들이 연합하듯이 악한 세력들은 서로서로 원수 상태에 있다가도 성도들을 넘어뜨리기 위해서는 연합한다는 것입니다. 그 연합의 목적이 이스라엘을 무너뜨리는 것처럼 교회를 무너뜨리기 위해서는, 하나님의 백성을 파멸시키기 위해서는 죄악의 세력이 단결합니다. 그러므로 우리는 항상 기도하여 영적으로 무장해야 하는 것입니다. 하나님이 함께 하는 자는 무너뜨릴 수 없습니다. 하나님이 대신 싸워 주시기 때문입니다. 주님은 당신을 따르는 연약한 성도들을 위해 승리를 예비해 두셨습니다.

로마서 8:37에 "이 모든 일에 우리를 사랑하시는 이로 말미암아 우리가 넉넉히 이기느니라"고 했습니다. 악한 세력이 동맹을 결성하면 강할 것 같아도 결국은 멸망합니다. 악인의 세력은 순간적이며 그 종말은 비참합니다. 진흙이 토기장이를 이길 수 없습니다. 승리는 하나님의 손에 달려 있습니다. 빛이 나타나면 어두움은 사라지게 되어 있습니다.

사랑하는 성도 여러분, 우리는 악한 세력에 위축되거나 숫자에 압도당하지 말아야 합니다. 승리는 하나님이 함께 하시는 우리의 것입니다. 강하고 담대하게 나아갑시다.

기도 _ 능력 많으신 하나님 아버지, 하나님은 우리 편이시기에 승리는 우리의 것이라는 확신을 주시옵소서.

66. 가나안 땅의 분할

본문 수 19:1-16 / 찬송 246장 / 요절 수 19:1

"둘째로 시므온 곧 시므온 자손의 지파를 위하여 그들의 가족대로 제비를 뽑았으니 그들의 기업은 유다 자손의 기업 중에서라"

이스라엘 백성들에게 젖과 꿀이 흐르는 가나안 땅은 분할되었습니다. 아직 정복하지 못한 땅까지 다루고 있습니다. 레위지파 외에는 다 땅을 기업으로 분배받았습니다. 레위지파는 하나님이 친히 기업이 되시기 때문에 땅을 기업으로 받지 않았습니다. 즉 레위지파는 이스라엘 백성들이 바치는 십일조를 그들의 몫으로 삼게 되어 있기 때문입니다.

13-19장까지는 계속 땅 분배의 내용입니다. 하나님은 신실하신 분이십니다. 이스라엘의 새로운 삶의 터전을 젖과 꿀이 흐르는 땅으로 정해주셨습니다. 인간은 변하지만 하나님은 변하지 않습니다. 여호수아가 하나님의 명령에 의해 땅을 분배하듯이 만왕의 왕 우리 예수님께서 성도들에게 영원한 가나안 땅을 분배해 주실 것입니다.

우리가 영원히 거할 곳은 광야 같은 이 땅이 아닙니다. 요한계시록은 영원한 가나안을 소개하는 내용입니다.

가나안이 약속을 믿는 자에게, 순종하는 자에게, 그리고 현실적으로 이루어졌듯이 천국도 현실적으로 이루어집니다.

의심하고 원망하고 불평하는 자는 가나안을 분배받을 수 없습니다.

우리는 착하고 충성된 종이 되어 열 고을을 차지하는 영광이 있기를 바랍니다. 그때를 기대하며 즐거워하며 감사합시다.

기도 _ 신실하신 하나님, 하나님의 신실하심을 믿고 오늘도 순종케 하시고 감사케 하옵소서.

67. 도피성 되시는 예수님

본문 수 20:1-6 / **찬송** 70장 / **요절** 수 20:3

"부지중에 실수로 사람을 죽인 자를 그리로 도망하게 하라 이는 너희를 위해 피의 보복자를 피할 곳이니라"

도피성은 우발적으로 살인한 자들을 위한 피난처입니다. 도피성은 요단 동편에 3개, 서편에 3개가 있습니다. 그리고 빨리 도망갈 수 있도록 길이 잘 닦여 있었습니다.

인간은 연약합니다. 우리 인간은 정말 연약한 육체와 정신의 소유자입니다. 그러므로 부지중에 실수를 많이 합니다. 전혀 예기치 못했던 상황에서 범한 실수 그것이 인간입니다. 여섯 곳의 도피성도 부지중에 살인을 하여 율법적 정죄로 죽을 수밖에 없을 때 피할 곳으로 하나님께서 이스라엘에게 주신 것입니다. 하나님은 인간의 연약함을 아십니다. 하나님은 우리를 지으신 분입니다. 그리고 범죄로 인해 약해질 대로 약해진 인간임을 아십니다. 우리의 연약함을 아시는 하나님은 자비를 베푸시고 피할 길을 주십니다. 예수님은 우리의 연약함을 감당하시기 위해 하나님으로부터 보냄을 받으신 구세주이십니다.

도피성은 예수 그리스도를 나타내고 있습니다. 누구든지 그리스도에게 피하면 살 수 있습니다. 살인자가 살아날 길은 도피성 외에는 없듯이 죄인이 사는 길은 예수 그리스도 밖에는 없습니다. 그러므로 우리는 우리의 잘못을 깨닫고, 죄인임을 깨닫고, 주님께만 살길이 있음을 믿고 주님께 나아가야 합니다.

사랑하는 성도 여러분, 우리는 더럽고 추한 죄와 허물로 죽을 수밖에 없었습니다. 그러나 하나님의 사랑과 자비로 도피성 되시는 예수 그리스도를 주심으로 살 길을 얻었습니다. 우리는 주님을 떠나지 말고 그분 안에서 새생명의 삶을 영원히 누려야 하겠습니다.

기도 _ 우리의 도피성 되신 예수님, 죄인에게 새 생명 주신 주님의 은혜를 감사합니다. 주님 안에서 절대 안전함을 주시는 하나님의 자비와 사랑에 힘입어 주님 안에 거하게 하옵소서.

68. 레위 자손의 요구

본문 수 21:1-12 / 찬송 510장 / 요절 수 21:3

"이스라엘 자손이 여호와의 명령을 따라 자기의 기업에서 이 성읍들과 그 목초지들을 레위 사람에게 주니라"

　레위 자손들은 하나님께 바친 자들입니다. 그들은 율법을 낭독하는 일, 찬송의 직무, 제사장의 직무 등을 감당했습니다. 영적인 일을 맡아 이스라엘의 영적인 순결을 보호하는 일인 것입니다. 레위 지파들은 기업이 없었으나 그들의 요구에 의하여 기업을 분배받게 되었습니다. 이것은 하나님께서 모세에게 명하셨던 말씀에 근거한 정당한 요구였습니다. 여호수아는 제비뽑아 48개 성읍과 그에 속한 들을 허락했습니다.

　오늘날 교회에서도 복음사역자들이 생계를 교회에 의존하고 있는 것은 하나님께서 정하신 원칙에 의한 것이지 결코 인간의 호의가 아닙니다.

　레위인들이 한곳에 모여서 살지 않고 흩어져 살도록 한 것은 전 지역에 거주하면서 영적인 영향력이 미치도록 하기 위함입니다. 너희는 세상의 소금이라고 했습니다. 모여 있는 소금에서 흩어지는 소금이 되어야 합니다. 요소 요소에서 부패를 막는 역할을 해야 하고 영적인 순결을 보호케 하는 역할을 해야 하는 것입니다.

　여호수아서에는 항상 배교의 위험성이 지적됩니다. 아간의 사건, 브올의 범죄, 그리고 22장에 보면 요단 언덕에 커다란 단을 쌓는 사건이 발생하였습니다. 신앙 좋은 비느하스의 지혜로 문제가 해결되었던 것처럼 신앙 좋은 한 사람이 얼마나 큰 영향을 미치는가를 알아야 합니다.

　영적인 레위 자손인 우리 성도는 이 시대의 부패와 파멸을 막는 빛과 소금의 역할 그리고 역사의 주인공이 되어야 할 것입니다. 영적인 영향력을 잃어버릴 때 하나님의 진노는 막을 길이 없을 것입니다.

기도 _ 하나님, 저들은 꺼져가는 심지 같사오니 우리가 빛의 역할을 다하도록 도와주옵소서.

69. 하나님을 친근히 하고 그분만을 섬겨라

본문 수 23:1-16 / **찬송** 338장 / **요절** 수 23:8

"오직 너희의 하나님 여호와께 가까이 하기를 오늘까지 행한 것 같이 하라"

여호수아 23장에서는 아간의 범죄와 브올의 범죄와 같은 죄를 짓지 않으려는 이스라엘의 헌신된 모습을 발견할 수 있습니다. 그리고 24장에는 여호수아의 고별사가 기록되어 있습니다. 여호수아의 고별사는 모세의 고별사의 반복입니다.

이스라엘 백성들에게는 바알 숭배를 흉내 내는 것도 금지되었습니다. 언약을 어겼을 때는 반드시 벌을 내리셨습니다. 언제나 이스라엘 백성들은 하나님이 하신 일을 잊어버리지 말아야 합니다. 그리고 앞으로 하실 일도 믿고 잊지 말아야 합니다. 하나님을 친근히 하고 그분만을 순종해야 합니다. 죄악된 무리와는 교제를 말아야 하며 언제나 축복과 저주를 염두에 두고 살아야 합니다.

하나님은 자기 백성이지만 자신의 명령을 따르지 않을 때는 불길한 일도 임하게 하실 수 있습니다. 그러므로 하나님의 선택받은 자녀라고 해서 아무렇게나 살아도 하나님의 은총이 임한다고 생각해서는 안 됩니다. 하나님을 순종하고 사랑하는 자에게는 하나님의 선하심과 축복이 넘칩니다. 불순종한 자들에게는 진노가 임하는 것이 하나님의 공의입니다.

오늘도 우리는 하나님을 친근히 알고 그분만을 순종합시다. 하나님보다 더 귀하고, 하나님보다 더 관심을 가져야 할 것은 없습니다. 사정없이 밀어닥치는 가나안 민족과 같은 우상의 사상과 세속의 물결, 혼란한 사탄의 수단에 넘어지거나 속지 맙시다. 우리의 삶속에 철저히 죄의 요소들을 추방하지 않으면 그것이 우리의 앞날을 괴롭히는 요소들이 될 것입니다. 우리에게는 아직도 철저히 내어버리지 못한 세상의 죄와 끊어버리지 못한 달콤한 유혹, 세상의 환락들이 남아있지 않습니까?

이 시간 성령의 도우심을 간구하면서 마음에 다짐하는 시간이 되시기 바랍니다.

기도 _ 능력의 하나님, 우리는 하나님의 선택받은 자녀임을 믿습니다. 그러나 우리는 약하고 부족합니다. 우리의 결심위에 성령의 능력을 주셔서 세상과 구별되게 하옵소서.

70. 신앙은 곧 결단입니다

본문 수 24:1-19 / 찬송 325장 / 요절 수 24:16

"백성이 대답하여 이르되 우리가 결단코 여호와를 버리고 다른 신들을 섬기기를 하지 아니하오리니"

여호수아의 생애가 끝이 나면서 여호수아서는 끝납니다. 여호수아는 23장에서 이스라엘 백성을 불러 모으고 지도자를 불러서 하나님의 은혜를 회고하며 하나님만 섬길 것을 다짐합니다. 모든 백성들은 긍정적인 반응을 보였고 정녕 하나님만 섬기겠다고 약속을 했습니다. 여호수아는 성소 곁에 큰 돌을 세우고 언약의 증표를 삼게 했습니다.

여호수아는 후회할 것이 없는 삶을 살았습니다. 그리고 자기의 사명을 최선을 다해 감당하는 생애를 살았습니다. 여호수아는 최후의 순간까지 하나님 제일주의로 살았습니다.

사람은 시작도 중요하지만 마지막이 더 중요합니다. 여호수아는 이스라엘의 결단을 자신을 증인으로 삼고 언약의 증거로 큰돌을 세웠습니다. 여호수아의 관심은 이스라엘 백성들의 앞날에 변함없는 신앙을 갖는 것이었습니다. 최후의 순간까지 신앙문제를 제일 중요시 여겼다는 사실을 우리는 기억해야 합니다. 사람의 최후의 순간에는 평소에 가지고 있는 생각이 드러나게 됩니다. 형식과 외식이 그때에 탄로 나게 되는 것입니다. 평소에 형식과 외식의 생활을 했다면 임종 시에 드러나는 경우가 많습니다.

여호수아는 이스라엘 백성들에게 결단을 촉구하며 거룩한 결단을 시키고 그의 생애를 마치게 됩니다. 신앙생활을 결단이며, 고백이요 약속입니다. 이 시간도 오늘을 어떻게 살아야겠다고 다짐하며 결단하시기 바랍니다.

과거의 체험적 신앙만 강조하고 오늘의 결단이 없다면 범죄에 빠지게 됩니다. 말씀대로 순종하며 살겠다고 결단하는 시간이 되기를 바랍니다.

기도 _ 사랑의 하나님, 우리의 몸도, 생각도, 삶도 주님이 주장하여 주시옵소서.

71. 자기의 소견대로 살지 말자

본문 삿 1:1-10 / **찬송** 302장 / **요절** 삿 1:2

"여호와께서 이르시되 유다가 올라갈지니라 보라 내가 이 땅을 그의 손에 넘겨주었노라 하시니라"

사사기는 여호수아 죽음으로부터 사무엘 시대에 이르는 이스라엘 백성들의 종교적 사회적 형편을 알려주는 내용입니다. 사사기의 요절은 17:6입니다. "그때는 이스라엘의 왕이 없으므로 사람마다 자기 소견의 옳은 대로 행하였더라"

사사기의 기록 목적은 당시 부패와 혼란에 빠진 이스라엘인들에게 불순종하면 필연적으로 심판이 오며 회개하면 구원을 얻는다는 것을 교훈하는 것입니다. 하나님은 어려울 때마다 그 시대에 필요한 사람을 예비하시고 세우십니다. 백성들이 절망 가운데서 부르짖을 때마다 하나님은 사사를 부르시고 백성들을 압제자의 손에서 구원하셨습니다.

사실 이스라엘은 지도자 여호수아가 죽은 후 약 350년간 암흑 속에 빠지게 됩니다. 그러나 하나님은 끈질기게도 자기 백성을 사랑하시고 불쌍히 여기시며 자비를 베푸신다는 것입니다. 당신의 백성이지만 잘못할 때는 가차없이 심판하시고 또 회개하도록 만드셔서 구원하셨습니다.

사사기의 저자는 분명치 않습니다. 그러나 일반적으로 사무엘이나 그의 제자들이 기록했을 것으로 추측합니다. 우리는 사사기를 통하여 우리의 생각이 하나님의 생각과 얼마나 거리가 멀다는 것을 알아야 됩니다.

이사야 55:8-9에 "여호와의 말씀에 내 생각은 너희 생각과 다르며 내 길은 너희 길과 달라서 하늘이 땅보다 높음같이 내 길은 너희 길보다 높으며 내 생각은 너희 생각보다 높으니라"

우리는 언제나 하나님의 뜻을 먼저 찾고 하나님의 뜻이 무엇인가를 생각해야 됩니다. 내 생각이나 이스라엘 백성들처럼 자기 소견대로 행하면 하나님의 뜻을 거스리게 되고 하나님의 뜻을 거스리면 하나님의 심판을 면할 길이 없습니다. 오늘도 내 소견대로 행하므로 혼란과 암흑에 빠지지 않도록 노력해야 할 것입니다.

기도 _ 사랑의 하나님, 우리의 영을 밝고 맑게 해 주셔서 주님의 뜻을 바로 깨닫게 하시고, 하나님의 뜻에 맞는 삶을 살게 하옵소서.

72. 하나님께 순종합시다

본문 삿 1:11-36 / **찬송** 449장 / **요절** 삿 1:20

"그들이 모세가 명령한 대로 헤브론을 갈렙에게 주었더니 그가 거기서 아낙의 세 아들을 쫓아내었고"

　이스라엘 백성들이 가나안 땅을 정복하는 데는 완전한 하나님의 은혜였습니다. 이것은 우리가 하나님의 은혜로 천국을 소유하게 된 것과 같습니다. 그러나 이스라엘 백성들은 순전히 하나님의 능력으로 정복되었음에도 불구하고 여러 가지 이유를 들어 불순종하고 가나안 잔류 백성들과 적당히 타협했습니다. 그것 때문에 이스라엘 백성들은 심각한 고통에 시달리기도 했으며 후에는 큰 화를 당하기도 했습니다.

　하나님의 능력을 이렇게 체험하고도 깨닫지 못하고 배반하고 불순종하는 것이 오늘 우리들의 모습이기도 합니다. 물론 이스라엘 백성들이 처음엔 훌륭했습니다. 먼저 하나님께 묻고 하나님의 도우심으로 승리했습니다. 그러나 지도자 여호수아가 죽고 차츰 세월이 흐르자 그들은 헤이해졌고 적당히 타협했습니다. 그 결과 가나안 족속에 동화되기 시작했던 것입니다.

　우리가 경계하고 조심하지 아니하면 성령으로 시작했다가 육체로 마치는 어리석음을 저지르게 됩니다. 하나님께서 가나안 족속을 철저히 몰아내라고 했습니다. 그러나 유다 지파는 가나안 족속을 많이 몰아내기는 했으나 철저히 몰아내지는 못했습니다.

　하나님이 시키는 대로 하면 철병거를 가진 골짜기의 거민들이라도 다 물리치고 승리케 해 주실 것인데 두려움 때문에 싸우지 않았습니다. 이것이 화근이 된 것입니다. 그것은 이스라엘은 농사의 경험이 없었습니다. 그렇기 때문에 자연히 하나님을 전적으로 의지하기보다 농사의 경험이 많은 그들을 의지하고 그들이 섬기는 농사를 위한 우상숭배의 풍습을 따르게 되었던 것입니다.

　우리는 성도의 순결을 보호하기 위해 악인의 꾀를 좇지 아니하며 오만한 자의 자리에 앉지도 말아야 합니다. 돼지우리에 살면서 돼지 냄새가 나지 않게 할 수는 없습니다.

기도 _ 순종을 원하시는 하나님, 오늘도 오직 하나님만 바라보고 철저히 순종하여 승리의 삶 되게 하옵소서.

73. 세속화는 파멸이다

본문 삿 3:1-11 / 찬송 420장 / 요절 삿 3:7

"이스라엘 자손이 여호와의 목전에 악을 행하여 자기들의 하나님 여호와를 잊어버리고 바알들과 아세라들을 섬긴지라"

　구약시대의 문화의 중심은 종교였습니다. 위대한 건축은 신전이며, 그림은 신의 그림이며, 조각은 신상(종교에 관계된 조각상)입니다. 또한 위대한 음악도 숭배의 대상에 쓰인 음악입니다. 옛날에는 주로 왕을 신격화해서 백성들을 통솔했습니다. 이스라엘 백성들은 가나안에 들어가자 가나안의 풍속에 물들었습니다. 끊임없이 반역하게 됩니다. 그럴 때 하나님이 심판하셨습니다. 그러나 다행히 그들은 고통 가운데서 하나님을 찾고 부르짖게 되었습니다. 하나님께서는 사사 웃니엘, 에훗, 삼갈을 통해서 구원해 주셨습니다.

　모압왕 에글론이 암몬사람과 아말렉사람까지 합세하여 연합국을 만들어 가지고 와서 이스라엘을 점령했습니다. 18년 동안 괴롭게 했는데 그때 하나님께서 베냐민 사람 게라의 아들 왼손잡이 에훗을 세우셔서 에글론을 죽이고 이스라엘을 구원했습니다. 다음 아낫의 아들 삼갈이 소 모는 막대기로 블레셋 사람 600명을 죽이고 이스라엘을 구원했습니다. 여기에 나타난 적들은 메소포타미아, 모압, 암몬, 아말렉, 블레셋입니다. 메소포타미아는 아브라함의 옛 고향 지역입니다. 암몬과 모압은 성경대로는 롯에게서 나온 민족입니다. 큰 딸에게는 모압이 나오고 작은 딸에게는 암몬이 나왔습니다. 아말렉은 에서의 후손들로 보는데 베드윈들입니다. 블레셋은 지금의 가자(Gaza) 입구라고 말하는 애굽과 이스라엘의 중간 지중해 연한 일대에 오래전부터 점령해 살던 민족으로 싸움을 잘하는 자들입니다. 사방으로 약탈을 많이 했습니다. 이 블레셋 민족도 함의 자손으로 봅니다. 본래 팔레스틴이란 말이 블레셋족이라는 의미입니다. 이들은 이미 우상이 그들의 주 신입니다. 모압의 주신은 그모스입니다. 암몬의 주신은 몰록입니다. 그모스나 몰록은 어린 아이를 불 가운데 집어 넣는 제사를 드리는 우상입니다.

　이스라엘은 벌써 이런 풍습에 동요되고 있었습니다. 여호수아 시대 사람들이 늙고 그 다음시대 사람들이 주를 이루고 있었습니다.

기도 _ 하나님, 우리는 아무리 오랫동안 훈련되어도 타락하고 쉽게 오염된다는 것을 깨닫습니다. 오늘도 주님만을 순종하고 세속화 되지 않게 도와주옵소서.

74. 기드온을 사용하시는 하나님

본문 삿 6:1-40 / 찬송 360장 / 요절 삿 6:16

"여호와께서 그에게 이르시되 내가 반드시 너와 함께 하리니 네가 미디안 사람 치기를 한 사람을 치듯 하리라 하시니라"

4장에서는 드보라, 바락을 통해 곤경에 처한 이스라엘은 구원하는 내용입니다. 이스라엘의 역사는 하나님을 배역하고 징계 받고 부르짖고 구원되는 역사의 반복입니다. 5장은 가나안 왕 야인과의 전투에서 기적적인 승리를 거둔 후의 기쁨과 승리의 찬송입니다. 그러나 이스라엘은 거기에서 끝나지 않고 또다시 범죄하여 미디안을 통해 징벌을 받게 됩니다. 다시 고통 중에 부르짖는 이스라엘을 긍휼히 여기셔서 요아스의 아들 기드온을 불러 사용하셨던 것입니다. 다시 강조합니다만 우리는 사사기를 통해 하나님은 한없이 사랑이 많으신 분이심을 실감합니다. 그리고 이스라엘은 개가 토한 것을 도로 먹듯이 한없이 매를 맞으면서도 또 넘어지고 또 세속화 되었습니다. 이것이 오늘 우리의 모습이기도 합니다. 하나님께서 이스라엘에게 당부한 것은 가나안에 들어가면 그땅 백성의 풍습을 본받지 말고 그 땅 사람들의 자손과 결혼도 하지 말라고 했습니다. 그런데 그들은 결혼했습니다.

하나님의 명령대로 싹 쓸어버리지도 않고 불순종했습니다. 이것이 이렇게 무서운 실패의 반복이 될 줄 이스라엘은 몰랐던 것입니다. 우리는 하나님께 철저히 순종해야 합니다. 순종에는 언제나 하나님의 보장이 있습니다. 이스라엘은 가나안 원주민의 우상인 바알과 아세라 목상 우상에 빠졌습니다. 그때 이스라엘과 좋은 관계에 있던 미디안 사람들이 이스라엘이 살고 있는 산지를 점령하고 올라오고 아말렉과 동방 사람들도 올라왔습니다. 사실 미디안은 모세의 처가의 후손들입니다.

하나님께 불순종하면 자식도 원수가 되어 치게 하실 수도 있고, 어제까지의 동지가 적이 되기도 해서 징계의 도구로 사용하시는 것입니다. 이스라엘의 유일한 소망은 회개와 부르짖음입니다. 이스라엘이 또다시 부르짖으니까 하나님이 기드온을 보내셨던 것입니다.

16절, 하나님께서 미디안치기를 한사람 치듯 하리라고 약속하셨습니다. 하나님은 하나님의 사람을 세우셔서 이스라엘을 구원하셨던 것입니다.

기도 _ 사랑의 하나님, 오늘도 나를 사용하시어 당신의 뜻을 이루게 하옵소서.

75. 기드온 300명 용사
본문 삿 7:1-25 / 찬송 352장 / 요절 삿 7:9

"그 밤에 여호와께서 기드온에게 이르시되 일어나 진영으로 내려가라 내가 그것을 네 손에 넘겨 주었느니라"

기드온을 따라 므낫세, 아셀, 스불론, 납달리 지파에서 모여든 군사들은 모두 32,000명이었습니다. 그런데 적군(미디안)의 수는 해변의 모래같이 많고 군사는 메뚜기 떼 같은데 비해 너무나 적습니다. 그런데도 하나님께서는 너무 많다고 하셨습니다. 그것은 그들이 승리한 후에 "내 손이 너를 구원하였다" 하여 하나님을 거스려 교만할까 해서 300명만 남게 하여 승리케 하신 것입니다. 군사를 고르는 데도 하나님께서 제시하신 방법으로 많은 쪽을 돌려보내는 방법이었습니다.

전쟁은 하나님께 속한 것입니다. 마찬가지로 구원도 하나님께로부터 오는 것입니다. 그의 은혜가 아니면 구원이란 있을 수 없습니다.

이스라엘의 승리는 기드온이 위대하거나 300명 용사의 이상한 전통에 있는 것이 아니라 철저한 순종과 하나님의 절대 간섭에 기인한 것입니다.

믿음이란 바로 하나님의 뜻과 말씀에 전적인 순종을 의미합니다. 기드온은 하나님의 특별 역사를 기대했습니다.

사실 지상교회는 전투교회입니다. 전투교회의 승리는 믿음이 좌우하는 것입니다. 우리가 세상과 죄와 마귀와의 싸움에서 전적 하나님의 방법을 따르는 순종이 있다면 백전백승하는 것입니다. 신령한 전사는 믿음의 확증과 용기가 있어야 합니다. 거룩한 전쟁은 믿음과 의지만으로 되는 것입니다.

영적 전투장인 오늘의 삶 속에 승리를 원하십니까? 하나님의 방법에 순종하시기 바랍니다.

기도 _ 우리의 대장이 되신 하나님, 우리에게 믿음을 더 하셔서 영적 싸움과 육적 싸움에서 승리하게 하옵소서.

76. 타락해 가는 이스라엘

본문 삿 10:1-18 / **찬송** 255장 / **요절** 삿 10:13

"너희가 나를 버리고 다른 신들을 섬기니 그러므로 내가 다시는 너희를 구원하지 아니하리라"

이스라엘 백성들은 유목민 생활을 했으나 가나안 땅에 들어간 후 농경민족으로 바뀌었습니다. 농사를 짓기 위해서는 가나안 사람들의 가르침을 받아야 했기에 그들이 농사의 신들을 섬기는 우상행위도 따르게 되었습니다. 하늘이 비를 주지 않으면 열매를 기대할 수 없는 지중해성 기후로 가나안 땅에서는 그 어느 민족보다 종교성이 강하지 않을 수 없었던 것입니다. 풍년을 보장해 주는 신은 남신인 태양신 바알과 여신 아스다롯이었습니다. 이 여신과 남신의 성적 연합의 즐거움은 풍년을 보장해준다고 믿었습니다. 그러므로 그들의 제사의식 가운데는 이러한 성적인 연합을 죄악시하기 보다는 장려되었던 것입니다. 바알은 날씨와 비를 다스리는 신이고, 아스다롯은 다산(多産)과 성(sex)을 주관하는 여신입니다. 바알을 '경애하는 우리 주'라고 불렀습니다.

이스라엘 백성들은 하나님의 명령대로 가나안 인을 추방하는데 게을리 했고 그들과 통혼했습니다. 여호와의 언약을 경히 여김으로 진노를 사게 되었습니다. 그들이 원수의 공격으로 곤경에 빠지게 되자 여호와께 도움을 요청했고 여호와께서는 사사를 보내셔서 구원해 주셨습니다. 그러나 위기가 지나면 백성들은 또 동일한 죄에 빠지곤 했습니다. 배교, 심판, 회개, 구원, 또 배교 이렇게 반복이 되었습니다. 사사들 역시 그 시대의 정신에 영향을 받았습니다. 바락은 두려움이 많았고, 기드온은 승리 후에 인위적인 종교에 빠져드는 죄를 지었고, 기드온의 아들들은 세겜에서 왕으로 선포 되었습니다. 심지어 성소가 이방신 바알브릿을 예배하는 장소로 변하였고, 아비멜렉은 성전의 보화를 자기 형제들을 죽이는 자들에게 지불하는 비용으로 사용했습니다. 여호와의 언약을 모르는 입다는 함부로 서원을 하는 실수를 범했습니다. 삼손은 하나님께 헌신한 나실인인데도 지나칠 정도로 타락에 빠졌습니다. 아비멜렉 사건 이후에 사사 돌라와 야일에 의해 약 45년간 평온함을 누리다가 그들은 다시 악을 행하기 시작했습니다. 그로 인해 10장부터 12장까지는 가나안 북동쪽에 있던 암몬자손의 압제가 계속되었던 것입니다. 하나님이 가장 싫어하는 것은 우상숭배입니다. 하나님은 철저히 하나님만 사랑하고 섬기라고 요구하십니다. 우리는 하나님보다 우선시 하는 우상이 없습니까? 세속에 쉽게 동화되지는 않습니까?

기도 _ 사랑의 하나님, 하나님만을 사랑하며 섬기게 하시고, 믿지 않는 세상 사람들에게 빛과 소금의 역할을 다하게 하옵소서.

77. 하나님의 손에 잡혀라

본문 삿 16:1-31 / **찬송** 461장 / **요절** 삿 16:21

"블레셋 사람들이 그를 붙잡아 그의 눈을 빼고 끌고 가사에 내려가 놋줄로 매고 그에게 옥에서 맷돌을 돌리게 하였더라"

11장은 사사 입다를 통한 구원의 내용입니다. 입다는 명예롭지 못한 출생과 이복 형제들에 의해 추방당한 자였습니다. 그러나 하나님은 입다를 사용하시어 이스라엘을 구원하셨습니다. 입다 이후에 입산의 7년, 엘론의 10년, 압돈의 8년 동안 통치기간은 이스라엘이 보편적으로 평온했습니다.

그 이후 이스라엘이 또다시 악을 행하므로 하나님께서 블레셋을 일으켜 이스라엘을 침공하게 하셨습니다. 그 시대에 삼손이 마노아의 가정에서 태어나게 되었습니다.

요단 서편에 있는 블레셋은 이스라엘을 40년간이나 압제하고 괴롭혔습니다. 바로 이 때 하나님께서 삼손을 이스라엘 사사로 세우셨습니다.

그러나 삼손이 이방 블레셋 여인의 유혹에 빠져 하나님의 율법을 어기는 결혼을 함으로 하나님의 역사는 삼손에게서 손을 떼게 되었습니다. 드릴라는 남편을 사랑하기보다 블레셋 자기 민족의 말을 더 소중히 여겼고, 그는 철저히 블레셋 첩자 노릇을 했습니다. 그럴 때 여호와의 신은 삼손을 떠났던 것입니다.

삼손이 딤나로 내려가다가 사자를 죽이고, 블레셋사람 30명을 죽이고, 나귀 턱뼈로 블레셋 사람 일천 명을 죽였으며 전쟁 중 하나님이 그의 갈증을 해결해 주셨습니다. 그러나 하나님의 줄이 끊어지므로 그는 블레셋의 밥이 되고, 두 눈이 뽑히고, 삼천 명이 보는 가운데 재주를 부리는 비참한 신세가 되었습니다.

성도가 성도의 신분을 상실할 때 무능해집니다. 무능해지면 마귀의 밥이 되고 세상의 조롱거리가 됩니다. 맛 잃은 소금은 아무데도 쓸데없고, 버림받게 됩니다. 오늘 우리는 하나님의 손에 잡힌 생활을 해야 할 것입니다.

기도 _ 능력의 하나님, 오늘도 하나님의 손에 잡힌바 되어 승리하는 하루가 되게 하옵소서

78. 자기 중심적 우상종교

본문 삿 17:1-13 / **찬송** 423장 / **요절** 삿 17:5

"그 사람 미가에게 신당이 있으므로 그가 에봇과 드라빔을 만들고 한 아들을 세워 그의 제사장으로 삼았더라"

17장에는 역시 미가의 우상숭배, 배금주의의 범죄가 기록되어 있습니다. 사사기 마지막 부분인 17-21장은 그 시대의 정신적 상태와 영적인 상태를 잘 나타내고 있습니다. 17장, 18장에 미가의 우상숭배와 단지파의 자기중심적 제사, 그리고 19-21장에 기브아 거민들의 패역한 소행들이 기록되어 있습니다. 즉 사사기의 마지막 부분은 이스라엘의 타락으로 얼룩져 있습니다.

에브라임 산지에 사는 미가라는 사람은 에봇과 드라빔이라는 집안에 모시는 우상을 갖춘 자기 개인적 성소를 세웠습니다. 사사기의 요절이 되는 구절에 "그때에는 이스라엘에 왕이 없으므로 사람마다 자기 소견에 옳은대로 행하였더라"(17:6, 18:1, 19:1, 21:25)는 말씀대로였습니다.

미가는 개인성소를 만들어 놓고 레위인 소년을 고용하여 제사장으로 봉사하게 하였습니다. 이러한 일들이 단 지파에서 온 정탐꾼들에 의해 발각이 되었습니다. 단지파는 자기의 기업이 너무나 협소한 줄 알고 기업을 확장시키려 했습니다. 단지파에 속한 소수의 사람들이 이주하는 도중에 미가의 집에서 소년 제사장을 데리고 갔는데 알고 보니 모세의 증손자였음이 드러났습니다. 단지파 사람들은 미가의 성물들도 가져갔습니다. 그래서 그들은 가나안 북방에 정착하여 그들의 성읍에다 성소를 마련하고는 단(Dan)이라고 불렀습니다. 이것은 불법적인 예배의 중심지를 만든 것입니다.

미가는 하나님 섬기는 것을 포기하려는 의도는 아니었으나 자기방법으로 종교를 사용함으로 제 1계명과 제 2계명을 범하는 죄를 짓게 되었습니다.

기독교는 자기 소견대로 믿는 종교가 아닙니다. 성경대로, 하나님이 인도하시는 대로 믿는 종교입니다. 미가의 종교 심리나 종교 장사행위는 변질된 카톨릭이나 세속화된 신앙인들의 모습입니다.

기독교 미신화는 오늘날 교회가 안고 있는 심각한 문제입니다. 나의 소견이 하나님보다, 성경보다, 교회보다 더 앞세우거나 중요시 하지 않습니까?

기도 _ 하나님, 우리의 욕심이나 개인의 생각대로 행함으로 기독교를 미신화 하는 죄를 짓지 않도록 붙들어 주시옵소서.

79. 레위인도 자기의 소견대로

본문 삿 17:7-13 / **찬송** 214장 / **요절** 삿 17:13

"이에 미가가 이르되 레위인이 내 제사장이 되었으니 이제 여호와께서 내게 복 주실 줄을 아노라 하니라"

레위인은 하나님을 특별히 섬기도록 구별되었던 자들입니다. 즉 레위인은 하나님의 기업입니다. 그래서 그들에게는 땅을 분배하지 않았습니다. 구역도 마음대로 옮기지 못하도록 되어 있습니다(신 12:12). 그러나 레위인 마저도 하나님을 거부한 채 자기 소견대로 행했습니다.

그는 에브라임 산지에 올라와서 "은 열과 의복 한 벌과 식물"을 위하여, 신상을 위한 제사장이 된 것입니다. 이는 레위인에게도 문제가 있지만 이스라엘이 하나님의 명령을 따라 레위인에게 마땅히 주어야할 분깃을 가로채고 주지 않았다는 것입니다. 그래도 레위인의 세속화는 더욱더 부패를 가져왔던 것입니다.

종교는 그 사회의 정신적 지주가 되어야 합니다. 건전한 종교와 때묻지 않은 종교 지도자들은 그 사회를 건강하게 하고 맑게 만듭니다. 종교의 타락은 사회를 병들게 합니다. 아무리 세상이 타락하고 부패해도 종교지도자들이 살아 있다면 그 사회는 희망이 있습니다. 본문에 레위인의 부패한 모습은 그때 당시 이스라엘의 종교와 사회의 타락상을 짐작케 합니다.

그는 육의 눈으로 일터를 찾았습니다. 신앙중심이 아니었습니다. 8절에 "거할 곳을 찾고자 하여" 라고 했습니다. 그는 자기의 사명을 위한 일터를 찾는 것이 아니라 육신의 안락을 위해서입니다. 그는 삶을 바라보고 일터를 찾은 것입니다. 10절에 삶이 마음에 들었기에 그것이 하나님이 원하시는 일인지, 레위인으로서 해서 되는 일인지 신경 쓰지 않았습니다.

우리가 사명의 보람을 잊어버리면 세상으로 눈을 돌리게 되고, 성직이 상품화되고, 육신생계를 위한 수단이 되어 버립니다. 우리는 이스라엘의 상황과 레위인의 태도를 보면서 우리의 모습을 보아야 하겠습니다.

혹시 나의 모습이 나의 소견대로가 아닙니까?

기도 _ 하나님 아버지, 우리를 당신의 도구로만 사용하시고, 세속화 물결에 따르지 않도록 도와 주옵소서.

80. 기독교 우상화를 막자

본문 삿 18:1-31 / **찬송** 524장 / **요절** 삿 18:31

"하나님의 집이 실로에 있을 동안에 미가가 만든 바 새긴 신상이 단 자손에게 있었더라"

이스라엘 백성들은 단지파 뿐만 아니라 전반적으로 여호와의 이름을 가지고도 그 섬기는 형식에 있어서는 항상 우상을 마음 가운데 받아들인 것을 볼 수 있습니다. 그러므로 그들의 종교는 인간적인 요구를 위한 종교였으며, 바로 자기 개인을 위한 요구의 이용물이었습니다. 그래서 장래 일을 말해준다고 생각하고, 병을 낫게 해주는 신이라고 믿던 드라빔을 개인성전을 지어 갖다놓게 되었던 것입니다.

그리고 에봇은 제사장이 제사를 드릴 때 정식으로 입는 겉옷인데 이것을 길흉화복을 점지해 주는 것으로 생각하여 개인가정에 모시고 우상으로 삼았던 것입니다. 이것은 오늘 자신의 야망을 위해 거룩한 것을 이용하는 종교 장사꾼과 같은 것입니다.

신앙과 주술을 혼돈하지 맙시다.

복음적 신앙은 세상에 뿌리내려 있는 미신적 요소와는 다르기 때문에 혼돈해서는 안 됩니다. 우리의 신앙이 현실적인 축복과 저주라는 차원으로만 다루는 것으로 전락시켜서는 안 됩니다. 미가와 그의 어머니는 주술적 신앙인이었습니다.

하나님과 우상을 혼돈하지 맙시다.

우리는 가시적인 것에 치중하는 육체입니다. 보이지 않는 것을 무시하는 경향은 무서운 결과를 초래하게 됩니다. 그래서 하나님의 형상을 보이는 하나님으로 변질시켜 버리는 것입니다. 천주교가 만들어 놓은 여러 가지 형상이 바로 기독교를 우상화 해버린 것입니다(롬 1:23).

또한 예배와 자기 충족의 수단과 혼돈해서도 안 됩니다. 예배는 신령과 진정으로 드려야 합니다. 의미보다 방법이나 형식을 더 중요시 하면 안 됩니다. 종교적 각색이 잘 되었다고 참 예배라고 생각해서는 안 됩니다.

예배는 하나님을 충족시켜 드리는 행위이기 때문입니다.

기도 _ 사랑의 하나님 아버지, 우리를 진리 가운데로만 인도하여 주시며 하나님을 진정한 주인으로 섬기며 살아가게 하옵소서.

81. 단지파의 타락

본문 삿 18:14-20 / **찬송** 273장 / **요절** 삿 18:20

"그 제사장이 마음에 기뻐하여 에봇과 드라빔과 새긴 우상을 받아 가지고 그 백성 가운데로 들어가니라"

　모든 부패는 적은 누룩이 온 덩이에 퍼지듯 사탄의 사주를 받은 한 개인으로 부터 시작하여 급속도로 번지게 되는 것입니다.

　단지파의 집단적 타락도 소수에 의해 시작되었습니다. 개미군이 저수지 둑을 무너뜨린다는 말처럼 소수의 범죄가 집단으로 발전하는 것입니다. 예기치 못했던 끔찍한 집단적 범죄와 파멸은 언제나 적은 소수를 통해서 시작됩니다. 그러기에 아간 한 사람의 범죄를 그렇게 잔인하리만치 없애버리고 씨를 말린 것은 깊은 교훈을 주고 있습니다.

　본문에 보면 다섯 명으로 시작된 범죄가 그들 집단의 막강한 군사적 비호를 받으며 전체 집단의 범죄로 발전하는 모습을 보게 됩니다.

　그리고 거짓 선생의 출현이 단 지파의 전체를 타락으로 이끄는 계기가 되었습니다. 거짓 선생은 청중의 비호를 맞추어서 그들의 행위를 정당화 시키고 체계화시켜 주었던 것입니다.

　단지파는 자기들의 패역한 행위를 정당화시키기 위하여 삯군 제사장을 선택했습니다. 삯군 제사장은 삯에 눈이 어두워 그들의 행위를 비호했습니다(19, 20). 오늘 우리 주변에는 많은 거짓 선지자들이 그들 집단의 행위를 비호하고 있습니다.

　우리는 나 한 사람의 범죄와, 이기주의가 전체에 미치는 영향을 기억해야 합니다. 들어올 때는 소수로 가만히 들어와서 나갈 때는 크게 소리 지르며, 새끼를 치고 동지를 규합해서 나간다는 사실을 기억해야 합니다.

　오늘 우리는 집단 세속화, 집단 부패화, 집단 타락화의 위기에 있습니다. 우리 모두 경성하여 하나님의 뜻을 중요시 여기는 삶을 살아야겠습니다.

기도 _ 하나님, 우리로 하여금 세상에서 구별되게 하시고, 죄에 물들지 않으며 경건한 삶을 살도록 도와 주옵소서.

82. 레위인의 타락

본문 삿 19:1-30 / 찬송 284장 / 요절 삿 19:17

"노인이 눈을 들어 성읍 넓은 거리에 나그네가 있는 것을 본지라 노인이 묻되 그대는 어디로 가며 어디서 왔느냐 하니"

사사기 마지막 부분은 사사시대의 특징을 그대로 나타내고 있습니다. 그때는 왕이 없으므로 사람마다 자기 소견대로 행하였습니다. '왕이 없다'는 말은 이스라엘에 제도적인 임금이 없었다는 말이 아닙니다. 이스라엘의 왕은 하나님이십니다. 하나님을 왕으로 삼고 살지 않았다는 것입니다.

인간은 하나님의 통치에서 벗어날 때 혼란과 불행을 맞게 됩니다. 베들레헴에서 첩을 취한 사건이 기록되어 있습니다. 그리고 거기에서 파생된 일련의 사건들의 기록입니다. 이것은 이제 레위인까지 타락할대로 타락했다는 것을 나타내는 것입니다.

한 레위인은 음행하고 도망간 자기 첩을 찾아 에브라임 산지로 돌아오는 길에 기브아에서 폭도들을 만났습니다. 그 폭도들에게서 자기 생명을 보존하려고 자기대신 첩을 폭도들에게 내어주어(25) 위기의 방패막이로 이용했습니다. 타락중의 타락입니다. 그러나 기브아에서 폭도들에 의해 첩이 죽자 자기 원수를 갚아 달라고 12지파에게 호소를 하는데, 자기 첩의 시체를 12덩이로 나누어서 12지파에게 보냈습니다. 이것은 자기 행위에 대해서는 전혀 부끄러워 할 줄 모르면서 레위인인 것을 강조했습니다. 그리고 유숙할 곳이 없어 찾으면서 이방인 성읍엔 갈 수 없다고 고집하며 자기를 영접하는 노인에게 자기는 여호와의 집으로 가는 레위인이라고 말하고 있습니다.

얼마나 외식과 형식이 습관화 되어 있는지 알 수 있습니다. 그러나 노인은 하나님의 종(레위인)이 여호와의 집으로 가는 중이라는 말을 듣고 정성껏 영접했던 것입니다. 그런데 그 노인 역시 자기 딸과 레위인의 첩을 내어 주겠다고 한 것은 자기 집에 온 손님을 보호하기 위한 조치라고 하더라도 옳은 일이 아닙니다. 다시 강조하지만 앞뒤가 맞지 않는 엄청난 혼란, 이것이 사사시대의 특징이었습니다.

우리는 하나님 중심, 성경 중심, 교회 중심으로 살지 않으면 엄청난 혼란이 온다는 사실을 명심해야 되겠습니다. 그리고 사표가 되어야 할 레위인이 부패했으니 사회가 부패해지지 않을 리가 없는 것입니다.

기도 _ 사랑의 하나님, 하나님을 나의 왕으로 모시고 살며 죄와 타협하지 않게 도와주시옵소서.

83. 왕이 없으므로

본문 삿 21:1-25 / **찬송** 536장 / **요절** 삿 21:4

"이튿날에 백성이 일찍이 일어나 거기에 한 제단을 쌓고 번제와 화목제를 드렸더라"

이스라엘 전체는 타락으로 얼룩져 있습니다. 모범이 되어야 할 레위인의 가정이 타락했습니다.

모든 윤리는 가정이 기초입니다. 또 기브아의 폭도들의 행패, 성도덕의 문란은 이루 다 말할 수 없습니다. 게다가 이스라엘에 내전이 일어났습니다. 이스라엘과 베냐민 지파와의 싸움이 벌어졌습니다. 처음엔 이스라엘 연맹군이 패배했으나 이스라엘이 회개하므로 역전승 했습니다.

베냐민 지파는 의보다 혈연을 더 중요시 했습니다. 순종보다 자존심을 중요시 했고, 하나님의 뜻보다 자신의 힘만 의지했습니다.

결국 베냐민 지파는 남자 600명만 남고 다 멸절되었습니다. 물론 이스라엘 지파도 많은 피해를 보았습니다.

분노에서 정신이 깨어나자 내전의 피해와 엄청난 결과를 깨닫고 잘못하면 베냐민 지파가 없어질 위기에 있는 것을 깨닫고 베냐민 지파를 위해 대성통곡하며 하나님께 번제와 화목제를 드렸습니다. 그리고 또 베냐민 지파를 위해 온갖 불의와 악행을 저지르면서 하나님의 뜻과 상관없은 맹세를 지키려고 했던 것입니다. 베냐민은 남자 600명만 남았기에 여자가 없으면 한 지파가 없어질 위기에 있었습니다.

이 모든 혼란은 첫째는 '왕이 없으므로' 둘째는 하나님의 뜻보다 '자기 소견에 옳은 대로' 행했기 때문이라고 결론짓고 있습니다.

우리는 타락이 패망의 원인이라는 사실을 알아야 됩니다. 타락은 망할 징조요, 전주곡입니다.

끝까지 신앙의 절개를 지켜 아버지께 인정받는 자들이 되어야겠습니다.

기도 _ 사랑의 주님, 우리의 모든 삶이 복음의 빛을 드러내며 그리스도의 향기가 나게 하옵소서.

84. 하나님의 은총의 날개 아래로

본문 룻 1:1-22 / 찬송 419장 / 요절 룻 1:17

"어머니께서 죽으시는 곳에서 나도 죽어 거기 묻힐 것이라 만일 내가 죽는 일 외에 어머니를 떠나면 여호와께서 내게 벌을 내리시고 더 내리시기를 하나이다 하는지라"

룻기서는 여주인공 룻의 이름을 따라 불려 졌습니다. 룻기서는 시어머니를 따라 이스라엘로 온 이방 여인 룻이 다윗 왕과 메시아의 조상이라는 엄청난 영광을 누리게 되는 모습을 담고 있습니다.

이것은 무가치한 죄인들을 향하신 하나님의 사랑과 긍휼이 얼마나 지극한지를 교훈해 주고 있습니다. 그리고 위대한 다윗 왕마저 비참한 이방여인의 후손이라는 사실을 나타냄으로써 모든 인간은 하나님 앞에 자랑할 만한 것이 전혀 없는 죄인이라는 사실을 강조하고 있습니다. 그리고 이방 여인 룻을 통하여 '구원의 보편성'을 보여주고 있습니다. 1장은 경건한 룻의 시어머니에 대한 효성과 하나님의 백성 가운데 거하고자 하는 열성이 소개되고 있습니다.

세상을 소망하는 자는 실패합니다. 세상의 힘이나 세상의 위안을 구하는 자는 실패합니다. 인간의 일생은 선택의 연속입니다. 신앙인은 선택을 잘 해야 합니다.

나오미가 떡집이라는 뜻을 가진 베들레헴을 떠나 모압지방에 가서 살다가 남편도 잃고, 두 아들도 잃고 빈손으로 돌아오게 되었습니다. 그래서 그의 이름은 사랑스럽던 나오미가 아니라 쓰라림의 뜻인 마라라고 했습니다. 이방신을 섬기던 룻은 하나님의 날개 아래에 들어오게 되었고, 그 하나님의 은총이 보아스를 통해 구체화 되었던 것입니다.

우리는 과거가 문제가 아닙니다. 실수도 문제 되지 않습니다. 소속 국가도 문제되지 않습니다. 믿음의 선택은 위대한 축복의 사람으로 바꾸어 놓습니다. 우리는 하나님의 은총의 날개 아래를 떠나지 맙시다.

기도 _ 우리를 보호해 주시는 하나님, 험한 세파에 휩쓸리지 않도록 우리를 아버지의 날개에 꼭 품어 주옵소서.

85. 만남의 축복

본문 룻 2:1-23 / **찬송** 391장 / **요절** 룻 2:23

"이에 룻이 보아스의 소녀들에게 가까이 있어서 보리 추수와 밀 추수를 마치기까지 이삭을 주우며 그의 시어머니와 함께 거주하니라"

본문의 내용은 룻과 보아스가 최초로 만나는 장면이 기록되어 있습니다. 장소는 베들레헴 들판이고 보리 추수가 시작될 즈음입니다.

베들레헴으로 따라왔던 룻은 당시 가난했던 사람들이 하는 대로 추수한 곡식밭에 나가 이삭을 주우려고 시모의 허락을 받았습니다.

재산을 잃고, 남편도 잃고, 두 아들조차 잃은 아무것도 없는 시어머니, 게다가 늙어 세대차가 나는 그녀에게 모든 행동을 묻고 허락받았다는 것은 룻이 말로만 공경하고 순종한 것이 아니라, 실제로 그의 생활 가운데에서 공경과 순종이 드러나는 것입니다.

이삭을 주우러 들판으로 나간 룻은 우연히도 보아스 소유의 밭에 가게 되었습니다. 그때 그곳을 둘러보러 나왔던 보아스를 만나게 되었습니다. 보아스는 뒤에 엘리멜렉 가정의 기업을 이을 자가 되었고 다윗과 예수의 조상이 된 자입니다. 인간은 사람을 잘 만나야 합니다. 룻은 보아스, 보아스는 룻을 잘 만나 복된 조상이 되고, 아름다운 가정을 이루게 되었던 것입니다.

1-7절은 룻과 보아스의 만남의 장면입니다. 8-16절은 보아스와 룻과의 대화 장면입니다. 보아스는 룻에게 호의를 베풀었습니다. 보아스는 룻에 대해 아름다운 소문을 이미 듣고 알고 있었습니다. 그래서 자신이 할 수 있는한 온정을 넘치도록 그녀에게 베풀어 주었습니다.

사람의 모양은 아무리 잘 생겨도 싫증이 날 때가 있습니다만, 인간 됨됨이 인격은 모양 이상으로 매력을 주는 것입니다. 17-23절은 룻이 집으로 돌아와서 그날에 있었던 일을 나오미와 대화하는 장면입니다. 나오미는 룻을 잘 만났고, 룻은 보아스를 잘 만났습니다. 보아스 역시 나오미를 잘 만났습니다.

우리는 예수를 잘 만났습니다. 만남의 축복, 이것이 하나님이 우리에게 주시는 축복입니다.

기도 _ 하나님, 오늘도 하나님을 만나 내게 복되고, 이웃을 만나 이웃을 복되게 하는 자가 되게 하옵소서.

86. 사랑 이야기

본문 룻 3:1-18 / **찬송** 528장 / **요절** 룻 3:15

~~~~~~~~~~

"보아스가 이르되 네 겉옷을 가져다가 그것을 펴서 잡으라 하매 그것을 펴서 잡으니 보리를 여섯 번 되어 룻에게 지워 주고 성읍으로 들어가니라"

룻기 3장은 사랑 이야기입니다. 보아스는 나오미의 친척입니다. 보아스의 타작마당에 갔던 룻이 서로 사랑하는 관계로 발전하는 것을 보게 됩니다. 보아스는 룻을 보호하려고 했습니다. 나오미는 룻을 재혼하도록 길을 열어 주려고 노력했습니다. 며느리를 아끼는 나오미의 마음과 시어머니를 공경하는 룻의 효심, 그리고 보아스의 경건한 태도는 성도와 주님과의 관계요, 성도와 성도와의 아름다운 관계를 상징적으로 보여주는 것입니다. 사실 보아스와 룻은 나이 차이도 있고, 신분의 차이도 있습니다. 또한 룻은 이방 여인입니다. 룻은 소외된 계층인 가나안 과부이지만 보아스는 그 지방의 상류계층입니다. 그러나 보아스는 룻에게 호의를 베풀고 사랑의 대상으로 삼게 됩니다. 이것은 주님의 사랑이 우리에게 이렇게 나타났음을 보여주고 있습니다. 그리고 룻이 보아스의 보호를 기다리며 받아들이는 장면은 성도인 우리가 주님의 날개 안에 살아가고 주님의 보호의 대상임을 나타내고 있는 것입니다.

주님과 우리와의 관계는 은총의 관계요, 사랑의 관계입니다. 보아스는 경건한 인품의 소유자요, 법도를 알고 지키며, 영적 분별력이 있는 사람입니다.

예수 그리스도는 하나님의 법도 이루고, 우리에 대한 당신의 사랑도 이루신 놀라우신 구세주 이십니다. 주님과 우리와의 관계는 사랑의 관계입니다.

기독교는 거룩한 사랑 이야기입니다. 주님과의 사랑 이야기와 우리 신앙의 간증이요, 고백입니다.

기도 _ 사랑의 하나님, 우리를 사랑하셔서 구원해 주심을 감사드리며 우리의 전 인격을 다하여 하나님을 사랑하게 하옵소서.

87. 예수는 우리의 구세주요, 신랑입니다

본문 룻 4:1-22 / **찬송** 309장 / **요절** 룻 4:15

"이는 네 생명의 회복자이며 네 노년의 봉양자라 곧 너를 사랑하며 일곱 아들보다 귀한 네 며느리가 낳은 자로다 하니라"

보아스와 룻의 만남이 사랑으로, 사랑이 결혼으로 연결되면서 룻기의 드라마는 4장으로 끝이 납니다.

'기업 무를 자'는 사람이 자녀가 없이 죽으면 그 형제가 고인의 아내와 결혼하는 것을 의미합니다. 장자는 죽은 형제의 상속권이 있습니다. 이스라엘의 대가 끊어지지 않도록 했습니다. 그리고 자녀가 없는 여인과 결혼하는 자를 고엘(Goel) 즉 구원자, 해방자로 불렀습니다.

성문에 있던 사람들은 이들의 결혼을 환영했습니다. 장로 중의 한 사람이 이스라엘의 역사를 언급하면서 연상하였습니다.

행복한 결말은 나오미의 마음에도 기쁨을 주었습니다. 쓰라린 과거는 지나가고 구속자의 품에 안기어 행복을 누리게 됩니다.

룻기가 보여주는 것은 언약의 축복 아래 있는 사랑과 행복입니다. 룻기는 매일의 생활 속에서 약속을 이루어 가시는 여호와를 섬겨야 된다는 교훈을 보여줍니다.

보아스가 룻을 통해 얻은 아들 '오벳'이 다윗의 할아버지가 됩니다.

나오미는 여인들로부터(룻을 통해 오벳을 낳자) 하나님께서 그녀의 대를 끊지 않게 하시려고 자손을 허락하셨다는 사실을 감사하며 축하를 받게 됩니다. 더구나 그 아이는 일곱 아들보다 더 귀한 자부가 낳은 아들이라고 치하했습니다.

결국 죄와 허물로 가득 찬 죄인이었던 우리가 구원받게 된 사실이 하나님의 은혜요 축복입니다. 효성, 사랑, 신앙이 드러나 있는 룻기는 고엘 되시는 예수 그리스도와 우리와의 관계입니다.

기도 _ 우리의 구세주 되신 하나님, 감사합니다. 하나님의 축복과 사랑을 늘 감사하며 죽도록 충성케 하옵소서.

88. 기도하여 가로되

본문 삼상 1:1-28 / **찬송** 364장 / **요절** 삼상 1:28

"그러므로 나도 그를 여호와께 드리되 그의 평생을 여호와께 드리나이다 하고 그가 거기서 여호와께 경배하니라"

사무엘상은 한나의 기도로 시작이 됩니다. 그리고 사무엘하 마지막 장은 다윗이 제단을 수축하고 기도하며 끝이 납니다.

사무엘서의 핵심은 기도입니다. '기도하여 가로되' 이 말이 이 책의 핵심입니다(1:10-27, 7:5, 8:6, 12:19, 23).사무엘서는 사무엘, 엘리, 사울, 다윗, 골리앗, 나단과 갓의 일대기가 가장 흥미있고 매력적인 전기 형식으로 기술되어 있습니다.

사무엘이 이 책의 저자로 보이며 구약시대에 뛰어난 인물 중의 한 사람입니다. 그는 기도의 사람입니다.

어머니의 기도응답으로 태어났고 기도를 많이 하는 자였습니다. 기도 쉬는 죄를 짓지 않겠다고 했습니다. 즉 기도 쉬는 것을 죄로 여겼습니다. 기도는 생명입니다. 그러므로 기도를 쉰다는 것은 영적 자살 행위입니다.

사무엘서는 왕, 선지자, 제사장 이 3중직에 대해 언급하고 있습니다. 사무엘서 곳곳에서 그리스도에 관한 풍부한 예언을 발견할 수 있습니다.

한나의 감사 찬송에 보면 "여호와께서… 자기 왕에게 힘을 주시며 자기의 기름 부음을 받은 자의 뿔을 높이시리로다"고 했습니다. 그런데 이 때는 아직 왕이 없을 때입니다. 이것은 장차 나타날 왕, 메시아를 의미하고 있습니다. 그는 자기의 아들이 왕의 길을 예비하는 역할을 감당할 것으로 믿었던 것입니다.

특히 사무엘은 말씀을 따라 사는 엘가나를 아버지로, 기도 많이 하는 한나를 어머니로 하여 태어난 자입니다.

사랑하는 성도 여러분, 사무엘서를 통해 기도에 힘써야겠다는 도전을 받으시기 바랍니다.

기도 _ 능력의 하나님, 우리도 사무엘처럼 기도에 힘써 하나님께 쓰임 받으며 사람에게 부끄럽지 않은 삶을 살아 영광 돌리게 하옵소서.

89. 한나가 드리는 기도의 모습
본문 삼상 1:9-18 / **찬송** 539장 / **요절** 삼상 1:10

"한나가 마음이 괴로워서 여호와께 기도하고 통곡하며"

기도는 영적인 호흡이며, 삶의 무기이며 능력입니다. 한나가 드린 기도는 묵상기도나 대화의 기도 차원이 아니라 간구의 기도였습니다. 한나가 드린 기도는

첫째, 애통하는 기도였습니다.

사람 앞에 애통해한 것이 아니라 하나님께 울면서 간구했습니다. 자식이 없는 약점을 최대한 이용하여 조롱하고 기를 죽이는 브닌나가 있었습니다. 그러나 한나는 브닌나를 공격하거나, 남편을 붙들고 가정을 어지럽게 하지않고, 하나님께 애통하는 기도를 드렸습니다. 애통의 기도는 하나님께 절대적으로 매달리는 기도입니다. 주님은 자기에게 전적으로 매달리는 기도를 좋아하시고 응답해 주십니다.

둘째, 진심으로 드리는 기도입니다.

그때 당시는 일반적으로 몸을 흔들어서 큰 소리로 기도했습니다. 그녀는 너무너무 오래 기도한 나머지 나중에는 소리도 들리지 않을 정도로 입술만 움직이고 있었습니다. 이때 영적 통찰력이 둔한 엘리 제사장은 그녀를 보고 술취한 여자로 알았습니다. 우리는 기도의 방법이 문제가 아니라 기도하는 마음이 문제라는 것을 알아야 합니다. 하나님은 중심을 보시는 분이시기 때문입니다. 우리는 전시적인 기도를 하는데 길들여지지 말고 마음으로 기도할 때 응답이 온다는 것을 알아야 합니다.

셋째, 인내의 기도였습니다.

그녀는 순간적이거나, 일시적인 기도가 아니라 응답이 올 때까지 꾸준히 기도했다는 것입니다. 누가복음 18장을 보면 기도도 끈질긴 인내를 요구한다는 사실을 알 수 있습니다.

사랑하는 성도 여러분, 나의 기도는 어떠합니까? 응답이 없다고 낙망하기 전에 내가 드리는 기도의 모습을 반성하면서 중단 없는 기도의 생활을 하기기 바랍니다.

기도 _ 우리의 기도를 들어주시는 하나님, 기도로 승리하게 하시고 기도를 통하여 하나님께 더 가까이 갈 수 있는 복을 허락하여 주시옵소서.

90. 사무엘을 세우신 하나님

본문 삼상 1:1-21 / **찬송** 458장 / **요절** 삼상 3:19

"사무엘이 자라매 여호와께서 그와 함께 계셔서 그의 말이 하나도 땅에 떨어지지 않게 하시니"

　이스라엘은 신앙생활의 혼란, 도덕 생활의 혼란, 정치 생활의 혼란의 반복이었습니다.

　이런 가운데 한나와 같은 기도의 사람, 사무엘 같은 기도의 인물이 나타났다는 것은 하나님은 이스라엘을 여전히 사랑하시고 돌보신다는 사실을 보여주고 있습니다.

　엘리는 제사장이었으나 자기의 직분을 소홀히 했습니다. 제사장이 타락하고 부패하면 희망이 없습니다. 그러나 하나님의 자비하심과 이스라엘을 향한 하나님의 약속은 차질 없이 진행되었습니다.

　사무엘 2장은 한나의 감사 찬송입니다. 찬송의 주제는 '하나님의 전능하심'입니다.

　하나님께 약속하고 서원한 대로 사무엘을 하나님께 바쳤습니다. 사무엘은 성전에서 자랐습니다. 그때 하나님께서 사무엘에게 직접 나타나셔서 "엘리의 집을 벌하시겠다"고 하셨습니다.

　사무엘은 엘리에게 수종드는 자가 아닌 여호와의 선지자로 부름 받아 하나님의 일을 감당하게 되었습니다. 영적으로 어두운 데도 하나님은 사무엘을 부르셔서 그와 함께 하시며 그를 사용하셨습니다. 사무엘은 하나님께 부름 받고 붙들림 받아 선지자로서의 사명을 감당했습니다.

　사랑하는 성도 여러분, 지금 우리는 어떠합니까? 교회는 많으나 영적으로 어둡다고 느껴지지 않습니까? 하나님께서 여러분을 세우셔서 시대적 사명을 주셨다는 사실을 깨닫기 바랍니다.

　우리도 하나님께 붙들린 사람이 되어야 하겠습니다.

기도 _ 하나님, 신앙과 도덕과 사회의 혼란 속에서도 하나님께 붙들린 바 되어, 빛과 소금의 역할을 감당하게 하옵소서.

91. 빼앗겼던 법궤가 돌아옴

본문 삼상 6:1-21 / 찬송 405장 / 요절 삼상 6:12

"암소가 벧세메스 길로 바로 행하여 대로로 가며 갈 때에 울고 좌우로 치우치지 아니하였고 블레셋 방백들은 벧세메스 경계선까지 따라 가니라"

사무엘이 선지자로서 점점 중요한 인물이 되어가고 엘리의 집안은 차츰 쇠퇴해 갑니다.

블레셋과의 전쟁에서 이스라엘이 크게 패하게 되었습니다. 궁여지책으로 여호와의 언약궤를 메고 전쟁터로 나갔으나, 3만여명의 전사자들을 내고 실패했습니다. 여호와의 언약궤는 하나님의 임재를 상징하는 것이지 숭배의 대상이 될 수는 없습니다. 이스라엘은 '이가봇'(영광이 떠났다)의 상태가 되고 말았습니다.

블레셋은 언약궤를 빼앗아 다른 신전에 갖다 두었습니다. 그리고 그들은 승리의 개선가를 부르며 즐거워했습니다. 그러나 하나님은 다른 신전의 신상을 부숴버림으로 자신이 하나님이심을 나타내셨습니다. 뿐만 아니라 각 지방에 독충과 재앙을 무섭게 내리셨습니다. 그래서 블레셋 사람들은 여호와의 언약궤를 빼앗아 왔기 때문인 줄 알고 언약궤를 이스라엘로 돌려보냈습니다. 법궤는 7개월 만에 돌아왔습니다.

블레셋 사람들은 법궤와 함께 자기들이 만든 속건 제물을 암소 두 마리가 끄는 수레에 실어 보냈습니다. 법궤는 벧세메스 지방으로 갔습니다. 법궤가 돌아오자 이스라엘은 기뻐하며 하나님께 제사드렸습니다. 그러나 그 가운데는 하나님의 명령을 어기고 법궤를 들여다보다가 오만 칠십 명이 죽게 되는 무서운 재앙과 비극이 있었습니다. 이것은 하나님의 말씀에 절대 복종을 의미하고 있습니다.

물론 세겜 인구가 오만 명이 안 되기 때문에 번역상 착오로 70명을 50,070명으로 오역 되었다고 하지만 어쨌든 하나님은 특별한 방법을 통해 자신이 하나님이심을 나타내셨던 것입니다.

사랑하는 성도 여러분, 하나님은 때로는 특별한 방법으로 섭리하시고 인도하신다는 사실을 깨달아야 하는 것입니다.

기도 _ 하나님, 우리 가운데 늘 역사하고 계심을 믿고, 늘 순종하는 삶을 살게 하옵소서.

92. 에벤에셀

본문 삼상 7:1-17 / **찬송** 383장 / **요절** 삼상 7:12

"사무엘이 돌을 취하여 미스바와 센 사이에 세워 이르되 여호와께서 여기까지 우리를 도우셨다 하고 그 이름을 에벤에셀이라 하니라"

 사무엘은 20년 동안 명실상부한 개혁자가 되었습니다. 사무엘이 이스라엘을 향하여 여호와만 섬기자고 호소한 결과 사람들은 미스바로 모였습니다.
 하나님의 궤가 기럇여아림에서 20년 동안 있을 때, 이스라엘 온 족속은 여호와를 사모하게 되었습니다. 법궤의 필요성을 느꼈던 것입니다.
 사무엘은 이스라엘 백성들에게 우상을 제거해 버릴 것을 명했습니다. 그리고는 미스바로 모이게 하고 회개 운동을 일으켰습니다. 또 금식도 했습니다. 모두 "우리가 여호와께 범죄 하였나이다" 하고 회개 했습니다. 이스라엘이 모여 금식하고 회개하는 동안 블레셋 사람들이 이스라엘을 침공했습니다. 그리하여 이스라엘은 사무엘에게 기도를 요청하였습니다.
 그럴 때 사무엘은 번제를 드리고 하나님께 간절히 기도했습니다. 울부짖으며 기도한 것입니다. 그 결과 하나님이 응답하셔서 '큰 우레'를 발하셨고, 블레셋 사람들은 우레 소리에 겁을 먹고 도망갔습니다. 이스라엘은 쉽고도 크게 승리했습니다.
 사무엘은 블레셋을 이긴 것을 기념하기 위해 '승전비'를 세웠습니다. 그리고 그 이름을 '에벤에셀'이라 했습니다. 이것은 '도움의 돌'이라는 뜻입니다. 또한 '여기까지 우리를 도우셨다'는 뜻도 됩니다. '앞으로도 우리를 도우실 것이다'는 뜻도 됩니다.
 우리는 하나님 도움 없이는 원수 마귀를 이길 수 없습니다. 죄악의 파도를 헤쳐 나갈 수가 없습니다. 그러나 기도하면서 하나님께서 도와주실 것을 믿을 때 승리할 수 있습니다.
 말씀에 순종, 하나님만 전적의지, 기도가 승리의 비결입니다.

기도 _ 에벤에셀의 하나님, 우리의 우상을 버리게 하시고, 하나님만 전적으로 의지하며 기도하게 하옵소서.

93. 사울의 선택과 버림

본문 삼상 13:1-23 / **찬송** 456장 / **요절** 삼상 13:14

"지금은 왕의 나라가 길지 못할 것이라 여호와께서 왕에게 명령하신 바를 왕이 지키지 아니하였으므로 여호와께서 그의 마음에 맞는 사람을 구하여 여호와께서 그를 그의 백성의 지도자로 삼으셨느니라 하고"

사사로 임명된 사무엘의 아들들이 타락했습니다. 신앙은 유전이 아닙니다. 8장에서 이스라엘 백성들이 사무엘에게 왕을 세워 달라고 요구했습니다. 사무엘이 늙고 아들들은 타락했기 때문입니다. 그러나 더 근본적인 원인은 하나님께 대한 불신앙과 그들의 완악입니다. 사실 하나님만 전적으로 믿으면 왕도 필요 없는 것입니다.

9장은 사무엘과 사울의 만남입니다. 10장은 사울이 왕으로 세움을 받습니다. 사울이 이스라엘의 초대 왕이 된 것입니다. 그는 베냐민 지파에 속한 자였습니다. 왕이 된 후 암몬 자손과 싸워 승리했습니다(11장).

사울을 기름 부어 왕으로 세운 후 사무엘은 마지막 설교를 합니다. 그 내용은 "마음을 다하여 여호와만 섬기라"고 당부하고 경고하는 내용입니다. 특히 '기도 쉬는 것을 죄'라고 까지 말할 정도로 기도의 사람이고 기도를 강조했습니다.

사울이 왕이 된지 1년 만에 그는 율법을 어기는 죄를 지었습니다. 그것은 전쟁 중에 제사장 직무를 침범했던 것입니다.

전쟁은 신성한 일로서 이스라엘은 전쟁에 나갈 때 희생제사를 먼저 드렸습니다. 블레셋 전쟁에 원정하기 위해 희생제사를 드려야 하는데 사무엘이 나타나지 않은 것입니다. 그러자 사울은 그만 기다리지 못하고 자신의 손으로 직접 희생제사를 드렸습니다. 이웃 나라들은 왕이 제사하는 직까지 겸하고 있기 때문입니다. 그러나 하나님의 법은 금하고 있습니다. 사울은 세상 풍속을 따랐던 것입니다. 사무엘이 나타나서 사울을 책망하고 제사보다 더 중요한 것은 순종이라고 했습니다. 사울 왕도는 계속 되지 못할 것을 선언 했습니다.

여기서 우리는 중요하지 않다고 생각하는 것이 하나님은 너무나 중요하게 생각한다는 사실을 알아야 합니다. 사울은 신성 모독죄를 지은 것이고, 하나님의 질서를 무시한 것입니다.

우리는 하나님의 말씀에 순종하고, 월권행위를 하지 말아야 합니다.

기도 _ 사랑의 하나님, 하나님의 것과 세상의 것 중에서 우리는 단연코 하나님의 것을 선택하게 하시고 하나님을 기쁘시게 할 수 있도록 도와주시옵소서.

94. 사울을 버리고 다윗을 세우신 하나님

본문 삼상 16:1-23 / **찬송** 321장 / **요절** 삼상 16:12

"이에 사람을 보내어 그를 데려오매 그의 빛이 붉고 눈이 빼어나고 얼굴이 아름답더라 여호와께서 이르시되 이가 그니 일어나 기름을 부으라 하시는지라"

　이스라엘이 사무엘이 늙었다는 이유로, 사무엘의 아들들의 범죄했다는 이유로, 열방과 같이 되고 싶다는 이유로 왕을 요구하여 하나님께서는 사울을 왕으로 세워 주셨습니다.

　그러나 1년 만에 사울은 하나님의 법을 어기고 교만하여 실패하고 말았습니다. 그는 순종으로 시작하여 불순종으로 끝난 자입니다. 예의 바른 순종으로 시작하여 무질서로 끝나고 말았습니다. 시작은 겸손했으나 너무 빨리 교만해져 버린 자입니다.

　그는 자기의 신분이나 영적인 체험도 자랑하지 않았던 자였습니다. 그러나 그는 자기의 왕권이 강화되자 교만하기 시작했고 무엇보다 선지자 직을 무시했습니다. 그는 인내하지 못했으며 결국 하나님의 명령을 지키지 않았습니다.

　사울은 자신의 행위를 정당화 시키려고 변명하였습니다.

　중국의 '묵자'도 "만일 하늘이 바라는 일을 하지 않는다면 하늘 또한 사람이 바라는 바를 하지 않을 것이다"고 했습니다.

　다행히 요나단은 부친 사울의 불신앙의 길을 가지 아니했습니다. 그러나 사울은 하나님의 뜻을 살피기는커녕 마음대로 경솔하게 맹세를 했습니다(24-30). 사무엘의 책망을 받고도 참된 회개를 하지 않았습니다.

　드디어 사무엘은 사울과 결별을 선언했습니다. 16장은 다윗이 기름 부음을 받음으로 하나님은 다윗과 함께 하시고, 사울은 버림받는 장면입니다. 버림받은 사울은 갈수록 타락하고, 쓰임 받는 다윗은 점점 하나님이 그를 통해 역사하심이 나타나게 됩니다.

　우리는 하나님이 세워주셔야 된다는 사실을 명심해야 합니다.

기도 _ 사랑의 하나님, 하나님께 인정받으며, 하나님께서 세워주실 때에 겸손하게 순종하는 자가 되게 하옵소서.

95. 요나단을 통하여 다윗을 보호하시는 하나님

본문 삼상 19:1-24 / **찬송** 386장 / **요절** 삼상 19:2

"그 날에 사울은 다윗을 머무르게 하고 그의 아버지의 집으로 다시 돌아가기를 허락하지 아니하였고"

다윗은 양치는 목자였고 구약의 대표적인 그리스도의 모형입니다. 그는 하나님께서 함께 하는 자였습니다. 전쟁에 참전한 이새의 아들 중 8번째, 즉 막내아들입니다. 그는 전쟁 중에 있는 형들에게 아버지의 명령을 따라 면회 갔다가 블레셋 앞에서 벌벌 떠는 이스라엘 병사들을 보고 의분에 견딜 수가 없었습니다. 더구나 이스라엘을 모욕하는 골리앗의 소리를 들을 때 견딜 수가 없어서 자원 입대하여 골리앗과 정면대결 했습니다. 결국 골리앗을 죽이고 승리했는데 이는 전지전능하신 하나님을 믿고 나갔기 때문입니다.

자연적으로 다윗이 부상하게 되자 사울의 질투가 시작되었습니다. 사울의 질투는 비정상적이요, 병적이었습니다. 그의 열등감, 믿음과 사랑의 부족에서 오는 질투가 살인 음모까지 발전하게 되었습니다.

사울의 아들 요나단은 사울이 원수로 생각하는 다윗과 가까이 지내며 사랑과 우정을 나누었습니다. 요나단은 다윗을 자기 생명같이 사랑했습니다. 18:10에 '사울이 야료 했다'는 말은 안식에 사로잡혀 헛소리 예언을 했다는 의미입니다.

요나단은 혈연보다 의리를 더 중요시 했습니다. 그는 주관적인 판단보다 객관성을 더 중요시 했으며, 자기에게 유익을 도모하는 악보다는 자기에게 손해되더라도 선을 택했습니다. 그것보다도 하나님은 요나단을 통해 다윗을 보호하신 것입니다.

우리가 여기서 깨달을 것은 가족보다 더 우선은 하나님이고, 개인의 인정보다 더 중요한 것은 신앙이라는 사실을 깨달아야 합니다. 하나님이 함께 하시면 아무리 질투하고, 죽이려 하고, 없애려고 해도 되지 않습니다. 그러므로 어리석게 하나님의 섭리에 도전하지 말아야 합니다.

우리는 언제나 첫째로 하나님께 쓰임 받고 인정받도록 해야 됩니다.

하나님은 현재의 생활에 충실할 때 쓰십니다.

기도 _ 능력 많으신 하나님, 우리 모두 다윗과 같은 믿음의 사람이 되고 사울처럼 교만한 자가 되지 않게 하옵소서.

96. 원수를 사랑으로

본문 삼상 24:1-22 / **찬송** 291장 / **요절** 삼상 24:15

"그런즉 여호와께서 재판장이 되어 나와 왕 사이에 심판하사 나의 사정을 살펴 억울함을 풀어 주시고 나를 왕의 손에서 건지시기를 원하나이다 하니라"

사울은 다윗을 죽이기로 결심하고 광적으로 모든 폭력을 다 동원했습니다. 그러나 요나단은 그 어떤 대가를 치루더라도 다윗을 보호해 주기로 맹세하며 난국을 슬기롭게 대처했습니다. 요나단과 다윗이 사울의 눈을 피해 숲속에서 맺은 사랑의 언약은 얼마나 감동적인지 모릅니다.

다윗은 도망 다니는 처절한 신세가 되었습니다. 그는 도망갔습니다. 아둘람 동굴에 그의 은신처를 정했는데 시편 34편은 다윗의 동굴생활과 연관되어 있습니다. 시편 27편도 그의 고난 생활을 나타내고 있으며 그 외에 그가 쓴 시편이 많이 있습니다.

다윗의 성격 중에서 두드러진 특징은, 남을 해하거나 원한 품지 않았다는 것입니다. 즉 모든 심판을 하나님께 맡긴 것입니다. 사울을 죽일 기회가 있었는데도 그는 악을 악으로 갚지 않고, 선으로 용서했습니다. 그리하여 그렇게 강퍅했던 사울도 순간적으로 감격했음을 볼 수 있습니다.

다윗이 '마온'에서 피신하여 '엔게디' 황무지의 한 동굴에 들어가 있었습니다. 사울은 다윗이 엔게디에 있다는 정보를 듣고, 군사 3천명을 거느리고 색출작전을 벌였습니다. 그러던 중 사울은 발을 가리기 위해 한 동굴 안으로 들어가게 되었는데 공교롭게도 그 동굴은 다윗과 부하들이 먼저 들어가 숨어 있던 곳이었습니다. 여기서 발을 가린운다는 말은 '용변을 본다', '잠을 잔다'는 의미가 있습니다. 아마 피곤하여 잠을 잔 것 같습니다. 그런데 이런 절호의 기회도 다윗은 악을 악으로 갚지 않고 선으로 갚았습니다. 잠든 사울을 다윗은 하나님의 손에 맡기고 자기가 어떻게 하려고 하지 않았습니다.

다윗의 용서와 사랑은 주님의 사랑을 예표하고 있습니다. 예수님은 원수들을 향해 용서의 기도 즉 축복의 기도를 드렸습니다.

우리는 어떠합니까? 악을 선으로 갚은 경험이 있습니까? 우리는 선이 악을 이긴다는 믿음을 가지고 끝까지 참고 이기며 승리하는 자들이 되어야 하겠습니다.

기도 _ 우리의 은신처가 되신 하나님, 우리를 늘 품에 안아 주시며 우리로 하여금 용서하며 사랑하는 삶을 실천할 수 있도록 도와주시옵소서.

97. 하나님께 맡겨라

본문 삼상 26:1-25 / **찬송** 406장 / **요절** 삼상 26:24

"오늘 왕의 생명을 내가 중히 여긴 것 같이 내 생명을 여호와께서 중히 여기셔서 모든 환난에서 나를 구하여 내시기를 바라나이다 하니라"

25장은 사무엘의 죽음을 기록하고 있습니다. 그리고 '마온'이란 곳에 거주하는 거부 나발과 그의 아내 아비가일의 기사가 기록되어 있습니다. 나발은 양 3천 마리와 염소 1천 마리를 가진 부자였습니다.

나발은 다윗에게 신세를 지고도 물질적인 도움을 거절한 인색한 사람이었습니다. 그러면서도 스스로의 만족과 향락을 위해서는 마치 왕의 잔치와 같이 큰 잔치를 벌이는 자였습니다.

결국 다윗은 400명의 부하를 거느리고 나발을 쳤습니다. 이 소문을 들은 나발의 아내 아비가일은 급히 떡과 포도주 여러 가지 음식을 마련하여 다윗을 찾아가서 용서를 구하므로 화를 풀게 되었습니다. 아비가일은 그의 남편 나발과는 대조적으로 지혜로운 여인이었습니다.

26장에서는 다윗이 사울을 두 번째 살려주고 충고할 때 사울이 순간적이지만 자신의 잘못을 깨닫게 됩니다. 정말 다윗은 많은 사람을 거느릴 수 있는 왕 다운 자제심을 가진 자였습니다. 다윗은 지쳐서 깊이 잠든 사울의 육신을 눈앞에 두고도 그의 창과 물병만 가려오고 죽이지 않았습니다.

다윗은 사울이 여호와의 기름부음 받은 자라는 사실 때문에 하나님이 하실 일을 자기가 하지 않았습니다. 철저한 하나님 중심, 하나님 주권에 맡기는 다윗의 신앙은 우리가 본받아야 할 것입니다.

26:23-24에 보면 "여호와께서 갚으시리니" 했습니다. 사울과 다윗은 너무나 대조적입니다. 우리는 선으로 악을 이겨야 됩니다. 인간의 사악한 본성은 순간적인 뉘우침으로 수정되지 않습니다. 성령의 강권적인 역사가 있어야 되는 것입니다. 복수의 칼 앞에 관용을 보인 다윗의 모습에서 우리 자신을 반성해야 될 것입니다.

다윗의 모습은 바로 예수님의 관용을 예표하고 있는 것입니다.

기도 _ 하나님, 우리에게도 하나님의 관용과 용서의 마음을 주셔서 악을 악으로 갚지 않고 선으로 이길 수 있는 믿음을 주옵소서.

98. 타락자의 신앙

본문 삼상 28:4-6 / 찬송 290장 / 요절 삼상 28:6

"사울이 여호와께 묻자오되 여호와께서 꿈으로도, 우림으로도, 선지자로도 그에게 대답하지 아니하시므로"

하나님이 떠난 사울은 완전히 신앙도 이성도 잃어버린 상태에서 다윗만 죽이면 될 줄 알고 그를 죽이려고 혈안이 되어 있었습니다. 그는 하나님의 역사인 줄을 몰랐습니다. 영적인 마비 상태에다 정상적인 인격의 기능이 마비되어 버린 상태입니다.

다윗은 이스라엘 땅에서는 결코 사울의 손을 완전히 피할 수 없으리라는 절망을 느끼고 블레셋 지역인 가드왕 아기스에게로 도망갔습니다. 그리고 아기스에게 거주할 땅을 구하였는데 시글락을 거주지로 허락 받았습니다. 아기스는 다윗을 신임하게 되었습니다. 하나님의 역사입니다. 사람의 마음은 하나님께서 주관하십니다.

그후 블레셋이 이스라엘을 침략하게 되고 사울은 블레셋 침략군대를 보고 낙담하여 여호와께 도움을 구했으나 응답이 없자 신접한 여인을 찾아 갔습니다. 불순종과 죄악, 그리고 질투는 하나님과의 관계가 끊어지게 하는 것입니다. 그리고 미신적 신앙으로 전락하고 마는 것입니다.

28장에 죽은 사무엘이 신접녀의 부름에 의해서 올라왔다는 것은 여러 가지 해석이 있습니다만 악령이 사무엘을 가장해서 나타났거나, 사무엘에 대해 들은 신접녀가 사무엘을 가장해서 말했다는 해석들이 있습니다.

여기서 우리가 명심할 것은 죄는 기도의 응답을 막고, 불순종과 교만은 하나님께 버림받는다는 사실입니다. 뿐만 아니라 타락자의 신앙은 항상 자기의 유익을 위해서 하나님을 이용합니다.

악인은 하나님의 뜻에 순종하기보다 하나님을 자기의 소유물로, 자기 필요할 때 이용하는 대상으로 삼습니다. 더구나 그 신앙은 미신적입니다. 우상이나 미신에게 하듯 하나님도 그런 식으로 믿으려고 합니다.

우리의 신앙은 미신적입니까, 성경적입니까? 회개하고 순종하려고는 하지 않고 응답이 없다고 미신을 찾는 것은 참으로 어리석은 행동인 것입니다.

기도 _ 능력의 하나님, 어떠한 환경이 주어진다 할지라도 하나님을 욕되게 하지 않게 하시고 오히려 하나님을 영화롭게 하는데 우리의 몸과 마음을 바치게 하옵소서.

99. 사울왕가의 멸망과 다윗의 통치

본문 삼상 31:1-13 / **찬송** 10장 / **요절** 삼상 31:6

"사울과 그의 세 아들과 무기를 든 자와 그의 모든 사람이 다 그 날에 함께 죽었더라"

블레셋에 다윗이 피하여 있는 동안 아기스 왕에게 신임을 얻었습니다. 그래서 편의 제공을 받았습니다. 그런데 아기스 왕은 의기양양하게 이스라엘을 침략하게 되는데 다윗도 함께 참전하도록 명합니다. 다윗의 입장이 곤란하게 되자 하나님께서 역사하시어 블레셋 방백들이 다윗을 불신임하게 하셨습니다. 아기스는 블레셋 방백들의 권고를 받아들여 다윗을 시글락으로 돌아가도록 권고했습니다.

다윗이 시글락에 돌아가 있을 때 아말렉 족속들이 시글락을 약탈했습니다. 다윗은 아말렉 족속을 추격하여 노략당한 것을 되찾았습니다. 그리고 전리품을 분배했습니다.

오늘 본문은 사울의 최후가 기록되어 있습니다. 사울왕가의 최후는 참으로 비극적이었습니다. 이러한 사실은 이미 오래전부터 예고되었던 것입니다. 그는 멋진 출발에서 비극적인 종착점에 이르게 되었습니다.

블레셋과 길보아 전쟁에서 이스라엘은 크게 패하고 되어 사울의 세 아들은 전사하고 사울도 블레셋군에 의해 중상을 당하자 끝내 자결하고 맙니다.

사울이 죽은 후 다윗은 하나님의 지시대로 헤브론으로 갔습니다. 거기서 그는 유대지파를 다스리는 왕으로 기름 부음을 받게 되었습니다. 물론 다윗이 왕으로 선택된 것은 쿠데타나 혜성처럼 갑자기 나타나서 된 일이 아닙니다. 이미 예고되었고 하나님이 연단 하셨고 선포 하셨던 것입니다.

사울은 죽은 시체까지도 블레셋 사람들에 의해 능욕 당하고 야베스 사람들에 의해 장사되었습니다. 죽어서까지 조롱거리가 되고 비참하게 처리되는 사울의 시체와는 너무나 대조적인 다윗의 길은, 하나님께 버림받고 하나님이 세우시고의 차이입니다.

우리는 어떤 고난과 연단과 어려움이 있더라도 하나님께서 함께 하신다는 사실을 믿고 살아가야 하겠습니다.

기도 _ 우리를 사랑하시는 하나님, 우리와 함께 하여 주심을 감사드리며, 이를 통하여 하나님의 살아계심을 만 천하에 알리게 하옵소서.

100. 다윗의 신앙과 인격

본문 삼하 1:1-27 / 찬송 455장 / 요절 삼하 1:12

"사울과 그의 아들 요나단과 여호와의 백성과 이스라엘 족속이 칼에 죽음으로 말미암아 저녁 때까지 슬퍼하여 울며 금식하니라"

사무엘서는 원래 하나로 되어 있었는데 두 권으로(상, 하) 나누어진 것은 16세기 이후부터입니다. 사무엘하는 주로 다윗이 왕이 되어 40년간 통치한 사건을 기록하고 있습니다.

사무엘하에서 가장 중요한 부분은 7:4-17에 나오는 '다윗의 언약'입니다. '아브라함의 언약'(창 12:1-3)과 '모세의 언약'(출 20:1-17)과 더불어 이 땅에 오실 예수 그리스도를 의미하기 때문입니다.

사무엘하 1장은 사울의 죽음이 기록되어 있습니다. 이스라엘군의 진지에서 도망쳐온 아말렉 사람이 사울의 죽음에 대한 소식을 급히 전해줍니다.

그러나 다윗은 사울의 죽음을 전해 듣고 기뻐하기는커녕 도리어 옷을 찢고 슬퍼했습니다. 끝까지 여호와의 기름 부음받은 자를 존중히 여기는 태도였습니다. 그래서 여호와의 기름 부음받은 자를 존중히 여기지 않은 아말렉 사람을 죽이도록 명령했습니다. 자신을 그토록 핍박하던 사울의 죽음을 기뻐하기는커녕 도리어 크게 애통하는 다윗의 고매한 인격과 불변하는 신앙은 우리가 본받아야 할 것입니다.

다윗은 사울과 요나단의 죽음을 한없이 슬퍼했습니다. 그래서 죽음을 애도하는 애가를 지어 불렀습니다. 18절에 '야살의 책'은 '의로운 자들의 책'이라는 의미로 주로 영웅들의 행적을 기록한 내용과 이스라엘의 전쟁사입니다. 다윗은 정말 악을 악으로 갚지 않으려고 노력했습니다.

우리의 행위는 어떠합니까? 원수를 갚지 못해 잠을 이루지 못하는 성격은 아닙니까? 하나님의 종이라는 개념을 가지고 철저히 구별하고 있습니까? 역사 속에 나타난 하나님의 주권을 절대적으로 따르고 있습니까?

다윗의 인격과 고매한 신앙을 본받고, 우리도 세상에서 빛과 소금의 역할을 다해야 할 것입니다.

기도 _ 하나님, 다윗의 신앙처럼 악을 악으로 갚지 않고 선으로 갚는 하나님의 사랑으로 우리의 삶을 살아가게 하옵소서.

101. 온 이스라엘 왕이 된 다윗

본문 삼하 5:1-25 / **찬송** 399장 / **요절** 삼하 5:3

"이에 이스라엘 모든 장로가 헤브론에 이르러 왕에게 나아오매 다윗 왕이 헤브론에서 여호와 앞에 그들과 언약을 맺으매 그들이 다윗에게 기름을 부어 이스라엘 왕으로 삼으니라"

사울이 죽은 후에 다윗은 하나님의 지시대로 헤브론으로 갔습니다. 거기서 그는 유다지파를 다스리는 왕으로 기름 부음을 받았습니다. 이것은 하나님의 계획이고 예언과 약속의 성취입니다.

그러나 다른 지파들은 유다의 예를 따르지 않았습니다. 사울의 총사령관이었던 아브넬은 사울의 한 아들인 이스보셋을 북부의 왕으로 추대하였습니다. 그 결과 사울가의 지지자들과 다윗의 추종자들 사이에 전쟁이 일어나게 되었습니다. 그 내란은 결국 사울가의 파멸로 끝이 납니다. 2장에 다윗이 유다왕으로부터 등장하면서 일어난 내란이 4장에서 사울가의 몰락으로 끝이 납니다.

오늘 본문은 다윗이 온 이스라엘 왕으로 기름 부음 받게 되는 내용입니다. 다윗은 사무엘상 16장에 사무엘에 의해 기름 부음을 받고, 사무엘하 2장에서 유다를 다스리는 왕으로 기름 부음을 받으며, 사무엘하 5장에는 온 이스라엘 왕으로 기름 부음을 세 번째 받았습니다.

다윗은 왕이 되자마자 여부스족을 치고 예루살렘을 먼저 수축했습니다. 그리고 공격해 오는 블레셋과 싸워 승리했습니다.

다윗의 승리는 약속에 의한 것이요, 믿음과 인내의 열매입니다.

우리는 먼저 하나님이 쓰셔야 하고, 하나님이 함께 해야되는 것입니다. 10절의 말씀을 읽으시기 바랍니다.

우리는 얼마나 하나님의 주권을 인정하고 있습니까? 하나님이 함께 하셔야 된다고 믿고 고백합니까? 내 편리할 때만 하나님을 이용하지는 않습니까?

기도 _ 주권자 되신 하나님, 만군의 여호와께서 우리와 함께 하심을 믿고 인내할 때에 승리하게 하옵소서.

102. 여호와 앞에 춤추는 다윗

본문 삼하 6:1-23 / **찬송** 524장 / **요절** 삼하 6:14

"다윗이 여호와 앞에서 힘을 다하여 춤을 추는데 그 때에 다윗이 베 에봇을 입었더라"

다윗은 여부스족속(헷족속)의 손에 있던 예루살렘 성을 탈환했습니다. 예루살렘은 다윗성이 되었고 사울 시대에 거의 잊고 있던 법궤를 예루살렘으로 옮겼습니다. 이 법궤는 엘리 제사장 당시 잠시 블레셋에 빼앗겼다가 기럇 여아림에 돌아온 이래 약 7,80년 동안 방치되어 있었습니다(삼상 7:1-2). 다윗이 법궤에 관심을 가졌다는 것은 그의 신앙을 말해주고 있으며 법궤를 예루살렘으로 옮길 수 있었다는 것은 하나님의 은총입니다. 그런데 법궤를 옮기는 올바른 방법을 무시한 채 수레로 법궤를 옮기려는 잘못을 범함으로써 결국 웃사는 죽고 법궤는 예루살렘에 오기 전 가드사람 오벧에돔의 집에 석 달을 머물게 됩니다. 법궤가 머무는 동안 그 가정은 엄청난 하나님의 축복을 받게 되었습니다.

다윗이 이번에는 모세의 규례대로 법궤를 어깨에 메고 기쁨으로 예루살렘까지 옮기게 됩니다. 다윗의 기쁨을 이해하지 못한 미갈이 인간적인 위선과 체통으로 다윗을 비난하다가 저주를 받게 되는 불상사가 일어났습니다. 언약궤(법궤)는 여호와 임재의 상징입니다. 다윗은 법궤가 예루살렘으로 옮겨오게 된 것이 너무 기뻐 하체가 드러나는 줄도 모르고 춤을 춥니다. 다윗은 법궤가 올 때 에봇을 입었습니다. 이 에봇은 제사장만 입는 에봇이 아니라 종교의식 때 입는 일반 에봇이었기에 흘러내리게 된 것입니다. 다윗은 하나님 앞에서는 왕의 자리나 체통을 중요시하지 않았습니다. 겸손히 자기를 낮추며 정말 감격하여 기뻐했던 것입니다. 그러나 미갈은 법궤를 하나님의 임재로 보지 않고 하나의 상자로 보았던 것입니다. 그 상자 앞에서 춤추는 것이 자기 기분에 맞지 않았던 것입니다. 그 후 미갈은 다윗의 책망을 받았고 죽을 때까지 자식이 없었습니다. 미갈은 사울의 딸이며 다윗의 아내입니다. 여기에서 신앙인의 시각과 불신앙인의 시각차이, 신앙인의 기쁨과 불신앙인의 기쁨의 차이, 은혜 체험한 자와 은혜 체험하지 못한 자의 차이를 발견할 수 있습니다. 아마 미갈 자신은 사울왕의 딸이고 다윗은 목동 출신이니 왕이 되었지만 목동 출신이라 어쩔 수 없구나 하면서 업신여겼을 것입니다. 우리가 교만하거나, 신앙체험이 없거나, 신앙의 본질을 모르면 영적인 기쁨을 알 수도, 이해할 수도 없는 것입니다.

기도 _ 복되신 하나님, 하나님 앞에서 순전하고 정직한 믿음 갖게 하시며, 다윗과 같이 하나님께 인정받는 우리가 되게 하옵소서.

103. 다윗의 실수와 회개

본문 삼하 11:1-12:31 / **찬송** 302장 / **요절** 삼하 12:22

"이르되 아이가 살았을 때에 내가 금식하고 운 것은 혹시 여호와께서 나를 불쌍히 여기사 아이를 살려 주실는지 누가 알까 생각함이거니와"

　법궤를 예루살렘으로 옮긴 다윗은 다시 성전건축 계획을 합니다. 그러나 하나님께서는 나단을 통하여 하나님의 뜻은 안 된다고 전하고 오히려 다윗을 위하여 하나님께서 집을 지어주시겠다고 언약을 주십니다. 다윗은 하나님의 언약을 감사했습니다. 다윗을 위하여 집을 지어주시겠다고 하신 것은 다윗의 왕위가 견고하게 되고, 그 아들이 계속 왕이 될 것이며, 다윗의 집과 나라가 영원히 견고히 설 것을 의미합니다. 그리고 다윗의 자손으로 예수 그리스도가 나타날 것을 의미하는 것입니다.

　8장에서 다윗 왕국은 점점 확장이 되어갑니다. 블레셋과 모압을 정복하고, 소바왕 하닷에셀을 정복하며, 다메섹을 정복하여 모든 전리품을 하나님께 바쳤습니다. 그리고 에돔을 정복하고 수비대를 두었습니다. 그리고 그렇게 번영되고 확장되는 가운데서도 죽은 요나단과의 약속을 기억하여 절름발이 아들 므비보셋을 불쌍히 여겨 은총을 베풀었습니다. 즉 왕의 식탁에 참여하는 특권을 주었습니다. 사실 므비보셋은 자기를 죽이려고 발버둥 쳤던 사울의 손자입니다. 다윗은 높은 자리에 있다고 해서 교만하거나 의리를 버리는 자는 아니었습니다. 다윗은 계속해서 암논과 아람을 정복했습니다. 그러나 이런 다윗에게도 실수가 있었습니다. 그는 권세욕에도 승리했고 명예욕에도 승리한 겸손한 자였지만 이성욕에는 실패의 경험이 있었던 것입니다. 이것은 시를 잘 쓰는 다윗과 같은 감성이 예민한 자가 가장 조심해야 될 부분인지도 모릅니다. 그리고 성공 뒤에 마음의 여유가 시험에 드는 절호의 기회가 될 수도 있다는 사실을 깨닫게 해줍니다. 그는 자기의 심복, 현역 장교의 부인과 정을 통하는 실수를 하고 맙니다. 그는 자신의 실수를 감추기 위해 우리아를 최전선에 보내어 죽게 하는 간접 살인죄를 짓게 되었습니다. 그러나 나단의 비유와 책망을 듣고 회개합니다.

　우리는 성경의 진실성과 다윗의 겸손과 회개 앞에 고개를 숙이고 자신을 반성해야 되겠습니다. 선지자의 책망 앞에 왕의 체면이나 위신이나 권세도 버리고 회개했다는 사실을 기억하시기 바랍니다.

기도 _ 하나님, 우리를 시험에 들지 말게 하옵시고, 혹 시험에 들었다 할지라도 하나님 말씀의 경고를 들을 때에 곧 회개하는 겸손한 자가 되게 하옵소서.

104. 범죄의 열매를 먹어야 하는 다윗

본문 삼하 17:1-29 / **찬송** 272장 / **요절** 삼하 17:22

"다윗이 일어나 모든 백성과 함께 요단을 건널새 새벽까지 한 사람도 요단을 건너지 못한 자가 없었더라"

다윗은 일생의 절정기에 유감스럽게도 헷사람 우리아의 아내를 범하고 우리아를 죽일 계획을 하여 최전선에서 죽게 했습니다. 그는 많은 나라들을 정복했고 사울의 집에도 자비를 베푸는 여유를 보였습니다. 시리아 족속과 암몬 족속을 격퇴시켰습니다. 그러나 그는 결점이 있고 실수하는 인간이었습니다. 뿐만 아니라 이스라엘 백성을 영광 가운데로 인도하지 못했습니다. 그것은 그의 자손으로 오실 예수 그리스도만이 하실 수 있기 때문입니다. 하나님은 나단 선지자를 보내어 다윗의 죄를 깨닫게 했고, 그는 철저히 회개했습니다(12:13). 이 점에서 사울과는 차이가 있습니다. 시편 51편은 다윗의 회개 시로서 이때 기록된 것으로 추정됩니다. 다윗의 회개로 죄는 용서 받았으나 죄에 대한 징계는 있었습니다. 나단 선지자는 밧세바가 낳아줄 아이가 죽을 것과 칼이 그의 집을 떠나지 않을 것을 예언했습니다. 다윗의 집에는 그로부터 숱한 폭력과 유혈이 난무했습니다. 그럼에도 불구하고 여호와의 무한한 은혜는 약속의 자손에게 계속 되었습니다. 다윗과 밧세바의 사이에 솔로몬이 태어나고 여호와께서 그를 사랑하셨습니다. 솔로몬이 다윗의 대를 이어 후계자가 될 것은 분명했습니다. 압살롬은 다말을 근친상간한 암논을 죽였습니다. 그리고 도망가서 귀환했던 것이 화근이 됩니다(15장). 다윗은 아들의 반역으로 망명길에 올랐습니다. 민심이 다 압살롬에게로 돌아갔기 때문입니다. 압살롬은 예루살렘에 입성하여 다윗왕의 후궁들과 대낮에 동참하는 행동을 저지르게 되었습니다(16장). 다윗은 요단 동편으로 피신했습니다. 아들이 반란을 일으켜 아버지를 죽이려는 계략과 충격은 나단 선지자의 예언대로 칼이 떠나지 않는 가정이 돼버린 것입니다. 하나님은 다윗의 범죄에 대한 징계로 그의 아들 압살롬을 막대기로 쓰셨지만 결국 압살롬도 진압 당해 죽고 맙니다.

우리는 여기에서 죄는 무서운 열매를 맺고야 만다는 사실을 깨달아야 됩니다. 예수 그리스도의 은총으로 죄를 용서받고 환난에서 건져주신 하나님께 감사해야 됩니다. 하나님께서는 다윗을 승리케 하셨는데 이는 채찍질해도 아들은 아들이듯 다윗을 통한 하나님의 약속을 이루어 가시는 것입니다.

기도 _ 환난 속에서 우리를 건지시는 하나님, 하나님의 긍휼하심에 감사드립니다. 환난과 고통 속에서도 주님의 약속을 믿고 기다리는 자녀가 되게 하옵소서.

105. 기도로 해결한 기근

본문 삼하 21:1-22 / **찬송** 365장 / **요절** 삼하 21:14

"사울과 그의 아들 요나단의 뼈와 함께 베냐민 땅 셀라에서 그의 아버지 기스의 묘에 장사하되 모두 왕의 명령을 따라 행하니라 그 후에야 하나님이 그 땅을 위한 기도를 들으시니라"

압살롬의 반란이 완전히 진압되고 다윗의 왕위가 회복되었습니다. 그러나 다윗은 사랑하는 아들 압살롬이 죽은 슬픔을 참을 길 없음을 토로합니다. 압살롬 대신에 자기가 죽었으면 더 좋았을 것이라고 목 놓아 울었습니다(19장). 다윗의 신하 요압의 간청을 듣고 다윗은 마음을 안정시키고 예루살렘으로 되돌아 왔습니다.

한편 다윗은 자기를 저주했던 시므이를 용서하고 바드실래의 친절에 대해 보상을 하는, 통치자로서의 아량을 보여주었습니다(19장). 그러나 압살롬의 반란은 진압되었지만 이번에는 세바가 또 반란을 일으켰습니다(20장). 요압은 세바가 도피한 아벨성을 에워싸고 성벽을 쳐서 헐고자 했습니다. 그때에 그 성에 한 지혜로운 여인의 제안으로 아벨성의 사람들이 세바의 머리를 잘라 요압에게 줌으로써 세바의 반란이 진압되었습니다. 그 후 다윗은 새로운 행정조직을 했습니다. 본문 21장은 사울의 죄로 인한 흉년과 기도로 해결한 흉년이 기록되어 있습니다. 그러므로 21장부터 24장까지는 연대순으로 기록한 것이 아니라 사건 중심으로 기록한 것입니다.

다윗은 3년간 기근이 계속되자 여호와 앞에 기도했습니다. 하나님의 응답이 왔는데 기근의 이유는 사울과 피를 흘린 그 집 때문이라고 했습니다. 사울은 기브온 사람들을 죽였습니다. 기브온 사람들은 여호수아 시대에 화친조약을 한 사람들입니다. 물론 이 화친조약은 기브온 사람들이 자기들이 살아남기 위해서 이스라엘을 속여 했습니다. 그러나 여호와의 이름으로 했기 때문에 지켜야 된다는 것입니다. 그런데 사울은 이스라엘과 유다족속을 위해 열심을 낸다는 의도에서 기브온 사람을 죽였습니다.

우리는 여기서 범죄는 결코 묵과되지 않는다는 사실과 개인의 범죄는 공동체의 시련을 가져온다는 진리를 깨달아야 합니다. 그리고 개인의 범죄는 그 자손에게 치욕을 안겨줍니다. 사울의 후손 7명이 기브온 사람에 의해 살해됨으로 해결이 됩니다.

기도 _ 하나님, 하나님은 사랑의 하나님이신 동시에 공의의 하나님이심을 역사를 통해 다시 한 번 깨닫게 하시니 감사합니다.

115

106. 다윗의 회개

본문 삼하 24:1-25 / **찬송** 279장 / **요절** 삼하 24:25

"그 곳에서 여호와를 위하여 제단을 쌓고 번제와 화목제를 드렸더니 이에 여호와께서 그 땅을 위한 기도를 들으시매 이스라엘에게 내리는 재앙이 그쳤더라"

사무엘하 22장은 다윗의 노래입니다. 다윗의 생애 중에 뺄 수 없는 것이 그의 시요, 노래입니다. 그는 여호와의 구원을 찬양했습니다. 자기를 온갖 환난에서 구원해 주신 여호와를 찬양했습니다.

다윗은 오직 하나님의 성호를 찬양했습니다. 23장은 다윗의 마지막 말과 용사들의 업적이 기록되고, 24장은 다윗의 인구조사와 다윗의 회개로 끝이 납니다. 다윗의 인구조사가 죄가 되는 이유는 동기가 불순했기 때문입니다. 성경에 정확한 언급은 없지만 그는 자신이 이룩한 이스라엘의 번영과 확장을 과시하고 싶었습니다. 하나님은 그것을 싫어 하셨습니다. 그래서 선지자 갓을 통해 7년 기근을 택할 것인가, 3개월 피난을 택할 것인가, 3일간의 온역을 택할 것인가를 제시하셨습니다.

다윗은 자기의 죄를 뇌우치고 사람의 손이 아닌 하나님의 손에 징벌받기를 원함으로 단에서 브엘세바까지 온역으로 7만 명이 사망하게 되었습니다. 다윗은 이스라엘을 대표했기 때문에 다윗 한 사람의 실수가 전체 백성에게 미쳤다는 사실을 명심해야 합니다. 우리는 여기서 다윗도 어쩔 수 없는 인간이었고, 환경의 지배를 받았다는 것을 볼 수 있지만, 그는 즉시 뇌우치고 회개하는 사람임을 알 수 있습니다.

사무엘상, 하서를 통해 하나님은 선하신 분이시며, 희생제사를 받으심으로 장차 오실 그리스도의 희생으로 거대한 인류구원을 계획하고 계심을 볼 수 있습니다.

다윗은 아브라함이 이삭을 제물로 바치려했던 그 곳에 단을 쌓고 희생제사를 드렸습니다.

기도 _ 하나님, 세상이 즐기는 것을 하지 않게 하시고 하나님이 기뻐하시는 일을 하므로 하나님께 영광돌리게 하시고 늘 회개하는 겸손한 자세로 살아가게 하옵소서.

107. 역사의 주인공은 하나님이시다

본문 왕상 1:1-14 / **찬송** 30장 / **요절** 왕상 1:12

"이제 내게 당신의 생명과 당신의 아들 솔로몬의 생명을 구할 계책을 말하도록 허락하소서"

사무엘상·하는 본래 한 권의 책이었는데 두 권으로 나뉘었듯이 열왕기서도 한 권을 70인역 번역자들에 의해 사용하기 편리하고 알아보기 쉽게 두 권으로 나누었습니다.

문자 그대로 왕들의 행적 기록이 열왕기상·하이며 사무엘서에 계속되는 내용입니다. 그러나 열왕기서의 기록 목적은 왕들의 역사를 자세히 보여주고자 한 것이 아니라 하나님께서 택하신 백성의 흥망성쇠가 하나님의 언약에 순종하는가, 불순종하는가에 달려 있음을 가르쳐 주기 위함입니다. 그리고 그들이 섬길 분은 오직 하나님 한 분 밖에 없음을 강조합니다.

1장은 다윗왕의 시대가 가고, 솔로몬 왕의 시대가 새롭게 출발하는 역사적 전환점을 기록하고 있습니다. 솔로몬이 왕위를 계승하는 데도 순탄하지는 않았습니다. 다윗왕의 늙어 기력이 쇠하여지자 다윗의 넷째 아들 아도니야가 왕위를 빼앗으려고 했으나, 선지자 나단과 솔로몬의 생모 밧세바가 다윗왕에게 이 사실을 알리므로 솔로몬에게 기름부어 왕위를 계승하도록 했습니다. 사실 그때 당시 아도니야는 상당한 인기가 있었습니다. 세력도 막강했습니다. 군대장관 요압이나 제사장 아비아달 그리고 여러 용사들의 지지를 받았습니다. 다윗왕은 나이 많고 늙어 아도니야의 음모를 눈치채지 못했습니다. 그러나 이런 상황에서도 제사장 사독과 브나야, 그리고 선지자 나단과 같은 충성스럽고 신실한 자들이 있었습니다.

역사의 주인공은 하나님이십니다. 하나님의 역사는 신실하고 충성스러운 자들을 통하여 이루어 가십니다. 우리는 어떠합니까? 충성되고 신실한 편입니까, 시대에 편승하는 편입니까?

우리는 하나님의 역사에 쓰임받기 위하여 진실되고 성실한 삶을 살아가야 할 것입니다.

기도 _ 역사의 주인이신 하나님, 우리가 하나님 앞에 신실하고 충성되게 살아서 하나님의 역사 창조에 쓰임 받게 하옵소서.

108. 생명을 구하는 지혜

본문 왕상 3:5-28 / **찬송** 441장 / **요절** 왕상 3:9

"누가 주의 이 많은 백성을 재판할 수 있사오리이까 듣는 마음을 종에게 주사 주의 백성을 재판하여 선악을 분별하게 하옵소서"

2장은 솔로몬의 왕권 확립, 다윗의 임종, 유언이 기록되어 있습니다.

다윗은 "너는 힘써 대장부가 되라", "하나님의 명령과 율례를 하나님 앞에서 진실하게 지켜라", "공의를 베풀기를 힘써라"고 당부했습니다.

3장은 솔로몬의 지혜가 시작됩니다.

솔로몬의 지혜는 죽이는 지혜가 아니라 살리는 지혜입니다. 솔로몬의 지혜는 하나님이 주신 지혜입니다. 지혜의 근본은 하나님이십니다. 오늘날처럼 다양성의 시대에는 더욱더 지혜가 필요합니다.

솔로몬의 지혜는 기도로 얻어진 지혜입니다. 하나님은 지혜가 부족하면 지혜를 구하라고 했습니다. 그러면 주신다고 했습니다.

지혜로 생명을 구하고 하나님께 영광 돌려야 참 지혜가 됩니다. 이 세상의 지식은 사람을 죽이고, 속이고, 욕심을 채우는데 사용됩니다. 그러나 참 지혜는 하나님이 주신 지혜로 생명을 구하고 하나님께 영광을 돌립니다.

우리가 살아가는 과정에 얼마나 지혜가 필요합니까?

우리도 하나님께 지혜를 구합시다. 지혜 달라고 기도합시다.

오늘도 지혜롭게 하루를 승리하며 하나님께 영광 돌립시다.

기도 _ 하나님, 하나님께서 저희들에게 지혜 주셔서 주님 앞에 영광을 돌리며, 죽어가는 사람들을 살릴 수 있게 하옵소서.

109. 솔로몬의 기도

본문 왕상 8:1-26 / **찬송** 368장 / **요절** 왕상 8:23

"이르되 이스라엘의 하나님 여호와여 위로 하늘과 아래로 땅에 주와 같은 신이 없나이다 주께서는 온 마음으로 주의 앞에서 행하는 종들에게 언약을 지키시고 은혜를 베푸시나이다"

솔로몬이 왕위에 오르자마자 그는 내각을 새로 개편하고 전국을 12지역으로 나누어 다스렸습니다. 모든 백성이 평화와 번영을 누렸습니다. 사실 이 시기가 이스라엘의 황금기였습니다. 솔로몬의 천부적인 재능과 놀라운 권세와 영화가 4:20-34까지 요약되어 있습니다.

잠언서에는 그가 수집한 3천 개의 교훈이 담겨져 있습니다. 아가서에는 1,500곡의 노래가 있습니다. 그러나 솔로몬의 영화도 예수님의 영화에 비하면 아무것도 아닙니다. 하나님이 주신 지혜로 이스라엘 왕국을 평화와 안정, 번영의 시대로 이끌었던 솔로몬은 드디어 성전건축을 위한 준비를 서두르게 되었습니다.

솔로몬의 친구가 된 히람은 여호와의 성전을 건축하는데 많은 도움을 주었습니다. 7년 동안에 힘들고 고된 작업 뒤에 성전은 완공되었습니다. 그런데 성전을 짓는데 놀라운 특성은 성전 건축하는 동안에 하나님의 전 안에서는 건축 방망이나 도끼나 모든 연장소리가 들리지 않았다(6:7)고 했습니다. 하나님의 전은 아무리 크게 건축해도 소리가 나지 않고 조용히 이루어져야 합니다. 솔로몬의 궁전이 13년 걸린데 비해 성전은 7년 걸렸습니다. 물론 성전이 먼저 건축되었던 것만은 틀림없습니다.

성령께서는 2천년 동안이나 그의 일을 하고 계시지만 아직까지도 하나님의 성전은 완공되지 않았습니다. 영원한 성전은 지금도 계속 진행되고 있습니다.

오늘 본문은 솔로몬이 성전건축을 마친 후에 하나님께 감사와 영광을 돌리는 성전 낙성식에 한 솔로몬의 긴 기도가 기록되어 있습니다. 솔로몬의 기도의 핵심은 주님께서 하늘에서 들으시고 용서해 달라는 기도였습니다. 그러면서 솔로몬은 하나님께서는 성전에만 계시는 것이 아니라, 아니 계시는 곳이 없음을 고백합니다.

우리는 성전을 중요시 하며 성전중심의 삶을 살아야 할 것입니다.

기도 _ 기도를 응답해 주시는 하나님, 우리의 삶 자체가 기도의 삶이 되게 하시고, 기도하므로 솔로몬처럼 위대한 역사도 이루게 해 주옵소서.

110. 솔로몬, 여로보암, 르호보암

본문 왕상 14:1-31 / **찬송** 522장 / **요절** 왕상 14:8

"나라를 다윗의 집에서 찢어내어 네게 주었거늘 너는 내 종 다윗이 내 명령을 지켜 전심으로 나를 따르며 나 보기에 정직한 일만 행하였음과 같지 아니하고"

여호와께서 솔로몬에게 두 번째 나타나셨습니다. 예루살렘 성전을 봉헌한 그 날 밤에 두 번째로 하나님의 임재를 경험하는 특권을 누리게 됩니다.

요나 3:1에 "여호와의 말씀이 요나에게 두 번째 임하니라"는 말씀이 있습니다. 한 번 경험보다 두 번 경험이 좋습니다. 한 번 만나는 것보다 두 번 만나는 것이 좋습니다. 솔로몬이 성전을 봉헌할 때 드린 기도의 응답입니다. 그러나 이런 경험을 한 솔로몬이지만 애통하게도 그의 모든 부귀영화로 마음은 급속도로 타락하게 되고 이스라엘 백성들은 하나님의 품을 떠나게 되었습니다. 온 세상이 감탄하는 부귀와 사치와 영화를 누린 그가 전도서 1:2에 "모든 것이 헛되고 헛되도다"고 탄식했습니다.

10장은 스바 여왕이 솔로몬에게 지혜를 주신 여호와의 이름과 솔로몬의 지혜를 확인하기 위하여 많은 수행원과 금과 보석, 향품을 싣고 왔습니다. 11장은 솔로몬의 타락 내용입니다. 많은 이방여인을 아내로 삼고 우상숭배에 물들어 갔습니다. 그 결과 하나님의 진노로 왕국이 분열되게 됩니다. 12장은 10지파가 여로보암을 왕으로 삼고 이스라엘을 이탈했습니다. 여로보암 역시 금송아지를 숭배하게 되므로 하나님의 사람을 유다에서 벧엘로 보내어 징계를 선포했습니다(13장). 반면 남쪽 유다는 르호보암이 통치하게 되었습니다. 르호보암 역시 하나님의 명령을 어기고 불순종하게 됩니다(14장).

우리는 여기서 아버지의 타락이 자손들에게 미치는 영향을 생각해야 하고 한 지도자의 타락이 백성과 역사에 미치는 영향을 생각해야 됩니다.

사람은 환경과 시간에 영향을 받습니다. 이방여인들을 통해 들어온 우상, 환경에 영향을 받은 인격, 이것이 인간의 실상입니다.

그러므로 늘 성령충만하고 하나님의 말씀 앞에 자신을 살펴야 합니다.

기도 _ 하나님, 세상의 유혹과 환경에 굴하지 않으며, 늘 말씀 앞에 우리 자신을 비취어 올바르게 살아가게 하옵소서.

111. 하나님의 자비

본문 왕상 17:1-24 / **찬송** 304장 / **요절** 왕상 17:16

"여호와께서 엘리야를 통하여 하신 말씀 같이 통의 가루가 떨어지지 아니하고 병의 기름이 없어지지 아니하니라"

여로보암 이후에 북왕국은 벧엘을 중심으로 펼쳐집니다. 이 모든 왕들은 이스라엘을 죄에 빠뜨린 느밧의 아들 여로보암의 길을 걸었습니다.

열왕기서 전편에 이 말씀이 중간중간 반복됩니다. 여로보암 왕조는 또 다른 왕조에 의해 교체되고 계속해서 교체되는 악순환이 계속 되었습니다.

북왕국에 비해 남왕국은 그런대로 안정되어 있었습니다. 남왕국은 350년간 존속 되었고, 북왕국은 210년간 존속되었습니다. 그런데 왕들은 북왕국은 19왕, 남왕국도 19왕이었습니다. 북왕국은 9개의 왕조이나 남왕국은 다윗왕조 하나가 계속 통치하였습니다. 남왕국은 개혁을 단행한 경건한 왕들이 많았습니다. 아사, 여호사밧, 요아스, 히스기야, 요시야 등입니다.

16장은 바아사 왕조의 몰락과 선지자 예후의 예언이 기록되어 있습니다. 그리고 악명 높은 아합왕의 등장과 선지자 엘리야가 등장합니다.

오므리와 아합이 이스라엘을 통치하는 기간에 사마리아는 바알신을 모시는 거대한 우상제단이 건축되었습니다. 그리고 거기에서 의식을 집전하고 제사 드리는 우상 제사장들도 수백 명이 되었습니다. 여기에 가장 먼저 반기를 들고 나타난 자가 디셉 사람 엘리야입니다. 그는 가장 용감하고 담대한 선지자였습니다. 정치적 배경을 가지고 있는 바알 선지자와 아세라 목상 선지자 앞에 도전장을 공개적으로 던진 것입니다. 그는 신앙의 세례요한입니다. 아마 모세의 기적시대가 지난 후 약 800년 만에 나타난 능력의 선지자일 것입니다. 3년 6개월 동안 사르밧 과부의 집에 통의 가루와 병의 기름이 마르지 않는 기적과, 사르밧 과부의 아들을 소생시키는 기적이 기록되어 있습니다.

하나님은 끝까지 참고 기다리며 자비를 베푸시는 분이십니다.

기도 _ 하나님, 무한한 자비와 하나님의 사랑을 힘입고 살아간다는 것을 보여주시니 감사합니다. 그 사랑을 의지하여 힘 있게 살아가게 하옵소서.

112. 남은 자

본문 왕상 19:1-21 / **찬송** 442장 / **요절** 왕상 19:7

"여호와의 천사가 또 다시 와서 어루만지며 이르되 일어나 먹으라 네가 갈 길을 다 가지 못할까 하노라 하는지라"

엘리야는 기도의 사람입니다.

하나님의 능력과 기적은 기도의 사람을 통해 나타납니다. 18장에는 살아계신 하나님께 기도하는 장면입니다. 엘리야는 계속해서 "여호와여 내게 응답하소서" 하고 기도드렸습니다. 갈멜산의 종교대결은 엘리야의 승리로 끝이 났습니다. 그러나 엘리야는 우상 선지자의 괴수 이세벨을 피하여 도망갔습니다. 그는 갈멜산에서 극도로 쌓인 긴장과 과로로 지쳐 있는데다 광야로 도망치다보니 로뎀나무 아래까지 왔을 때는 지쳐서 죽고 싶은 심정이었습니다.

그러나 하나님은 그에게 나타나셔서 음식을 먹이고, 40주야를 행하여 호렙산에 도착하게 하셨고, 세미한 음성을 들려 주셔서 엘리야에게 힘과 위로를 주셨습니다. 그리고 그가 해야 될 일을 또 맡기셨습니다. 뿐만 아니라 이스라엘에는 아직도 바알에게 무릎을 꿇지 않은 7천 명의 영적 용사가 있었습니다. 그들은 엘리야처럼 용감하지는 못했어도 끝까지 영적인 전쟁에 무릎 꿇지 않고 싸우는 자들이었습니다.

참 신앙은 어려울 때 드러납니다. 하나님은 당신의 뜻을 이루시기 위해 하나님이 쓰실 자를 남겨 두십니다. 하나님께서 엘리사, 하사엘, 예후를 통해 엘리야의 무겁고 힘든 짐을 나누게 하셨습니다.

영적 전쟁은 하나님이 주시는 힘으로 하는 것이지 사람의 계획이나 두뇌로 하는 것이 아닙니다. 하나님께서 엘리야의 육신의 건강도 보살피시고, 영적인 능력을 주시며 영적인 동반자가 되어 주셨습니다.

우리는 하나님의 인도 하에 살아가야 승리할 수 있습니다.

기도 _ 우리의 인도자가 되시는 하나님, 목자처럼 우리를 끝까지 돌보심을 감사드립니다. 딴 길로 가지 않게 하시고, 세상 것에 의지하지 않고 주만 바라보게 하옵소서.

113. 느밧의 아들 여로보암의 길

본문 왕상 22:52-53 / **찬송** 527장 / **요절** 왕상 22:52

"그가 여호와 앞에서 악을 행하여그의 아버지의 길과 그의 어머니의 길과 이스라엘에게 범죄하게 한 느밧의 아들 여로보암의 길로 행하며"

20장은 아합의 통치기간 중 아람왕 벤하닷이 이스라엘을 침공하여 사마리아를 포위한 장면입니다. 그러나 두 번이나 침공했지만 실패했습니다.

하나님은 이세벨의 가중한 범죄에도 불구하고 이스라엘에 승리를 주셨습니다. 이것 역시 하나님의 자비요, 아직도 완전히 버리시지 않으셨다는 증거요, 또 기회를 주신 것입니다. 뿐만 아니라 7천 명의 숨은 영적 용사가 있기 때문이기도 했습니다.

그러나 아합은 여전히 깨닫지 못합니다. 그는 탐욕으로 나봇의 포도원을 빼앗았습니다. 엘리야가 아합과 이세벨의 멸망을 예언할 때 일시적인 회개를 했으나 미가의 예언대로 길르앗 라못 전투에서 최후를 맞이하고 맙니다.

우리가 열왕기서를 통해 알아야할 것은 선지자들의 영향이 대단하다는 것입니다. 그리고 북왕국을 그냥 버려두시지 아니하시는 하나님의 무한한 자비를 볼 수 있습니다.

아간이 이스라엘을 '괴롭게 하는 자'라는 최후의 이름을 남겼듯이 아합은 '느밧의 아들 여로보암의 길'을 걸은 자라는 악명을 남기고 그의 일생은 끝이 납니다. 그리고 왕 아하시야도 마찬가지입니다. 인간은 다 죽습니다. 그러나 어떤 이름과 역사를 남기고 죽느냐가 중요합니다. 아합의 아들 아하시야도 결국 역사에 오점을 남기고, 그의 인생이 끝납니다.

우리는 항상 가인의 길이냐, 아벨의 길이냐? 이삭의 길이냐, 이스마엘의 길이냐? 에서의 길이냐, 야곱의 길이냐? 사울의 길이냐, 다윗의 길이냐? 를 기억하며, 잘 판단해야 합니다.

악령이 노예가 되지 말고 성령의 인도함대로 승리해야 할 것입니다.

기도 _ 사랑의 하나님, 우리 앞에는 넓은 강과 좁은 강이 놓여 있으며, 바리새인의 길과 십자가의 길이 있습니다. 날마다 새 힘 주시고, 결단하기 하셔서 우리의 눈이 어두워주지 않게 하옵소서.

114. 불신앙의 결과는 망합니다.

본문 왕하 1:1-18 / **찬송** 532장 / **요절** 왕하 1:7

"왕이 그들에게 이르되 올라와서 너희를 만나 이 말을 너희에게 한 그 사람은 어떤 사람이더냐"

열왕기하는 약 300년에 걸친 역사를 기록하고 있습니다. 그리고 이 책의 전반부는 66년 동안의 엘리야 선지자의 업적과 그가 베푼 기적에 대하여 언급하고 있습니다. 또한 여호와의 진노와 심판에 따른 많은 기사와 이적들을 기록하고 있습니다.

열왕기하에서 '여호와의 말씀'이란 말이 24번이나 반복되어 나옵니다. 또 "여호와 보시기에 악을 행하였다"는 말이 21번이나 반복되며 "여호와 보시기에 정직히 행하였다"는 말은 8번 밖에 기록되어 있지 않습니다.

아합에 이어 이스라엘 왕위에 오른 아하시야는 아합이 범했던 범죄를 계속했습니다. 그는 하나님께 순종하지 않았습니다. 그 결과 다락 난간에서 떨어져 중상을 입었습니다. 하나님의 경고였으나 그는 깨닫지 못했습니다. 아하시야는 이방의 우상만 찾았습니다. 그리고 바른말 하는 엘리야를 죽이려고까지 했습니다. 엘리야는 왕 앞에서도 조금도 두려움 없이 하나님의 경고를 전했습니다. 아하시야는 엘리야의 경고대로 마침내 침상에서 내려오지 못한 채 그 길로 죽음을 맞았습니다.

하나님은 은혜로우시고 자비로우신 분이시지만 공의의 하나님이십니다. 인간을 사랑하시나 죄는 미워하십니다. 그러므로 하나님의 말씀과 뜻에 순종해야 합니다. 하나님은 불신앙을 제일 싫어하십니다.

우리는 여호와 보시기에 악을 행한 일은 없습니까? 하나님 보시기에 정직히 행하며 불신앙의 결과는 패망이라는 것을 깨닫고 참다운 신앙의 삶을 살아야 할 것입니다.

기도 _ 사랑의 하나님, 우리는 하나님의 말씀의 경고를 듣고 깨닫게 하시고 철저히 하나님만 믿게 하옵소서.

115. 갑절의 영감

본문 왕하 2:1-25 / **찬송** 542장 / **요절** 왕하 2:9

"건너매 엘리야가 엘리사에게 이르되 나를 네게서 데려감을 당하기 전에 내가 네게 어떻게 할지를 구하라 엘리사가 이르되 당신의 성령이 하시는 역사가 갑절이나 내게 있게 하소서 하는지라"

엘리야는 죽지 않고 승천했습니다.

하나님의 정의를 외친 선지자의 영광스러운 최후입니다. 그리고 엘리야 대신 엘리사를 통해 하나님은 계속 자신의 능력을 나타내고 계셨습니다.

특별히 엘리사의 간구는 수준 높은 영적 기도였습니다. "당신의 영감이 갑절이나 내게 있기를 구하나이다."(9절)

이것은 하나님의 은혜와 능력을 간구하는 것입니다. 엘리사가 행한 기적 중 자기를 조롱하는 어린 아이를 저주할 때 암곰 두 마리가 나와서 어린아이 40명을 죽였습니다.

왕하 2장에 엘리사의 두 종류의 기적이 있었습니다. 하나는 여리고 땅을 고친 건설적인 기적입니다. 물이 좋지 못하여 과일이 자꾸 떨어지고, 제대로 익지 못하는 것을, 소금을 가지고 물의 근원에 뿌려 기름진 들판으로 바꾸어지게 되었습니다. 반면 암곰에 물려 어린아이 40여 명이 죽은 것은 파괴적인 기적입니다. 주의 사자를 조롱하거나 함부로 업신여겨서는 안 된다는 교훈입니다. 엘리사는 살리는 기적과 죽이는 기적을 행했습니다. 이것은 하나님의 사랑과 공의를 나타내고 있는 것입니다.

갑절의 영감을 받아야 되고, 갑절의 영감을 받은 자는 하나님의 전지전능하심과 하나님의 이름을 높이고, 영광 돌려야 합니다.

하나님은 자비와 심판의 하나님이십니다.

베드로는 3천 명을 회개시키는 사랑의 기적도 행했으나, 아나니아와 삽비라 부부를 꾸짖어 죽게 하는 기적도 행했습니다.

우리는 하나님의 속성을 잘 알아 하나님을 잘 섬겨야 할 것입니다.

기도 _ 공의의 하나님, 하나님의 공의를 바로 깨달아 하나님 앞에서 경건하고 진실한 삶을 살도록 인도하여 주옵소서.

116. 기적과 승리

본문 왕하 7:1-20 / **찬송** 348장 / **요절** 왕하 7:7

"해질 무렵에 일어나서 도망하되 그 장막과 말과 나귀를 버리고 진영을 그대로 두고 목숨을 위하여 도망하였음이라"

3장은 아합의 아들 여호람이 유다왕 여호사밧과 동맹군을 만들어 모압의 반역을 평정했습니다. 그 과정에서 7일 만에 물이 떨어져 실패할 뻔 했으나 엘리사를 찾아가 해결하고 승리하게 되었습니다.

4장은 엘리사가 선지 생도의 아내를 도와준 이적과, 수넴 여인의 아들이 죽었을 때 살려준 이적, 그리고 독이 든 국을 해독하고 보리떡 20개로 100명을 먹인 기적이 있습니다.

5장은 나아만(아람 군대장)의 문둥병을 고친 기적과 물질을 탐한 게하시의 징벌의 기적이 있습니다.

6장은 물에 빠진 도끼를 떠오르게 한 기적과 아람왕의 이스라엘 침공계획을 차단시킨 기적입니다.

엘리사를 통하여 나타난 기적과 하나님의 능력이 세월이 지나 잊혀져 갔습니다. 그때 아람왕 벤하닷이 사마리아를 포위했으며 사마리아 성에 밀어 닥친 극심한 인플레는 아이까지 잡아먹는 사건으로까지 발전했습니다. 이를 이스라엘 왕은 그 책임이 엘리사에게 있다고 여겨 부하를 보내어 죽이려 했습니다. 이것은 자신의 잘못을 다른 사람에게 뒤집어씌우는 아주 악한 계략입니다. 그러나 엘리사는 아람에 대한 이스라엘의 승리를 예언했습니다. 엄청난 기근과 재난에 휩싸인 사마리아의 구원에 대해 예언한 것입니다. 엘리사의 예언은 상식적으로 맞지 않을뿐더러 불가능해 보이는 일입니다. 그러나 하나님이 말씀하셨으므로 믿고 전하는 것입니다.

신앙이라는 것은 하나님의 능력과 섭리를 믿고 행하는 것입니다. 이스라엘에서 버림받은 네 사람의 문둥병자를 통해 역사하셨습니다. 항복하기 위해 아람 진영으로 갔는데 엄청난 마병과 군대의 진격소리처럼 들리므로 다 도망갔던 것입니다.

하나님은 성안에서 추방되어 버림받은 문둥이를 통해서도 역사하시는 것입니다. 전쟁은 하나님께 속했고, 승리도 하나님께 속해 있습니다.

기도 _ 능력의 하나님, 수많은 사고와 사건 속에서 우리가 살아가는 것이 기적임을 믿습니다. 모든 것을 하나님께 맡겨서 승리하게 하옵소서.

117. 예후의 혁명

본문 왕하 10:1-17 / **찬송** 458장 / **요절** 왕하 10:17

"사마리아에 이르러 거기에 남아 있는 바 아합에게 속한 자들을 죽여 진멸하였으니 여호와께서 엘리야에게 이르신 말씀과 같이 되었더라"

8장은 4장에 등장했던 수넴 여인이 다시 언급됩니다. 그는 엘리사의 말대로 7년간의 기근을 피하여 블레셋 땅에 거하다가 돌아왔습니다. 수넴 여인은 엘리사와의 특별한 관계로 인해 이전의 모든 소유를 회복하는 내용이 기록되어 있습니다. 또, 엘리사가 하사엘에게 아람의 왕이 될 것을 예고하고 유다왕 여호람의 통치와 이어서 아하시야의 통치가 기록되어 있습니다.

유다왕 여호람도 아합의 딸과 결혼하고(이스라엘 왕) 우상숭배를 끌어들이고 그 아들 아하시야까지 자기처럼 사악한 길을 걷도록 했습니다.그러나 반대로 북왕국 이스라엘 왕 예후는 엘리사의 지시대로 자신에게 기름을 부어 이스라엘 왕이 되게 한 소년 선지자를 통해 전해진 '여호와의 말씀'을 즉시 시행하여 이스라엘왕 요람과 유다왕 아하시야, 그리고 아합의 아내 이세벨을 처단하는 혁명을 일으킵니다(9장).

10장 역시 예후의 숙청작업이 계속되는데 아합의 자손들 70여명이 처형됩니다. 예후는 정치적 숙청과 종교적 숙청을 했습니다. 예후는 자기 왕조를 확립하고, 죄의 근본을 뿌리 뽑고, 하나님의 명령을 실천하기 위해 혁명, 숙청 작업을 계속 했습니다. 그러나 예후도 벧엘에 있는 금송아지 섬기는 죄에서는 떠나지 않았습니다(10:29, 31).

예후는 아합의 자손 70명을 사마리아에서 처형할 뿐 아니라 유다왕 아하시야의 형제 42명과 바알의 선지자, 제사장, 신도들을 처형했습니다. 그로 인해 예후의 왕가는 4대(11-14대)에 걸쳐 120년간 이스라엘을 다스리는 복을 받았습니다. 그것은 벧엘의 금송아지를 버리지 못했기 때문입니다. 하나님은 유다가 잘못할 때는 이스라엘을 통해서 징벌하시고 이스라엘이 잘못할 때는 인근 이방 국가나 유다를 통해서 징벌하셨습니다.

우리는 역사에 어떤 자취를 남길 것인가를 늘 생각해야 합니다. 우리는 하나님의 뜻대로 삶을 살아야 할 것입니다.

기도 _ 하나님, 우리를 죄에서 떠나게 하시고 세상 것과 구별되며, 정직한 삶을 통하여 하나님을 기쁘시게 해 드릴뿐 아니라 빛과 소금의 역할로 이 사회를 변화시키는 데 힘쓰는 자가 되게 하옵소서.

127

118. 언약의 하나님

본문 왕하 11:1-21 / 찬송 399장 / 요절 왕하 11:17

"여호야다가 왕과 백성에게 여호와와 언약을 맺어 여호와의 백성이 되게 하고 왕과 백성 사이에도 언약을 세우게 하매"

　남왕국은 북왕국과 비교해 볼 때 다행히도 주목해 볼만한 선행이 있었습니다. 일부 왕들은 종교개혁을 단행하고 복 받는 비결이 무엇인지 알고 있었으나 이스라엘처럼 우상을 섬기기도 했습니다.

　하나님의 관심은 종교적인 죄였습니다. 르호보암 시대에 두 나라로 나누어진 후 솔로몬 시대의 영광은 사라졌습니다. 애굽의 시삭왕에게 성전의 보물을 빼앗겼는데 그 중 금방패 500개를 빼앗겼습니다. 금방패 대신 놋방패를 만들어 대치해 놓는 쇼를 벌이기도 했습니다. 그는 여호와를 섬기는 것을 지지하면서도 그와 함께 모든 이방 종교도 허용했던 것입니다. 썩은 사과 하나가 많은 성한 사과를 같이 썩게 하듯 사람들과의 관계도 잘못된 우정은 하나님으로부터 멀어지게 하는 것입니다. 유다의 왕 중 절반(20명)이 비정상적인 원인으로 사망했습니다. 여호아하스와 여호와긴은 3개월씩만 통치했습니다. 여호람은 하나님께 급사 당하고, 아하시야는 예후에게 살해당하고, 아달랴는 군대에 의해 살해당하고, 요아스는 선했는데도 종에게 살해당하고, 아마샤도 선했지만 살해당하고, 아사랴도 선했으나 하나님께 급사 당하고, 아몬은 종에게 살해당하고, 요시아도 선했으나 전쟁에서 부상당하고, 그 외에도 애굽과 바벨론에 의해 점령당했습니다. 11장은 아달랴(아하시야의 모친, 아합과 이세벨의 딸)가 유다 왕족의 씨를 전멸하고 6년 동안 남쪽 유다를 통치했습니다. 그러나 기적적으로 생명을 보호받은 아하시야의 아들 요아스가 대제사장 여호야다의 충정에 의해 왕위에 오르고, 아달랴가 처치됨으로 남쪽 유다 정국이 안정권에 들게 되었습니다. 요시야 왕 즉위 후 여호야다는 하나님만 섬기도록 우상을 다 깨뜨리고 바알제사장을 죽였습니다. 대제사장 여호야다로 인해 이스라엘은 종교적 혁신이 이루어졌습니다. 하나님은 여호야다를 통하여 다윗 왕조의 정통성을 회복하고, 하나님의 역사를 진행시켰습니다.

　하나님은 '언약의 하나님' 이시기에 꺼져가는 등불도 끄지 아니하시고 누구를 통해서든지 약속은 진행시켜 내십니다. 우리도 하나님의 역사와 언약을 진행하여 가는 과정에 신임 받는 인물이 되어야 할 것입니다.

기도 _ 역사의 주인 되신 하나님, 역사의 진행 속에서 하나님의 뜻을 발견하며 그 뜻에 맞춰 살아갈 때에 우리로 하여금 충성스러운 종이 되게 하옵소서.

119. 하나님이 보시기에

본문 왕하 18:1-16 / **찬송** 453장 / **요절** 왕하 18:5

"히스기야가 이스라엘 하나님 여호와를 의지하였는데 그의 전후 유다 여러 왕 중에 그러한 자가 없었으니"

요시야 왕은 제사장의 교훈을 받아 통치 기간에 성전을 수리했습니다. 그러나 여호야다가 죽은 후부터는 악정으로 바뀌어져 심지어 여호야다의 아들 스가랴까지 죽이고 맙니다. 그래서 아람왕 하사엘의 침공과 그의 죽음이 수치스럽게 피살되고야 맙니다.

13장은 여호아하스와 요아스의 이스라엘 통치, 엘리사의 죽음이 기록되어 있습니다. 엘리사는 죽는 순간까지 기적이 나타났습니다. 14장은 아마샤 왕과 여로보암 2세의 통치이고, 15장은 유다와 이스라엘의 여러 왕들, 16장은 유다의 제12대왕 아하스, 17장은 북 이스라엘의 명상, 18장은 산헤립의 침공을 받은 히스기야입니다.

히스기야는 '하나님의 힘'이란 뜻입니다. 그는 그의 이름대로 하나님을 절대적으로 의지하고 기도했습니다(5). 그는 여호와를 의지했습니다(5). 그는 여호와의 계명을 지켰고(6). 하나님 앞에서 정직하게 행했습니다(3). 그는 우상을 없애는 개혁을 시도했습니다(4). 선왕 때부터 계속 내려오는 우상을 철저하게 배척했습니다. 그는 산당을 철거하는 일에 적극적으로 나섰습니다. 산당뿐 아니라 주상과 아세라 목상까지도 모조리 부수어 버림으로 신앙의 결단을 보여주었습니다. 수십 년 동안 지켜온 전통이라도 악습일 때는 과감히 제거한 것입니다. 그럴 때 하나님은 히스기야의 기도를 들어주셨고 함께 하셨습니다.

하나님께서 함께 하시기 형통했습니다(7-8절). 이스라엘의 대적을 물리쳐 주셨습니다. 사실 앗수르는 부친 아하스 때만해도 섬기던 나라이고 블레셋은 사사 때부터 숙적 관계였습니다. 그런데 이런 이방나라를 물리친 것은 이방신에 대한 하나님의 승리요, 이스라엘의 승리였던 것입니다.

우리가 하나님 앞에 정직히 행하고 하나님만 의지하면 하나님께서 우리와 함께 하실 것이며 우리의 모든 일이 형통하게 될 것입니다.

기도 _ 사랑의 하나님, 죄악과 타협하지 않고, 신실하고 하나님을 경외하는 삶을 살아서 하나님 보시기에 아름다운 삶이 되도록 우리와 함께 하옵소서.

120. 히스기야의 교만이 주는 교훈

본문 왕하 20:1-21 / 찬송 429장 / 요절 왕하 20:17

"여호와의 말씀이 날이 이르리니 왕궁의 모든 것과 왕의 조상들이 오늘까지 쌓아 두었던 것이 바벨론으로 옮긴바 되고 하나도 남지 아니할 것이요"

19장은 히스기야의 유명한 기도가 있습니다. 그의 기도로 앗수르가 퇴각하게 되었습니다. 위기를 극복하는 길은 회개와 기도, 그리고 하나님의 사람에게 부탁하는 길임을 보여줍니다.

앗수르 왕 산헤립이 히스기야에게 협박 편지를 보냈으나, 기도의 사람 히스기야를 이기지는 못했습니다. 그는 유다의 46개 성읍과 20만 명 이상의 포로, 상당한 전리품을 빼앗았으나 하룻밤 사이에 18만 5천명이 전멸되는 패배를 맛보았습니다. 그 원인은 하나님의 사자가 그들을 쳤기 때문입니다.

하나님의 힘은 영원합니다. 그러나 사람의 힘은 무상합니다. 칼을 쓰는 자는 칼로 망합니다(19장).

20장 역시 히스기야가 병들었으나 기도로 회복하고, 15년 생명을 연장 받게 되는 하나님의 응답과 긍휼을 입게 되었습니다. 그러나 히스기야도 그의 말년에는 바벨론 문병사절단 앞에서 실수를 합니다. 그것은 교만해져서 하나님의 은혜를 잊어버렸기 때문입니다. 바벨론 사절단에게 예루살렘왕궁안의 모든 보물을 남김없이 보여 주었습니다.

그러면 왜 이것이 잘못이었는가? 그것은 하나님은 자랑하고 하나님을 증거하기보다 자신의 부귀와 행적을 자랑하는 어리석은 교만이었기 때문입니다. 하나님은 교만한 자를 물리치십니다. 그 결과 히스기야의 후대에 그 모든 소유가 바벨론에게 빼앗기게 되는 비극적 역사를 가져옵니다.

우리는 환난을 극복하는 신앙도 중요하지만 어려움이 해결되고 평안할 때 그 믿음을 계속 보존하며 겸손히 행하는 것이 더 중요합니다.

무릇 선 줄로 생각하는 자는 넘어질까 조심해야 하는 것입니다. 우리는 늘 하나님께 감사하고 영광 돌려야지, 자신을 자랑하고 교만하면 마귀가 다 빼앗아 간다는 사실을 깨달아야 합니다.

기도 _ 사랑의 하나님, 온유와 겸손의 주님을 본받아 교만치 않게 하시고 날마다 쳐서 복종하는 겸손의 삶을 살게 하옵소서.

121. 여호와 보시기에 정직히 행하자

본문 왕하 23:1-27 / **찬송** 463장 / **요절** 왕하 23:25

"요시야와 같이 마음을 다하며 뜻을 다하며 힘을 다하여 모세의 모든 율법을 따라 여호와께로 돌이킨 왕은 요시야 전에도 없었고 후에도 그와 같은 자가 없었더라"

히스기야의 아들 므낫세 시대에는 우상숭배가 극치에 달했습니다. 바알, 아세라, 몰렉, 아스다롯, 일월성신 등을 섬겼습니다. 므낫세의 아들 아몬도 역시 악정을 행했습니다. 그 결과 하나님의 진노를 받았습니다. 그러나 요시야가 왕이 된 후 성전을 수리하였고, 성전을 수리하다가 율법책을 발견하게 되었습니다. 므낫세는 14대, 아몬은 15대, 요시야는 16대 유다 왕입니다. 요시야는 여호와 보시기에 정직히 행했습니다. 그는 종교개혁을 단행했고 하나님께 대한 예배를 회복시켰습니다. 그러나 유다에 대한 하나님의 진노는 그치지 않았습니다. 그것은 범죄가 위험 수위를 넘었기 때문입니다.

므낫세 시대에는 아들들을 불살라 우상 제단에 바치기까지 했습니다. 점치며, 사술을 행하고, 무죄한 백성을 죽였습니다. 종교적 타락은 도덕적 타락을 언제나 동반하는 것입니다. 그래서 여선지자 훌다가 나타나 예언했습니다. 범죄는 하나님의 심판에 이르고 정직한 자는 하나님께서 축복하십니다.

요시야는 우상들을 제거하고, 유월절을 회복시켰으며, 하나님을 섬기는 본을 보였습니다. 하나님은 요시야를 칭찬했습니다. 그는 하나님의 심파의 예고에 그 무서운 심판을 면하려고 노력한 자입니다. 그러나 워낙 우상의 뿌리가 깊어서 백성들 가운데는 이러한 종교개혁에 불만을 품는 자가 적지 않았고, 계속 우상을 숭배하는 자가 있었습니다.

죄악의 뿌리가 내려지면 완전히 뽑아 버리기가 얼마나 무섭고 힘드는 것인가를 깨달아야 합니다. 내 속에 뿌리내려 있는 우상은 무엇입니까? 철저하게 버리고 정직한 삶을 살아야 하겠습니다.

기도 _ 하나님 아버지, 마음과 뜻을 다하여 여호와만을 섬기게 하시며 내 안에 영을 새롭게 하사 정직히 행하는 자가 되기를 원합니다.

122. 심은대로 거둔다

본문 왕하 25:1-21 / **찬송** 330장 / **요절** 왕하 25:5

"갈대아 군대가 그 왕을 뒤쫓아가서 여리고 평지에서 그를 따라 잡으매 왕의 모든 군대가 그를 떠나 흩어진지라"

유다의 마지막 왕들의 시대는 바벨론의 1차, 2차 침입이 있었고, 3차 침략으로 유다는 멸망하고 맙니다. 여호아하스를 이은 여호야김은 한마디로 말해 어리석은 왕이었습니다.

므낫세 왕이 다스릴 때부터 유다의 멸망조짐이 보이기 시작해서 여호아하스 통치시기를 맞아 더욱 가중되어 오다가 여호야김 시대와 여호야긴 그리고 시드기야 때에 그 멸망이 절정에 이르게 되었습니다.

바벨론이 침략하여 왕을 사로잡아 가고, 성전과 왕궁의 기물들을 부수어 버렸습니다. 그리고 백성들을 포로로 잡아갔습니다. 시드기야가 왕이 되어서도 깨닫지 못하고 사람의 힘을 의지하여 친애굽 정책을 썼으나 결국은 눈이 뽑히고 결박당하여 바벨론으로 끌려가는 가장 비극적인 왕이 되었습니다(렘 34:1-15).

북왕국이 멸망한 지(B.C. 722년) 136년 후에 남왕국도 완전히 패망하게 되었습니다. 하나님께서 사용하신 심판의 도구는 바벨론이었습니다. 예루살렘은 함락되고 지도자들은 처형되며 포로로 잡혀가는 비극적 종말입니다. 모두 비극으로 끝나는 것이 열왕기하서입니다. 왕의 비극적 운명, 예루살렘성의 비극적 운명, 성전의 비극적 운명, 예루살렘 거민들의 비극적 운명, 포로생활 하는 자들의 비극적 운명.

우상을 섬기는 개인이나 국가는 망합니다. 기다리고 있는 것은 비극뿐입니다. 1905년 일본의 강압으로 을사보호조약이 체결되자 우리 강토는 통곡의 눈물 바다가 되었던 것과 마찬가지입니다.

우리는 하나님을 화나게 하지 말아야 됩니다. 하나님은 우상을 섬길 때 가장 무서운 진노를 내리십니다. 나 외의 다른 신을 두거나, 만들거나, 절하지 말라고 하셨습니다. 나는 하나님을 화나게 하지는 않았습니까?

기도 _ 하나님, 우리의 삶이 하나님의 마음을 기쁘시게 할 수 있도록 인도 하옵소서.

123. 하나님은 신실하신 분이십니다.

본문 대상 1:1-54 / **찬송** 357장 / **요절** 대상 1:34

"아브라함이 이삭을 낳았으니 이삭의 아들은 에서와 이스라엘이더라"

 역대상·하는 사울왕때부터 시드기야 왕 때까지 역대 왕들의 행적이 간략하게 기록되어 있습니다. 역대기서는 단순히 사무엘서나 열왕기서에 기록된 것을 반복하는 것이 아닙니다. 주로 남왕국 유다에 중점을 두고, 하나님의 손이 이스라엘 역사를 움직이고 간섭하고 있음을 보여주고 있습니다.

 1장은 족장들의 후손을, 2-4장은 유다의 후손들, 5-8장은 10부족과 레위인의 후손들, 9장은 포로에서 돌아온 후손들이 기록되어 있습니다. 모든 내용의 핵심은 메시아를 증거하는 데 있습니다. 그리고 이전의 역사서에 나타나지 않은 기록들이 많이 포함되어 있으며, 중점적으로 다루고자 하는 내용도 다릅니다. 역대기서는 희랍어로 번역하면 '생략된 것들'이라는 의미를 가지고 있습니다.

 일반적으로 열왕기서는 이스라엘의 역사가 왕권을 중심으로 전개되고 있습니다. 그러나 역대기서는 하나님의 제단과 연관되어 역사를 기록하고 있습니다. 역대상이 인간적인 관점에서 기록된 것이라면 역대하는 하나님의 관점에서 기록된 것입니다.

 특히 1장은 아담에서 야곱의 계보까지 기록되어 있으며, 9장까지 지루할 정도로 인명이 나열됩니다. 그러나 이것은 예수 그리스도가 사람들의 후손으로 오셨고, 또한 많은 사람들을 위해서 오셨다는 사실들을 나타내고자 함입니다. 여기서 우리가 깨달아야 할 것은 하나님은 아브라함과의 약속을 지키시는 하나님이시고, 예수님은 인류 구원을 위해 사람의 몸을 입고 오시기 위해 준비되셨다는 것입니다.

 하나님은 스스로 신실하시고, 사람을 불쌍히 여기셔서 구원 계획을 차질 없이 실천하십니다. 그러므로 우리는 어떤 고난이나 역경, 시대적 변화의 소용돌이 속에서도 하나님의 약속은 신실하셔서 꼭 이루어진다는 믿음을 가지고 하나님만을 의지하고 살아야 할 것입니다.

기도 _ 신실하신 하나님, 하나님의 진실 된 마음을 본받아 주님의 향기를 발하는 우리가 되도록 도와주옵소서.

124. 야베스의 기도

본문 대상 4:1-10 / **찬송** 366장 / **요절** 대상 4:10

"야베스가 이스라엘 하나님께 아뢰어 이르되 주께서 내게 복을 주시려거든 나의 지역을 넓히시고 주의 손으로 나를 도우사 나로 환난을 벗어나 내게 근심이 없게 하옵소서 하였더니 하나님이 그가 구하는 것을 허락하셨더라"

2장은 야곱부터 다윗까지의 족보이고, 3장은 다윗부터 포로 때까지의 족보입니다. 우리는 역대상 1-4장까지 기록되어 있는 여러 왕들을 통해 하나님께서 계획을 실현하기 위해 하나님 자신이 선택한 어떤 길을 알 수 있습니다. 역대상 1:1부터 명백히 나타납니다. 아담의 직계자손이 '셋'임을 밝힙니다. 4:10에 야베스의 기도는 유명합니다. 야베스의 간절한 기도가 응답 받았습니다. 왕들의 이름과 족보가 나열되는 가운데 야베스의 기도가 보석같이 빛나는 것은 역사의 주인공은 하나님이시며 하나님이 이스라엘과 함께 하고 계신다는 사실을 나타내고 있기 때문입니다. 더 자세히 살펴보면

첫째, 야베스는 하나님께 기도했습니다. 기도는 기도의 대상이 분명하고 맞을 때가 기도입니다. 대상이 잘못된 기도는 주문이지 기도가 아닙니다.

둘째, 그의 기도는 하나님이 복의 근원임을 믿는 기도였습니다. 즉, 모든 것이 하나님께 달렸음을 믿는 기도였습니다.

셋째, 그의 기도는 주의 손의 능력을 믿는 기도였습니다. 하나님의 손이 도우면 환난에도 벗어날 수 있고, 근심에서도 해방될 수 있고, 지경도 넓게 할 수 있다는 내용입니다.

넷째, 야베스는 기도 응답을 받았습니다. 모든 것을 하나님이 허락하셨다는 사실을 강조합니다. 하나님의 손에는 모든 것이 있습니다. 그러나 하나님께서 허락하셔야 합니다.

우리는 누구에게 기도하며, 어떤 자세로 기도합니까? 하나님의 능력과 주권을 믿습니까? 믿음으로 기도합니까? 왜 응답받지 못합니까? 지연되고 있는 이유는 무엇입니까?

기도 _ 살아계신 하나님, 하나님의 능력과 주권을 믿으며, 믿음으로 기도할 때에 응답해 주옵소서.

125. 만군의 여호와께서 함께 하시니

본문 대상 11:1-9 / **찬송** 382장 / **요절** 대상 11:9

"만군의 여호와께서 함께 계시니 다윗이 점점 강성하여 가니라"

5장 6장의 족보에서는 여러 지파의 족장들이나 대제사장들이 특별히 나타납니다. 특히 6장에는 레위지파의 족보가 상세히 기록되어 있습니다. 7장은 이스라엘 6지파 잇사갈, 베냐민, 납달리, 므낫세, 에브라임, 아셀 지파의 족보입니다. 8장은 베냐민 자손의 계보이고, 9장은 포로생활에서 귀환한 자들의 명단이 소개됩니다. 레위인들은 성전 문지기와 성전기구 관리, 또는 찬양대원으로 봉사 했습니다. 10장은 사울 왕가의 몰락으로 사무엘상 31장의 내용과 거의 동일합니다. 11장은 다윗의 즉위에 대한 기록입니다.

범죄의 결과는 개인적으로나, 가정적으로나, 국가적으로 비극임을 사울의 역사를 통하여 배울 수 있고, 다윗을 통하여 하나님께 인정받아야 됨을 배울 수 있습니다. 9절에 보면 "만군의 여호와께서 함께 계시니 다윗이 점점 강성하여 가니라" 하고, 하나님께서 함께 하시고 하나님에 의해서 세움을 받았음을 강조합니다.

3절에 보면 '다윗에게 기름을 부어 이스라엘 왕을 삼으니' 라고 기록되어 있습니다. 그리고 다윗은 하나님의 말씀에 근거하여 다스렸습니다. 사회나 교회나 신앙적인 지도자, 그리고 충성스러운 백성 혹은 성도와 협력자가 있어야 합니다.

다윗은 무질서한 이스라엘을 통합하여 백성에게 희망과 용기를 주었습니다. 다윗은 다시 오실 예수님의 표상이며 다스리는 자들의 영원한 모형입니다. 하나님께서 함께 하는 이 나라, 위정자, 그리고 우리 모두가 되시기를 바랍니다.

기도 _ 요셉과 함께 하신 하나님, 우리와도 함께 하셔서 형통한 길로 인도하여 주옵시고 그로 인하여 영광 돌리게 하옵소서.

126. 하나님의 방법대로

본문 대상 13:1-14 / **찬송** 383장 / **요절** 대상 13:4

"뭇 백성의 눈이 이 일을 좋게 여기므로 온 회중이 그대로 행하겠다 한지라"

하나님이 함께 하는 사람에게는 많은 사람들의 헌신적인 협조가 따르게 됩니다.

다윗이 시글락에 망명중일 때 사울왕 편에 있던 베냐민 지파 사람들이 다윗을 돕겠다고 나섰습니다. 그들은 양손으로 활을 쏘는 재주와 물매를 던지는 재주를 가진 자들이었습니다. 그리고 다윗이 헤브론에 있을 때는 다윗에게 충성을 하기 위해 나온 용사들이 340,822명이었습니다. 그것이 12장의 내용이고, 13장은 '옳지 않은 방법으로 옳은 일을 행한 사건'이 기록되어 있습니다. 법궤 운반 도중에 웃사가 죽었습니다.

여기에서 깨달을 수 있는 것은 법궤를 예루살렘으로 옮기려는(기럇여아림에서) 그 거룩하고 좋은 계획이 율법에 정해진 운반 규례를 무시했기 때문에 실패했다는 것입니다. 여호와의 궤는 생명이 있는 자들의 어깨에 메여 운반해야 합니다.

아무리 하나님을 향한 뜨거운 열심이라 할지라도 진정 하나님께서 원하시는 방법이 아니면 결코 선하고 아름다운 결과를 가져올 수 없습니다. 흔히 목적만 좋으면 수단과 방법은 나빠도 상관없다는 생각을 합니다.

그러나 성경은 방법도 하나님의 방법대로 해야 될 것을 강하게 시청각교육을 시킨 것입니다. 헌금하기 위해 폭리를 보거나 투기꾼이 되어서는 안 될 것입니다. 사울이 제사 드린다는 명목으로 전쟁에서 노획한 가축을 죽이지 않았습니다(삼상 15:15). 그러나 그는 그 일로 하나님께 버림받는 계기가 되었습니다.

우리는 무슨 일이든 기도와 말씀으로 시작하고, 하나님의 뜻에 합당하게 진행해야 할 것입니다. 우리는 잘못된 방법으로 성공을 꿈꾼 적은 없습니까?

기도 _ 승리의 하나님, 우리의 삶 전 과정이 하나님의 계획대로 되어지길 바라며 하나님의 방법대로 우리를 인도하여 주옵소서.

127. 무엇을 최우선으로 하는가

본문 대상 16:1-36 / **찬송** 575장 / **요절** 대상 16:34

"여호와께 감사하라 그는 선하시며 그의 인자하심이 영원함이로다"

두로왕 히람이 다윗을 돕는 일을 하게 되고, 강국 블레셋을 격파했으며 다윗의 명성이 점점 전파되게 됩니다. 다윗은 자신의 의견과 생각대로 행동하지 않고 모든 것을 하나님께 물어서 처리했습니다. 그래서 다윗의 왕국이 점점 굳건히 서 갔던 것입니다.

우리는 두 번 실패를 하지 말아야 합니다. 실패의 반복은 하나님께서 원하시지 않습니다. 영적인 무지의 소치입니다.

15장에서 법궤는 다윗성에 성공적으로 옮겨지게 되었고, 16장은 법궤를 옮긴 후의 감사와 찬양의 내용입니다.

다윗은 왕권을 확립한 후 예배 제도의 기틀을 잡는 일을 최우선으로 했습니다. 우리는 어떤 분야에서, 어디에서 일하든지 하나님 앞에 가장 먼저 해야 할 일이 무엇인지 생각해야 합니다. 그것은 '하나님과 우리와의 관계 회복'입니다.

우리는 무엇을 우선합니까?

구약의 모든 제도나 율법의 명령은 하나님 우선 즉, 하나님과의 관계 개선이 제일 우선입니다.

사람에게 복장이나 스타일이 우선이 아니며 생명과 영생, 즉 하나님이 우리 삶의 제일 우선인 것입니다.

우리는 본질 보다는 비본질을 우선으로 하지는 않습니까?

나는 무엇을 제일 우선으로 하고 있습니까? 지금까지 나의 삶 속에서 무엇을 제일 중요하게 생각했습니까?

기도 _ 하나님, 삶을 돌아 볼 때에 주님이 우선이 아니라, 나 자신이 먼저 일 때가 많았습니다. 용서하여 주옵시고 하나님을 삶의 주인으로 모시고 살아가게 하옵소서.

128. 여호와께서 이기게 하시니라

본문 대상 18:1-13 / **찬송** 351장 / **요절** 대상 18:6

"다윗이 다메섹 아람에 수비대를 두매 아람 사람이 다윗의 종이 되어 조공을 바치니라 다윗이 어디로 가든지 여호와께서 이기게 하시니라"

역대상 17장은 사무엘하 7:1-3의 내용과 같습니다. 다윗에 대한 하나님의 약속과 다윗의 간절한 기도와 소원이 기록되어 있으며, 여호와의 전을 건축하고 싶은 다윗의 간절한 소망이 나타납니다. 그러나 하나님은 다윗에게 성전 건축을 허락하시지 않으셨습니다.

다윗은 하나님을 섬기고 그분께 영광 돌리는 방법을 알고 있었습니다. 다윗이 하나님을 기쁘시게 할 때 "다윗이 어디로 가든지 여호와께서 이기게 하시니라"(18:6, 13)고 기록되어 있습니다. 다윗의 신앙은 열심 있는 신앙이요, 겸손이었습니다. 그는 모든 일에 하나님께 감사했습니다. 성전건축의 뜻을 거절당해도 감사했습니다. 우리는 어떠합니까? 기도가 응답되지 않아도 감사합니까?

다윗은 하나님 제일주의로 살았습니다. 그러기에 하나님께서 메시아에 대한 언약을 주셨습니다(17:11-14). '씨'는 메시아를 가리킵니다.

다윗 왕국은 점점 강성해졌습니다. 블레셋을 정복하고, 모압을 속국으로 만들고, 하닷에셀의 군사를 물리치고, 에돔을 정복했습니다.

우리도 하나님 제일주의로 살면 늘 승리하도록 도와주십니다. 하나님의 백성을 대적하고, 재도전하던 암몬과 블레셋은 차례차례로 망했습니다. 이것 역시 이스라엘의 군사력이 월등해서가 아니며 다윗의 부하들이 용맹해서 그런 것도 아닙니다. 하나님께서 함께 하셨기 때문입니다.

우리의 매일 매일의 생활에서 영적, 육적 승리의 비결은 하나님과 함께 하느냐, 그렇지 않으냐에 달려 있습니다. 오늘도 하나님 제일주의로 삽시다.

기도 _ 능력이 많으신 하나님, 하나님께서 우리의 모든 것 되심을 감사드리며, 오늘도 영적 전투에서 승리하게 하옵소서.

129. 성공했을 때 조심하라

본문 대상 21:1-17 / **찬송** 289장 / **요절** 대상 21:8

"다윗이 하나님께 아뢰되 내가 이 일을 행함으로 큰 죄를 범하였나이다 이제 간구하옵나니 종의 죄를 용서하여 주옵소서 내가 심히 미련하게 행하였나이다 하니라"

역대상 21장은 18-20과는 너무나 대조적으로 비극적인 장입니다. 언제나 하나님 앞에 겸손했던 다윗이 자만심과 야망의 충동 앞에 넘어지고야 말았습니다. 다윗이 전사들의 수를 계산했다는 것은 하나님을 의지하기보다 백성들의 숫자를 계수하여 그 힘을 의지하며, 과시하려고 했던 것입니다.

다윗의 범죄로 이스라엘에서 죽은 자가 7만 명에 달했습니다. 범죄한 자는 다윗인데 하나님의 형벌로 죽은 자는 이스라엘 백성들이었습니다. 이것은 다윗은 회개했지만 회개치 아니한 백성들을 이 사건을 계기로 치신 것입니다. 그러므로 다윗 때문에 죽은 것이 아니라 각자의 죄를 회개치 아니하므로 하나님께서 심판하신 것입니다. 즉, 하나님께서는 공의의 하나님이시라는 사실과 성공했을 때 조심해야 된다는 진리를 깨달아야 합니다. 우리도 명성과 재물을 의지함으로 여러 가지 재앙과 역경에 시달리고 있지는 않은가 생각하고 반성해 봐야 될 줄 압니다.

여기에서 우리가 알아야 할 것은

첫째, 성공의 원인이나 자신에게 있지 않음을 알아야 합니다.

둘째, 자신의 명예나 욕망, 힘을 억제해야 합니다. 교만은 패망의 선봉입니다.

셋째, 주변의 경고와 조언에 세심히 귀를 기울여야 합니다.

다윗은 충신 요압의 권고를 묵살해 버렸습니다. 권위주의나 남을 무시하는 행위는 자신의 모습을 발견하지 못합니다. 그러나 다행히 다윗은 회개했습니다. 변명하지 않았습니다. 그는 징계를 각오했습니다.

우리는 성공했을 때 교만하지 말고 더욱 겸손한 자세로 살아 하나님께 더 큰 복을 받아야 할 것입니다.

기도 _ 겸손한 자와 함께 하시는 하나님, 우리의 삶 속에서 내 자신을 앞세우는 교만한 자 되지 않게 하시고 항상 하나님을 의지하고 믿고 따르는 겸손한 자 되게 하옵소서.

130. 다윗의 생애

본문 대상 28:1-21 / 찬송 413장 / 요절 대상 28:20

"또 그의 아들 솔로몬에게 이르되 너는 강하고 담대하게 이 일을 행하라 두려워하지 말며 놀라지 말라 네가 여호와의 성전 공사의 모든 일을 마치기까지 여호와 하나님 나의 하나님이 너와 함께 계시사 네게서 떠나지 아니하시고 너를 버리지 아니하시리라"

　다윗은 꿈에도 소원이었던 성전 건축을 준비했습니다. 그러나 하나님께서 자신에게 허락지 않으심으로 그 아들 솔로몬에게 성전 건축을 명했습니다(22장). 그리고 성전 봉사의 일을 분담시켰습니다(23장). 하나님의 일은 모든 것이 질서 정연하게 추진되어야 합니다.

　24장 역시 제사장들과 레위인들이 그들의 직무를 잘 수행할 수 있도록 구체적으로 조직화 되는 내용이 소개됩니다. 25장은 찬양대의 직무에 대한 내용입니다. 26장은 레위인들의 또 다른 여러 직무 분담 내용입니다. 다윗은 하나님의 성전 건축 준비를 마친 뒤 왕실과 군대의 업무를 재정비하게 되었습니다. 말씀처럼 먼저 그 나라와 그 의를 구하는 자세입니다. 그는 이스라엘 총회를 소집하고, 백성들에게 권고하고, 하나님의 성전 건축을 아들 솔로몬으로 꼭 실시하라고 했습니다. 또한 하나님의 율례와 법도를 따르도록 당부했습니다. 다윗이 40년 왕정생활을 정리하는 장면이 28장의 내용입니다. 다윗 40년의 생애를 정리하면,

　첫째, 섬기는 생애였습니다. 이스라엘의 많은 왕들이 했던 것처럼 교만과 복수, 자기 이익을 구하는 생애가 아니었습니다. 그는 자비, 겸손, 공의로 통치했습니다.

　둘째, 그는 하나님의 뜻에 순종하는 생애였습니다. 하나님을 기쁘시게 하려고 노력했습니다.

　셋째, 다윗은 하나님의 목적대로 자기 생애를 살았습니다. 자신을 통해 하나님이 하시고자 하는 일이 무엇인가를 생각하며 거기에 삶의 목표를 두었습니다. 자기가 못 다한 일을 아들에게까지 유언했습니다.

　우리는 나를 위한 삶인지, 하나님을 위한 삶인지를 생각해 보고 우리 삶의 목적을 하나님을 위한 것으로 바꾸어야 할 것입니다.

기도 _ 자비로우신 하나님, 내 안에 존재하는 세상 것을 모두 버리고 신령한 것으로 가득 채워 날마다 하나님의 영광을 위한 삶을 살 수 있도록 인도하여 주옵소서.

131. 다윗의 인생관

본문 대상 29:1-30 / **찬송** 390장 / **요절** 대상 29:17

"나의 하나님이여 주께서 마음을 감찰하시고 정직을 기뻐하시는 줄을 내가 아나이다 내가 정직한 마음으로 이 모든 것을 즐거이 드렸사오며 이제 내가 또 여기 있는 주의 백성이 주께 자원하여 드리는 것을 보오니 심히 기쁘도소이다"

다윗은 실수도 했으나 끝까지 하나님께 영광 돌리는 삶을 살았습니다. 29:28은 그의 마지막을 나타낸 내용입니다. "저가 나이 많아 늙도록 부하고 존귀하다가 죽으매 그 아들 솔로몬이 대신하여 왕이 되니라"

다윗 왕의 삶의 기록은 행 13:36에도 있습니다. "그는 하나님의 뜻을 좇아 섬기는 생애였다"는 것입니다. 하나님께 인정받는 삶이었습니다.

다윗은

첫째, 하나님 앞에서 살았습니다. 목동시절이나 왕이 되어서나, 도망을 다닐 때도 하나님 중심의 삶이었습니다.

둘째, 인생은 '나그네'임을 강조했습니다. '나그네', '세상에 있는 날이 그림자'라고 표현했습니다. 사람이 인생을 바로 알지 못하면 참다운 삶이 될 수 없습니다. 그렇다고 해서 허무주의나 염세주의가 아닙니다. 다만 이 세상보다 더 나은 세계를 꿈꾸며 살았습니다.

셋째, 하나님의 영광을 위해 존재하는 인생이었습니다. 17절에서 하나님은 다 아시며, 보고 계시며, 정직을 기뻐하시는 하나님이시기에 인생은 어디까지나 하나님의 영광만을 추구하며 살아야 함을 나타냈습니다. 즉 그는 하나님의 영광을 추구한 수준 높은 인생이었습니다. 그러기에 그는 법궤를 예루살렘으로 옮기는 일을 우선으로 했고, 성전 건축을 먼저 소원했던 것입니다.

넷째, 이웃을 위해 사는 인생이었습니다. 그는 이스라엘 백성들에게 성실했고 백성을 위해 존재한다고 생각했습니다(삼하 5:12). 또한 항상 '주의 백성'이라고 생각을 했습니다(29:18). 그러므로 섬기는 자세였습니다.

우리는 모든 것이 하나님께 있고 하나님 앞에서 산다는 사실을 명심해야 합니다. 그리고 하나님의 영광을 위한 것이 존재 목적이 되어야 합니다. 모든 영광을 하나님께 돌립시다. 우리의 인생관은 어떠합니까?

자신이 제일입니까, 하나님의 영광과 이웃 사랑이 제일입니까?

기도 _ 인생의 주관자 되신 하나님, 잠시 왔다 가는 나그네와 같은 인생이 세상적인 것에 뜻을 두지 말게 하시고 저 천국을 소망하여 하나님 안에서 살아가게 하옵소서.

132. 솔로몬의 예배 생활과 기도 생활

본문 대하 1:1-17 / **찬송** 40장 / **요절** 대하 1:6

"여호와 앞 곧 회막 앞에 있는 놋 제단에 솔로몬이 이르러 그 위에 천 마리 희생으로 번제를 드렸더라"

역대하는 솔로몬 왕의 영광과 장엄한 성전 건축 시기부터 바벨론 포로까지의 유다역사를 기록하고 있습니다. 솔로몬이 죽은 후에는 이스라엘이 분열되고, 선하고 악한 왕들이 권좌에 오르는 악순환이 계속 됩니다.

온 백성은 영적으로 타락하고 어두웠습니다. 그러나 역대하 마지막 절에서 희망을 볼 수 있습니다. 시간상으로는 약 440년간의 역사입니다.

1장에서 5장까지는 성전 건축 내용입니다. 특히 1장은 솔로몬의 즉위와 그의 지혜에 대해 언급합니다. 솔로몬의 1천 번제는 우리가 배워야 할 자세입니다. 예배와 기도에 열중했음을 보여줍니다. 다윗이 예배와 기도의 사람이었기에 솔로몬도 다윗의 영향을 받은 것 같습니다.

특히 1:1은 솔로몬과 함께 하시는 하나님을 강조하고 있습니다. 그는 다윗과 함께 하신 하나님을 믿었던 것입니다(8). 그리고 하나님의 약속을 붙들고 기도했습니다(9). 솔로몬의 기도는 사명감을 다할 수 있는 능력, 즉 지혜를 달라는 기도였습니다. 그의 기도는 하나님 마음에 합한 기도였습니다. 그의 기도는 응답 받았고, 그의 예배는 하나님의 마음을 기쁘게 했습니다.

솔로몬은 신앙과 기도로 출발했습니다. 그러한 그의 자세 때문에 하나님께서 함께 하셨습니다.

솔로몬이 역사를 기록하는데, 예배와 기도를 가장 먼저 기록하고 있음을 명심하시기 바랍니다.

기도 _ 하나님, 우리의 하루의 시작을 예배와 기도로 하게 하시며, 평생 동안 항상 주께 향한 예배와 기도가 우선되게 하옵소서.

133. 하나님의 영광이 가득한 성전

본문 대하 5:1-14 / **찬송** 210장 / **요절** 대하 5:14

"제사장들이 그 구름으로 말미암아 능히 서서 섬기지 못하였으니 이는 여호와의 영광이 하나님의 전에 가득함이었더라"

솔로몬은 기쁜 마음으로 성전을 건축했습니다. 3,850명의 감독관과 수많은 재료를 동원하여 장장 8년 반이 걸렸습니다.

이스라엘 백성이 애굽에서 나온 지 480년 되는 해에(B.C. 966년) 성전이 착공되었습니다. 장소는 모리아산으로 아브라함이 독자 이삭을 바치려했던 장소입니다.

성전을 봉헌하고 그 안에 금, 은 기구도 봉헌했습니다. 그리고 언약궤를 지성소에 안치했습니다.

하나님의 영광이 성전 안에 가득했습니다. 이것은 하나님께서 성전 안에 친히 임재하신 사실을 보여줍니다. 하나님은 성전을 열납하시고 성전에서 드리는 기도를 받으신 것은 그들에게 하신 약속을 지키겠다는 증거가 되는 것입니다.

솔로몬의 봉헌기도는 찬양과 감사로 시작됩니다. 6장은 솔로몬의 봉헌기도입니다. 성전은 기도하는 집입니다. 솔로몬의 기도는 우주적인 기도였습니다. 이방인을 위해 기도했고, 전 세계 모든 사람을 위해서도 기도했으며, 제사장, 이스라엘 백성들, 즉 성도들을 위해서 기도했습니다.

7장은 하나님의 응답과 약속이 있습니다. 하늘에서 불이 내려와 제물을 태웠습니다. 응답의 증거입니다. 그리고 밤중에 나타나셔서 말씀으로 응답했습니다. 말씀 응답의 내용은 순종하라는 것이었습니다.

하나님의 성전에는 하나님의 영광이 가득해야 합니다.

하나님께 영광 돌리면 하나님이 기뻐하시고 응답하십니다. 모든 약속을 지켜 주시겠다고 약속(응답) 하십니다.

기도 _ 하나님, 우리 제단에 하나님의 영광이 가득하게 하옵시며, 찬송의 향기, 기도의 향기가 끊이지 않는 생명력 있는 제단이 되게 하옵소서.

134. 분열된 왕국

본문 대하 10:1-19 / **찬송** 277장 / **요절** 대하 10:17

"그러나 유다 성읍들에 사는 이스라엘 자손들에게는 르호보암이 그들의 왕이 되었더라"

8장은 주로 솔로몬의 업적을 다루고 있습니다. 그의 영토확장, 종교적 업적, 경제적 업적을 다루고 있습니다.

스바 여왕이 솔로몬의 명예를 듣고 직접 와서 격찬한 것처럼 솔로몬의 부와 영광은 절정에 달했습니다. 20년이 지난 후에도 그의 위대함과 영광은 쇠퇴하지 않았습니다. 그런데, 역대하에서는 가장 번영을 누린 솔로몬이 얼마나 비참한 최후를 맞이했는지에 관해서 언급하지 않습니다.

사탄은 권력과 부를 누리는 인물을 그들의 권좌로부터 끌어내려 파멸시키는 데 명수입니다.

하나님께서 말씀하신 대로 영광스러운 이스라엘 왕국은 두 나라로 분열되고야 맙니다. 유다와 베냐민 두 지파는 '유다왕국'으로 갈라져서 솔로몬의 아들 르호보암을 따랐습니다. 다른 열지파들은 이스라엘 왕국이라고 불리는 나라를 만들어 여로보암을 따랐습니다. 고집 센 르호보암이 노인들의 선한 가르침을 무시하고 포악하게 행동하므로 비참한 결과를 초래하고 말았습니다. 만약 노인들의 권고를 받아 들였다면 이스라엘은 분열되지 않았을지라도 모릅니다. 그는 젊은이들의 과격한 말만 들었습니다. 여로보암 역시 하나님을 배반하고 우상을 숭배했습니다.

그리고 르호보암은 솔로몬처럼 많은 아내를 취하는 죄를 범했습니다. 우리는 경험자의 권고를 무시하지 말아야 합니다. 청년들의 열성은 좋으나 경험면에서는 약합니다. 분열은 솔로몬의 타락에 대한 역사적 심판입니다.

우리는 아름다운 결과를 만듦으로 역사적 심판을 받지 말아야 합니다.

기도 _ 하나님, 세상에 도취되지 않고 구별되어 세상을 이끌고 갈 수 있도록 도와주옵소서.

135. 전심으로 여호와를 섬겨라

본문 대하 17:1-9 / **찬송** 315장 / **요절** 대하 17:6

"그가 전심으로 여호와의 길을 걸어 산당들과 아세라 목상들도 유다에서 제거하였더라"

육신의 욕망에 눈이 어두우면 전쟁은 끝이 없습니다.

유다왕 아비야는 여로보암을 파멸시키기 위하여 하나님께 사용된 자입니다. 그 전쟁으로 이스라엘이 오십 만 명이 죽었습니다. 그러나 아비야는 군대를 의지하므로 영적으로는 후퇴했습니다.

아사는 하나님을 의지하여 영적인 개혁을 했지만 결국 수리아를 의지하므로 영적으로 타락했습니다. 이때 여호사밧이 왕이 되어 우상숭배를 뿌리채 뽑아버렸습니다. 그는 외세를 의지하지 않고 하나님만 의지하여 오직 하나님 한 분만 구하고 따랐습니다. 믿음 좋은 왕이었습니다. 열왕기상에서는 여호사밧에 관한 기사가 10절 밖에 언급되지 않았지만 역대하에서는 17-20장까지 4장을 언급하고 있습니다.

여호사밧은 유다가 사는 길은 영적인 부흥이 일어나야 된다는 것을 알았습니다. 영적인 부흥은 여호와의 율법에 대한 관심과 헌신을 새롭게 하는 길임을 깨달았습니다. 하나님은 여호사밧에게 복을 주셨습니다.

우리가 하나님만을 전적으로 의지할 때, 영적 문제와 육적 문제는 모두 해결됩니다. 하나님께서 바로 우리의 모든 문제의 열쇠임을 기억해야 합니다.

기도 _ 하나님, 우리의 작은 지식과 경험과 능력을 의지하는 어리석은 자 되지 않고 하나님만 전폭 의지하고 신뢰하는 믿음의 사람이 되게 하옵소서.

136. 무엇보다 기도를 우선으로

본문 대하 20:1-23 / **찬송** 365장 / **요절** 대하 20:3

"여호사밧이 두려워하여 여호와께로 낯을 향하여 간구하고 온 유다 백성에게 금식하라 공포하매"

여호사밧 왕이 하나님 보시기에 정직히 행하므로 큰 부귀와 영광을 누리고 강대하게 하셨습니다. 그러자 그 번영을 유지하기 위해서 인간적인 수단을 썼습니다. 아합 왕과의 동맹을 맺은 것입니다. 아합 왕은 아주 악한 왕으로 바알 숭배를 장려하고, 여호와를 섬기는 자들을 핍박했습니다. 그리고 하나님의 참 선지자 엘리야를 죽이려 했습니다(18장).

20장은 이상한 전쟁이야기가 기록되어 있습니다. 모압 연합군이 침공을 하는데 유다 백성은 전쟁의 난리 속에 금식기도를 하고 여호사밧은 하나님께 간절히 기도하게 되었습니다. 여호사밧은 116만의 막강한 군사력을 가진 자입니다. 그러나 군사적 행동을 먼저 취하지 않고 기도를 했습니다. 인간적으로 볼 때는 어리석어 보일 수 있으나, 여호사밧은 믿음의 사람이었습니다.

인간이 살아가는 과정에는 항상 예기치 못한 사건과 위기를 만납니다. 그럴 때 어떤 태도로 위기를 맞이하느냐가 그 사람의 신앙 수준입니다. 먼저 하나님을 찾고 하나님께 금식하며 기도하는 것이 최선의 방법입니다.

위기를 극복하지 못하면 인생의 실패요, 위기를 지혜롭게 극복하는 자는 인생의 승리자요, 신앙의 승리자입니다.

우리는 어떠합니까? 항상 기도를 우선으로 합니까? 인간적인 방법이 우선입니까?

기도하며 하나님을 의지하는 생활로 승리하는 생활을 하시기 바랍니다.

기도 _ 능력의 하나님, 기도를 통하여 하나님과 늘 교통할 수 있게 해 주심을 감사드립니다. 기쁠 때나 힘들 때, 모든 일을 앞에 두고 하나님께 먼저 기도하는 여호사밧이나 다니엘과 같은 기도의 사람이 되게 하옵소서.

137. 버림받은 여호람

본문 대하 21:1-20 / **찬송** 258장 / **요절** 대하 21:20

"여호람이 삼십이 세에 즉위하고 예루살렘에서 팔 년 동안 다스리다가 아끼는 자 없이 세상을 떠났으며 무리가 그를 다윗 성에 장사하였으나 열왕의 묘실에는 두지 아니하였더"

사람은 선한 영향보다 악한 영향을 잘 받습니다. 썩은 사과는 아무리 좋은 사과 속에 두어도 성하게 되지 않습니다. 오히려 한 개의 썩은 사과가 많은 사과를 썩게 합니다.

우리가 아무리 의로운 사람으로 살았다 하더라도 주위의 친구의 영향으로 나쁜 영향을 받는 경우가 많습니다.

고린도후서 6:14에 "너희는 믿지 않는 자와 멍에를 함께 메지 말라 의와 불법이 어찌 함께 하며 빛과 어두움이 어찌 사귀며"고 했습니다.

여호람은 유다의 4대 왕입니다. 이스라엘의 9대왕 여호람이 아닙니다. 그런데 그가 결혼을 잘못해서 결국 악한 왕이 되고 말았습니다. 그는 경건한 아버지와 할아버지의 양육을 받았습니다. 그러나 아합과 이세벨 사이에 태어난 딸과 결혼하게 되었습니다. 그녀는 유다에 이방신과 우상숭배를 다시 끌어들이게 했습니다. 여호람의 아버지가 통치했을 때의 개혁과 신뢰는 다 사라지고 의심과 질투와 불안의 분위기로 바꾸어지고 말았습니다. 그 결과 여호람은 오랫동안 투병생활을 하다가 왕이 된지 8년 만에 창자가 빠져나와 죽었습니다. 뿐만 아니라 죽음 후에도 비참하게 되었는데, 첫째는 그의 죽음을 애석하게 생각하는 자가 없었습니다(21:30). 둘째는 다윗의 열조묘실에 두지도 않았습니다. 하나님께 징계 받고 백성에게도 미움 받았습니다.

모든 악은 결국 무저갱으로 버림받게 됩니다. "호랑이는 죽어서 가죽을 남기고 사람은 죽어서 이름을 남긴다"는 격언이 있습니다.

우리는 어떤 이름을 남기겠습니까?

기도 _ 사랑의 하나님, 하나님께서 함께 하는 자는 승리하며, 하나님을 부인하는 자는 멸망 받는다는 사실을 잊지 않고, 오직 하나님만 의지하고 살아가게 하옵소서.

138. 참된 개혁

본문 대하 23:1-21 / 찬송 552장 / 요절 대하 23:16

"여호야다가 자기와 모든 백성과 왕 사이에 언약을 세워 여호와의 백성이 되리라 한지라"

여호람의 뒤를 이어 아하시야, 아달랴 모두 악한 왕이었습니다.

우리는 여호람의 사건에서 하나님의 자녀들이 하나님을 섬기지 않는 이방인과 결혼할 때 얼마나 비참한 결과를 초래하는가를 깨달아야 합니다. 그리고 그 악한 영향이 자손들에게까지 파급된다는 사실을 명심해야 합니다. 만일 하나님께서 다윗과 세운 언약이 아니었더라면 이미 다윗 자손의 등불은 꺼졌을 것입니다.

하나님께서 제사장 여호야다를 통하여(제사장으로 봄) 다윗 왕가를 회복하고, 종교적으로 바알우상을 척결하는 혁명을 일으키게 하셨습니다. 그리고 그의 혁명에 백성들이 지지를 하게 되었습니다. 백성들이 요아스를 기름부어 유다 왕으로 세우게 되었는데 그때 요아스의 나이 7세였습니다. 사실 여호사밧이 섭정왕의 역할을 한 것입니다.

사악하고 교활한 아달랴는 불명예스러운 최후를 맞이했습니다. 그는 군대에 의해 살해 되었습니다. 요아스는 하나님 보시기에 정직히 행하며, 믿음없는 제사장들을 다 처벌했습니다. 참된 개혁은 정통성 회복입니다. 비정통성이 정통성을 짓밟아 버리는 것은 개혁이 아닙니다. 거룩한 정통성은 길이 보존해야 합니다. 그 정통은 하나님의 언약을 새롭게 하는 것입니다. 참된 개혁은 우상을 철저히 척결해야 합니다. 종교는 국가의 존패를 좌우합니다. 국가의 흥망성쇠는 정치, 경제, 사회, 문화, 교육 보다 하나님과의 관계에 의해 좌우됩니다.

참된 개혁은 예배를 회복하는 것입니다. 여호야다는 하나님의 성전에 직원들을 세우고 이들을 제사장 레위사람의 수하에 맡겨 성실히 성전 일을 하도록 했습니다. 그리고 성경에 기록된 대로 번제를 드렸습니다.

오늘 우리는 정치 갱신, 종교 갱신, 영풍운동을 일으켜야 할 시점에 와 있습니다. 여호야다와 같은 실제적 인물이 있어야 될 것입니다.

기도 _ 하나님, 우리로 하여금 사회의 등불이 되게 하셔서 이 사회를 참되게 하는데 큰 역할을 할 수 있도록 도와주옵소서.

139. 교만하면 망한다

본문 대하 26:1-23 / **찬송** 212장 / **요절** 대하 26:19

"웃시야가 손으로 향로를 잡고 분향하려 하다가 화를 내니 그가 제사장에게 화를 낼 때에 여호와의 전 안 향단 곁 제사장들 앞에서 그의 이마에 나병이 생긴지라"

유다의 요아스는 8대 왕이 되어 40년간을 다스렸습니다. 그러나 그도 여호야 다가 죽고 난 뒤 하나님을 버리고 우상을 섬겼습니다. 선지자들의 권고를 외면 하다가 결국 불명예스러운 최후를 맞이합니다.

신앙적인 지도자가 없다는 것은 얼마나 불행한 결과를 초래할 위험이 있다 는 사실을 상기시켜 줍니다. 우리는 여기서 훌륭한 조언자의 중요성을 배울 수 있습니다.

25장은 남쪽 유다 9대왕 요아스의 아들 아마샤의 통치에 대한 기록입니다. 그는 25:2에 "여호와 보시기에 정직히 행하기는 하였으나 온전한 마음으로 행 하지 아니하였더라"고 기록되어 있습니다.

아마샤의 뒤를 이어 그의 아들 웃시야가 16세 때 왕이 되었습니다. 웃시야 는 이사야 선지자의 훌륭한 친구였습니다(아사랴로 불림-왕하 15장). 웃시야 는 국방을 튼튼하게 하고 토지를 기름지게 했습니다. 그리고 기초산업을 육성 하는 현명한 정책을 썼습니다.

그러나 그가 교만하여 사울처럼 제사장들만 할 수 있는 일을 왕의 신분으로 집행하여 하나님의 눈에 나게 되었던 것입니다. 그 결과 불치의 병인 문둥병 이 돌게 되어 하나님께 버림받고 사람에게도 추방당하게 되었습니다. 그는 훌 륭한 업적을 쌓은 왕이었으나 말년에 교만하여 인생을 파멸로 이끌었습니다.

모든 범죄가 다 두렵지만 종교적 월권행위의 교만은 가장 치명적인 파멸을 가 져온다는 사실을 명심해야 합니다.

기도 _ 자비로우신 하나님, 교만이 패망의 선봉임을 다시 한 번 깨닫게 하심을 감사 합니다. 날마다 쳐서 복종하는 겸손의 삶을 하옵소서.

140. 하나님을 찾으라

본문 대하 29:1-30 / **찬송** 524장 / **요절** 대하 29:5

"그들에게 이르되 레위 사람들아 내 말을 들으라 이제 너희는 성결하게 하고 또 너희 조상들의 하나님 여호와의 전을 성결하게 하여 그 더러운 것을 성소에서 없애라"

요담은 유다의 11대 왕으로서 25세에 왕이 되어 16년간 통치했습니다. 그의 아버지 웃시야 왕의 훌륭한 신앙적인 면을 계승한 비교적 선한 왕이었습니다(27장).

그러나 아하스는 28:1에 "여호와 보시기에 정직히 행하지 아니하고"라고 기록되어 있습니다. 그 결과 그의 백성들이 고난을 당하게 되었습니다.

29-32장까지는 히스기야 왕의 행적이 기록되었는데, 히스기야는 사악한 아비의 정책을 좇지 않고 새로운 정치를 했습니다. 그는 우상을 제거하는데 용감과 열성을 보였으며, 성전과 온 나라를 성결케 하는 신성한 행사에 참여했습니다. 또한 영적 지도자인 제사장과 레위인들을 모아 '하나님과의 바른 관계' 회복하는 것을 가장 소중히 여겨 그 일을 의논하고 호소했습니다.

하나님과의 바른 관계는 모든 문제해결의 열쇠입니다. 그러므로 가장 우선되어야 합니다.

그는 성전을 청결케 하고 율법이 명한 대로 속죄제와 번제를 드렸습니다. 그 결과 하나님께 인정받고 백성들이 앞을 다투어 제물, 감사제물과 번제물을 성전으로 와서 드렸던 것입니다. 뿐만 아니라 유월절을 철저히 지켰습니다(30장). 더구나 그의 기도는 너무나 유명합니다. 믿음과 인내와 간절함이 있는 기도였습니다.

우리는 하나님을 먼저 찾고 하나님과의 바른 관계가 이루어질 때 참된 기쁨과 평강, 행복이 있습니다.

우리는 전심전력하여 하나님을 찾는 생활입니까, 아니면 세상을 찾는 세상 도취의 삶입니까?

기도 _ 하나님, 우리는 하나님 없이는 살 수 없는 존재임을 고백합니다. 인내와 가절함으로 하나님을 향한 믿음을 잃지 않도록 도와주옵소서.

141. 용서의 하나님

본문 대하 33:1-20 / **찬송** 274장 / **요절** 대하 33:13

～～～～～～～

"기도하였으므로 하나님이 그의 기도를 받으시며 그의 간구를 들으시사 그가 예루살렘에 돌아와서 다시 왕위에 앉게 하시매 므낫세가 그제서야 여호와께서 하나님이신 줄을 알았더라"

역대하 33장은 열왕기하 21장의 내용과 같습니다.

므낫세는 가자의 오랜 통치기간(55년)에 가장 타락한 정치를 했고, 그의 아들 아몬은 2년밖에 안 되는 통치기간에 아버지보다 더 지독한 악을 행하였습니다. 그런데 여기에서 유의할 점은 히스기야처럼 훌륭한 아버지에게서 어찌하여 그렇게도 사악한 아들이 태어났단 말입니까? 이해하기 힘든 내용입니다. 그러므로 우리는 자신의 신앙생활로 만족하지 말고 항상 자녀들을 위해 기도하며 말씀으로 훈계해야 될 것입니다.

다행히 므낫세가 포로로 옥에 갇히는 신세가 되었을 때 그는 자신의 모습을 발견하고 회개합니다. 회개할 때 55년간 우상을 만들고 섬기던 죄를 순간적으로 용서해주신 하나님이십니다. 마치 탕자가 돌아오는 순간에(눅 15장) 아버지가 다 용서해 주신 것과 같습니다.

하나님은 용서의 하나님 이십니다. 인간을 사랑하시는 하나님이십니다. 55년간 지은 죄도 한 순간에 용서해 주시듯이 과거의 잘못이 문제가 아닙니다. 진정으로 회개하는 것이 중요합니다.

33장이 주는 교훈은 므낫세가 바벨론으로 잡혀가서 환난을 통해 회개하듯, 고난은 자신의 모습을 보게 하고 하나님을 발견하게 한다는 것입니다.

시편 119:71 "고난당한 것이 내게 유익이라"고 했습니다. 시편 119:67에는 고난을 통하여 하나님의 법을 깨닫고 순종하게 된다고 했습니다. 풀무에 연단하지 아니하면 순금이 될 수 없듯이 고난은 인내를, 인내는 연단을, 연단은 소망을 이루게 되는 것입니다(롬 5:3-4).

사랑하는 성도 여러분, 하나님은 용서의 하나님 이십니다. 용서하는 데는 긴 시간을 요하지 않습니다. 우리에게 회개할 기회를 주시고 자극을 주셨는데 깨닫지 못한 일은 없습니까?

기도 _ 하나님, 주홍과 같은 우리 죄를 용서해 주시고 자녀 삼아 주시니 감사합니다. 우리도 삶 속에서 형제를 용서하는 삶을 살게 하여 주옵소서.

142. 멋진 인생
본문 대하 34:1-33 / 찬송 246장 / 요절 대하 34:2

"여호와 보시기에 정직하게 행하여 그의 조상 다윗의 길로 걸으며 좌우로 치우치지 아니하고"

요시야는 유다 16대 왕입니다. 그 시대에 보기 드물 정도로 하나님을 기쁘시게 해드리는 삶을 산 왕입니다.

그는 8세 때 왕이 되었습니다. 그는 하나님을 찾고 유다와 예루살렘의 성결 작업을 했습니다. 또한 성전을 수리하고 유월절을 지켰습니다.

그는 연령적으로 가장 타락하기 쉬운 때 왕의 자리에 있으면서 온통 하나님을 기쁘시게 하는 일에 전심전력 했습니다. 31년간 개혁을 하는데 온 힘을 쏟았습니다. 그에게 주어진 권력을 악용한 것이 아니라 선용했습니다.

아무리 시대나 환경이나 여건이 좋지 못해도 하나님의 사람들은 하나님이 기뻐하시는 일을 하게 됩니다.

요시야는 아몬의 뒤를 이어 왕이 되어 39세로 생이 끝났지만 정말 멋진 인생을 살았습니다.

역대하 36장은 마지막 장입니다. 이스라엘 왕국의 마지막 순간을 목격하게 되는데, 예루살렘은 완전히 멸망하고 왕족들은 애굽으로 포로로 잡혀가는 신세가 되었습니다. 17대 여호아하스 왕은 3개월간 통치했고, 18대 여호야감은 11년, 19대 여호야긴은 100일, 마지막 20대 시드기야(일명 맛다니야) 11년으로 유다 왕국은 끝이 납니다.

우리는 '멋진인생'을 살아야 합니다. 멋진 인생은 "여호와 보시기에 정직히 행하더라"는 삶입니다.

오래 살고, 부하게 살고, 권세를 누렸다는 사실을 역대기서에서는 중요하게 다루지 않습니다. 하나님 보시기에 어떻게 살았느냐가 중요합니다.

우리는 하나님 면전에서 살아야 하고 하나님 중심으로 살아야 합니다.

기도 _ 하나님, 부와 권력과 명예를 탐하는 세상적인 것에 마음을 두지 말게 하옵시고, 이제는 구원의 반열에 서서 하나님 보시기에 멋진 인생을 살 수 있도록 도와주옵소서.

143. 하나님의 역사와 섭리

본문 스 1:1-11 / **찬송** 35장 / **요절** 스 1:1

"바사 왕 고레스 원년에 여호와께서 예레미야의 입을 통하여 하신 말씀을 이루게 하시려고 바사 왕 고레스의 마음을 감동시키시매 그가 온 나라에 공포도 하고 조서도 내려 이르되"

에스라는 70년 동안 포로 생활 후 하나님께서 그의 백성들을 다시 고향으로 돌아가게 하시겠다는 약속을 성취시키는 내용입니다. 하나님의 통치하에 바벨론을 다스리는 바사 왕 고레스를 통하여 유대인들은 자유롭게 고국으로 돌아가게 됩니다.

돌아온 백성들은 제일 먼저 예루살렘 성전을 재건하였습니다. 스룹바벨의 인도를 따라 온 사람들은 약 5만 명 정도였습니다. 그것이 1-6장까지의 내용입니다. 그리고 58년이 지난 후 에스라의 인도를 따라(대부분 제사장, 레위인들) 예루살렘으로 와서 주로 백성들의 영적이고 도덕적인 문제를 바로잡기 위해 노력했습니다.

에스라서는 에스라의 기록입니다. 그는 아론가문의 후손이며 모세와 율법에 대해 심오한 지식을 갖고 있는 인물이었습니다.

하나님의 역사와 섭리는 반드시 이루어집니다. 그러나 하나님께서 어떤 일을 이루고자 하실 때는 반드시 사람을 도구로 사용하십니다.

하나님께서 바사 왕 고레스를 통해 포로된 유다 백성들이 귀환될 것이라는 사실을 벌써 예레미야 선지자를 통해(렘 25:11-12, 29:10), 이사야를 통해(사 44:28,l 45:1) 예언하셨습니다.

하나님은 미리 계획하셔서 사람의 마음을 감동시키고 구체적으로 실행케 하시는 것입니다.

하나님은 스룹바벨과 에스라의 인도를 따라 본국으로 돌아와 성전 수축운동을 전개하게 하셨습니다. 하나님은 사람을 감동시켜 자신의 일을 성취해 가십니다.

우리 한 사람 한 사람은 하나님의 도구로 쓰임 받고 있다는 사실을 깨닫고 감사해야 합니다.

기도 _ 사랑의 하나님, 우리를 하나님의 위대한 역사와 섭리를 이루어 가시는데 쓰임 받은 도구가 되기를 원하나이다.

144. 호사다마

본문 스 4:1-24 / 찬송 359장 / 요절 스 4:16

"이제 감히 왕에게 아뢰오니 이 성읍이 중건되어 성곽이 준공되면 이로 말미암아 왕의 강 건너편 영지가 없어지리이다 하였더라"

이스라엘 민족들은 그들의 족보에 대해 상당한 관심을 가집니다.

2장은 1차 귀환자들의 명단과 계보가 기록되어 있습니다. 예루살렘에 돌아온 이스라엘 백성들은 각기 고향으로 돌아가 살았습니다. 7월이 다가오자 그들은 절기를 지키기 위해 제단을 세우려 예루살렘에 모였습니다. 그 이듬해 2월에 파괴된 솔로몬 성전의 토대 위에 새 성전의 전 지대가 놓인 것을 보고 제사장들과 레위 사람들과 족장들 중에 여러 노인들이 울었습니다(스 3:12).

울게 된 이유는 두 가지 견해가 있는데, 첫째는 옛날 솔로몬 성전보다 너무 초라하여 원통해서 울었고, 둘째는 포로생활이 끝나고 꿈에도 그리던 성전이 재건되어 감격해서 울었다는 것입니다.

그러나 4장에서 그렇게 좋고 감격스러운 성전 재건이 시작되자마자 반대에 부딪히게 됩니다. 그래서 새 성전의 기초만 놓은 채 다리오 왕 2년까지 중단되고야 맙니다(4:24). 그러니까 약 14년간 중단된 것입니다.

방해한 주동자들은 사마리아인들입니다. 이들은 이스라엘 족속 사이에 태어난 혼혈 자손들입니다.

좋은 일에는 더욱더 마귀가 훼방한다는 사실을 명심해야 합니다. 원수 마귀는 항상 사람을 통해 감언이설로, 숨은 계략을 가지고 접근합니다. 그러므로 믿음으로, 성령의 지혜로 흉계를 깨닫고 막아야 할 것입니다. 좋은 일이라고 해서 일사천리로 되는 것 아닙니다. 좋은 일일수록 더 많이 기도하고 만반의 준비와 경계가 필요합니다. 그러나 하나님의 계획은 이루어지고야 맙니다.

기도 _ 사랑의 하나님, 모든 일에 있어서 철저히 기도로 준비할 수 있게 하시며, 사탄의 훼방에 흔들리지 아니하고 하나님의 뜻을 온전히 이루어나갈 수 있는 우리가 되게 하옵소서.

145. 이상적 지도자 에스라

본문 스 7:1-28 / **찬송** 197장 / **요절** 스 7:10

〰〰〰〰〰

"에스라가 여호와의 율법을 연구하여 준행하며 율례와 규례를 이스라엘에게 가르치기로 결심하였었더라"

하나님의 섭리는 오묘합니다. 바사 왕 고레스가 나타나 바벨론 제국을 패망시켰습니다. 고레스 왕은 비록 어떤 나라를 점령했더라도 그 나라의 종교나 문화를 말살시키는 정책을 쓰지 않고, 각자의 관습과 종교를 간직하도록 권장하기까지 했습니다. 이러한 고레스는 호의적이며 유화적으로 유대인들이 고국으로 돌아가는 것을 허락하고 오히려 권면하였습니다. 고레스가 죽은 후에(B.C. 529) 캄비세스가 그의 뒤를 이었고 그 다음이 다리오(Darius)입니다. 다리오 역시 각자 나름대로의 예배와 종교를 갖도록 했습니다. 잠시 중단 되었던 예루살렘 성전 재건이 성공적으로 완성된 것도 그가 통치하기 시작할 무렵이었습니다. 다리오의 뒤를 이어 크셀크세스(Xerxes)가 왕위를 계승했습니다. 그가 에스더서에 나오는 아하수에르 왕입니다. B.C. 465년에 크셀크세스가 피살되고 아닥사스다 1세가 왕위에 오르게 됩니다.

한동안 중단되었던 성전 재건공사가 선지자 학개와 스가랴의 예언과 권고와 격려에 힘입어 시작되었습니다. 6:14에 보면 "이스라엘의 하나님 명령과 바사 왕 고레스와 다리오와 아닥사스다의 조서를 따라" 마침내 성전이 완공되었습니다. 하나님의 섭리는 누가 어떻게 만대하고 방해해도 이루어 집니다(5장). 7-10장까지는 에스라가 중심인물입니다. 그러면 에스라는 어떤 인물입니까? 첫째, 하나님의 말씀에 익숙한 성경학자였으며, 둘째, 어려운 환경에서도 계속 연구하는 자였고, 셋째, 하나님의 도우심을 받은 자였으며, 넷째, 왕의 사랑을 받은 자였습니다.

에스라 7:10에는 말씀에 대한 태도가 있습니다. **첫째, 순종하려는 마음을 준비해야 합니다. 둘째, 하나님의 말씀의 의미를 찾아야 합니다. 셋째, 발견한 진리를 준행해야 합니다. 넷째, 배운 것을 다시 가르쳐야 합니다.**

우리는 성경을 얼마나 연구합니까? 우리는 성경을 얼마나 준비합니까? 그리고 얼마나 가르치고 있습니까? 오늘 에스라와 같은 지도자, 에스라와 같은 성도가 있는 교회는 회개와 부흥의 역사가 일어날 줄 믿습니다.

기도 _ 역사의 주인되신 하나님, 역사의 소용돌이 속에 우리가 휩쓸리지 않게 하시고 하나님의 역사 창조의 도구로써 귀하게 쓰임받을 수 있도록 도와주옵소서.

146. 개혁은 회개이다

본문 스 10:1-44 / 찬송 278장 / 요절 스 10:1

"에스라가 하나님의 성전 앞에 엎드려 울며 기도하여 죄를 자복할 때에 많은 백성이 크게 통곡하매 이스라엘 중에서 백성의 남녀와 어린 아이의 큰 무리가 그 앞에 모인지라"

에스라를 중심으로 남자들과 여자들, 어린이를 포함해서 약 6천 명의 사람들이 바벨론에서 이스라엘로 돌아왔습니다.

에스라가 인도한 제 2차 귀환 이후 모든 것은 잘 되어가고 있는 것 같았습니다. 외부의 박해도 없어지고 성전 제사와 봉사도 잘 되어가고 있었으나, 내적으로는 부패하기 시작했습니다. 생활이 편안하다보니 하나님의 율법과 성경을 포기했던 것입니다(9:1-2). 에스라는 이 안타까운 현실 앞에 마치 자신의 죄인인양 하나님께 자복하며 용서를 구했습니다. 에스라의 회개에 많은 백성들도 그의 주위에 모여 함께 통곡하며 회개하게 되었습니다.

그럴 때 '스가냐'라는 사람이 일어나 개혁을 제안했습니다. 이방 여인과 결혼한 백성들을 상세히 조사하여 그들과 헤어질 것을 권면했습니다. 에스라의 종교개혁은 바로 회개와 결단이었습니다. 결단의 행동 없이 개혁은 불가능한 것입니다. 죄를 자복하고, 과감하게 끊을 것을 끊고, 버릴 것은 버려야 하는 것입니다.

10장에 이방 여인과 결혼한 사람들의 명단 중에 '엘리야'는 '여호와께서 나의 하나님이시다'는 뜻입니다. 22절의 '엘료에내'는 '나의 눈이 하나님을 우러러 보나이다'는 뜻입니다. 23절의 '유다'는 '여호와를 찬송하라'는 뜻입니다.

이들은 자신의 아름다운 이름 뜻과는 얼마나 대조적인 삶을 살았습니까? 우리는 성도입니다. 하나님의 자녀입니다. 이름에 맞게 살지 못한 죄를 회개해야 될 것입니다. 우리가 살 길은 개혁이요, 개혁은 바로 회개로 이루어지는 것입니다.

우리의 삶은 어떠합니까? 세상과 짝하고 있지는 않습니까? 세상과 벗됨이 하나님과 원수 된다는 사실을 알아야 합니다.

기도 _ 사랑의 하나님, 죄에 짝하고 영합하는 어리석은 자가 되지 않게 하시고 우리의 모습을 성경 말씀에 늘 비추어 구별된 성도의 삶을 살게 하옵소서.

147. 기도의 사람 느헤미야

본문 느 1:1-11 / 찬송 539장 / 요절 느 1:11

"주여 구하오니 귀를 기울이사 종의 기도와 주의 이름을 경외하기를 기뻐하는 종들의 기도를 들으시고 오늘 종이 형통하여 이 사람 앞에서 은혜를 입게 하옵소서 하였나니 그 때에 내가 왕의 술 관원이 되었느니라"

느헤미야서는 제 3차 귀국으로 시작하여 약 10여년의 짧은 기간을 배경으로 느헤미야가 기록했습니다. 느헤미야의 지도하에 성벽재건과(1:1-7:73) 영적 부흥운동(8:1-13:31)이 전개되었습니다. 본서를 통해 느헤미야는 **첫째, 책임이 투철한 인물임을 알 수 있습니다.** 바사 왕실에서 왕의 술관원이라는 직책을 맡고 있었던 데서 나타납니다(1:11-2:1). **둘째, 그는 꿈을 포기하지 않는 사람이었습니다.** 그가 성벽재건 사업에 과감히 뛰어든 것은 바벨론의 침공으로 인해 성벽이 무너진 지 무려 142년가량의 세월이 흐른 후였습니다. 그는 하나님을 기쁘시게 하는 일에는 그의 비전을 포기하지 않는 자였습니다. **셋째, 그는 기도의 사람이었습니다(1:4-11).** 예루살렘의 딱한 형편을 들었을 때 제일 먼저 취한 태도가 금식하며 기도한 것입니다. 그는 바사왕의 면전에서도 거리낌 없이 하나님께 기도했습니다. **넷째, 그는 행동의 사람이었고 협력의 인물이었습니다.** 그는 에스라와 협조를 잘했습니다. 앞장서서 난관을 헤쳐 나갔습니다. 그리고 매사에 모범을 보였습니다. **다섯째, 그는 치밀한 계획의 사람이며, 대적들의 방해를 잘 극복하는 자였습니다.** 성벽을 재건한 후 관리자, 경비 책임자 등을 임명하여 조직적이었고 치밀한 계획, 백성들의 신앙 회복을 위해 에스라와 함께 면밀한 계획을 세웠습니다. **여섯째, 그는 공의와 사랑의 사람입니다. 약자를 착취하는 부유층들의 비리를 단호히 책망했습니다(5:8, 18).** 그리고 자기의 특권을 스스로 포기하면서 약자 편에 섰습니다. 예루살렘을 향한 관심은 예루살렘을 향한 기도로 바뀌어졌습니다. 느헤미야는 아닥사스다(바사왕국)왕의 가장 신임받는 술관원입니다. 왕이 먹을 술을 맡고 있다는 것은 가장 믿고 인정받는 인물이라는 증거입니다. 이렇게 높은 지위에 있어도 그의 관심사는 예루살렘이었고 하나님이었습니다. 우리는 편안하고 높은 지위에 오르면 하나님도 교회도 잊어버리기 쉽습니다. 또한 느헤미야는 모든 불행이 죄 때문이라는 사실을 믿고 회개했던 것입니다. 우리는 하나님 중심, 성도 중심, 교회 중심으로 사는지 살펴보고 하나님 마음에 합한 생활을 해야 할 것입니다.

기도 _ 하나님, 느헤미야처럼 어려울 때 하나님을 더욱 의지하게 하시고, 기도의 용사가 되어 승리할 수 있도록 도와주옵소서.

148. 애통과 즐거움

본문 느 8:1-18 / **찬송** 190장 / **요절** 느 8:12

"모든 백성이 곧 가서 먹고 마시며 나누어 주고 크게 즐거워하니 이는 그들이 그 읽어 들려 준 말을 밝히 앎이라"

느헤미야가 기도하기 시작한지 6개월 후 예루살렘에 갈 수 있도록 허락받았습니다(아닥사스다 왕 20년). 사실 바사나라 법에는 왕 앞에서 슬픈 기색이나 근심 있는 모습을 보이면 안 되게 되어 있었습니다(에 4:2). "어찌하여 네 얼굴에 근심이 있느냐?"는 왕의 질문은 왕의 절대적 권리를 행사하던 그 시대의 배경으로 보아 왕 앞에 슬픈 기색이나 근심의 모습으로 나아가려면, 강한 각오와 결단이 필요함을 보여줍니다.

좋은 일에는 협조자가 있는가 하면 항상 방해자가 있는 법입니다. 3-6장까지는 예루살렘 성벽 재건의 상황이 기록되어 있습니다. 4장에 성벽 건축에 방해자들의 활동이 있습니다.

그러나 느헤미야는 비난에도 불구하고 문제를 풀어나가고 또 청빈생활과 기도생활을 계속하고 있었습니다(5장). 6장 역시 산발랏 일파의 음모 속에서 성읍 중건 공사가 완공되었습니다. 도비야라는 암몬 출신은 유다의 귀인들과 내통해서 압력을 가했습니다.

7장은 예루살렘을 다스릴 자를 임명하고 귀환한 백성들을 계수했습니다. 예루살렘으로 모여든 온 이스라엘 백성들 앞에 에스라와 레위 사람들이 율법을 낭독하고 해설할 때 백성들이 애통하며 근심하게 되었습니다. 즉 회개 운동이 일어난 것입니다. 그러나 말씀을 통해 참된 위로를 받고 기뻐하며 즐거워하게 되었습니다.

특히 9장에 백성들의 회개와 레위인들의 기도는 우리의 마음을 뭉클하게 합니다. 하나님의 말씀을 들을 때 두렵고 회개가 일어납니까? 항상 말씀에 귀를 기울이고 아멘으로 응답합니까? 자신의 삶을 말씀으로 비추어 보고 계십니까?

기도 _ 하나님, 항상 진실하며 거짓 없이 살 수 있도록 하시고 느헤미야처럼 회개하는 마음과 결단하는 믿음을 주옵소서.

149. 성곽 봉헌식

본문 느 12:27-43 / 찬송 208장 / 요절 느 12:30

"제사장들과 레위 사람들이 몸을 정결하게 하고 또 백성과 성문과 성벽을 정결하게 하니라"

에스라의 지도하에 초막절을 지키고, 성회 하루 뒤에 이스라엘의 거국적인 금식과 회개가 이루어졌습니다(9장). 이 회개는 입술만의 회개가 아니었습니다. 백성들이 새롭게 다짐했으며 하나님의 언약에 충실할 것을 서약했습니다. 율법을 준수할 것을 결단하고 성전에서 계속 제사를 드리며 경건한 삶을 살 것을 결단했습니다(10장).

신앙생활은 늘 회개와 거룩한 결단이 이루어져야 합니다. 느헤미야 11장은 예루살렘 성벽이 완성된 후 그 성안에 거주하는 자들의 수효를 계수하고 적절히 배치한 내용입니다.

많은 어려움 가운데 하나님의 은혜로 예루살렘 성곽 공사를 완료하고 봉헌식을 거행했습니다. 온 이스라엘은 하나님만이 우리의 피난처시오, 보호자이심을 고백했습니다.

이스라엘의 안전은 성곽의 튼튼함에 있는 것이 아니라 하나님의 보호와 능력 안에 있다는 사실을 깨달아야 합니다. 우리는 보이는 것을 통하여 보이지 않는 하나님의 역사와 진리를 깨달아야 합니다.

이스라엘 백성들은 성문과 성을 정결케 하고(30절) 하나님께 순종하기로 다짐했습니다. 그럴 때 그들에게는 즐거움이 넘쳤습니다.

우리가 하나님께 순종하고 자신을 정결케 할 때 참된 평안과 기쁨, 복이 있는 것입니다.

우리에게 기쁨이 없습니까? 우리에게 평화가 없습니까? 먼저 내가 말씀에 순종했는가, 나의 마음이 깨끗한 가를 반성해야 됩니다.

기도 _ 사랑의 하나님, 하나님만이 우리의 피난처요, 보호자요, 복의 근원임을 다시 한 번 깨닫게 하옵시고, 하나님 안에서 참된 기쁨과 평안을 누리게 하옵소서.

150. 내 하나님이며, 나를 기억하사 복을 주옵소서

본문 느 13:1-31 / 찬송 446장 / 요절 느 13:31

"여호와께서 이르시되 유다가 올라갈지니라 보라 내가 이 땅을 그의 손에 넘겨주었노라 하시니라"

느헤미야는 약 12년 동안 유다 총독으로 있다가 바사(아닥사스라 왕)로 되돌아갔습니다. 그 후 얼마 있다가 다시 왕의 허락을 받아 예루살렘으로 돌아왔습니다. 예루살렘에 돌아와 보니 제사장 엘리아십이 하나님의 전 뜰 곧 성전 골방에, 예루살렘 성곽 건축을 앞장서서 악랄하게 방해하던 '도비야'를 살게 했습니다. 그리고 백성들이 레위인들의 생활을 책임지지 아니하므로 레위인들은 고향으로 돌아가고 안식일을 도무지 준수하지 않는 상태였습니다. 이방인과 통혼이 성행되기도 했습니다. 그래서 느헤미야는 마지막으로 일을 단행했습니다.

첫째, 이방인을 축출하는 일을 했습니다(13:1-9). 이것은 이교도와의 단절을 선언한 것입니다. 특히 도비야를 쫓아내었습니다. 이스라엘은 유년기 상태이므로 이방을 이길 능력이 없습니다. 그래서 이방인과 분리시키는 작업을 한 것입니다.

둘째, 십일조 징수를 강화했습니다(13:10-14). 이스라엘은 침체하여 십일조를 드리지 않았습니다.

셋째, 안식일 준수의 의무를 강화했습니다(13:15-22). 이스라엘 백성들은 포로생활 이후 신앙이 다 침체되었던 것입니다.

넷째, 이방인과 통혼을 금지했습니다(13:23-31). 심지어 대제사장 자녀들까지도 통혼하는 예가 있을 정도였습니다.

이렇게 느헤미야가 마지막 개혁을 전개하면서 하나님께 기도했습니다. 하나님께 자신의 선한 행동을 기억해 달라는 것이었습니다. 느헤미야는 사람이 알아주고 몰라주는 것에는 신경을 쓰지 않고 하나님만이 알아주시기를 기도했습니다.

우리는 모든 일을 하나님 중심으로 해야 됩니다.

기도 _ 하나님, 나를 기억하사 내 안에 있는 모든 죄들을 도말시켜 주옵시고 참 하나님을 사랑하고 순종하는 정한 마음을 주옵소서.

151. 하나님은 역사를 주관 하십니다

본문 에 1:1-22 / **찬송** 586장 / **요절** 에 1:4

"왕이 여러 날 곧 백팔십 일 동안에 그의 영화로운 나라의 부함과 위엄의 혁혁함을 나타내니라"

에스더서는 본서의 주인공 에스더의 이름에서 유래하였습니다. 에스더서에는 하나님이라는 호칭과 제사, 성전, 기도 등의 단어가 한 번도 나타나지 않습니다. 그래서 루터는 에스더서를 경시했으며 성경이 될 수 있느냐는 논란도 있었습니다. 이 책에는 이교도 왕의 이름이 192번, 아하수에로 왕이 베푼 잔치(1, 2장), 에스더가 베푼 잔치(3-7장), 부림절의 잔치(8-10장)가 기록되어 있습니다. 에스더서의 이야기는 바사 황제가 살고 있는 수산궁에서 시작됩니다. 수산궁에서 왕이 주최하는 거대하고도 화려한 잔치가 연일 베풀어졌습니다. 장장 6개월 동안 계속되는 잔치입니다. 그때 왕은 왕후 와스디를 들여보내 사람들 앞에서 그녀의 아름다움을 과시하도록 명령했습니다. 그러나 와스디는 왕의 부름을 거절했고, 불순종으로 왕후의 자격이 박탈됩니다.

2장에서는 새 왕후로 에스더가 택함받는 내용입니다. 에스더는 부모가 어릴 때 돌아가셔서 궁전에서 일하는 그의 사촌 모르드개에 의해 양육되었습니다. 그를 통해 유대인 말살 정책의 음모를 알게 되었고, 에스더가 왕후로 택함을 받아 궁중의 신임을 얻게 되므로 유대인 말살 음모는 실패합니다. 우리는 여기에서 무엇을 깨달을 수 있습니까? 비록 유다 민족이 자기들이 저지른 죄값으로 고통을 받기는 했지만 하나님께서는 결코 그들을 버리지 않으신다는 것입니다. 하나님은 유다 민족을 위해서도 묵묵히 일하고 계셨습니다. 하나님은 유다 민족을 통해 메시아를 계획 하시고, 복을 담을 그릇으로 준비하셨습니다. 4:14에 '이 때를 위하여'라는 모르드개의 결심 속에 하나님을 전적 신뢰하는 믿음을 볼 수 있습니다. 왕의 눈에 거슬리면 그 누구도 살아남을 수 없습니다. 왕후도 예외는 아닙니다. 그러나 '죽으면 죽으리라' 하고 민족을 위해 믿음으로 나아간 것입니다. 하나님의 역사는 오묘합니다. 우리는 세상 역사 속에서도 하나님의 섭리와 하나님의 계획을 발견해야 합니다. 역사의 주인공은 하나님이십니다. 우리는 국가의 흥망성쇠, 개인, 가정, 모든 것이 하나님의 섭리와 직결되어 있다는 사실을 결코 잊지 말아야 할 것입니다.

기도 _ 역사를 주관하시는 하나님, 하나님의 계획하심과 섭리 속에 나의 삶을 전적으로 맡깁니다. '죽으면 죽으리라'는 믿음으로 승리하는 삶을 살게 하옵소서.

152. 하나님이 높이시는 자와 낮추시는 자

본문 에 7:1-10 / 찬송 212장 / 요절 에 7:4

"나와 내 민족이 팔려서 죽임과 도륙함과 진멸함을 당하게 되었나이다 만일 우리가 노비로 팔렸더라면 내가 잠잠하였으리이다 그래도 대적이 왕의 손해를 보충하지 못하였으리이다 하니"

3장에는 왕의 특별한 총애를 받게 된 하만이 모르드개의 태도에 불만을 느껴 유다 민족을 몰살시키려는 악랄한 음모를 꾸미는 내용이 나옵니다.

하만은 '아각' 자손으로 아각은 아말렉 왕입니다. 사무엘에 의해 죽임을 당한 자입니다. 그리고 아말렉은 에서의 후손(창 36:12)으로 이스라엘과는 영원한 원수의 관계에 있었습니다.

모르드개는 왕후가 된 에스더에게 목숨을 내걸고서라도 민족을 구할 길을 찾으라고 청하였습니다. 에스더는 자신의 목숨이 위험해지리라는 것을 알았으나 결코 주저하지 않고 '죽으면 죽으리라' 하고 결심하여 나아가게 되었습니다.

하나님은 아하수에로의 마음을 감동케 하시고 에스더의 요구를 들어주게 하셨습니다.

에스더는 왕 앞에 나오기전 모든 유대인과 3일 동안이나 금식하여 왕의 마음을 움직였던 것입니다. 그리하여 모르드개와 유다 민족은 살게 되고 모르드개를 죽이고자 한 그 나무에 하만이 달려 죽게 되었습니다.

모르드개는 왕의 생명을 살리고 나서도 자기의 공로가 묻혀 버릴 정도로 겸손한 자였고, 하만은 왕의 총애를 악용하여 자기의 욕망을 채우고자 한 자였습니다. 그런데 공신이었던 모르드개가 역적으로 몰려 나무에 달려 죽을 뻔했고 간악한 하만이 우국 공신으로 추대될 뻔 했습니다.

모든 것은 심은 대로 거두는 법입니다. 하나님은 교만한 자를 물리치시고, 겸손한 자를 높이십니다. 권모술수, 거짓은 오래가지 못합니다. 우리도 항상 겸손하게 살아서 하나님께 인정받고 높이 들리어 쓰임받기를 소원하는 마음으로 살아가야 할 것입니다.

기도 _ 하나님, 십자가 위에서 죽기까지 우리를 사랑하시고, 제자들의 발을 씻기시기까지 겸손하신 예수님을 본받아 늘 겸손한 자세를 잃지 않게 하옵소서.

153. 존귀해진 모르드개

본문 에 10:1-3 / **찬송** 432장 / **요절** 에 10:3

"유대인 모르드개가 아하수에로 왕의 다음이 되고 유대인 중에 크게 존경받고 그의 허다한 형제에게 사랑을 받고 그의 백성의 이익을 도모하며 그의 모든 종족을 안위하였더라"

역사에 영원히 잊혀질 뻔 했던 모르드개를 하나님은 드러내셨습니다. 그러나 모르드개는 자신이 누리게 된 권세 때문에 결코 하만처럼 교만해지지 않았습니다. 오히려 다른 사람의 이익을 도모하고 그들을 안위 하는데 최선을 다했습니다. 그는 많은 사람들의 존경과 사랑을 받았습니다.

우리는 에스더서를 통해 하나님께서 당신의 백성을 높이기 위해 아하수에로 왕을 부강케 하였다는 사실을 발견할 수 있습니다. 또한 모르드개를 존귀케 하여 당신의 백성을 높이셨습니다.

하나님께서는 자신의 뜻을 만인에게 전달하는 도구로 유대인들을 선택하셨습니다.

모르드개를 존귀하게 하신 하나님은 모르드개 한 사람을 위한 것이 아니라 하나님의 계획을 실현시켜 나가는 과정인 것입니다. 하나님은 모르드개와 같은 겸손하고, 타인을 사랑하며, 자기 희생을 각오하는 자를 쓰십니다.

우리는 예수 그리스도의 크신 은혜로 성도가 되었습니다. 그러므로 우리도 자신이 가지고 있는 권세와 재물, 재능, 시간, 그 어떤 것이든 이기적인데 사용하지 말고 보다 많은 사람의 유익을 위해 기꺼이 사용할 수 있는 자들이 되어야겠습니다.

기도 _ 하나님, 모르드개처럼 겸손한 자가 되기를 원하며, 타인을 축복해 주고, 타인을 위해 자신을 희생할 줄 아는 자가 되기를 원합니다.

시가서

154. 시험과 안내

본문 욥 1:1-22/ **찬송** 337장 / **요절** 욥 1:21

~~~~~~~~~~

"이르되 내가 모태에서 알몸으로 나왔사온즉 또한 알몸이 그리로 돌아가올지라 주신 이도 여호와시오 거두신 이도 여호와시오니 여호와의 이름이 찬송을 받으실지니이다 하고"

토마스 카알라일은 "욥기는 지금까지 펜으로 쓰인 작품 중에 가장 위대한 작품이다"고 했습니다.

욥기에는 가장 중요한 교리가 다 들어 있고, 성도들이 당하는 고통에 해답을 주고 있습니다. 욥기의 주제는 고난의 신비라는 메시지입니다. 의인이 왜 고난을 받는 가에 대한 해답이 있습니다.

욥은 순전하고 정직한 자였습니다. 가정적이면서 어려움을 당해도 원망하거나 비관하지 않고 오히려 감사하는 자입니다. 경건하고 부유한 욥은 순식간에 속수무책으로 건강과 축복, 재산이 파괴되었습니다. 사탄은 욥을 시험하여 그가 하나님을 부인할 기회를 찾으려고 했습니다.

그러나 그러한 시험 중에도 하나님에 대한 욥의 마음은 밝게 빛나면서도 개인적인 진한 괴로움 때문에 "하나님 왜 그래야 합니까?"하고 질문합니다.

사탄은 살아서 모든 곳을 돌아다닙니다. 경건을 파괴하고 인생의 행복을 파괴하는 것이 사탄의 사역입니다. 그러나 하나님의 허락 없이는 아무것도 못합니다. 예수 잘 믿는 자라도 시험이나 핍박이 있을 수 있습니다. 디모데후서 3:12에 "무릇 그리스도 예수 안에서 경건하게 살고자 하는 자는 핍박을 받으리라"고 했습니다.

믿음을 지키고 승리하려면 소망 중에 인내하며 하나님의 뜻에 맡기는 길 밖에 없습니다. 시험 앞에는 인내 밖에 다른 길이 없습니다.

우리는 어려움이 닥칠 때 어떤 태도로 대처하고 있습니까? 욥과 같은 일을 만난다면 나의 태도는 어떠할까요? 시련은 연단을 낳고, 연단은 인내를 낳고 인내는 궁극적으로 하나님의 복을 받는다는 것을 인지하고 참고 견디는 인내의 사람이 되어야 할 것입니다.

기도 _ 사랑의 하나님! 인내로써 하나님께 인정받고 복을 받는 우리가 되게 하시며, 의롭게 살 수 있도록 인도하옵소서.

155. 모든 고난은 범죄의 결과인가

본문 욥 4:1-21 / **찬송** 339장 / **요절** 욥 4:17

"사람이 어찌 하나님보다 의롭겠느냐 사람이 어찌 그 창조하신 이보다 깨끗하겠느냐"

욥을 놓고 하나님과 사탄 사이에 의견이 있었음을 느끼게 됩니다. 하나님은 욥의 진실한 인격과 신앙을 믿고 있지만 사탄은 욥이 그럴만한 여건이 있다고 비난했습니다. 그리하여 사탄이 욥의 육체를 공격했습니다. 물론 하나님의 허락 하에서 이루어졌습니다.

우리는 욥기서를 통해서 악인이 의인을 압제하며 불의한 자가 득세하는 모순적인 현상 때문에 고난이 따른다는 해답을 얻을 수 있습니다.

욥은 온몸에 악창이 나고 심지어 아내에게까지 버림받는 최악의 상태에 이르렀으나 하나님께 굳은 충성을 맹세했습니다. 그러자 욥의 친구들이 나타났습니다. 엘리바스는 말씀과 계시에 근거하여 논쟁하였고, 빌닷은 욥을 저주할 때 고대인의 모든 지혜를 사용했습니다. 또한 소발은 다소 거칠고 맹렬한 사실을 표현했습니다. 그들의 공통점은 하나님의 주권적 계시에 둔감했고, 현실 기복적 사상이며, 교리와 이론에 치우치는 영적 체험이 없는 자들이었습니다.

3장에서 욥이 처음 입을 열어 자신의 날을(생일) 저주하는 모습을 볼 때 이는 그의 육체적 고통이 얼마나 견디기 힘들었다는 사실을 보여줍니다.

본문 4장은 엘리바스의 첫 번째 질문입니다. 그는 모든 고난은 범죄의 결과로 보고 욥이 남모르는 특별한 범죄가 있다고 주장했습니다. 엘리바스는 인과응보적인 신앙관을 가지고 있었습니다. 이것은 그 당시 히브리인들의 보편적인 신앙형태였습니다. 그러나 욥의 고난은 벌이 아니라 훈련의 결과임을 엘리바스는 깨닫지 못했습니다. 체험적 신앙의 결여는 고난의 깊은 의미를 깨달을 수 없습니다. 그러므로 고난은 절망의 재료가 아니라 소망의 연단임을 가르쳐 주고 있습니다.

기도 _ 하나님, 주위의 여건과 환경에 우리의 믿음이 연약해지지 않게 하시고 욥과 같이 신앙의 절개를 지키는 믿음의 용사가 되게 하옵소서.

156. 하나님께 호소하는 욥

본문 욥 7:1-21 / **찬송** 379장 / **요절** 욥 7:19

"주께서 내게서 눈을 돌이키지 아니하시며 내가 침을 삼킬 동안도 나를 놓지 아니하시기를 어느 때까지 하시리이까"

욥의 친구들은 고난당하는 욥에게 아무런 도움도 주지 못했습니다. 고난을 겪어 보지 못한 사람들은 고난당하는 영혼에게 아무런 도움도 주지 못합니다. 우리는 경솔하게 남의 고난을 비난하지 말아야 합니다.

욥은 그의 친구들과의 논쟁에서 매우 고요하고 겸허한 자세로 응답하다가 계속적인 공격에 맹렬하게 저항했습니다.

욥기 7장은 엘리바스에 대한 욥의 계속적인 대답으로 먼저 자신의 고통을 진술했습니다. 그는 인생의 허망함을 고백합니다. 본래 인생이란 말 자체가 '깨지기 쉽다', '약하다'는 말에서 유래되었습니다. 죽을 수밖에 없는 존재로 인간의 유한성을 드러냅니다.

11-16절은 욥의 부르짖음과 하나님께 향한 애통, 즉 하소연입니다. 11절에 '원망'이라는 말은 현대인의 성경에는 '내 괴로움을 말하며 내 영혼의 슬픔을 덜어놓았나이다'고 번역되어 있습니다.

욥의 의의 사람이요, 인내의 사람이지 원망의 사람은 아닙니다. 그는 하나님은 자신을 감찰하시는 하나님으로 고백하면서 자신을 속히 고통에서 해방시켜 주시기를 간구합니다. 우리가 고통을 당할 때는 두 가지 길을 선택할 수 있습니다. 타락의 길을 걷든지, 하나님께 더욱 더 매달려 호소하는 길입니다. 욥은 자신의 고통을 하나님께 호소했습니다.

하나님의 시험은 궁극적으로 우리에게 복을 주시기 위함입니다.

고통 중에 있습니까? 그 결과는 복인 줄 믿고 기대하며 인내하시기를 바랍니다.

기도 _ 사랑의 하나님, 금과 은을 연단하듯 인내를 통하여 우리에게 더 큰 복을 주시기를 원하시는 하나님의 오묘한 섭리에 감사드리며 인내의 삶을 살도록 도와주옵소서.

157. 하나님께 기도하는 욥

본문 욥 10:1-22 / 찬송 435장 / 요절 욥 10:20

"내 날은 적지 아니하니이까 그런즉 그치시고 나를 버려두사 잠시나마 평안하게 하시되"

4-7장까지 엘리바스의 충고와 변론에 대한 욥의 답변에 이어, 8-10장까지는 빌닷의 충고와 욥의 답변입니다. 빌닷은 이야기할 때 욥과 직접 대면하기 위해 매우 정중하게 시작합니다. 그의 책망은 엘리바스와 비슷합니다. '하나님은 의로우시며 욥은 죄를 범했다'는 것입니다.

빌닷의 이론은 오직 죄인만 고난 받는다는 요지이고, 욥의 답변은 죄인도, 결백한 자도 고난을 받는다고 했습니다. 그리고 그는 말할 수 없는 고통 속에 죽는 것이 낫겠다고 말합니다.

욥은 인생이 하나님 앞에 의롭지 아니함을 긍정합니다. 그리고 하나님과 도저히 비교할 수 없는 자신의 초라함을 인정하면서 감당키 어려운 환난에 처한 하나님 사이에 '중보자'를 대망합니다.

고난에 대한 욥의 탄식을 보면 욥의 고난이 얼마나 크다는 사실을 알 수 있습니다. 욥은 그의 기도 속에 하나님께로부터 지음을 받았다는 믿음을 가지고 있었음을 알 수 있으며, 생명을 주신 분은 하나님이시며 하나님께서 그 영혼을 끝까지 지키시리라는 믿음을 가지고 있었습니다.

우리는 하나님 존재에 대한 확신 그리고 하나님께서 생명의 주관자이심을 믿고 고백해야 됩니다. 또한 기도로써 그 분의 뜻을 알고자 하고, 하나님의 의도를 물어야 합니다. 우리의 영적인 눈이 어두우면 하나님의 의도를 알 수 없습니다.

기도 _ 인간의 생사화복을 주관하시는 하나님, 기도로써 늘 하나님의 뜻을 살필 수 있도록 영적인 눈을 뜨게 하시며, 그 뜻에 전적으로 순종케 하옵소서.

158. 욥의 인생관

본문 욥 14:1-22 / **찬송** 45장 / **요절** 욥 14:13

"주는 나를 스올에 감추시며 주의 진노를 돌이키실 때까지 나를 숨기시고 나를 위하여 규례를 정하시고 나를 기억하옵소서"

11-14장은 소발의 충고와 욥의 답변입니다. 11장의 소발의 충고는 하나님은 위대하시며 너는 죄를 범했다는 내용입니다. 그러면서 소발은 비난조로 욥은 위선자요, 거짓말쟁이라고 말합니다. 욥은 소발의 비난에 옳지 않은 주장이라면서 고난은 하나님의 섭리라는 사실을 분명히 말합니다. 불행이 온다고해서 남다르게 특별한 죄를 지은 것이 아니라는 것입니다. 그리고 욥은 하나님의 판결을 기다리고 있었습니다. 그는 친구들의 쓸데없는 궤변, 거짓된 주장, 좁은 소견, 아무런 가치없는 논쟁을 맹렬히 공격합니다. 소발은 왜곡된 선입관에 의한 공박이었습니다. 그러면서 그는 스스로 심판자의 자리에 서는 모순을 저질렀습니다. 그러나 욥은 인간은 허망하고 무지하며 완악한 존재임을 시인하며 소발의 지적 교만을 비난했습니다.

신앙의 적은 교만입니다. 나만 옳다는 생각은 버려야 하고, 나만 알고 나 없으면 안 된다는 생각도 버려야 합니다. 때로는 하나님의 섭리가 너무나 오묘하여 우리가 쉽게 이해할 수 없는 사건도 많습니다.

욥은 어떠한 환경 속에서도 하나님에 대한 확신은 변하지 않았습니다. 그리고 그는 인생에 대해서 깨달은 것을 말합니다. 인생은 짧고 괴로움이 가득하며, 꽃과 그림자에 비유해서 말합니다. 인생의 무상을 논하면서 하나님이 모든 것을 주관하신다는 것입니다.

인간의 생명은 하나님의 손에 달렸습니다. 우리도 하나님의 절대 주권과 올바른 인생관을 가지고 살아야 하며, 하나님께 절대적으로 맡기고 신뢰하는 삶을 살아야 할 것입니다.

기도 _ 하나님, 하나님의 절대 주권 속에 우리의 삶의 방향과 목적이 온전히 하나님의 영광에 있도록 우리를 주장하여 주옵소서.

159. 절망속의 호소

본문 욥 16:7-17:16 / **찬송** 302장 / **요절** 욥 16:20-21

"나의 친구는 나를 조롱하고 내 눈은 하나님을 향하여 눈물을 흘리니 사람과 하나님 사이에와 인자와 그 이웃 사이에 중재하시기를 원하노니"

엘리바스의 두 번째 변론이 15-17장까지입니다. 15장에서 엘리바스는 욥은 위선자라고 공박합니다. 16-17장에서 욥의 답변은 하나님은 가혹하시고, 모든 것이 소망이 없다는 식으로 그의 심정을 솔직히 털어 놓습니다.

엘리바스가 욥은 불경건하고, 그의 인간성에 대한 공격이 계속될 때, 그는 고통 속에서 나는 하나님에게도 버림받고 사람에게도 버림받았다고 하나님 앞에 자기의 절망을 그대로 호소합니다. 그러나 욥이 고백하기를 내가 이렇게 진한 고통을 받을 만한 그 어떤 죄를 지은 일이 없음을 고백합니다.

사실 1장에 보면 욥은 하나님이 인정하는 사람이었습니다. 순진하고, 정직했고, 하나님을 경외하고, 악에서 떠난 자입니다. 경제적인 복도 많이 받았습니다. 그래서 욥은 계속해서 하나님이 자기의 증인이 되어 달라고 호소합니다. 자기가 이렇게 고통 중에 있으니까 사람들과 친구들이 다 인정하지 않으려 하지만 하나님만이라도 증인이 되어 달라고 호소했습니다.

그리고 17장에 와서 다시 그의 육신의 고통이 너무나 심하니까 육신적 절망을 호소했습니다. 친구들까지 자기를 버린 것에 대해 슬퍼하며 더 이상 이 땅에서는 소망이 없음을 탄식합니다.

그러나 욥이 이런 절망적인 고난에 직면하여 있으면서도 오히려 자신이 하나님의 섭리와 통치 속에 있다는 사실을 포기하지 않습니다.

우리는 절망적인 상황이 온다고 할지라도 하나님의 절대적 통치와 섭리 속에 있다는 사실을 믿고, 궁극적으로 의가 반드시 승리한다는 확신을 가지시기 바랍니다. 욥은 죽음이 휴식을 주리라고 믿는 죽음에 대해 다른 면을 보는 믿음이 있었습니다.

기도 _ 소망되신 하나님, 욥과 같은 환경이 우리에게 주어진다 할지라도 절망하지 않고 소망 중에 오히려 기뻐할 수 있는 진실한 믿음을 주옵소서.

160. 나의 구속자는 살아 계십니다.

본문 욥 19:1-29 / **찬송** 90장 / **요절** 욥 19:25

"내가 알기에는 나의 대속자가 살아 계시니 마침내 그가 땅 위에 서실 것이라"

18-19장은 빌닷의 두 번째 변론에 대한 답변입니다.

빌닷은 냉혹했습니다. 욥을 향하여 '너는 잘못이 있다', '악한 자는 함정에 빠지게 되어 있다'고 공박합니다.

빌닷은 '하나님의 애인'이란 뜻을 가진 이름인데 그는 지나치게 인과응보를 적용시키려고 합니다. 즉 욥의 고난을 범죄의 결과로 보려는 강한 의도가 있습니다.

여기에서 욥의 답변은 너는 보잘것없는 자이고 내 구속주가 살아계신다는 사실을 강조합니다. 그러면서도 욥은 친구들의 공박에 지쳐버립니다. 결국 친구들에게 동정을 베풀어 줄 것을 호소합니다.

욥기에서 가장 핵심적인 구절이요 내용은 19:25-27 입니다. 그는 구속자에 대한 놀라운 열망을 나타내고 있습니다. 구속자는 예수 그리스도를 나타냅니다. 구속자 예수 그리스도가 공정한 심판을 하시고, 복수해 주고, 변론해 줄 것을 기대하고 있습니다.

욥은 가까운 사람도 자신을 멀리하고, 자기를 버리고, 정죄하고, 혐의한다고 해도, 살아계신 구속자는 이 땅에 오실 때 죄에 대하여, 의에 대하여 바르게 심판하실 것임을 믿었습니다. 고통 속에 오히려 내세를 소망하고 확신하는 욥은 흔들리지 않는 믿음을 가지고 있었습니다.

기도 _ 사랑의 아버지, 우리가 아무리 절박한 상황에 놓인다 할지라도 우리의 믿음과 주님을 향한 소망이 흔들리거나 낙망치 않도록 굳게 잡아 주옵소서.

161. 하나님은 지혜로우시다

본문 욥 28:1-28 / **찬송** 545장 / **요절** 욥 28:28

"또 사람에게 말씀하셨도다 보라 주를 경외함이 지혜요 악을 떠남이 명철이니라"

20-21장은 소발과 욥의 두 번째 변론이고, 22-24장은 엘리바스와 욥의 세 번째 변론입니다. 25-28장은 빌닷과 욥의 세 번째 변론입니다.

소발은 지혜와 경험이 많고 엘리바스는 공손한 자세가 보입니다. 첫 번째 소발이 변론할 때는 욥의 고난과 어려움이 죄때문이라고 하면서 욥의 죄를 상상적으로 가정했습니다. 욥이 어리석다고 공격했습니다. 그런데 20장에 와서 소발의 두 번째 공박은 욥을 악인이라고 단정지어 버립니다. 여기에서 우리에게 성급한 판단은 삼가야 하며, 악의적인 판단이나, 자기 중심적 판단을 삼가야 한다는 사실을 가르쳐 줍니다. 또한 불의한 자는 결국 형통치 못하며, 기쁨이 없고 만족을 모릅니다.

21장에서 욥의 답변은 3가지로 요약할 수 있습니다. '네 귀를 열라'(1-6), '네 눈을 열라'(7-26) '네 마음을 열라'(27-34)입니다. 낙관주의는 믿음과 가깝고 비관주의는 의심에 가깝습니다. 우리는 어느 쪽에 가깝습니다. 엘리바스는 역시 22장에서 "너는 악한 사람이다"고 전제하지만 욥은 하나님께 간구합니다. 나의 심판자는 어디에 계십니까? 정의는 어디에 있습니까? 욥이 환난을 이겨낸 신앙은 분명한 소망의 믿음입니다(23:10).

25장에 와서 빌닷의 세 번째 변론에는 욥에게 공격하기보다 두 개의 원리를 이야기 합니다. 하나님은 크시고, 인간은 벌레와 같다는 것입니다. 여기에 대한 욥의 대답 역시 하나님께서는 만물을 다스리시고, 공의로우시고, 지혜로우시다고 말합니다. 지혜는 보화보다 더 귀하며 이러한 지혜의 근본은 바로 하나님이십니다. 잠언 1:7에 "여호와를 경외하는 것이 지식의 근본이다"고 했습니다. 참된 지혜는 악에서 떠나 주를 경외하는 것입니다.

하나님은 지혜로우시기에 결과는 유익이고, 놀라운 계획과 축복이 있는 오묘한 역사요, 교훈이요, 연단입니다. 지혜와 명철은 하나님께만 있습니다. 우리가 아직은 이해하지 못하는 일이 있습니까? 주님이 오시는 그날 얼굴과 얼굴을 대하여 볼 것이요, 성령으로 깨닫게 될 것입니다.

기도 _ 지혜의 근본이 되신 하나님, 주님의 오묘한 섭리를 깨달을 수 있는 지혜를 주옵소서.

162. 욥의 삶의 발자취

본문 욥 31:1-40 / **찬송** 496장 / **요절** 욥 31:4

"그가 내 길을 살피지 아니하시느냐 내 걸음을 다 세지 아니하시느냐"

29-31장은 소발의 세 번째 변론입니다. 욥이 과거의 행복을 회상하면서 현재의 곤고한 날에 대해 탄식하고 있습니다(29-30장). 욥이 탄식하는 중에 더욱 더 괴로운 것은 과거에 자기를 극진히도 존경하던 자들이 이제 와서는 오히려 비난하고, 희롱하고 있다는 사실입니다. 욥은 육체적 고통 위에 정신적 고통이 더하여진 고통을 받고 있었습니다.

31장에 와서 욥은 자신의 신실성을 주장합니다. 대개의 사람들은 부하고 건강하면 교만하고, 가난한 자의 입장을 생각지 아니합니다. 그러나 욥은 감찰하시는 하나님 앞에서 순결하게 살려고 노력했다는 사실을 말합니다. 그는 거짓과 탐심에 노예가 되지 않았음을 고백합니다. 발로나, 눈으로나, 손으로 범죄하지 않았습니다.

언제 내 발이 궤휼에 빨랐던가?(5절) 언제 내 걸음이 길에서 떠났던가? 언제 내 마음이 내 눈을 따라 갔던가? 언제 내 손에 더러운 것이 묻었던가? 라고 그는 말하였습니다. 그는 간음죄도 짓지 아니했고, 남종이나 여종의 인권을 무시한 적도 없었으며, 빈자나 과부나 고아들에 대해 무관심하지도 않았음을 말합니다. 원수나 나그네에게도 길거리에 자도록 버려두지 않고 원수의 멸망을 기뻐하지도 아니했다고 주장합니다.

우리는 가난한 자에 대한 태도는 어떠했습니까? 고아에 대한 태도는 어떠했습니까? 과부에 대한 우리의 태도는 어떠합니까? 우리의 삶의 발자취를 더듬어 볼 때 부끄럽지 않습니까? 우리는 우리에게 주어진 여건을 욥처럼 선용해야 합니다. 후회 없는 삶을 살아야 합니다.

기도 _ 인생의 여정을 인도하시는 하나님, 우리 가운데 있는 모든 이웃을 사랑하게 하시되 내 몸처럼 아끼며 보살피는 신실한 사랑을 베풀 수 있게 하셔서 우리의 삶의 자취가 부끄럽지 않게 하옵소서.

163. 인간의 고통 속에 일하시는 하나님

본문 욥 32:1-22 / **찬송** 406장 / **요절** 욥 32:8

~~~

"그러나 사람의 속에는 영이 있고 전능자의 숨결이 사람에게 깨달음을 주시나니"

욥기 32장은 새로운 사실이 시작되는 부분입니다. 세 사람과 욥의 대화를 조용히 듣고 있던 가장 연소한 엘리후는 자신의 결백을 주장하는 욥이나 세 사람의 부족한 답변에 침묵할 수가 없었습니다. 지금까지 세 친구의 변론은 죄를 지었기 때문에 고통 받는다는 인과응보의 사상에 근거하여 위로보다는 욥을 정죄하며 더욱더 곤혹스럽게 했습니다. 그런데 네 번째 등장한 엘리후는 욥의 문제는 교만 때문이라는 것입니다(32:1-5). 엘리후는 신앙의 사람이었습니다. 그의 이름 뜻대로 '나의 하나님이 바로 그 분이시다'고 믿는 자였습니다. 그는 인간의 지식으로 말하는 것이 아니라, 성령의 감동으로 말한다고 했습니다(32:6-10). 엘리후는 하나님께서 꿈과 밤의 환상, 그리고 질병을 통하여 인간에게 말씀하시며 인간이 교만하지 않고 중보자를 통하여 화목을 구하도록 가르치신다는 사실을 말합니다. 그는 상처 입은 욥에게 비난하지 않고 깊이 동정과 성령님의 감동에 의해 충고했습니다. 그는 나중에 하나님으로부터 책망 받지 않았습니다(42:7). 그리고 엘리후의 말에 욥의 변론이나 답변이 없습니다. 엘리후는 하나님의 답변이 있기전에 나타난 자입니다. 엘리후의 위로와 권고 속에는 ① 고통에는 하나님의 뜻이 있다는 것입니다. ② 하나님은 침묵하시는 분이 아니라 계속 말씀하고 계신다는 것입니다. 욥의 오해 가운데 하나가 하나님의 침묵이었습니다. 하나님은 고통을 통해 계속 말씀하신다는 것입니다. 결론적으로 욥은 하나님의 전능하신 손길 안에서 겸손하게 처신해야 할 것을 말합니다. 욥의 고통은 교만을 막기 위해서이고, 결과적으로 유익을 주기 위한 하나님의 계획이시며, 하나님은 절대로 불의하신 분이 아니시니 자기 의에 대한 공로의식과 교만을 받을 죄는 짓지 않았고, 다른 사람들 보다는 더 의롭기 때문에 교만했던 것입니다. 엘리후는 욥이 겸손할 것을 권고하면서 하나님의 뜻을 깨닫지 못했음을 뉘우치고 회개할 것을 촉구합니다. 하나님은 절대로 무의미한 고난을 주시는 악한 분이 아니시기에 인내하며 더욱더 하나님께 감사하고 의지해야 될 것입니다. 내게 욥과 같은 고난이 온다면 나는 어떻게 되겠습니까?

기도 _ 하나님, 하나님의 사랑으로 살도록 우리와 동행하여 주옵시고 고통 속에서 낙망치 않고 하나님의 뜻을 발견하는 지혜로운 자가 되기를 원합니다.

164. 창조주 하나님이 인간을 다스리신다

본문 욥 37:1-24 / **찬송** 428장 / **요절** 욥 37:23

"전능자를 우리가 찾을 수 없나니 그는 권능이 지극히 크사 정의나 무한한 공의를 굽히지 아니하심이니라"

　엘리후가 등장하여 33장에서 고통에는 하나님의 뜻이 있으면 욥이 잘못을 깨닫기를 권고했습니다. 인간은 하나님의 섭리를 하나님이 계시해 주시는 범위 내에서만 알 수 있으므로 교만을 버리고 겸손히 하나님의 섭리에 순종할 것을 권고합니다. 그리고 하나님은 고통을 주셨다가 회복시키시므로 사람에게 유익을 주시고 생명으로 옮기시기 위해서이라는 사실을 말합니다.

　34장에 엘리후의 두 번째 변론에서도 인간에 대한 하나님의 공의에 대해서 말합니다. 욥이 고통 중에 하나님이 하신 일이 공의롭지 못하다고 불평한 일에 대하여 설명을 하며 반박합니다. 하나님은 결코 불의를 행하시거나 악을 행하시는 분이 아니라는 사실과 욥의 고난이 무조건 죄의 결과라고 보아서는 안 되지만 그렇다고 해서 모든 고난이 죄와 무관하다고 보아서도 안 됨을 밝히고 있습니다. 35장부터 37장까지는 엘리후의 변론입니다. 여기서는 엘리후 자신의 주장이 나타나고 있으며 37장에서 그는 결론을 내리고 있습니다.

　엘리후는 35장에서 세 번째 변론으로 경건의 복에 대하여 말합니다. 욥은 자신이 경건하다고 하지만 경건의 결과가 아닌 만큼 욥의 죄를 지었다고 엘리후는 지적했습니다. 욥의 기도응답이 없음도 욥이 하나님 앞에서 의롭게 살지 못했기 때문이라고 했습니다. 하나님은 인간이 뿌린 대로 거두게 해주시며 결코 고통 받는 자들의 외침을 외면하지 않으신다는 것입니다.

　36장에 엘리후의 네 번째 변론 역시 하나님은 인간과 같지 않다는 것입니다. 그러므로 하나님의 인도하심에 순종하고 복종할 것은 권면합니다. 37장에 엘리후의 결론적 변론과 주장은 하나님이 모든 인간을 주관하신다는 사실입니다. 자연계에 나타나는 하나님의 능력을 말하면서 하나님을 경외할 것을 권면하고 엘리후의 변론은 끝이 납니다.

　하나님은 전지전능하시며 우주만물을 다스리십니다. 천둥소리는 하나님의 음성과 같고 번개빛은 하나님의 눈빛과 같으며, 하나님은 땅에 비를 내리게 하시고 모든 것을 섭리하십니다. 우리는 이러한 하나님의 섭리에 겸허히 순종하고 감사해야 할 것입니다.

기도 _ 전능하신 하나님, 삶 속에서 하나님의 섭리를 발견하여 그 뜻에 순종하여 살아가게 하옵소서.

165. 욥에 대한 하나님의 말씀

본문 욥 38:1-29 / **찬송** 79장 / **요절** 욥 38:4

"내가 땅의 기초를 놓을 때에 네가 어디 있었느냐 네가 깨달아 알았거든 말할지니라"

38-39장은 하나님께서 오히려 욥에게 질문하시는 말씀입니다. 이 땅의 모든 이치를 네가 알겠느냐? 네가 동물들의 세계를 모두 알겠느냐?

하나님께서 폭풍 가운데서 말씀하시면서 욥에게 질문하십니다. 이 물음은 하나님의 크심에 비해 인간의 보잘것없음을 나타내고 있습니다. 하나님은 욥에게 처음부터 끝까지 천문학에서 동물학까지 창조의 모든 세계를 요약해서 말씀해 주셨습니다. 땅의 기초, 돌, 새벽별, 바닷물, 빛, 땅의 넓이, 시간, 눈과 우박, 모든 피조물, 별들, 지혜, 총명, 동물들이 다 언급됩니다.

여기에서 ① 하나님의 영원성 - 그분은 새벽별 뜨기 전부터 존재하셨고 ② 하나님의 권능 - 하나님께서는 그것이 사탄이든지, 바다든지 '여기'까지는 와도 좋지만 그 이상은 넘어오지 말라고 말 하실 수 있습니다. ③ 하나님의 지혜 - 만물배치 ④ 하나님의 도덕적인 지배 - 하나님은 죄인들을 공정하게 다루십니다. ⑤ 하나님의 주권 - 하나님은 삶과 죽음의 지배자이십니다. 자연과 하나님의 섭리, 성경 속에서 우리는 도저히 측량할 수 없는 신비들을 발견하게 됩니다. 우리의 유한한 마음으로는 전능하신 하나님의 무한한 방법과 사역들을 완전히 이해할 수 없습니다.

욥의 세 친구는 아무도 욥을 항복시키지 못했습니다. 그들이 주장하는 인과응보의 원리는 잘못되었다는 사실을 42장에서 보여주십니다. 욥의 하나님의 메시지 앞에 아무 말도 할 수 없었습니다.

하나님은 위대하십니다. 그분께 우리의 삶을 전적으로 맡깁시다.

기도 _ 자비하신 하나님, 인간의 연약과 무지가 하나님의 마음을 섭섭하게 하지 않도록 성령으로 지혜를 주시옵소서. 전폭을 하나님께 맡기게 하옵소서.

166. 우리의 신앙은 어느 단계인가?

본문 욥 42:1-17 / **찬송** 384장 / **요절** 욥 42:2

"주께서는 못 하실 일이 없사오며 무슨 계획이든지 못 이루실 것이 없는 줄 아오니"

40-42장을 요약한다면, 먼저 40장에서 하나님의 두 번째 말씀을 통하여 욥은 하나님의 위엄을 바라보게 됩니다. 대답을 요구하시는 하나님 앞에 욥은 대답을 삼가고 있습니다. 하나님께서는 욥의 의와 교만을 꾸짖으시고, 자신의 능력을 다시 설명하셨습니다.

41장에는 욥이 하나님의 공의를 깨닫게 됩니다. 하나님은 악어를 통해 욥의 한계를 지적하면서 인간보다 월등한 악어의 능력을 말씀하십니다. 힘으로 따진다면 인간은 악어보다 나약하다는 것입니다. 온 천하는 다 하나님의 것입니다. 인간은 나약하고 미련한 존재이므로 하나님의 뜻과 섭리를 다 깨달을 수 없기 때문에 전적으로 의지하고 믿고 따를 것을 말씀하십니다.

42장은 욥기의 결론입니다. 드디어 욥은 하나님의 은혜를 보고 만지는 체험을 고백합니다. 마침내 욥의 고난은 끝이 났고, 이전보다 더 많은 축복을 받게 됩니다. 모든 일은 인내하므로 온전해 집니다.

야고보는 욥을 인내의 대표적 인물로 평가하고 있습니다(약 5:11). 사탄의 도전은 지나갔습니다. 욥은 복을 받았기 때문에 하나님을 섬긴 것이 아니라, 하나님을 잘 섬겼기 때문에 복을 받았습니다. 그러면서 욥도 어디까지나 인간이라는 사실을 철저히 나타내고 있습니다. 우리도 하나님의 방법을 일일이 다 이해할 수 없다 하더라도 낙망하지 말아야 합니다.

욥은 무지로 인해 지은 죄를 철저히 회개했습니다. 욥은 이전보다 더 깊이 하나님을 깨닫게 되었습니다. 즉 욥은 듣기만 하는 단계에서 깨닫는 단계, 깨닫는 단계에서 주를 보는 체험의 단계 더 큰 확신의 단계에 이르게 되었고 더 많은 복을 누리게 되었습니다.

우리의 신앙은 어떤 일이나 사건을 통하여 실망하고, 포기하기보다 오히려 성장을 가져와야 합니다.

기도 _ 하나님, 욥처럼 잘 섬김으로 큰 축복을 받으며, 신앙의 성장을 가져올 수 있도록 하옵소서.

167. 축복과 저주

본문 시 1:1-6 / **찬송** 191장 / **요절** 시 1:2

"오직 여호와의 율법을 즐거워하여 그의 율법을 주야로 묵상하는도다"

시편은 찬양과 기도의 시입니다. 시편은 모세 5경처럼 다섯 부분으로 나누어져 있습니다.

1-41장은 주로 다윗의 시이고, 42-72장은 다윗 및 레위 족속들의 시이며, 73-89장은 주로 레위 족속들의 시입니다.

그리고 90-106장은 일부만 다윗과 모세의 시이고 그 외에는 작자 미상입니다.

107-150장은 조상들의 시와 다윗, 솔로몬, 저자 미상의 시입니다.

시편의 문장은 규칙적인 형식적으로 된 것도 있고, 알파벳 순서로 된 것도 있으며 운율적으로 체계화된 내용도 있고 단계적인 표현도 있습니다.

시편 1편은 매우 적절한 서문입니다.

1-3절은 성도들에 대한 축복과 성도들이 해서는 안 될 일들이 기록되어 있고, 4-6절은 죄인들에 대한 저주와 성도들이 해야 할 일들이 제시되어 있습니다. 복 있는 자는 즉 복 받은 자는 시냇가에 심어진 나무와 같고, 죄인들은 즉 복 없는 자는 바람에 나는 겨와 같은 존재인 것입니다.

시편에서 가장 중요한 것은 '우리가 어느 쪽에 속하여 사는가?' 하는 문제입니다. '우리가 어떻게 살 것인가'가 우리의 과제요, 그것의 열매를 각자가 먹어야 하고 그것의 결과를 각자가 책임져야 합니다. 우리는 복 있는 자의 삶을 살고 있는지 반성해 보고, 복 있는 자로서의 적극적인 삶을 사시기 바랍니다.

기도 _ 하나님, 복 있는 자, 복 받은 자의 삶을 살 수 있도록 도와주옵소서.

168. 여호와 내 하나님이여!

본문 시 7:1-17 / **찬송** 21장 / **요절** 시 7:17

"내가 여호와께 그의 의를 따라 감사함이여 지존하신 여호와의 이름을 찬양하리로다"

2편은 주님과 기름 부음 받은 자, 3편은 큰 재난의 때, 4편은 잠자리에서의 기도, 5편은 아침의 기도, 6편은 눈물의 기도입니다.

7편부터 12편의 대부분은 '여호와 내 하나님이여', '여호와여' 라는 간절한 외침으로 시작됩니다.

본문은 심판자를 기다리는 내용입니다. 하나님은 온 땅의 심판자 이십니다. 하나님은 공의의 하나님 이십니다. 하나님은 악한 자를 파멸시키십니다. 인간이 악한 자에게 악으로 갚는 것은 죄입니다.

시편 7편은 사무엘상 24장을 배경으로 한 것입니다. 하나님은 정직한 자를 구원하시는 분이시기에 지극히 높으신 그의 이름을 마땅히 찬양해야 할 것을 말합니다. 하나님을 내 하나님으로 부를 수 있는 특권은 누구나의 것이 아닙니다. 그리고 이 확신을 가진 나는 낙망하지 않고 좌절하지 않습니다. 감사와 찬송이 끊어질 수 없습니다.

이 시편은 압살롬이 죽고 다윗왕을 적대하던 자들이 모두 산산히 흩어졌음을 구시가 알릴 때 지어진 것임을 알 수 있습니다. 주님은 우리 편입니다. 우리를 보호해 주시는 방패가 되시는 분을 우리가 어찌 신뢰할 수 없단 말입니까? 하나님은 공의의 하나님이지만 그 공의가 실현되기 위해서는 때로는 기다려야 합니다.

"여호와 내 하나님이여" 오늘 이 한마디로 영혼의 상처까지 치료받곡 새 힘을 얻으시기 바랍니다.

기도 _ 하나님, 주님의 이름을 찬양하며, 주님의 의를 따라 감사하는 삶을 살게 하옵소서.

169. 여호와여 도우소서

본문 시 12:1-8 / 찬송 400장 / 요절 시 12:6

"여호와의 말씀은 순결함이여 흙 도가니에 일곱 번 단련한 은 같도다"

하나님은 공의의 하나님이십니다. 하나님은 공의의 심판자 이십니다.

8-12편의 내용은 보편적으로 심판자를 기다리는 내용입니다. 8편은 하나님의 창조를 찬양합니다. 9편은 승리에 대한 확신과 감사 찬양입니다. 10편은 악인의 심판을 구하는 기도입니다. 11편은 성전으로부터 오는 신뢰입니다. 12편은 하나님의 입에서 진리가 나온다는 사실을 나타내고 있습니다.

인간을 보잘것없는 존재입니다. 그러나 창조자요, 승리자요, 동시에 루이의 친구이신 주님이 우리와 함께하심에도 불구하고 근심하고 염려할 때가 많습니다. 다윗은 하나님의 통치를 믿었습니다. 12편은 일명 "The Tongue Psalm'(혀의 시)라고 부릅니다. 사람이 영적으로 타락하게 되면 일반적으로 하나님의 말씀을 저버리게 됩니다. 그래서 거짓말 하고, 아첨하고 두 마음을 품게 됩니다. 하나님은 교만하고 자랑하고 아첨하는 혀를 싫어하십니다.

하나님의 말씀이나 진리보다 자기 이성의 노예가 되기 때문에 신앙인들은 현실 속에 고뇌하며 탄식하지 않을 수 없습니다. 그러므로 하나님께 도움을 구해야 하는 것입니다. "여호와여 도우소서" 우리는 순수하고 귀한 하나님의 말씀에 귀를 기울이며, 하나님의 도우심을 믿고 간구해야 합니다.

기도 _ 하나님, 우리의 입술을 성령의 불로 변화시켜 주셔서 진리만 전하게 하옵소서.

170. 보호의 하나님

본문 시 17:1-15 / **찬송** 391장 / **요절** 시 17:8-9

"나를 눈동자 같이 지키시고 주의 날개 그늘 아래에 감추사 내 앞에서 나를 압제하는 악인들과 나의 목숨을 노리는 원수들에게서 벗어나게 하소서"

인간이 살아가는 과정에서 과거의 영광을 생각하며 그리워하는 것은 도움도 되지만 해롭기도 합니다. 다윗은 하나님께서 과거에 자기와 함께 하셨음을 기억했습니다. 하나님은 그의 힘이요, 반석이요, 요새요, 피할 바위시며 방패시며 높은 산성이시라고 고백합니다. 그리고 하나님이 들으시며, 원수를 갚아 주시며, 높이기도 하시며, 구원하시며, 상을 주시며, 자기를 신뢰하는 자에게 힘 주시는 분이심을 그는 체험했고, 앞으로도 지금도 하나님의 인도를 확신했습니다.

하나님은 과거의 하나님만이 아닙니다. 하나님은 오늘의 하나님이시고, 내일의 하나님이십니다. 그래서 다윗은 "내가 주를 사랑하나이다", "나는 주를 부르리이다", "여호와여 주께 감사하나이다" 라고 기도했습니다. 다윗은 슬픔을 찬양으로 바꾸었습니다.

어리석은 무신론자들은 하나님이 없다 하지만 우리는 하나님이 거룩하시고 전능하신 분이심을 믿는다고 고백합니다. 16편에서 다윗은 하나님으로부터 오는 기쁨과 만족을 노래합니다. 그리스도의 죽음과 부활을 예언하고 있는 중요한 내용도 있습니다. 17편은 하나님으로부터 오는 보호를 기도하고 노래합니다. 과거에도 보호하시고 인도하신 하나님이 오늘도 인도해주심을 믿으시기 바랍니다.

하나님의 보호하심에 대해 확신이 있을 때 우리의 삶은 용기와 기쁨으로 가득찰 것입니다.

기도 _ 하나님, 하나님의 보호하심 속에 슬픔대신 희락을 누리며 오히려 찬양하며 살게 하옵소서.

171. 나의 인도자, 나의 보호자 되시는 하나님

본문 시 23:1-6 / **찬송** 569장 / **요절** 시 23:4

"내가 사망의 음침한 골짜기로 다닐지라도 해를 두려워하지 않을 것은 주께서 나와 함께 하심이라 주의 지팡이와 막대기가 나를 안위하시나이다"

하나님은 명상 속의 하나님이시거나 전설 속의 하나님, 미래에 나를 도와주실 하나님만이 아니십니다. 오늘 나의 삶의 현장에 인도자가 되시고, 나의 보호자 되시는 하나님이십니다.

시편 19편에서는 창조주 하나님을 나타냅니다. 20편은 도우시는 하나님, 21편은 왕 되신 하나님, 22편은 십자가에서 고난당하시는 그리스도이심을 나타냅니다. 23편은 나의 인도자 되시고 나의 보호자 되시는 목자 같으신 하나님을 노래합니다.

22편에서 하나님은 자신의 양들을 위해 목숨을 내어 주시는 선한 목자되심을(요 10:11) 나타내시고, 23편에서는 자기 양들을 인도하시고 보호하시는 훌륭한 목자 되심을, 24편은 주님은 목자장이시며 양을 다스리는 주인되시는(벧전 5:4) 분임을 나타냅니다.

구약에 요셉이나, 모세나, 다윗도 목자였습니다. 창세기 37:2에 요셉은 열한 명의 형제와 함께 아버지의 양떼를 돌보는 자였습니다. 하나님은 7년 기근을 대비해서 70명의 가족을 인도할 목자가 될 날을 대비하신 것입니다. 모세도 미디안 광야에서 40년 동안 양들을 돌보는 목자였습니다. 그것이 결국은 이스라엘을 가나안으로 인도하는 목자 교육이었던 것입니다.

23편은 저자 역시 목자였습니다. 어린 소년으로 아버지의 양떼를 돌보았습니다. 다윗은 자기가 양을 사랑하고 보호하고 인도했던 것을 생각하며 하나님이 자신을 그렇게 인도하고 보호하시는 분이심을 생각했던 것입니다. 특히 양은 철저히 목자의 인도와 보호가 필요한 동물입니다. 양은 자기 방어에 약하며, 음식이나 물을 찾는 데도 어려움이 있고, 겁도 많습니다. 양은 방향 감각이 둔하며, 자신을 깨끗케 하지 못합니다. 그래서 양은 철저히 목자의 인도를 따라야 합니다. 우리는 양과 같습니다. 그러므로 하나님의 보호가 필요합니다.

하나님이 우리의 목자가 되시기 때문입니다.

기도 _ 우리의 목자이신 하나님, 둔하고 악한 저희들을 어두운 세상 가운데 지키시고 보호하여 주옵소서.

172. 하나님, 하나님, 나의 하나님

본문 시 25:1-22 / **찬송** 380장 / **요절** 시 25:5

"주의 진리로 나를 지도하시고 교훈하소서 주는 내 구원의 하나님이시니 내가 종일 주를 기다리나이다"

시편 25편은 알파벳 순으로 기록한 시입니다. 또 알파벳 순으로 기록된 시는 34, 145편으로, 22개로 되어 있는 히브리 철자로 쓰여 있습니다. 119편도 알파벳 순으로 기록되어 있습니다.

시편 25, 26, 27, 28, 29, 30편 모두 다 하나님을 찬양하고 고백합니다. "하나님은 선하시며 정직하시고, 나의 빛이시며 나의 힘이시고, 영원하신 왕이시며 나의 하나님이시다" 하나님에 대한 체험과 고백이 생생합니다. 다윗의 믿음은 너무나 철저하고 확실합니다. 그래서 그는 어떤 상황에서도 "나는 주를 우러러 보나이다" 하면서 하나님 앞에 나아갔던 것입니다.

믿음이란 주님을 우러러 보는 것입니다. 기도는 주님을 우러러 보면서 하나님께 나아가는 것입니다. 사랑이란 늘 우러러 보며 사모하는 것입니다. 소망은 주님을 우러러 볼 때 확실해 집니다.

다윗의 기도의 특징은 요구만 하는 간청의 차원이 아니고 4, 5절에 '내게 보이소서, 가르치소서, 인도하시고, 교훈하소서' 라고 주님의 뜻을 순종할 자세의 기도입니다. 사실 인간은 너무 무지합니다. 영적으로는 더욱더 그러합니다. 하나님께서 보호하시고 인도해 주시지 않으면 우리는 연약해서 넘어지고 쓰러지며 하나님의 영광을 가리게 됩니다. 그러므로 우리는 하나님의 인도를 기다리며 바라야 합니다.

우리는 믿는다고 말은 하면서 하나님 없는 것처럼 살고 있지는 않습니까?

기도 _ 하나님, 늘 주께 의지하며 주님의 보호하심과 인도하심을 따라 살게 하옵소서.

173. 하나님이여 나와 다투는 자와 다투시고

본문 시 35:1-28 / **찬송** 585장 / **요절** 시 35:10

"내 모든 뼈가 이르기를 여호와와 같은 이가 누구냐 그는 가난한 자를 그보다 강한 자에게서 건지시고 가난하고 궁핍한 자를 노략하는 자에게서 건지시는 이라 하리로다"

다윗은 어려운 상황에서도 "주의 은혜가 어찌 그리 큰지요" 하면서 감사했습니다. 그의 환경과는 너무나 대조적입니다. 하나님은 우리를 의인되게 해주셨기 때문에 마땅히 찬송을 받으실 분이십니다. 그러므로 어떠한 환경에서도 감사하고 찬송해야 됩니다. '여호와를 즐거워하며 찬송하라' 특히 32편에서는 사죄의 은총을 찬송하는 내용입니다. 가장 행복한 자는 죄를 용서 받은 자라는 것입니다. "허물의 사함을 얻고 그 죄의 가리움을 받은 자는 복이 있도다"(시 32:1)고 했습니다.

35편은 핍박자들을 위한 다윗의 기도입니다. 다윗은 괴로울 때 찬양했고, 핍박이 올 때 기도했습니다. 그는 어두운 환경 속에서 소망의 빛을 보았습니다. 또한 그는 견딜 수 없는 고통과 분노를 경험했습니다. 그러나 그 힘든 분노와 고통이 기도로 변하고, 결국 찬양과 감사로 승화되는 모습을 볼 수 있습니다. 그는 악을 악으로 갚지 않고 기도했으며, 고난 중에도 흔들리지 않고 하나님을 찬양했습니다.

시편 34편과 35편은 곤경 속에서 쓰여진 것입니다. "너희 원수를 사랑하며 너희를 핍박하는 자를 위하여 기도하라"고(마 5:44) 예수님께서 말씀하셨습니다. 사랑스럽지 않은 사람, 그리고 미운 사람을 사랑하기는 힘들지만 우리 그리스도인들은 이것을 위해 부름을 받았습니다. 이 시간 우리가 미워하는 대상이 있다면, 나에게 상처를 준 자가 있다면, 나를 곤경에 빠뜨린 자가 있다면 위하여 기도합시다. 그리고 하나님께 감사하며 찬양합시다. 영적인 유익이 있을 것입니다.

기도 _ 하나님 아버지, 나를 도우소서. 넓은 마음 주시고 다윗처럼 핍박자를 위해 기도할 수 있게 하옵시고 곤경 속에서도 감사하고 찬송하게 하옵소서.

174. 감사와 찬송의 기도

본문 시 40:1-17 / **찬송** 407장 / **요절** 시 40:2

"나를 기가 막힐 웅덩이와 수렁에서 끌어올리시고 내 발을 반석 위에 두사 내 걸음을 견고하게 하셨도다"

시편 36편은 인간의 사악함과 여호와의 인자하심을 대조적으로 말하고 있습니다. 시편 37편은 악인의 종국과 의인의 축복에 대해 대조적으로 말합니다. 우리는 우리의 길을 여호와께 맡겨야 할 것입니다. 38편은 육체와 마음의 고통을 호소하면서 도움의 근원되시는 하나님께 기도하는 내용입니다. 39편은 무상한 인생임을 깨닫고 "나의 소망은 주께 있나이다"라고 고백하는 기도입니다. 40편은 하나님의 구원하심을 찬양하고 도우심을 구하는 기도입니다.

시편 전체 내용의 공통점이 감사와 찬양, 기도입니다. 그는 확신에 찬 기도를 했습니다. "나의 부르짖음을 들으셨도다." 성도의 삶이란 하나님께 받은 은혜를 감사하며 앞으로의 모든 문제를 하나님께 맡기고 기도하는 것이 아니겠습니까? 여기에는 많은 인내가 필요합니다. 그래서 1절에 "내가 여호와를 기다리고 기다렸더니"라고 했습니다. 저자는 말할 수 없는 어려움 중에 있으나 확신을 가지고 기다리며 믿음으로 간구하고 호소하였습니다.

큰 풍파가 닥쳐와도 찬송하며 어려운 일을 당해도 오히려 감사하고, 자신의 처지를 하나님께 내어 놓고 믿음으로 기다리며 기도합시다. 이런 환경 가운데 감사할 수 없다고 생각하는 자가 있습니까? 말씀의 권고를 받고 생각을 바꾸시기 바랍니다. 하나님이 무엇을 원하고 계시는가를 생각하십시오.

하나님은 고통 중에 울면서도 감사와 찬송이 나오기를 기다리십니다. 그것은 더 큰 축복을 주시기 위한 하나님의 뜻이기도 합니다.

기도 _ 구원의 하나님, 하나님의 도우심을 믿고 어려운 환경과 역경 속에서도 결코 굴하지 않는 신앙인의 삶을 살게 하소서.

175. 복있는 자가 누구냐

본문 시 41:1-13 / **찬송** 429장 / **요절** 시 41:1

"가난한 자를 보살피는 자에게 복이 있음이여 재앙의 날에 여호와께서 그를 건지시리로다"

시편 41편은 시편 전체 5권 중 1권이 끝나는 부분입니다. 그래서 마지막 13절에 송영이 나옵니다. "여호와 이스라엘의 하나님을 영원부터 영원까지 찬송할지로다 아멘"

1절에는 어떤 자가 복 있다는 사실을 먼저 언급하고 긍휼을 구하는 기도를 합니다. 복 있는 자는 '빈약한 자를 권고하는 자'라고 했습니다. 빈약한 자라는 것은

첫째, 물질적으로 가난한 자를 의미합니다. 가난한 자를 경제적으로 도와주는 자가 복 있는 자라는 것입니다.

둘째, 육체적으로 약한 자를 빈약한 자라고 합니다. 우리는 병든 자를 도와주고 간병해야 됩니다.

셋째, 정신적으로 약한 자를 의미합니다. 요즘은 그 어느 때보다 정신적으로 빈약한 자가 많은 세상이라고 할 수 있습니다. 정신적으로 빈약한 자에게는 위로와 복음을 주어야 합니다.

메튜 헨리는 "육체의 건강보다 더 사모해야 할 것이 영혼치료"라고 했습니다.

우리의 주변에는 우리의 손길을 기다리는 빈약한 자들이 얼마나 많습니까? 행여 외면하지 않았습니까? 외면했다면 복 있는 자의 태도가 아닙니다. "즐거워하는 자들로 함께 즐거워하고, 우는 자들로 함께 울라"(롬 12:15)는 말씀을 지키는 것이 복 있는 자입니다. 오늘도 복 있는 자의 삶을 사는 우리가 되어야겠습니다.

기도 _ 하나님, 우리 가슴에 주님의 사랑을 주시고, 그 사랑을 우리의 삶에서 서로 나눌 수 있도록 도와주옵소서.

176. 사랑의 노래

본문 시 45:1-17 / **찬송** 180장 / **요절** 시 45:7

"왕은 정의를 사랑하고 악을 미워하시니 그러므로 하나님 곧 왕의 하나님이 즐거움의 기름을 왕에게 부어 왕의 동료보다 뛰어나게 하셨나이다"

시편 42편부터 마스길(교훈시) 제2권이 시작됩니다. 42-49편 까지는 주로 모세에게 대항하다 죽은 고라의 자손들이 기록한 시입니다. 이 고라 자손의 가족 중에는 성전 문을 지키는 자들도 있었고, 성전에서 노래하는 자와 음악가들이 되기도 했습니다(대상 6:31-33).

시편 42편은 주님을, 성전을 간절히 사모하는 모습을 볼 수 있습니다. 43편은 하나님이 나의 힘이 되심을 고백하는 내용이고, 44편은 도움을 호소하는 내용입니다. 일어나 나를 도와달라는 호소입니다. 45편은 매우 중요합니다. 왕의 결혼식을 묘사하고 있습니다. 그리스도의 혼인 잔치를 묘사하여 표제가 '사랑의 노래'입니다. 소산님(백합화)에 맞춘 것이라고 하는데, 이것은 그 당시의 곡조중 하나인 '백합화' 곡조에 맞추어 이 시를 노래했음을 뜻합니다.

2-9절까지 메시아의 모습을 묘사했는데 2절에 보면 '인생보다 아름답다'고 했습니다. 3-5절에는 '위엄 있고 능하신 분'으로 묘사합니다. 6절에서는 메시아를 하나님으로 묘사하고 있습니다. 또한 9절에서 이 메시아는 열방에 흩어져 있는 교회를 그의 신부로 삼으시는 분이시다는 사실을 말하고 있습니다.

우리는 그리스도의 신부입니다. 신부는 자기 백성과 아비의 집을 버려야 합니다(창 12:1, 룻 1:16-17). 세상의 풍속과 마귀의 종노릇하는 것에서 해방되어야 합니다. 그리스도의 신부라는 사실을 잊어버리지 말아야 합니다.

기도 _ 하나님, 우리들의 삶속에서 그리스도의 신부됨을 잊지 않고 신앙의 정절을 지키며 살아가게 하옵소서.

177. 정결케 되기를 원합니다

본문 시 51:6-19 / **찬송** 261장 / **요절** 시 51:10

"하나님이여 내 속에 정한 마음을 창조하시고 내 안에 정직한 영을 새롭게 하소서"

시편 51편은 다윗의 밧세바와 동침한 후 회개하며 쓴 시입니다. 그러기에 눈물로 얼룩져 있습니다. 다윗은 자신의 죄를 회개하므로 은혜로운 용서를 체험했습니다. 그는 자신의 죄를 인정하면서 하나님께 자비와 용서를 간구했습니다. 그리고 자신에게는 하나님의 뜻대로 살아갈 만한 능력이 없음을 토로합니다. 정결한 삶을 살 수 있도록 자신의 심령을 근본적으로 변화시켜 주시길 호소합니다. 다윗이 결심하며 다짐하고 확신 가운데 51편이 끝이 납니다.

범죄 때문에 좌절하는 것은 유익하지 못합니다. 하나님의 사랑 앞에 무릎을 꿇고 회개해야 합니다. 회개가 열납 되느냐 안 되느냐는 그 회개 기도의 간절함에 달려있는 것입니다. 다윗은 하나님께 자신이 범죄한 죄를 긍휼히 여기시고, 죄과를 도말하시며, 죄악을 씻기시고 죄를 제하여 주실 것을 간구했습니다. '우슬초로 정결케 하소서' 라는 표현을 썼는데 '우슬초'는 부정한 것을 정결케 하는 의식에 쓰여 지는 것이기 때문입니다. 물이나 피를 우슬초에 적시어 그것을 뿌리면 물건이나 사람이 더러움에서 벗어난다는 의식입니다(출 12:22, 레 14:6, 민 19:18, 히 9:19).

모든 죄를 도말해 주시고 마음이 재창조되기를 원했습니다. 그리고 구원의 즐거움이 회복되게 해 달라고 기도했습니다. 범죄는 기쁨과 행복을 빼앗아가고 파멸을 줍니다. 주님의 '사죄의 선언'이 있을 때 하나님과의 관계가 개선되고 즐거운 교제가 이루어지는 것입니다.

예수 그리스도의 십자가에 흘리신 보혈은 상함 심령으로 나와 회개하는 자에게 완전한 용서를 주시고 기쁨과 소망으로 이끌어 주는 것입니다.

기도 _ 하나님, 우리의 죄를 용서하여 주시며, 정결한 마음을 허락하여 주셔서 죄를 멀리하는 삶을 살게 하옵소서.

178. 하나님은 나의 피난처 되십니다.

본문 시 61:1-8 / **찬송** 419장 / **요절** 시 61:4

"내가 영원히 주의 장막에 머물며 내가 주의 날개 아래로 피하리이다"

회개치 않는 자는 악인입니다. 악인은 멸망하고, 회개하는 자는 용서받고 번영의 복을 받습니다. 세상에서 가장 어리석은 자는 하나님이 없다고 하는 자이며, 그것이 죄 중에 가장 큰 죄입니다. 불신이 근본적인 죄인 것입니다.

우리를 구원하신 분은 하나님 이십니다. 우리는 하나님께 구원을 호소해야 합니다.

시편 속에는 애가도 있고, 감사시도 있고, 찬양시, 왕의 시, 분노의 시, 알파벳 시편, 순례자의 시, 메시아에 관한 시가 있습니다. 시편 60, 61, 63, 64, 65편은 애가 압니다. 내용 중에 '하나님이여' 하고 부르짖는 호칭이 많이 반복됩니다. 61편은 하나님은 나의 피난처 되시기에 내가 주의 날개 밑에 피하리이다고 고백합니다. 아마 61편은 삼하 15장을 배경으로 다윗이 압살롬에게 쫓겨 다니면서 쓴 것으로 추정되는 시입니다.

하나님은 견고한 바위가 되시고, 피난처 되시며, 견고한 망대시며, 보호하는 장막이 되십니다. 하나님은 덮는 날개로 그를 의지하고 도움을 구하는 자를 보호하십니다. 그러므로 우리는 그에게 마음을 토로하고, 그를 앙모하고, 그를 즐거워하며 자랑해야 할 것입니다.

성도는 하나님을 영원토록 찬양하는 것이 최고의 행복입니다. 다윗은 매일매일 찬양하겠다고 다짐했습니다. 우리는 우리의 하나님이 영원한 하나님이시며 인도자가 되심을 믿어야 합니다. 뿐만 아니라 매일매일의 생활속에서 하나님을 믿고 보호를 받으면서 살아야 하고 또한 그 보호를 체험하며 찬양해야 할 것입니다.

기도 _ 피난처 되시는 하나님, 어려움과 환난 속에서 우리를 건져주시고 피난처이신 하나님께 피하오니 보호하여 주옵소서.

179. 땅의 모든 끝이 하나님을 경외하니라

본문 시 67:1-7 / 찬송 505장 / 요절 시 67:7

"하나님이 우리에게 복을 주시리니 땅의 모든 끝이 하나님을 경외하리로다"

시편 67편은 메시아와 천국 왕국에 대한 내용입니다. 시편 2, 24, 110편은 왕 되신 메시아의 모습을 나타냅니다. 22, 23, 40, 60편은 종으로서의 메시아의 모습을 나타내고, 118편은 오실 메시아를 묘사한 예언적인 시입니다.

2절에 "주의 도를 땅 위에, 주의 구원을 만방 중에 알리소서" 라고 했습니다. 오직 그리스도 한 분만이 구원의 주이며, 세상에 재림하여 모든 만방을 다스리시고 심판하실 분도 오직 그리스도 한 분 뿐이신 것입니다. 주님이 재림하시면 땅의 모든 끝이 하나님을 경외하고, 그에게 영광을 돌릴 것입니다.

하나님의 구원 계획은 이스라엘 백성에게만 국한된 것이 아닙니다. 하나님은 하나님의 구원 계획이 온 세상에 전파되기를 간절히 소원했습니다. 그러기에 2천년 동안 악한 세력과 이단들의 교묘한 핍박과 방해 속에서도 복음은 소멸되거나 중단되지 않고 계속적으로 전파되어 왔던 것입니다.

우리는 영원한 메시아 왕국을 기대하면서 진실되게 하나님을 경외해야 합니다. 우리의 민족적 소원은 통일이지만 영적 소원은 복음의 지속적 확장인 것입니다.

기도 _ 사랑의 하나님, 우리는 현실에 만족하거나 안일에 도취되어 있을 것이 아니라 주의 나라 확장을 위해 힘쓰는 그리스도인이 되게 하옵소서.

180. 승리케 하시는 하나님을 찬양

본문 시 68:1-35 / **찬송** 585장 / **요절** 시 68:19

"날마다 우리 짐을 지시는 주 곧 우리의 구원이신 하나님을 찬송할지로다"

시편 중에는 예루살렘에 관한 시편이 있습니다. 시편 120-134편은 성전 계단을 올라가면서 부르는 노래들입니다. 시편 122편은 기쁨에 찬 예루살렘 입성이 기록되어 있습니다. '내 주는 강한 성이요' 라는 루터가 지은 이 찬송은 예루살렘에 관한 시편에서 얻은 영감으로 작곡한 것입니다. 시편 46편이나 48편은 임마누엘의 약속이 있습니다. 이것은 참된 교회에 대한 하나님의 약속입니다.

68편 역시 언약궤가 예루살렘에 입성하는 일과 관련이 있는 것으로 봅니다. 출애굽에서 가나안 입성의 목적은 예루살렘 산위에 성소를 세우기 위한 것이었습니다. 68편은 두 단원으로 구분되어 있습니다. 1-6절은 하나님의 승리에 대한 찬양이고, 7-27절은 하나님의 권능에 대한 찬양합니다. 28-35절은 궁극적 승리로 인한 찬양입니다.

하나님은 적절한 때에 당신의 공의를 드러내셔서 승리케 하십니다. 의인의 고통을 관망만 하고 계시는 분이 아닙니다. 악인에 대한 진노의 잔을 쏟아 버릴 것입니다. 하나님은 능력의 하나님 이십니다. 이스라엘은 무기도 변변치 못했고 병력의 숫자도 많지 않았으나 하나님께서 친히 대신하여 싸워 주심으로 승리했습니다. 그러므로 우리도 어떤 상황에서든지 낙망치 말고, 두려워하지 말고, 믿음으로 강하고 담대하게 나아가야 합니다.

기도 _ 하나님 아버지, 주님의 능력을 의지하여 실망치 않고, 담대한 믿음으로 승리할 수 있게 하옵소서. 하나님의 공의가 의인으로 하여금 승리를 가져올 줄 믿습니다.

181. 하나님이여 침묵치 마옵소서.

본문 시 83:1-18 / **찬송** 86장 / **요절** 시 83:18

"여호와라 이름하신 주만 온 세계의 지존자로 알게 하소서"

시편 2편이나 22편, 69편, 89편은 메시아에 관한 시입니다. 그리스도를 예시하고 있습니다. 신약성경에서도 시편 22편과 69편은 많이 인용되고 있습니다. 특히 사람들로부터 멸시당하고 배척 받으신 분을 가리키는 예언적인 시입니다.

70편은 속히 건져 달라고 도움을 호소하는 내용이고, 71편은 노인들을 위한 시편이라고 할 수 있습니다. 항상 소망을 품고 주를 더욱 찬송하겠음을 고백합니다. 72편은 의로운 통치자에 대한 찬양입니다. 73-77편은 아삽의 시입니다. 주로 과거를 기억하며 감사하는 내용입니다. 그리고 78-83편도 아삽의 시인데, 이 시 역시 과거에 약속을 지키신 하나님, 미래에 위로자가 되시는 하나님, 공의의 재판장 되시는 하나님, 하나님이 침묵치 마시고 공의를 드러내실 것을 호소하는 내용입니다.

전날에 이스라엘을 도우신 하나님이 현재 뿐만 아니라 미래에도 함께해 주실 것을 믿고 기도해야 합니다. 그래야 하나님이 살아계신다는 것을, 하나님이 참 하나님이심을 알게 되고 교만한 자들의 기를 꺾게 된다는 호소입니다.

하나님은 하나님의 모든 원수들을 심판하실 것입니다. 우리는 낙망하지 말아야 합니다.

원수 갚는 것이 하나님께 있다고 했습니다. 하나님이 우리 대신 모든 것을 해주실 것입니다.

기도 _ 하나님, 우리와 함께 하셔서 하나님을 대적하는 자에게 하나님이 살아계심을 확증시킬 수 있도록 도와주옵소서.

182. 우리를 다시 살려 주소서

본문 시 85:1-13 / **찬송** 261장 / **요절** 시 85:7

"여호와여 주의 인자하심을 우리에게 보이시며 주의 구원을 우리에게 주소서"

우리의 신앙생활이 침체해지거나 낙심될 때 다시 회복되기란 쉽지 않습니다. 시편 84편은 우리를 다시 만족케 하시기를 간구합니다. 하나님을 향한 열렬한 마음을 갖기를 소원합니다. 그리고 85편은 우리를 다시 보살펴 주기를 원하고 있습니다. 하나님께서 자기 백성을 구원해 주실 것을 믿고 소원합니다. 그 외에도 86편 역시 우리를 다시 치료해 주시기를, 87편은 다시 모아 주시기를, 88편은 용기 주시기를, 89편은 우리로 다시 찬양하게 하시기를 소원하는 간구입니다.

완전한 회복에 대한 기대와 소원으로, 6절에 "우리를 다시 살리사 주의 백성으로 주를 기뻐하게 아니하시겠나이까?" 7절에 "여호와여 주의 인자하심을 우리에게 보이시며 주의 구원을 우리에게 주소서"는 간절한 기도입니다. 시편 85편은 과거에 부흥했던 민족에 대하여 서술하면서 '우리를 다시 살려 달라'고 기도합니다. 우리는 항상 영적인 각성과 회복이 필요합니다.

이 시는 일명 '부활의 시'라고도 합니다. 하나님과 인간 사이에 완전한 조화와 교제가 펼쳐지는 광경을 나타내고 있습니다. 메시아 시대의 도래를 기다리고 있는 내용입니다. 10절에 "긍휼과 진리가 만나고 의와 화평이 서로 입맞추었으며" 11절에 "진리는 땅에서 솟아나고 의는 하늘에서 하감하였도다"라고 했습니다.

우리는 타락으로 혼란한 세상에 살고 있습니다. 혼란은 무질서와 파멸을 야기합니다. 우리는 조화가 있는 세상으로 회복되기를 기도해야 합니다. 신앙의 조화는 모든 것의 조화이기 때문입니다.

기도 _ 구원의 하나님, 주의 인자하심과 능력으로 우리를 구원하시고 주를 위한 삶의 자세로 변화되게 하옵소서.

183. 주의 인자로 우리를 만족케 하소서

본문 시 90:1-17 / **찬송** 405장 / **요절** 시 90:14

"아침에 주의 인자하심이 우리를 만족하게 하사 우리를 일생 동안 즐겁고 기쁘게 하소서"

시편 3권은 89편으로 끝이 납니다. 88편과 89편은 하나님의 신실하신 언약을 찬양하는 시 입니다. 90-106편까지가 제 4권인데 주로 작자 미상의 시입니다.

모세의 시로 알고 있는 시편 90편은 하나님의 영원하심을 찬양하며, 인생은 짧고 빨리 지나간다는 사실을 말합니다. 이런 인생에 기쁨을 주고, 행복한 삶이 되게 하는 것은 하나님의 손에 달렸다는 사실을 강조합니다. 우리의 거처가 되시고 영원하신 하나님은 우리의 삶을 주관하십니다. 만족과 기쁨 그리고 행복은 하나님께로부터 나옵니다. 전능자의 그늘 아래 거하는 자가 행복한 자입니다.

시편 91:14에 하나님을 사랑하는 자 건져주신다고 약속했습니다. 하나님의 이름을 아는 자 높여준다고 하였으며 하나님을 믿는 자에게 응답 준다고 약속했습니다. 시편 94편은 작자 미상이지만 예배의 대상은 너무나 분명합니다. 사실 저자가 중요한 것이 아니라 대상이 중요합니다. 하나님을 믿는 자는 보호받고 안전을 누릴 수 있습니다. 주의 인자를 맛본 자는 누구든지 만족합니다. 그래서 찬양합니다.

우리는 주님의 인자함 속에 살아가는 행복한 자임을 깨닫고 항상 감사하고 찬양하는 자세를 잃지 말아야 할 것입니다.

기도 _ 사랑의 하나님, 허무한 인생 멸망할 인생을 구원해 주시고 영원한 천국 소망 주시니 감사합니다. 날마다 주님의 은혜와 사랑을 감사하는 삶이 되게 하옵소서.

184. 궁정에서 기뻐함

본문 시 100:1-5 / **찬송** 287장 / **요절** 시 100:4

"감사함으로 그의 문에 들어가며 찬송함으로 그의 궁정에 들어가서 그에게 감사하며 그의 이름을 송축할지어다"

시편 97-100편은 왕의 시라고 할 수 있습니다. 97편은 왕의 대관식, 98편은 왕을 축하함, 99편은 왕을 높여드림, 100편에서는 왕의 궁정에서 기뻐하는 것입니다. 감사에서 시작하여 감사로 끝나는 시입니다. 하나님 앞에 나아가는 자, 하나님의 성전에 나아오는 자는 항상 감사하는 마음으로 나와야 합니다.

특히 본문에서 3번이나 반복되는 구절이 '나아갈지어다', '그 문에 들어가며', '그 궁정에 들어가서'라는 말입니다. 하나님을 섬긴다는 그 자체가 기쁨이요, 즐거움이요, 행복입니다.

만왕의 왕 되신 주님의 전에 와서 기쁨을 맛보지 못하고, 행복을 소유하지 못한다면 정말 비극이요, 잘못된 것입니다. 우리가 예배드릴 때, 성전에 나아올 때 행복을 느껴야 합니다. 그 행복감이 찬양과 감사로 쏟아져 나오게 되는 것입니다.

하나님께 찬송하고 감사치 않을 수 없는 것은 하나님은 선하시고 그 인자하심이 영원하시기 때문입니다. 그리고 그가 우리를 지으셨고, 우리는 그의 피조물이요 그의 백성, 그의 기르시는 양이기 때문입니다. 그의 피조물이고 그분의 소유요 그분의 양들인 우리는 오로지 찬양과 감사를 그분께만 드려야 할 것입니다.

기도 _ 하나님, 나의 모든 것이 하나님의 것임을 시인하며 고백케 하옵소서. 오직 하나님께만 영광과 감사의 찬양을 드리게 하옵소서.

185. 하나님을 송축하라

본문 시 104:1-35 / **찬송** 31장 / **요절** 시 104:33

"내가 평생토록 여호와께 노래하며 내가 살아 있는 동안 내 하나님을 찬양하리로다"

시편 101편은 절단의 시라고 할 수 있습니다. 102편은 괴로움을 여호와께 토로하는 시이고, 103편은 모든 내용이 가장 순수한 찬양으로 꽉차 있습니다. "내 영혼아 여호와를 송축하라"로 시작하여 "내 영혼아 여호와를 송축하라"로 끝이 납니다. 송축한다는 말은 '감사하라', '찬양하라'의 뜻입니다.

특히 시편 104편은 창조 세계를 다스리는 하나님을 찬양하는 내용입니다. 창조의 순서대로 찬양을 하였는데, 시편 104편에서 먼저 우주를 다스리시는 하나님을 찬양했고, 105편에는 하나님이 그의 백성들의 마음을 다스리심을 찬양하고, 106편은 하나님은 반역하는 자녀들을 훈련하고 사랑하심을 찬양하는 내용입니다.

시편에는 창조의 하나님을 찬양하는 내용이 많은데, 시편 24편과 창세기 1:1-5이 연결되고, 시편 146편과 창세기 1:6-8이 연결되며 시편 95편과 창세기 1:9-13, 시편 148편과 창세기 1:14-19, 시편 8편과 창세기 1:20-23, 시편 139편과 창세기 1:24-31, 시편 92편과 창세기 2:1-3이 연결됩니다.

하늘을 다스리는 하나님, 땅을 통치하시는 하나님, 모든 것을 섭리하시는 하나님, 시간을 지배하시는 하나님, 바다를 다스리시는 하나님, 피조물을 통치하시는 하나님 그 하나님을 찬송하리로다. 우리는 하나님께 영광을 돌려야 합니다. 그리고 하나님과의 교제를 통하여 우리는 하나님께서 주시는 기쁨을 맛볼 수 있습니다. 인간이 할 수 있는 것은 하나님을 찬양하는 것밖에 없습니다. 우리는 늘 하나님을 찬양하며 하나님께 영광을 돌려야 하겠습니다.

기도 _ 찬양 받으실 하나님, 우리들의 삶 속에서 주님을 향한 찬양이 끊이지 않도록 하옵소서.

186. 제사장이며 왕이신 주님

본문 시 110:1-7 / **찬송** 210장 / **요절** 시 110:4

"여호와는 맹세하고 변하지 아니하시리라 이르시기를 너는 멜기세덱의 서열을 따라 영원한 제사장이라 하셨도다"

하나님은 변치 않는 분이십니다. 하나님의 은혜도 변치 않습니다. 자기 백성들을 향한 변치 않는 은혜에 대한 찬양이 107편입니다. 108편은 절망 중에 드리는 찬양과 기도입니다. 109편은 비방하는 자에 대한 기도이고, 110편 1절은 신약에서 가장 많이 인용되었는데(마 22:44, 막 12:36, 눅 20:42-43, 행 2:34-35, 고전 15:25, 히 1:13, 10:12-17, 엡 1:20, 벧전 3:22). 이 시는 전적으로 메시아에 대한 예언의 시입니다.

예수 그리스도는 누구신가? 예수 그리스도는 왕의 직능을 수행했습니다. 메시아 왕직의 신적 기원과 통치의 권능 그리고 메시아 왕국의 영광이 나타나 있습니다. 예수 그리스도는 이 땅에 오셔서 왕의 직능을 수행하실 것을 드러낸 말씀입니다. 예수님은 이 땅에 오셔서 왕의 직능을 수행하셨습니다. 그리고 재림하실 때는 만왕의 왕으로 오실 것입니다.

예수 그리스도는 제사장 직능을 수행하셨습니다. 4절에 "너는 멜기세덱의 반차를 좇아 영원한 제사장이라 하셨도다"라고 말했습니다. 본래 멜기세덱은 아브라함이 여러 왕들을 파하고 돌아올 때에 떡과 포도주를 가지고 나와서 축복해 주었던 하나님의 제사장 이었습니다(창 14:17-20). 멜기세덱은 그리스도와 너무나 닮은 점이 많은 제사장입니다. 그는 본래 제사장 계열에 속하지 않으면서도 대제사장이 된 그리스도와 많이 닮은 자였습니다(히 7:3).

그리스도는 자신의 몸을 단번에 드림으로써 희생 제물 곧 생축이 되실 뿐 아니라 친히 또 제사장이 되어 그 제사를 드리신 분이십니다(히 10:12). 예수 그리스도는 이 땅에 오셔서 왕의 직능과 제사장 직능을 수행하여 하나님의 구원 계획을 이루신 메시아 이십니다.

기도 _ 우리의 왕이신 하나님, 주님은 영원토록 나의 주님이심을 믿고 감사드리며 찬양드립니다.

187. 여호와를 찬양하라

본문 시 113:1-9 / **찬송** 21장 / **요절** 시 113:3

"해 돋는 데에서부터 해 지는 데에까지 여호와의 이름이 찬양을 받으시리로다"

시편 111-113편은 모두 '할렐루야'로 시작합니다. 이는 승리, 감사, 기쁨을 나타내는 찬송을 의미합니다. 하나님은 위대하시고, 의로우시고, 자비로우신 분이시기에 그의 행사는 다 위대하십니다.

시편 112편은 의인의 복과 의인의 모습에 대해 말했습니다. 의인은 영원히 요동치 않습니다. 흑암 중에도 빛을 만나게 됩니다. 시편 113편은 모두 찬양의 내용입니다. 하나님의 영광과 섭리를 환영했습니다. 천국의 특징이 감사와 찬양이라면 지옥은 비명과 슬픔과 고통입니다.

시편 111-113편은 표현 방식이 서로 유사점이 많은데, 111편은 하나님의 창조를 찬양하였고, 112편은 하나님의 구원을, 113편은 하나님의 끝없는 긍휼을 찬양했습니다. 시편에는 10편의 할렐루야 시가 있습니다. 106, 111, 112, 113, 135, 146, 147, 148, 149, 150편입니다. 할렐(hallel)이란 말은 '찬양합니다'는 뜻입니다. 본래 이 말은 halha이란 동사에서 유래된 말입니다. 할랄은 '자랑하다', '칭찬하는'는 뜻입니다. 찬양은 자랑하고 칭찬하는 것입니다.

시편 113편은 6하원칙에 따라 찬양합니다. 즉 누가-여호와의 종들이, 언제-이제부터 영원까지, 이디서-해 돋는 데서부터 해 지는 데까지 어디서나, 무엇을-여호와의 이름을, 어떻게-높은 소리로(이 시에는 없으나 소리내어, 소고치며 등), 왜-높으신 하나님께서 스스로 낮추사 우리를 돌아보시기 때문입니다.

특히 여호와의 이름을 찬양했습니다. 3번이나 여호와의 이름이 강조됩니다. 이름은 성품과 능력 등 모든 것을 포함합니다. 오늘도 하나님의 이름을 찬양하는 하루가 되어야겠습니다.

기도 _ 찬양 받으실 하나님, 우리의 생활 가운데서 찬양하게 하시되 몸과 마음을 다해 주의 이름을 높이는 마음으로 찬양하게 하옵소서.

188. 찬양 받으시기에 합당하신 하나님

본문 시 118:1-29 / **찬송** 31장 / **요절** 시 118:29

"여호와께 감사하라 그는 선하시며 그의 인자하심이 영원함이로다"

하나님은 능력이 많으신 분이십니다. 그의 능력은 무한합니다. 시편 114편은 하나님의 능력을 찬양하는 내용입니다. 하나님은 홀로 찬양을 받으실 창조주이십니다. 하나님의 구속을 찬양하고, 하나님의 진리를 찬양하고, 하나님의 긍휼하심을 찬양해야 합니다.

시편 113-118편은 유월절 축제 때 독실한 유대인들에 의해 해마다 불렸습니다. 그래서 이 시편들을 유월절 시편이라고도 합니다. 113-114편은 유월절 전에, 115-118편은 유월절 식사 후에 불렀습니다. 마가복음 14:26에 예수님이 찬미하며 감람산으로 가셨을 때(유월절 성만찬 후) 그때 부른 것이 113편이 아닐까 생각해 봅니다.

특히 118편은 "그 인자하심이 영원함이로다"는 찬양 가사가(1, 2, 3, 4, 29) 5번씩이나 반복됩니다. 이 시편은 마틴 루터가 가장 좋아하는 시였습니다. 그는 "나는 성경의 모든 말씀을 사랑한다. 그 중에 특히 이 시는 내 마음에 가장 친근하고 애착이 가는 시" 라고 했습니다.

내 편이 되신 하나님, 그 하나님은 인자하신 하나님이시오, 그 인자로 나를 인도하시고 도우시기에 그 어떤 어려움도 두려움도 이길 수 있습니다. 오늘도 하나님께 감사와 찬양을 돌립시다.

기도 _ 하나님, 인자하신 하나님이 나의 하나님 되심을 믿고, 변치않는 주님의 사랑에 감사드리며, 감사하고 찬양케 하옵소서.

189. 하나님의 말씀을 사랑합시다

본문 시 119:1-16 / **찬송** 575장 / **요절** 시 119:9

"청년이 무엇으로 그의 행실을 깨끗하게 하리이까 주의 말씀만 지킬 따름이니이다"

성경에서 가장 많은 곳이 시편이고, 가장 긴 장이 119장입니다. 시편 119편은 하나님 말씀의 다양한 면에 초점을 맞추고 말하고 있습니다. 176절이라는 많은 구절 중에 한 구절도 중요하지 않은 구절이 없습니다.

시편 1편이 복 있는 자에 대해 말씀하면서 그 복 있는 자는 주의 율법을 항상 묵상하는 사람이라고 했습니다. 그리고 119편에서는 모든 자연과 율법에 나타난 하나님의 말씀에 대해 서술하고 있습니다. 119편은 1편과 19편을 확장하여 더 구체적이고 세밀하게, 하나님의 말씀의 능력과 완전함을 실감있게 증거하고 있습니다. 이 시는 알파벳 순으로 22자의 순서에 따라 8번이나 쓰여 진 알파벳 시편입니다.

하나님의 말씀은 지켜야 할 법이며, 나누어야 할 증거이며, 행해야 할 율례, 선포해야 할 약속, 따라야 할 길, 듣고 순종해야 할 계명입니다. 그러므로 하나님의 말씀을 너무 너무 사랑했던 것입니다. 이 시는 마카비시대에 옥중에서 쓰여 졌다는 주장도 있고, 다윗의 시가 아니겠는가 하는 자도 있고, 에스라가 쓴 것이라 주장도 합니다만 작가는 미상입니다. 그러나 하나님의 말씀의 가치와 중요성을 강조하고 나타낸 것입니다.

하나님의 말씀은 ① 전심으로 찾아야 됩니다. ② 마음에 두어야 합니다. ③ 선포해야 합니다. ④ 즐거워해야 합니다. ⑤ 잊지 않아야 합니다. ⑥ 주의 깊게 묵상해야 합니다. ⑦ 마음이 상하기까지 사랑해야 합니다.

이러한 말씀을 사랑하고 실천하는 올바른 신앙인이 되어야 하겠습니다.

기도 _ 하나님, 생활 속에서 하나님의 말씀을 늘 묵상하며, 기억하여 그 말씀에 순종하는 자가 되게 하옵소서.

190. 의로운 자에 대한 축복
본문 시 128:1-5 / 찬송 28장 / 요절 시 128:3

"네 집 안방에 있는 네 아내는 결실한 포도나무 같으며 네 식탁에 둘러 앉은 자식들은 어린 감람나무 같으리로다"

시편 120편부터 135편까지는 모두 '성전에 올라가는 노래' 혹은 '순례자의 노래'입니다. 이스라엘 백성들이 예루살렘으로 절기를 지키기 위해 올라갈 때 불리어졌던 것 같습니다.

120, 122편은 평강을 간절히 소원하는 내용입니다. 121, 125, 127편은 하나님의 도우심을 노래한 내용입니다. 123, 124, 126편은 하나님의 도우심과 준비하심을 노래한 것입니다. 역사학자들이 말하기를 지난 3,500년 동안에 인간 역사는 전쟁 없이 산 기간은 300년 밖에 없었다고 합니다. 3,500년 동안 8천개 이상의 조약이 맺어졌다고 합니다.

예루살렘은 평화의 성입니다. 그러나 평화가 거의 없었던 성이 예루살렘입니다. 그래서 시편 122:6에 보면 "예루살렘을 위하여 평안을 구하라"고 했습니다. 시편 128편은 의로운 자에 대한 축복의 내용입니다. 특히 여호와를 경외하는 가정생활에 내리는 복을 구체적으로 나타내고 있습니다. 시편 129편은 악한 자에 대한 심판의 내용과는 아주 대조적입니다.

오늘처럼 혼란한 시대에 일한 만큼 정당한 보수가 주어지지 않을 때 세상의 질서는 무너지기 시작하는 것입니다. 수고한 대로 먹는 노동의 대가는 하나님의 축복입니다. 하나님을 경외하는 자가 복된 자 이며 하나님의 도우심으로 늘 승리할 것입니다.

하나님을 경외치 않는 자는 지붕의 풀처럼 쉽게 자라는 것 같지만 뿌리가 없어 곧 말라 버리게 됩니다. 악인의 계획은 무너집니다. 그 힘은 쇠잔해지고, 그 존재는 파멸됩니다. 우리는 여호와를 경외하는 복된 자가 된 것을 감사해야 합니다.

기도 _ 하나님, 부족한 저희를 복된 자로 삼아주셔서 감사합니다. 하나님을 경외하며, 그 도에 따라 행하는 자가 되게 하여 주옵소서.

191. 거룩한 기다림과 갈망

본문 시 130:1-8 / **찬송** 309장 / **요절** 시 130:6

"파수꾼이 아침을 기다림보다 내 영혼이 주를 더 기다리나니 참으로 파수꾼이 아침을 기다림보다 더하도다"

영적인 갈망은 은혜 받는 길입니다. 영적인 거룩한 갈망은 하나님을 사모하는 것입니다. 하나님의 말씀을 사모하는 것입니다. "여호와여 내가 깊은 데서 주께 부르짖었나이다" 거룩한 갈망을 나타내고 있고, 주님께 간구하는 장면입니다.

시편 6, 32, 38, 51, 102, 143편 그리고 130편을 참회의 시라고 합니다. 사죄에 대한 확신을 가지고 하나님께 부르짖는 내용입니다. 시편의 대부분이 개인적인 구원 요청과 부르짖음이 이스라엘 전체를 위한 구원 요청과 부르짖음으로 나갑니다. 시인은 인간의 유일한 소망, 이스라엘의 소망은 전적으로 하나님의 인자하심에 있다는 사실을 강조합니다. 그러니까 그 하나님을 늘 바라고, 기다리고, 소망한다는 것입니다. 시인의 기다림을 '아침을 기다리는 파수꾼'에 비유하고 있습니다. '기다리다'는 말을 반복하므로 영적인 갈망을 표현하고 있습니다.

주님을 사모하는 자는 주님이 은혜를 주시고, 주님을 기다리는 자에게는 만나주십니다. 우리의 육적인 갈망이 영적인 갈망으로, 세속적인 갈망이 거룩한 갈망으로 바꾸어져야 합니다. 주님은 부르짖는 자를 구원하시는 살아계신 하나님이십니다.

기도 _ 하나님, 오늘도 우리의 눈과 마음이 주님께로만 향하게 하옵소서

192. 할렐루야 여호와를 찬양하라

본문 시 135:1-21 / **찬송** 34장 / **요절** 시 135:3

"여호와를 찬송하라 여호와는 선하시며 그의 이름이 아름다우니 그의 이름을 찬양하라"

시편 131편은 겸손의 노래이며, 132, 134편은 하나님의 처소(성소)에 대한 노래입니다. 133편은 하나님의 백성과의 동거를 노래한 것입니다. 본문 135편은 할렐루야로 시작하여 할렐루야로 끝나는 시입니다. 여기에서 아주 강조하는 것 두 가지가 있는데, 첫째는 하나님을 다른 신들과 감히 비교할 수 없는 분이시라는 것입니다. 둘째는 하나님께서 이스라엘을 택하시고 큰 일을 행하셨다는 사실을 찬양하는 내용입니다. 여호와의 종이 여호와의 이름을 할렐루야로 찬양합니다.

시편 135편은 찬양이고, 136편은 감사입니다. 일반적인 은총을 감사하고 특별한 은총 즉 구원으로의 인도에 대한 감사가 있습니다. 사실 구원 받은 성도들이 하나님께 영광 돌리는 방법은 구원에 대한 찬양과 감사뿐입니다. 예배와 모든 헌신과 삶이 찬양과 감사 이어야 합니다.

시편 135편은 ① 하나님 자신과 그분의 사역에 대한 찬양이고 ② 자기 자신에 대한 찬양입니다. ③ 다른 사람에 대한 찬양입니다.

우리는 우리를 구원해 주신 하나님을 찬양하는 생활이 이루어져야 할 것입니다.

기도 _ 하나님, 오늘도 언제나 하나님의 이름과 인자하심을 찬양하고 감사하게 하옵소서.

193. 여호와여 응답하소서

본문 시 143:1-12 / 찬송 364장 / 요절 시 143:1

"여호와를 찬송하라 여호와는 선하시며 그의 이름이 아름다우니 그의* 이름을 찬양하라"

시편 137편은 과거에 대한 회상입니다. 바벨론 포로생활의 애환을 나타내고 있습니다. 138편은 다윗의 감사와 찬양이고, 139편은 전지전능하신 주님을 나타내는 신앙고백과 자신을 다 아시는 주님께서 인도해 달라는 기도입니다.

140편은 악인에게서 보호하여 달라는 간구, 140, 142편은 하나님이 확실한 피난처 되시기에 보호해 주실 것을, 141편은 믿을 만한 친구 되심을, 143편은 기도를 들어 주시는 자가 되기를, 144편은 강한 팔이 되심을, 145편은 긍휼하신 왕이 되심을 믿고 구하는 내용입니다. 138-145편까지는 모두 다윗의 시입니다.

하나님의 응답이 인간의 소망입니다. 체험적 신앙의 소유자인 시인은 구원을 바라는 참회의 기도를 하면서도 확신에 차 있습니다. 그리고 자신의 비참한 현실을 그대로 드러내고 있습니다.

우리가 어려움에 처했을 때 빨리 취해야 할 태도는 하나님의 자비를 구하는 것입니다. 그리고 이전에 받은 은총을 생각하며 감사하고 응답의 확신을 가져야 합니다. 또한 전적으로 주님께 매달려야 합니다. 그렇게 하기 위해 어려움을 주시는 것입니다.

본문의 시인은 어려움에 처한 중에도 하나님이 자기 하나님임을 강조합니다. 억압받는 영혼의 부르짖음, 구원을 위한 탄원 즉 '나를 구원하소서, 나를 가르치소서, 나를 인도하소서, 나를 소생시키소서' 라고 부르짖습니다. 주님의 손에 달린 자신의 인생을 나타냅니다.

우리도 우리의 모든 것이 주님의 손에 달렸다는 사실을 믿고 고백하며 기도하는 삶을 살아야 할 것입니다.

기도 _ 구원의 하나님, 저의 모든 삶을 책임져 주심을 믿고 감사드립니다.

194. 찬양의 축복

본문 시 150:1-6 / **찬송** 482장 / **요절** 시 150:2

"그의 능하신 행동을 찬양하며 그의 지극히 위대하심을 따라 찬양할지어다"

시편 마지막 부분은 모두 찬양입니다. '그를 찬양할지어다'로 시작해서 '여호와를 찬양할지어다'로 끝을 맺습니다.

복 있는 자로 시작되는 시편은 복있는 자의 삶은 찬양이라는 사실로 끝이 납니다. 하나님은 찬양받으시기를 원하십니다. 하나님은 오늘도 내일도 찬양받으시기에 합당하신 분이십니다. 특히 148편은 150편과 함께 '찬양할지어다'는 말이 13번이나 반복됩니다.

호흡이 있는 자마다 찬양해야 됩니다. 찬양은 진심으로 우러나와야 됩니다. 그리고 받으시는 대상이 하나님이십니다. 하나님은 아니 계시는 곳이 없으십니다. 그러므로 어디서나 찬양해야 합니다. 우리가 할 수 있는 최고의 자세나 도구를 가지고서라도 찬양해야 합니다. 원래 음악은 하나님을 찬양하기 위해 만든 것입니다. 그런데 사탄이 이것을 악용하여 타락의 도구로 사용했습니다. 우리들에게 있어서 음악은 하나님을 찬양하는 수단이 되어야 할 것입니다. 특히 큰 기쁨을 가지고 찬양해야 합니다. 찬양은 예배의 순서가 아니라 신앙생활의 본질적 요소입니다. 삶의 한 부분이 아니라 전체이어야 합니다. 우리는 피조물로서 창조주 하나님을 찬양해야 합니다. 그는 우리의 창조자시요 구원자시요 심판자이시기 때문입니다.

기도 _ 찬양받으시기에 합당하신 하나님, 주님을 온전히 찬양하는 삶을 살며 삶 자체가 곧 찬양이 될 수 있도록 도와주옵소서.

195. 여호와를 경외하라

본문 잠 1:1-33 / **찬송** 204장 / **요절** 잠 1:7

"여호와를 경외하는 것이 지식의 근본이거늘 미련한 자는 지혜와 훈계를 멸시하느니라"

잠언의 대부분은 솔로몬이 지은 것을 수집한 것입니다. 주전 970-931년 사이에 쓰여 진 것으로 추정합니다. 잠언 1:2-4은 기록 목적입니다. 인간의 가장 고상한 지식은 하나님이 원하시며 기뻐하시는 삶이 무엇인지를 깨달아 구체적이고 실제적인 생활의 지침을 마련할 수 있게 하는 것입니다.

본서의 핵심 단어라고 할 수 있는 지혜(호크사, 위즈덤)는 ① 하나님의 기본 속성을 나타내고 ② 피조세계 가운데 계시된 속성으로서의 지혜와 ③ 인생에게 전달된 것으로서의 지혜입니다.

하나님을 경외하는 것이 지혜의 근본이라는 사실이 본서의 요절입니다. 어리석은 자는 지혜와 훈계를 멸시하고 결국은 패망합니다. 그러나 지혜자는 여호와를 경외합니다. 악을 좇지 않는 것이 지혜입니다. 지혜는 참 생명에 이르게 합니다.

잠언에는 지혜란 말과 대동소이한 훈계와 명철도 많이 나옵니다. 지혜는 실제적인 삶의 지혜입니다. 훈계는 훈련에 의한 가르침을 뜻합니다. 명철은 선악에 대한 분별력입니다. 하나님은 전지하시며, 하나님은 창조주이시며, 질서의 하나님이심을 알고 그분만 경외해야 합니다. 하나님은 인간의 모든 행동을 심판하시기 때문에 온전한 지혜는 재앙을 면하게 해 줍니다. 즉 망할 일, 벌 받을 일을 하지 않는다는 것입니다.

여호와를 경외하는 자가 가장 지혜로운 자 입니다. 우리의 삶의 전 영역에서 항상 하나님을 경외하며 그를 즐거워하는 참된 신앙의 삶을 사시기 바랍니다.

기도 _ 지혜의 근본이신 하나님, 하나님을 알게 하시고, 경외할 수 있는 지혜를 주시니 감사합니다. 하나님을 경외하는 삶을 통해 영광 돌리게 하옵소서.

196. 지혜를 얻으라

본문 잠 4:1-27 / **찬송** 516장 / **요절** 잠 4:12

"내가 지혜로운 길을 네게 가르쳤으며 정직한 길로 너를 인도하였은즉 다닐 때에 네 걸음이 곤고하지 아니하겠고 달려갈 때에 실족하지 아니하리라"

잠언은 'Marshal'이란 말인데 그 뜻은 속담이란 말입니다. 그러나 속담보다는 더 넓은 의미를 가지고 있습니다. 속담에는 삶에 대한 실제적인 통찰력과 보편타당한 진리가 있습니다. 에스겔 16:44에 "무릇 속담하는 자가 네게 대하여 속담하기를 어미가 어떠하면 딸도 그렇다 하리라" 하는 내용이 있습니다. 우리말에도 '부전자전'(不傳子傳)이란 말이 있고, '윗물이 맑아야 아랫물이 맑다'는 말이 있습니다. 우리에게 교훈을 주는 속담입니다.

고고학자들에 의해 발굴된 고대의 속담들 가운데는 잠언의 내용과 유사한 내용들이 많다고 합니다. 잠언 첫 부분에는 도(way) 또는 길(path)이란 단어가 많이 반복되어 나옵니다. 그리고 주로 마음과 말에 대한 교훈이 많이 있습니다. 삶의 전 영역을 다루고 있으며, 위험에 대한 경고와 해학적 요소가 있습니다.

잠언서의 내용과 다섯 번째 계명부터 계명의 내용과 같은 의미들이 많이 나옵니다. 우리가 명심할 것은 잠언서는 윤리나 도덕의 교훈만을 주는 책이 아닙니다. 지혜는 삶이 무엇인지를 가르쳐 주며 구원의 길을 보여 줍니다.

죄 많은 세상에 경건한 생활을 하기란 그리 쉽지 않습니다. 그러나 경건한 생활을 해야 하나님을 기쁘시게 하며, 세상에 빛과 소금이 될 수 있습니다. 1장은 서론 겸 지혜의 시작입니다. 2장은 지혜의 가치, 3장은 지혜의 상급입니다. 4장에서는 지혜를 얻어야 된다는 사실을 강조합니다. 의인의 길과 악인의 길을 비교하면서 의인의 길을 따라 지혜로운 자가 될 것을 권면합니다.

지혜를 얻어 말씀에 순종할 때 생명의 해가 길어지고, 실족하지 않게 되고, 생명을 얻으리라고 했습니다.

기도 _ 하나님, 세상에 어떠한 지식보다 주님의 말씀이 귀하다는 것을 깨닫게 하시니 감사합니다. 주님이 주시는 지혜로 세상에 빛과 소금의 역할을 다하는 그리스도인이 되게 하소서.

197. 어리석음을 버리고 생명을 얻어라

본문 잠 9:1-18 / **찬송** 521장 / **요절** 잠 9:6

"어리석음을 버리고 생명을 얻으라 명철의 길을 행하라 하느니라"

시편이 성전에서 예배를 드리기 위한 것이라면, 잠언은 일상생활에 관한 것입니다. 시편은 우리가 기도하고 경배하는데 도움을 주는 내용이고, 잠언은 기도를 마친 후에 어떻게 살 것인가 하는 방법을 가르쳐 주는 말씀입니다.

5-7장은 세상의 죄악들에 대해 언급했습니다. 부도덕과 간음을 주로 다루고 있습니다. 8-9장은 지혜의 덕목에 대해 말합니다. 근신과 지혜의 초청에 대해서 말하고 있습니다. 지혜로운 자는 징계를 달게 받으며, 책망하는 자를 사랑합니다. 그래서 더욱 지혜로워지고, 학식이 더하여 지고, 장수하고, 더 많은 유익을 얻는다고 했습니다. 그러나 거만한 자, 즉 어리석은 자는 징계하는 자를 능욕하고, 책망하는 자의 흠을 잡고 대적하므로 그 결과 스스로 해를 당하게 됩니다.

항상 지혜의 초청이 있는가 하면 미련한 계집의 초청이 있습니다. 지혜는 항상 생명의 길을 제시하나 미련은 항상 유혹합니다. '도적질한 물이 달고, 몰래 먹는 떡이 맛있다'고 미혹합니다. 이는 제 8계명에 어긋나는 것입니다. 미련을 따라 가면 멸망합니다.

우리는 항상 조심하고, 근신하며, 어리석음을 버리고 생명을 얻어야 될 것입니다. 나는 징계를 달게 받습니까? 그렇다면 지혜로운 자입니다. 책망하는 자를 사랑합니까? 그렇다면 지혜로운 자입니다. 우리는 지혜자의 삶을 누릴 수 있도록 노력해야 합니다.

기도 _ 하나님, 우리에게 더욱더 지혜를 주셔서 어리석음을 버릴 수 있는 용단을 주옵소서.

198. 슬기로운 자와 미련한 자

본문 잠 14:1-35 / **찬송** 381장 / **요절** 잠 14:2

"정직하게 행하는 자는 여호와를 경외하여도 패역하게 행하는 자는 여호와를 경멸하느니라"

10장은 지혜로운 자와 어리석은 자를 대조하고 있습니다. 10:1-20:16까지는 잠언의 제 2부입니다. 그리고 한 절 한 절 끝나는 짧은 문장들입니다. 11-13장은 의인과 악인을 대조하며 우리의 일상생활에 관계되는 사건들을 언급하고 있습니다.

미련한 자, 즉 악인은 패역하게 행하며 지혜와 훈계를 멸시하고(1:7, 25, 30:9), 하나님을 멸시하며(시 10:3, 13), 복음을 멸시하고(마 7:6, 행 13:41), 하나님의 권위를 시시하게 생각하며(벧후 2:10), 자기 이웃을 멸시하고(11:12, 눅 18:9), 가난한 자를 멸시하며(31, 17:5), 하나님의 선지자와 그 말씀을 멸시합니다(대하 36:16).

그러나 지혜로운 자는 종일토록 주를 찬양하며 주의 의를 선포하며(시 35:28), 지혜와 공의를 말하며(시 37:30), 주의 말씀을 노래합니다(시 119:172). 웃음을 가득히 담고 찬양하며(시 126:2), 지혜와 인애의 법을 말하며(31:26), 예수 그리스도를 주라 시인하여 하나님께 영광을 돌립니다(빌 2:11).

미련한 자는 죄를 가볍게 여깁니다. 어리석은 자는 속히 혈기를 부릅니다. 즉 혈기를 절제하지 못합니다. 그러나 슬기로운 자는 가난한 자를 구제하며 마음을 지킵니다. 하나님의 나라는 지혜로운 자가 들어갑니다.

기도 _ 하나님, 예수 그리스도를 주라 시인하며, 정직을 행하는 지혜로운 자의 삶을 살게 하옵소서.

199. 의인과 악인의 언어생활 차이

본문 잠 15:1-33 / **찬송** 455장 / **요절** 잠 15:2

"지혜 있는 자의 혀는 지식을 선히 베풀고 미련한 자의 입은 미련한 것을 쏟느니라"

언어는 그 사람의 마음의 표현이요, 인격입니다. 잠언 10-15장까지는 대조법을 사용하여 의인과 악인의 생활과 성격을 비교하고 있습니다. 특히 15장은 전체가 언어생활의 차이를 집중적으로 다루고 있습니다.

의인은 유순한 대답으로 분노를 그치게 합니다. 그러나 악인은 과격한 말로 노를 격동케 합니다.

의인은 지식을 선히 베풀지만 악인은 미련한 것을 쏟습니다.

의인은 생명나무 같지만 악인은 마음을 상하게 합니다.

의인은 지식을 전파하나 악인은 마음의 정함이 없습니다.

의인은 지식을 요구하나 악인은 미련한 것을 즐깁니다.

의인은 노하기를 더디하여 시비를 그치게 하지만 악인은 분을 쉽게 내어 다툼을 일으킵니다.

의인은 모사가 많아 경영을 성립시키나 악인은 의논이 없어서 경영을 파합니다.

의인은 그 입의 대답으로 기쁨을 얻고 때에 맞는 말을 합니다.

의인은 선한 일, 정결한 말을 합니다. 악인은 여호와께서 미워하시는 악한 꾀를 부립니다.

의인은 대답할 말을 깊이 생각하나 악인은 악을 쏟아 놓습니다.

의인은 하나님이 들으시는 기도를 합니다. 즉 의인의 기도는 하나님이 들으십니다. 그러나 악인은 하나님이 멀리 하십니다.

하나님은 마음을 감찰하시고 사람의 마음과 심령을 감찰하십니다. 자기 백성의 일거수일투족, 고난, 죄악, 원통한 것 등 모든 것을 감찰하십니다. 그러므로 항상 하나님 중심, 성경 중심, 교회 중심으로 살아야 할 것입니다. 우리의 삶과 입술이 우리 자신이 존재하는 증거입니다. 따라서 항상 생명의 말씀을 듣고 지켜야 할 것입니다.

기도 _ 하나님, 나의 입술의 모든 말과 마음의 묵상이 주께 열납되기를 원합니다.

200. 성실히 살자

본문 잠 19:1-29 / **찬송** 330장 / **요절** 잠 19:8

"지혜를 얻는 자는 자기 영혼을 사랑하고 명철을 지키는 자는 복을 얻느니라"

잠언 16장에는 모든 일을 주관하시는 하나님께서 교만을 가장 미워하신다는 것이 나타나 있으며, 특히 하나님의 주권, 전지, 예정, 공의, 지혜, 사랑이 기록되어 있습니다. 17장에는 참된 친구는 멀리 있는 형제보다 낫다는 말씀이고, 18장은 미련한 자의 입술은 상처를 주는 말을 한다는 것입니다. 즉 혀의 권세에 대해 언급합니다.

19장에는 아주 중요한 말씀이 있습니다. 가난할지라도 성실하게 살자는 것입니다. 죄와 수치와 오염에서 떠나 사는 것이 이 세상에서 부자가 되는 것보다 더 바람직한 일입니다. 재물보다 먼저 의로움을 구해야 합니다. 타인의 허물을 과장하지 말고, 자신의 마음의 죄악성을 발견하고 회개해야 합니다. 우리에게는 그 누구도 죄인을 향하여 돌을 던질 의인이 없습니다. 예수님 한 분 외에는 의인이 없습니다.

우리는 여호와를 경외하는 용서받은 의인일 뿐입니다. 의인으로 인정해주는 의인입니다. 여호와를 경외하는 자는 생명을 얻고, 죄악으로부터 구원 받습니다. 심판은 멸시하는 자와 어리석은 자의 것입니다. 그러므로 우리는 권세를 누리고 못 누리고, 명예를 얻고 못 얻고, 부자가 되고 가난하게 되는 것이 중요한 것이 아니라 하나님의 자녀로서 성실하게 살고 못사는 것이 그 중요함을 가르게 됩니다.

기도 _ 하나님, 현재에 부딪히는 연단과 역경에 굴하지 않고, 참고 견딘 후에 있을 승리의 영광을 기다리며 성실하게 살게 하옵소서.

201. 음주에 대한 경고

본문 잠 20:1-30 / **찬송** 454장 / **요절** 잠 20:15

"세상에 금도 있고 진주도 많거니와 지혜로운 입술이 더욱 귀한 보배니라"

술을 마시는 것은 하나님이 원하시는 것이 아닙니다. 20장은 술에 대한 내용이 나옵니다. 잠언은 정직과 거짓에 대해 다루고 있는 내용이 3분의 1을 차지합니다.

음주는 사람을 가난하게 만듭니다(잠 23:20, 21).
음주는 해를 당하게 됩니다(잠 23:31-35)
음주는 강포하게 만듭니다(잠 4:17).
음주는 판단력을 흐리게 합니다(잠 31:4, 5, 사 28:7).
음주는 의식을 잃게 만듭니다(창 19:30-35).
음주는 화를 불러일으킵니다(사 5:11).
음주는 마음을 빼앗아 갑니다(호 4:11).
음주는 병을 낫습니다(호 7:5).
음주는 사람을 비틀거리게 하고(시 60:3), 향락에 빠지게 합니다(사 22:7).

일반적으로 술을 마시는 자는 게으른 자들입니다. 향락산업은 부지런한 사회에서는 뿌리를 내리지 못합니다. 게으른 자는 잠자기를 좋아하고 일용할 양식을 위해 일하는 것도 싫어합니다. 게으른 자는 부질없는 핑계가 많습니다.

오늘날 우리는 음주로 인해 가정파괴, 국가파괴의 위험에 접근해 있습니다. 술 때문에 역기능 가정이 얼마나 많습니까? 우리는 건강을 해치고, 정신을 흐리게 하는 음주를 멀리해야 합니다.

기도 _ 하나님, 주님을 향한 믿음을 더욱더 굳건히 세워 타락하고 죄로 물든 세상에 미혹되지 않도록 지켜주옵소서.

202. 인간관계에 대한 교훈
본문 잠 25:1-28 / 찬송 220장 / 요절 잠 25:12

"슬기로운 자의 책망은 청종하는 귀에 금 고리와 정금 장식이니라"

악인의 형통은 죄라고 했습니다(잠 21장). 진리는 지혜자의 말씀입니다(잠 22장). 그러므로 지혜자의 말씀을 들어야 합니다. 겸손과 여호와를 경외함의 보응은 재물과, 영광과 생명이라고 했습니다(잠 22:4).

자녀에 대한 부모의 의무는 진리 안에서 양육하고 가르치는 것입니다(잠 22:6). 부모는 자녀를 훈계해야 할 의무가 있습니다(잠 23장). 그리고 자녀는 부모를 즐겁게 해야 됩니다. 악인의 형통을 부러워하지 말 것은 하나님께서 미워하시기 때문입니다(잠 24:1). 우리는 하나님 중심, 말씀 중심의 생활을 해야 됩니다.

25-29장까지도 역시 솔로몬의 잠언입니다. 그런데 남쪽 유다왕 히스기야(B.C. 728-686) 왕의 신하들이 편집한 것으로 나타나 있습니다. 25장은 인간관계에 대한 교훈이 많습니다. 잠언이 인간관계에 대해 중점적으로 다루지만 25장은 더 많이 언급되어 있습니다. 인간관계에 중요한 것은 말, 즉 언어입니다. 인간관계에 있어서 교만은 악입니다. 하나님은 교만한 자를 친히 낮추겠다고 말씀하셨습니다.

관원과의 관계에는 오래 인내하라고 했습니다. 과식을 하지 말아야 하고, 이웃집에 자주 다니지 말아야 합니다. 이웃에 대해 거짓 증거하지 말고, 환난 때에 거짓된 자를 의뢰하지 말아야 합니다. 특히 아첨하는 말을 삼가고, 악인의 박해에 굴복하지 말아야 합니다. 자기 영예를 구하는 것은 어리석은 일입니다.

8-15절은 절제 있는 언어생활을 해야 할 것을 말합니다. 특히 자기 견제(self-restraint)는 대인관계에서 아주 중요합니다. 16-28절은 합당한 행위를 해야 대인관계가 원만해짐을 언급하는 내용입니다.

원수에게도 친절을 베풀도록 노력하고, 참소하는 말은 금해야 합니다. 우리는 하나님 안에서 바른 인간관계를 이루어 성도로서의 올바른 삶을 영위해야 할 것입니다.

기도 _ 하나님, 생각과 언행을 절제하여 구별되게 하여서 지혜로운 자로 인정받게 하옵소서.

203. 내일 일을 자랑하지 말라

본문 잠 27:1-27 / **찬송** 370장 / **요절** 잠 27:1

"너는 내일 일을 자랑하지 말라 하루 동안에 무슨 일이 일어날는지 네가 알 수 없음이니라"

잠언 26장에는 인간에 대한 도덕적 종교적 교훈이 기록되어 있습니다. 미련한 자, 게으른 자, 간섭자, 속이는 자, 다투는 자, 위선자 등에 대한 특성과 그들에 대한 경계와 교훈입니다. 27장은 인간 자신의 올바른 처신에 대해서 말씀합니다. 특히 인간은 내일 일을 자랑하지 말라는 것입니다. 인간의 생명은 짧기 때문에 우리의 지식은 제한됩니다. 사람은 장래 일을 모릅니다. 자기의 시기를 모릅니다. 그래서 다가오는 불행을 예견치 못합니다.

인간은 만사를 성취하시는 하나님의 일을 알지 못합니다(전 11:5).

인간은 주님이 언제 재림하실 지도 모르며, 인간은 내일 일을 알지 못합니다(약 4:14).

우리는 우리 자신의 연약을 인식할 때 하나님을 전적 의지하게 됩니다. 우리의 자랑은 아무것도 없습니다. 우리는 다만 하나님을 높이고 자랑해야 합니다. 자기 자랑은 무지요, 무신론 사상입니다. 인간의 무지로 하나님을 알지 못하고, 성경을 깨닫지 못합니다. 그러므로 여호와를 찾는 자는 모든 것을 다 깨닫게 됩니다. 우리는 내일 일을 자랑하지 말고 하나님을 자랑해야 합니다.

기도 _ 하나님, 우리는 무지하고 연약합니다. 모든 것을 하나님께 맡기고 의지하며 살고자 합니다. 인도하여 주시옵소서.

204. 의인의 보편적 특성

본문 잠 29:1-27 / **찬송** 516장 / **요절** 잠 29:26

"주권자에게 은혜를 구하는 자가 많으나 사람의 일의 작정은 여호와께로 말미암느니라"

잠언은 보편적으로 세 가지 기법으로 표현하고 있습니다. 즉 연속적 진술(continual statement), 대조적 진술(antithetical statement), 조건적 진술(conditional statement) 입니다.

29장은 의인의 일반적 특성을 논합니다. 의인이 많아지면 백성이 즐거워 하게 되고, 의인은 아비를 즐겁게 하고, 의인은 나라를 견고케 하며(잠 14:34, 16:12, 20:8, 26), 의인은 가난한 자를 돌봅니다. 또한 의인은 타인을 자극하지 아니하며, 하나님의 말씀을 준수하고 언어생활에 있어서 신중합니다(잠 17:19, 20).

의인은 겸손하여 영예를 얻습니다.

의인은 하나님을 의지합니다.

의인은 일의 작정을 하나님의 말씀에 둡니다.

의인은 악인에게는 인기가 없습니다.

의인은 하나님만 두려워합니다. 철저한 신본주의 생활입니다.

내 마음의 삶이 바로 의인인 증거가 되고 악인인 증거도 됩니다. 우리의 삶도 본문에 제시된 의인의 삶처럼 하나님 중심의 삶을 살아야 할 것입니다.

기도 _ 하나님, 우리의 가슴에 하나님 사랑으로 가득 채워 주시고, 하나님의 말씀대로 사는 것이 우리의 삶의 목표가 되게 하옵소서.

205. 아굴의 두 가지 소원

본문 잠 30:1-33 / **찬송** 326장 / **요절** 잠 30:8

"곧 헛된 것과 거짓말을 내게서 멀리 하옵시며 나를 가난하게도 마옵시고 부하게도 마옵시고 오직 필요한 양식으로 나를 먹이시옵소서"

아굴의 잠언이라고 명시되어 있는 30장은, 1절에 나오는 아굴이나 이디엘, 우갈이 언제 어디서 살았는지 잘 알려지지 않은 인물입니다. 아굴은 겸손한 사람입니다. 그러면서 하나님을 아는 자였습니다. 그는 순전한 신앙의 소유자이며, 하나님의 말씀을 완전하다고 믿고 있는 자입니다.

7-9절에 보면 아굴의 두 가지 소원이 있습니다.

첫째는, 허탄과 거짓말을 하지 않는 자가 되는 것입니다. 소원의 차원이 높습니다. 거짓은 마귀의 본심입니다. 거짓말이 인간의 불행과 하나님과 인간, 인간과 인간관계에 파괴를 가지고 왔습니다. 거짓말 하지 않는 진실한 자가 되게해 달라고 기도해야 합니다.

둘째로, 아굴의 소원은 필요한 양식으로 만족하는 자가 되게 해달라는 것입니다. 이것은 일용할 양식을 구하는 주기도문과 같습니다.

요즈음과 같은 물질 만능주의, 세속주의, 탐욕주의 세상에서 살아가는 현대인들에게 커다란 교훈입니다. 재물 축적의 유혹을 극복하는 것은 정상적인 신본주의 신앙에서 나온 사상입니다. 욕심이 잉태하면 죄를 낳습니다.

주신 축복에 만족하며 감사하면서 허탄하고 거짓된 곳에 마음을 빼앗기지 않는 삶을 살아야 하겠습니다.

기도 _ 하나님, 아굴처럼 허탄과 거짓을 멀리하며, 진실되고 신실한 그리스도인의 삶을 살게 하옵소서.

206. 누가 현숙한 여인이냐

본문 잠 31:1-31 / **찬송** 288장 / **요절** 잠 31:30

"고운 것도 거짓되고 아름다운 것도 헛되나 오직 여호와를 경외하는 여자는 칭찬을 받을 것이라"

르무엘의 잠언인 31장은 르무엘이 누구인지 나타나 있지 않습니다. 사무엘의 별명이라는 해석도 있으나, 확실한 근거는 없습니다. 최근에 아름다움을 돈으로 사는 일이 벌어져 국제적인 창피를 당한 일이 있습니다. 수년 동안 미스코리아 선발대회에서 돈봉투가 오고 갔다는 것입니다.

오늘 성경은 정다운 여성의 모습과 역할에 관해 말하고 있습니다.

첫째로, 부지런한 여성입니다. 현숙한 여인은 진주와 같다고 했습니다. 이것은 가치가 높고, 흔하지 않다는 의미입니다. 현숙한 여인은 흔하지 않습니다. 가정에서 부지런합니다. 그리고 일을 즐거워합니다. 땀 흘리는 것을 싫어하지 않습니다. 땀 흘리지 않으면 건강상으로도 해롭습니다. 일찍 일어납니다. 유익한 일을 하며, 얻은 수입으로 궁핍한 자를 돕습니다.

둘째로는, 현숙한 여인은 여호와를 경외합니다. 아무리 부지런해도 신앙이 없으면 현숙한 여인이 아닙니다. 남편을 잘 보필하므로 동리의 유지가 됩니다. 즉 존경받는 장로가 된다는 것입니다.

1-23까지는 젊었을 때의 모습이지만, 24-31까지는 노년의 모습입니다. 30절에 "고운 것도 거짓되고 아름다운 것도 헛되나 오직 여호와를 경외하는 자는 칭찬을 받으리라"고 있습니다. 여인에 대한 남편의 칭찬입니다. 신앙생활을 잘 한다는 증거입니다.

성경적으로 보는 인간의 가치는 신앙과 인격입니다. 학벌이나 집안의 배경을 보지 않습니다. 여기 여인은 지상 교회를 상징하기도 합니다. 현숙한 인생이 되어야 할 것입니다.

기도 _ 하나님, 마음과 삶에 진정으로 하나님을 모시고 거짓되지 않는 삶을 살므로 현숙한 자라고 칭찬받게 하옵소서.

207. 해 아래서는 다 헛된 것입니다.

본문 전 1:1-18 / **찬송** 488장 / **요절** 전 1:14

"내가 해 아래에서 행하는 모든 일을 보았노라 보라 모두 다 헛되어 바람을 잡으려는 것이로다"

욥기, 시편, 잠언, 전도서, 아가서는 시가서에 속합니다. 이것을 경험서라고 합니다. 모두 하나님의 영감으로 기록되었지만, 시가서는 각자들의 구체적인 경험에서 우러나온 기도, 찬양, 고백, 교훈입니다.

전도서는 인간의 온갖 희로애락을 경험한 자가 그의 인생의 황혼기에 젊은 시절을 회고하면서 기록한 것으로 교훈을 주는 메시지입니다. 결론은 '하나님 중심으로 살라. 믿음으로 살아라'는 것입니다. 그것이 최고의 복임을 강조합니다. 전도서는 모인 회중에게 종교적 진리를 전달하는 전도자, 성직자 또는 설교자라는 의미입니다. 일반적으로 전도서는 솔로몬이 저자인 줄로 알고 있습니다. 왜냐하면 1장 1절에 "다윗의 아들 예루살렘의 왕 전도다" 라는 말이 솔로몬임을 알 수 있기 때문입니다. 그리고 저자는 다른 사람들보다 탁월한 지혜와 명예를 지녔고, 온갖 부귀와 향락을 누린 자로 소개 됩니다. 그는 부귀와 향락에 빠져 하나님보다 세상에 취했을 때, 삶의 깊은 허무를 체험하고 다시 회개하여 인생의 바른 길을 깨닫고 말년에 권고적 교훈을 썼습니다.

기록 목적은 이미 언급했습니다만 이 세상은 "헛되고 헛되니 하나님을 경외하고 그 명령을 지켜라"고 권고하고 있습니다. 하나님 중심인 인생관, 세계관을 가지고 살아야 합니다. 인간의 이성과 철학은 한계가 있습니다. 신앙인은 삶의 올바른 도리를 알아야 합니다.

본서에는 '해 아래서'가 29번, '헛되도다'는 말이 37번, '땅 위에서'란 말이 7번이나 반복 기록되어 있습니다. 인간은 하나님의 인도에서 떠나면 모든 것이 헛되다는 사실을 깨달아야 합니다.

기도 _ 하나님, 이 세상 모든 것이 주님 주권 안에 있음을 깨닫게 하시며, 하나님을 떠난 모든 것이 헛된 것임을 알게 하소서.

208. 범사에는 때와 기한이 있습니다

본문 전 3:1-22 / **찬송** 523장 / **요절** 전 3:1

"범사에 기한이 있고 천하만사가 다 때가 있나니"

전도서의 내용은 1-2장에서는 주로 인간 업적의 헛됨을 말합니다. 3-6장은 인간 소유의 헛됨을, 7-10장은 인간 죽음의 헛됨을, 11-12장은 인간의 헛됨에 대한 해답입니다. 그러므로 '하나님의 음성을 들으라'로 시작해서 '하나님을 경외하라'로 끝이 납니다.

1-2장에서 의미 없는 노력에 대해 헛됨을 말하고, 3장에서는 의미 있는 시간들에 대해 말합니다. 우리가 인생을 바로 이해한다는 것은 그리 쉽지 않습니다. 세속적인 수고가 아무런 유익을 줄 수 없다는 사실을 깨달아야 합니다. 쾌락의 열매는 허무란 사실을 알아야 합니다. 세속주의 인생 자체가 죄의 종노릇입니다. 이 땅의 지혜도 상대적인 것이지 절대적인 것이 아닙니다. 그것이 구원을 주는 것은 아닙니다. 자기중심, 물질중심은 만족을 주지 못합니다. 다행히 사람에게 세상이 아닌 영원을 사모하는 마음을 주셨습니다. 이것은 하나님의 은혜요, 인간의 특권입니다.

그러므로 인간은 때를 잘 포착해야 합니다. 인생의 때, 사물의 때, 종말의 때를 잘 알아 늦기 전에 하나님을 경외해야 합니다. 하나님은 때를 따라 섭리하십니다. 사람은 하나님의 피조물이라는 사실을 인식하고 하나님을 의지할 때 참된 행복을 맛볼 수 있습니다.

하나님께서 하시는 일은 모든 것이 완전하며 영원합니다. "보라 지금은 은혜 받을 때요 지금은 구원의 날이로다"

기도 _ 하나님, 우리는 지금이라는 시간에 충실하게 하시고 주어진 기회를 선용하여 하나님께 영광을 돌리고 복을 받게 하옵소서.

209. 하나님을 떠난 모든 것이 헛되도다

본문 전 11:1-10 / **찬송** 574장 / **요절** 전 11:9

"돌들을 떠내는 자는 그로 말미암아 상할 것이요 나무들을 쪼개는 자는 그로 말미암아 위험을 당하리라"

전도서는 인생문제에 대해서 주로 말하고 있습니다. 그런데 인생의 문제에만 관심을 집중시켰지 설명은 하지 않았습니다. 그는 인생의 모습, 그리고 인생의 형태와 삶의 복잡함을 말하고 있습니다. 깊이 탐구할수록 그가 내리는 결론은 하나님을 경외하고 살아야 된다는 것입니다. 인간의 마땅한 부분은 하나님을 경외하는 것이라는 것입니다. 인간의 의미 있는 삶, 영원한 삶, 풍성한 삶은 오직 하나님을 믿고, 그 아들 예수 그리스도를 영접할 때만 가능합니다.

하나님을 떠난 모든 것은 헛됩니다. 차라리 나지 않는 것이 더 복될지 모릅니다(전 4:1-3). 재물도 헛되고, 지식도 헛되고, 강한 욕망도 하나님을 떠난 자에게는 다 헛된 것입니다. 참 지혜는 하나님을 깨닫는 것임을 전도자는 말합니다.

장래를 준비하는 자가 지혜로운 자입니다. 욕심 없이 남을 도와주며 사는 자가 지혜로운 자입니다. 하나님을 의지하고 열심히 일하는 자가 지혜로운 자입니다. 청년기에도 하나님을 두려워하는 마음으로 살아야 합니다. 전도서 12:1, 13은 전도서의 결론입니다. 인생의 본분은 하나님 중심으로 사는 생활입니다.

모든 사람은 죽고, 죽음 뒤에는 심판이 있다는 사실을 명심해야 할 것입니다. 인간의 한계를 분명히 깨닫고, 경건한 삶, 즉 하나님을 경외하는 삶을 살아야 할 것입니다.

기도 _ 우리의 소망되신 하나님, 하나님만이 우리의 믿을 바요, 의지할 바요, 인생의 본분임을 다시 한 번 깨닫게 하시니 감사합니다.

210. 노래중의 노래
본문 아 1:1-17 / **찬송** 89장 / **요절** 아 1:4

"왕이 나를 그의 방으로 이끌어 들이시니 너는 나를 인도하라 우리가 너를 따라 달려가리라 우리가 너로 말미암아 기뻐하며 즐거워하니 네 사랑이 포도주보다 더 진함이라 처녀들이 너를 사랑함이 마땅하니라"

아가서는 사랑의 찬가입니다. 솔로몬의 1천개 이상의 노래 중(왕상 4:32) '노래 중의 노래'입니다. 이 아가서는 피조세계 중에서 가장 아름다운 것들은 다루고 있습니다. 즉 사랑의 행복과 고통, 사랑과 결혼이 아가서의 핵심 내용입니다.

아가서에 대한 3가지 해석이 있습니다.

첫째는 이스라엘을 향한 하나님의 풍부한 사랑을 나타내고 둘째는 하나님의 신부인 교회를 향한 하나님의 사랑을 셋째는 솔로몬의 결혼 생활을 보여주는 한 편의 드라마(왕상 11:3)라는 것입니다.

1-3장은 사랑에 빠지는 장면이고, 4장은 사랑으로 하나가 되는 장면이며, 5장은 사랑 안에서의 갈등을 보여주고 있습니다. 6-8장은 성숙해지는 사랑의 내용입니다.

하나님이 인간에게 주신 제도가 결혼(가정)과 교회입니다. 아가서는 그리스도와 교회 사이의 거룩한 사랑의 연합을 나타내고 있습니다. 사랑과 행복과 만남의 노래는 천국의 요소요, 구원받은 백성들의 삶의 내용이며 질입니다.

죄는 성생활에서 파괴적인 흔적은 남긴 부분이 많지만 하나님은 생육하고 번성하라는 축복과 함께 사는 행복을 원하셨던 것입니다. 그래서 첫사랑과의 기쁨과(전 1:1-3:5), 생활의 기쁨(전 3:6-5:1)을 주셨습니다. 사랑의 성숙(전 5:2-8:18)은 영원한 천국의 완전한 사랑을 묘사한 것입니다.

우리는 예수 그리스도와 만남의 기쁨과 영원한 기쁨, 성숙된 교제의 기쁨과 감사가 있어야 될 줄 압니다. 예수를 발견하고 그에게 고백하고 성숙된 행위로 주님과 영적인 교제가 계속 이루어져야 합니다.

기도 _ 사랑의 하나님, 우리를 사랑해 주심을 감사합니다. 더욱더 하나님을 사랑하는 우리가 되게 하시고 하나님께 사랑받기에 충분한 몸과 마음을 갖출 수 있도록 인도하옵소서.

211. 나의 사랑, 나의 신부야

본문 아 4:1-16 / **찬송** 88장 / **요절** 아 4:7

"나의 사랑 너는 어여쁘고 아무 흠이 없구나"

신랑 되신 예수와 함께 사는 거듭난 자의 삶은 독사의 굴이 아닙니다. 구속받은 자들의 삶은 더 이상 비참한 흔적과 절망의 추억을 되씹고 사는 삶이 아닌 것입니다. 예수님께서 옛 뱀 즉 큰 뱀을 물리치시고, 그 머리를 치심으로 우리의 비참함과 슬픔을 정복하셨습니다. 그러므로 성도의 가정생활도 이성 그 이상의 것입니다. 복종하거나 이용하는 관계가 아닙니다. 교회생활 역시 율법의 무거운 짐이 아닙니다. 사랑의 공동체요, 즐거운 봉사입니다.

예수님은 신랑의 매력을 다 가지신 분이십니다. 찾고 찾던 분이십니다. 그분이 신부되는 교회를 사랑하시고 부르고 계십니다. 성도는 예수님 눈에 더 없는 매력적인 존재입니다. 그래서 죽기까지 우리를 사랑하신 것입니다. 평생의 동반자로 사랑하십니다. 연인으로 대우하십니다. 종으로, 죄인으로 대우하지 않습니다.

종이란 말은 우리 스스로의 헌신의 표시이고 감격의 표시이지 예수님이 그렇게 생각하는 것이 아닙니다. 자신에 대한 가치 발견, 이것은 오로지 주님이 우리를 사랑하고 계신다는 사실을 깨달을 때 알 수 있는 것입니다. 주님이 나를 사랑하신다는 확신 속에서 오늘도 사탄의 이간에 속지 맙시다. 사탄은 우리의 영적인 감각을 둔하고 하고, 귀를 어둡게, 눈을 흐리게 해서 주님의 사랑을 느끼지 못하게 합니다.

주님의 사랑을 가슴에 품고 오늘도 살아가며 그리스도의 향기가 되는 삶을 살아야 하겠습니다.

기도 _ 하나님, 죄인 된 저희를 주님의 신부로 삼아주시고, 사랑하여 주심을 감사합니다. 주님의 사랑 속에 참 기쁨을 누리며 살아가게 하옵소서.

212. 성숙된 사랑

본문 아 7:1-13 / **찬송** 220장 / **요절** 아 7:12

"우리가 일찍이 일어나서 포도원으로 가서 포도 움이 돋았는지, 꽃술이 퍼졌는지, 석류 꽃이 피었는지 보자 거기에서 내가 내 사랑을 네게 주리라"

5장의 내용에서 결혼 초기에 밀어 닥친 시련은 성도의 신앙생활에서 시험으로 생각해 볼 수 있습니다. 이기심이나 게으름, 떨어져 있으면 사랑의 갈등이 오게 됩니다. 그것은 주님이 변한 것이 아니라, 내가 오해하고 내게 문제가 있어서 그런 것입니다.

그러나 6장에서 첫사랑이 회복됩니다. 성도는 늘 회개와 기도, 말씀으로 회복하는 복을 받아야 됩니다. 원인을 깨닫고 원인을 제거할 때 첫사랑은 회복되는 것입니다. 우리는 주님 앞에 존귀하고도 사랑스러운 존재입니다.

7장에서는 성숙된 사랑이 나옵니다. 12절에 "내가 나의 사랑을 네게 주리라" 진정한 사랑은 받기를 기다리는 것이 아니라, 먼저 주는 행위입니다.

사랑하는 자에게 사랑을 주는 것이 진정한 사랑입니다. 이것은 적극적인 사랑입니다. 기다리지 않습니다. 성숙된 사랑은 순결합니다. 변하지 않습니다. 성숙된 사랑이 성숙된 신앙인 것입니다.

기도 _ 사랑의 하나님, 죄악 속에 헤매는 저희를 불러 주님의 신부 삼아 주시고 진실한 사랑을 주심을 감사합니다. 그 사랑을 서로 나누며 사는 참된 그리스도인이 되게 하옵소서.

213. 죽음보다 강한 사랑

본문 아 8:1-14 / **찬송** 143장 / **요절** 아 8:6

"너는 나를 도장 같이 마음에 품고 도장 같이 팔에 두라 사랑은 죽음 같이 강하고 질투는 스올 같이 잔인하며 불길 같이 일어나니 그 기세가 여호와의 불과 같으니라"

사랑에는 힘이 있습니다. 8:6-7에 보면 "사랑은 죽음보다 강하고… 이 사랑은 많은 물이 꺼치지 못하겠고 홍수라도 엄몰하지 못하나니 사람이 그 온 가산을 다 주고 사랑과 바꾸려 할지라도 오히려 멸시를 받으리라"고 했습니다. 성숙한 사랑이 얼마나 위대한가를 나타내고 있습니다.

사랑의 삶을 향기로운 석류즙으로 비유했습니다. 신부는 변하지 않는 사랑을 노래하고 있습니다. 사랑은 힘이 있음을 노래합니다. 그리고 열렬한 사랑은 홍수나 바닷물로도 끌 수 없음을 노래하고 있습니다.

사도 바울이 예수 그리스도의 사랑을 죽음이나 칼 그 어떤 것으로도 끊을 수 없다고 노래한 것과 같습니다. 성숙한 사랑은 모든 것을 이기고 견딥니다. 그 어떤 것과도 바꿀 수 없습니다. 사랑의 중요성은 아무리 강조해도 부족합니다. 인간은 사랑을 먹고 사는 존재입니다. 사랑은 마음의 병을 치료하고, 사회의 문제를 해결하고, 생명의 가치를 나타냅니다. 우리의 사랑은 날마다 성숙해져야 하겠고, 사랑의 성숙이 신앙의 성숙임을 알아야겠습니다.

기도 _ 하나님, 주님을 향한 뜨거운 사랑을 갖게 하시며, 세상에 어떠한 위험이 와도 그 사랑을 포기하지 않도록 힘과 용기를 주옵소서.

예언서

대선지서

이사야
예레미야
예레미야애가
에스겔
다니엘

소선지서

호세아
요엘
아모스
오바댜
요나
미가
나훔
하박국
스바냐
학개
스가랴
말라기

214. 주께서 말씀하시다

본문 사 1:1-31 / 찬송 187장 / 요절 사 1:18

"여호와께서 말씀하시되 오라 우리가 서로 변론하자 너희의 죄가 주홍 같을지라도 눈과 같이 희어질 것이요 진홍 같이 붉을지라도 양털 같이 희게 되리라"

이사야는 철저한 복음주의적 예언자입니다. 이사야부터 말라기까지 17권의 예언서가 있는데, 모든 예언의 핵심은 '하나님의 나라' 입니다. 이사야는 아모스의 아들입니다. 그 이름의 뜻은 '여호와는 위대하시다'는 뜻입니다.

그는 아모스 호세아, 미가와 동시대 사람이며, B.C. 740년경에 사역을 시작했습니다. 그때가 웃시야 왕이 죽던 해입니다. 그는 주로 예루살렘에서 활동했습니다. 그는 히스기야 왕 앞에 큰 영향을 행사했던 것으로 보입니다.

이사야서는 하나님의 심판과 구원을 펼쳐 보여주는 예언입니다. 하나님은 당신의 백성이라도 잘못하면 심판하십니다. 그리고 그 심판 중에서도 긍휼히 여기시고 구원과 자비를 베풀어 주시는 분이십니다. 1:1-39:8까지는 주로 책망입니다. 40:1-66:24까지는 위로의 말씀입니다. 전반부 39장까지는 구약 39권과 장수가 같고 후반부 27장은 신약의 권수와 같습니다.

이사야 선지자는 1장 1절에 "하늘이여 들으라 땅이여 귀를 기울이라 주께서 말씀하시는도다" 즉 자신이 전파하는 메시지가 하나님의 것임을 선언하고 있습니다. 우리는 언제나 성경을 자신의 감정에 삽입하려 해서는 안 됩니다. 하나님의 대언자 역할은 진실해야 하고, 하나님의 성령에 절대 복종하여 주시는 말씀만 선포해야 합니다.

유다 왕국의 위기가 닥쳐왔습니다. 그 당시 그 나라는 사회적, 정치적, 영적으로 침체되고 부패한 가운데 있었습니다. 10절에 보면 유다를 소돔이라고 했습니다. '소돔 같다'고 할 때는 부패와 멸망 직전을 상징하는 것입니다.

과거 폼페이나 히로시마의 공통점은 모두 역사적인 재앙을 맞이한 곳입니다. 폼페이는 베스비우스 화산 폭발로 파괴되었고 히로시마는 2차 대전 중 원자폭탄으로 파괴되었습니다. 소돔은 하늘에서 유황불이 내려왔습니다. 소돔은 부패와 타락이 극치에 달했습니다. 오늘날 우리가 사는 이 땅이 소돔과 같지는 않은지 하나님의 경고의 음성을 들어야 합니다.

기도 _ 하나님, 타락하고 썩어져가는 세상을 변화시켜 주옵시고, 그 속에서 믿는 자로서 세상을 구원하는 일에 동참할 수 있도록 도와주옵소서.

215. 입이 거룩해져라

본문 사 6:1-13 / **찬송** 499장 / **요절** 사 6:8

"내가 또 주의 목소리를 들으니 주께서 이르시되 내가 누구를 보내며 누가 우리를 위하여 갈꼬 하시니 그 때에 내가 이르되 내가 여기 있나이다 나를 보내소서 하였더니"

1장은 유다에 대한 책망이고, 2장은 예루살렘에 대한 예언인데, 메시아의 도래를 예언하고 있습니다. 3장은 유다에 대한 심판을 예고하고, 4장은 바벨론 침략으로 남자들이 거의 죽고 없어 가정과 성적인 혼란이 왔으며, 남은 자들에게는 회복의 약속이 있습니다. 5장은 포도원의 노래가 있습니다.

오늘 본문은 이사야가 소명 받는 장면입니다. 이사야는 하나님의 말씀을 선포할 선지자로 부름 받았습니다. 하나님께서 처음하신 일이 이사야의 입술을 하늘의 화저로 태워 버리고 새로운 입술로 변화시키셨습니다. 이는 입술이 변하지 않고는 선지자로서 선포의 사명을 할 수 없음을 말합니다. 선지자는 하나님의 말씀에 생명을 걸고 전파해야 되기 때문에 입이 거룩해져야 합니다.

이사야는 하나님을 발견하고 자기를 발견합니다. 입술이 부정한 자신을 발견했습니다. 자기 발견 후 사명을 발견했습니다. 그리고 유다의 징계와 구원을 깨닫게 되었습니다.

역사적으로 바벨론군이 유다를 침략하여 모든 유력한 자들이 포로로 잡혀 가겠지만, 유다 땅에는 '거룩한 씨가 이 땅에 그루터기로 남아 있을 것'을 가르쳐 주셨습니다. '거룩한 씨'는 하나님 말씀으로 중생한 성도입니다. 아무리 환난의 바람이 불어도 참 신자는 끝까지 믿음을 지킵니다.

이 시대는 입술이 거룩한 자의 외침이 필요합니다. 끝까지 믿음을 지키는 '거룩한 씨'가 보존되도록 외쳐야 합니다.

기도 _ 하나님, 먼저 자신을 발견함에 힘쓰며, 이를 통해 하나님께서 나에게 주시는 뜻이 무엇인가 발견할 수 있도록 도와주옵소서.

216. 징계와 메시아야의 오실 약속

본문 사 9:1-21 / 찬송 138장 / 요절 사 9:6

"이는 한 아기가 우리에게 났고 한 아들을 우리에게 주신 바 되었는데 그의 어깨에는 정사를 메었고 그의 이름은 기묘자라, 모사라, 전능하신 하나님이라, 영존하시는 아버지라, 평강의 왕이라 할 것임이라"

　이사야의 예언 역시 다른 선지자와 마찬가지로 모세의 율법과 깊은 관련을 맺습니다. 불순종에 대한 경고들을 강하게 선포합니다. 7장은 임마누엘의 약속이 있는 중요한 장입니다. 7장 14절에 "그러므로 주께서 친히 징조로 너희에게 주실 것이라 보라 처녀가 잉태하여 아들을 낳을 것이요 그 이름을 임마누엘이라 하리라"고 합니다. 하나님은 징계를 하시면서도 '자신'을 의지하라고 촉구하십니다. 죄의 결과는 징계입니다. 사마리아가 앗수르에 의하여 멸망할 것이며 유다는 큰 혼란에 빠질 것을 선포합니다. 8장1-4절에 '마헬살랄하스바스'란 말은 '노략이 임박해졌다'는 의미입니다. 9장 역시 메시아의 오심으로 임할 축복에 대한 예언입니다. 진노 중에서도 하나님의 열심은 이루어지고야 맙니다. 9장 6, 7절에는 메시아에 대한 여러 가지 명칭이 소개되어 있습니다.

　기묘자(wonderful)는 인간성을 초월하신 기이하신 분, 곧 메시아의 신성을 가리킵니다. 그의 사랑, 생애, 대속적 죽음, 부활, 승천 등은 모두가 그 깊이를 측량할 수 없습니다.

　모사(counsellor)란 지혜의 신으로서 우리의 상담자시오, 우리를 훈계하시는 분으로서의 메시아를 나타냅니다.

　전능하신 하나님은 능력이 한이 없으신 하나님, 불가능이 없으신 하나님을 나타냅니다.

　영존하시는 하나님은 힘이 있을 뿐 아니라 영원히 불변하고, 지속하는 인자하신 아버지의 사랑을 가지고 계시는 분으로서 영존하시는 아버지와 하나이심을 나타냅니다.

　평강의 왕이란 죄인을 하나님과 화목케 하는 중보자이심을 보여주며, 그의 나라를 세우시고 왕으로서 다스릴 것인데 평강이 그의 특징이 될 것을 말합니다. 메시아가 다스릴 나라는 지혜와 사랑과 전능하심으로 다스릴 것이며, 공평과 정의가 그 나라의 특징이며, 또한 영원한 나라입니다. 하나님은 죄를 심판하시되 하나님의 사랑의 언약은 그대로 이루어지고야 마는 것입니다.

기도 _ 하나님, 메시아가 다스리실 영원한 나라를 대망하며 성별된 삶을 살도록 인도하옵소서.

217. 이스라엘에 대한 끊임없는 자비

본문 사 14:1-32 / **찬송** 300장 / **요절** 사 14:1

"여호와께서 야곱을 긍휼히 여기시며 이스라엘을 다시 택하여 그들의 땅에 두시리니 나그네 된 자가 야곱 족속과 연합하여 그들에게 예속될 것이며"

하나님은 앗수르를 몽둥이로 사용하셨습니다. 그러나 야곱의 남은 자를 보호하시고 돌아오게 하실 것을 예언했습니다. 11장은 온통 메시아에 대한 예언으로 가득 차 있습니다. 메시아의 강림과 통치, 그의 왕국의 특징 그 특징은 평화의 나라이며, 메시아 왕국의 백성들은 남은 자, 열방, 이스라엘의 쫓긴 자, 유다의 흩어진 자들입니다.

이스라엘 구원의 날이 얼마나 복된 날인가를 암시해 주는 내용이 12장에 나오는데 특히, 12:3에 보면 구원의 우물에서 물을 길으라고 했습니다. 앗수르뿐 아니라 바벨론, 모압도 멸망할 것을 예언했습니다. 뿐만 아니라 애굽에 대해서도 경고합니다.

14장에는 바벨론, 앗수르, 블레셋에 대한 멸망을 예언했습니다. 또한 이방 나라의 멸망도 예언했습니다. 바벨론은 울음바다가 되고 사람은 정금보다 더 귀하게 찾기 힘들 것임을 말했습니다. 그래서 들짐승들이 판을 치게 될 것이라는 것입니다. 그래도 이스라엘은 회복된다는 약속입니다. 죄악으로 인하여 이방 나라에 의해 멸망했지만 하나님의 자비로 남은 자들을 통해 약속은 성취되어 갈 것이라는 말씀입니다.

하나님은 무섭고도 좋으신 분이십니다. 죄는 미워하시되 사람은 사랑하신다는 말씀이 실감납니다. 그리고 택하신 백성을 끝까지 붙들고 계심을 알 수 있습니다. 혹시 하나님의 사랑을 의심한 적은 없습니까? 하나님이 미워하시는 것은 나의 죄이지 나 자신이 아님을 알아야 합니다.

기도 _ 하나님, 하나님의 끊임없는 자비에 감사와 찬송을 드리며 하나님 보시기에 아름다운 삶을 살아가도록 도와주옵소서.

218. 회개해야 될 때에 도리어 방탕함

본문 사 22:12-14 / **찬송** 311장 / **요절** 사 22:2

"소란하며 떠들던 성, 즐거워하던 고을이여 너의 죽임을 당한 자들은 칼에 죽은 것도 아니요 전쟁에 사망한 것도 아니라"

하나님께서는 모압이 하룻밤에 망하여 죄인들이 도망가고 도망한 곳까지 재앙이 내릴 것이며 통곡의 바다가 되리라고 경고했습니다(15-16장). 이는 모압의 교만 때문이고, 이 일이 3년 이내에 이루어질 것이라 했습니다(17장). 애굽 역시 마찬가지입니다(18-19장). 이사야는 애굽과 구스가 앗수르에게 포로되어 수치를 당할 것을 예표하여 삼년 동안 벗은 몸과 벗은 발로 다녔습니다(20:2-3). 이것은 하나님의 명령에 의한 것으로 선지자 이사야는 순종했습니다. 선지자의 길은 오직 순종입니다.

하나님이 환난을 주신 까닭은 머리털을 뜯으며, 굵은 베를 띠고 애통하며 회개하라는 것입니다. 그러나 유다 백성들은 회개하지 않고 오히려 내일 죽을 것이니 죽기 전에 포도주를 많이 마시고 소와 양을 잡아먹으며 방탕하자고 했습니다. 회개해야 할 때에 이와 같이 방탕하는 것은 더 큰 죄악입니다. 하나님을 계속 거역하는 자는 죄사함을 받을 길이 없고 죽고 망하는 길밖에 없습니다. 사람이 망하려고 하면 자꾸 망하는 쪽으로 행동을 하게 됩니다.

환난이 올 때 정신을 차리는 사람이 있는가 하면, 취하고 자포자기하고 방황하는 사람들이 있습니다. 우리는 유다 백성들처럼 미련하고 어리석은 행동을 하지 말고, 영적인 감각이 밝은 자들이 되어야 할 것입니다.

기도 _ 하나님, 죄악 길에서 유다 백성들처럼 어리석게 방황하지 않고 오히려 주님을 바라며 더욱더 의지하는 믿음의 사람이 되게 하옵소서.

219. 포도원 지기와 포도원
본문 사 27:1-13 / **찬송** 180장 / **요절** 사 27:3

"나 여호와는 포도원지기가 됨이여 때때로 물을 주며 밤낮으로 간수하여 아무든지 이를 해치지 못하게 하리로다"

예언서는 항상 네 가지 영역에 대하여 예언을 합니다.

첫째는 선지자 자신이 처한 현실에 대해 하나님의 계시를 전달합니다. 그러니까 미래에 관한 것이라기보다는 말씀 그대로를 전하는 예언입니다. 하나님의 섭리 하에서 현재 일어나고 있는 사건들에 관해서 예언을 합니다.

둘째로 유다의 바벨로 포로에 대해서 예언을 했습니다. 오직 하나님만이 이 사건이 언제 일어날 것을 알고 계십니다. 그러나 이사야는 이들의 운명에 대해 말했습니다.

셋째는 예수 그리스도의 오심에 대하여 예언을 합니다. 예수님의 초림과 재림을 동시에 예언합니다.

넷째로 역사의 마지막에 일어날 사건들을 계시하고 있습니다. 그리스도가 평화의 왕으로 통치하실 것과 세계 곳곳에 흩어져 있는 이스라엘 백성들이 다시 함께 모일 것을 예언했습니다. 그리고 새 하늘과 새 땅에 대해서도 예언했습니다.

23장은 유다땅 해변 북쪽에 있는 두로에 관한 경고이고 24장은 여러 나라들에 대한 땅의 심판을 예언했습니다. 25장은 24장과 정반대로 심판의 두려움이 아니라 하나님을 찬양하는 내용입니다. 이것은 하나님의 심판의 양면성을 나타내고 있습니다. 하나님의 심판을 두려워하는 무리와 찬양하는 무리가 있습니다. 26장 역시 구원받은 백성의 찬양입니다. 찬송은 주로 하나님의 보호에 대한 내용입니다.

하나님은 포도원 지기가 포도원을 지키듯 자기 백성들은 정성으로 보살펴 주십니다. 때때로 물을 주어 성장시키듯 자라게 하시는 하나님이십니다. 밤낮으로 간수하심으로 늘 안전하게 지켜주십니다. 신앙생활은 독불장군이 아니라, 하나님의 인도와 보호가 있어야 합니다. 이것을 은혜라고 합니다.

기도 _ 하나님, 항상 보살펴주시는 주의 은혜를 감사드리며 포도 열매를 주렁주렁 맺어 주인을 기쁘게 해드릴 수 있도록 하옵소서.

220. 오실 왕을 기다림

본문 사 32:1-20 / 찬송 17장 / 요절 사 32:1

"보라 장차 한 왕이 공의로 통치할 것이요 방백들이 정의로 다스릴 것이며"

하나님께서는 선지자를 통해서 술에 취한 자들과 선지자의 말을 무시하는 자를 엄히 책망하고 징벌하셨습니다(사 28:1-3). 에브라임 사람들은 교만하고 술에 빠진 자들이었습니다. 28:16에 '한 돌을 시온에 둔다'는 것은 장차 메시아가 오실 것을 예언한 것입니다.

유다의 죄악 때문에 예루살렘은 고난을 당할 것입니다. 그러나 하나님은 끝까지 자기 백성을 보호하시고, 예루살렘을 공격하던 원수들을 징벌하시겠다고 약속하셨습니다(29장). 30장 역시 유다의 범죄에도 불구하고 변함이 없으시고 끝까지 사랑하시는 하나님의 사랑이 나타납니다.

반역하는 이스라엘 백성을 향하여 하나님의 징계의 심판을 외치는 것은 유쾌한 일이 아닙니다. 그러나 장차 오실 왕이 계심을 선포하는 일은 정말 소망의 메시지요, 희망의 계시입니다. 그 분이 오시면 평화를 맛볼 것입니다. 포로 된 자들이 자유를 누릴 것입니다. 고난당하는 자들에게 공의를 베풀 것입니다. 하늘과 땅을 심판하실 것입니다.

장차 도래할 메시아의 왕국, 그것이 바로 하나님 백성의 소망이며 구원 성취의 계기입니다. 그는 시대의 영원한 왕이십니다. 만왕의 왕이시기에 한 분 뿐인 왕이십니다. 우리는 예언대로 오셨고, 계획대로 부활하시고, 많은 사람들이 보는 가운데 다시 오실 것을 약속하시고 승천하신 예수님을 기다리며 오늘의 불의와 시련을 극복하는 승리의 삶을 살아야 할 것입니다.

세상 것을 의지하지 말고, 주님을 바라보며 믿음으로 살아야 될 것입니다.

기도 _ 하나님, 장차 오실 주님을 기다릴 때에 이 세상의 것에 마음 빼앗기지 않고, 오직 주님을 바라보게 하옵소서.

221. 전심으로 드리는 기도는 기적이 나타난다.

본문 사 38:1-22 / **찬송** 545장 / **요절** 사 38:5

"너는 가서 히스기야에게 이르기를 네 조상 다윗의 하나님 여호와께서 이같이 말씀하시기를 내가 네 기도를 들었고 네 눈물을 보았노라 내가 네 수한에 십오 년을 더하고"

여호와를 경외하는 것이 보배입니다. 하나님을 모르는 앗수르는 심판을 면치 못할 것입니다. 세상은 심판을 받지만 하나님의 교회는 영광이 있습니다. 하나님의 말씀은 그대로 성취되기 때문입니다. 심판 뒤에는 기쁨이 있고, 폭풍 뒤에는 노래가 있습니다.

36-39장까지는 역사적인 사건을 다루고 있습니다. 히스기야 왕 14년이라는 연대로 시작합니다. 앗수르의 침략, 이사야의 훈계, 히스기야의 병, 바벨론에 대한 소개 등이 있습니다. 크게 두 가지 주요 사건이 있습니다.

앗수르가 유다를 침략한 사건입니다. 그리고 히스기야의 생명을 위협한 심각한 병입니다. 하나님의 도우심으로 185,000명의 군대들이 천사들의 손에 의해 죽는 기적이 일어났습니다. 그리고 히스기야의 기도는 생명을 15년 연장 받게 했습니다. 히스기야는 죽을병에 걸렸지만 낙망하지 않고 기도했습니다. 그는 세상의 의약이나 사람을 의지하지 않았습니다. 불안이나 초조 속에 낙망하지도 않고, 전심으로 기도했습니다. 무슨 일이든 전심으로 할 때 놀라운 발전이 있듯이 기도 역시 전심으로 할 때 응답이 옵니다.

생명은 주님의 손에 달렸습니다. 험악하고 사악한 세상에서도 우리의 몸과 마음을 진심으로 주께 맡기고 살아간다면 기적의 체험을 많이 하게 될 것입니다.

기도 _ 하나님, 괴로움과 슬픔 있을 때에 하나님을 의지하며, 먼저 주께 아뢸 수 있도록 믿음을 주옵시고 나의 간구와 기도에 응답하여 주옵소서.

222. 내 백성을 위로하라

본문 사 40:1-31 / **찬송** 354장 / **요절** 사 40:31

"오직 여호와를 앙망하는 자는 새 힘을 얻으리니 독수리가 날개치며 올라감 같을 것이요 달음박질하여도 곤비하지 아니하겠고 걸어가도 피곤하지 아니하리로다"

우리는 히스기야의 기도를 통하여 기도의 위력을 또 한 번 실감할 수 있었습니다. 기도는 자만에 빠진 무신론 국가를 멸절시키는 위력도 있습니다. 기도는 절망에 처한 민족을 구원할 위력도 있습니다. 우리는 기도가 하나님으로부터 수명을 연장 받고, 세상에서 축복의 근원이 됨을 알았습니다. 그것뿐 아닙니다. 기도는 사죄와 죄의 무서운 형벌을 면제받게 하는 위력이 있습니다. 그러나 히스기야가 바벨론에게 큰 실수를 했습니다.

나라가 강대해지자 하나님의 은혜인줄 깨닫고 하나님의 위대하심을 만방에 전해야 될 기회인데, 오히려 자신이 잘 다스리고 정치를 잘해서 부강하게 된 것처럼 자기를 드러내었던 것입니다. 이것이 번영의 위험성입니다.

이사야는 책망했습니다(대하 32:25). 왕의 교만으로 장차 유다가 바벨론에 의해 멸망당하게 된다는 것입니다(39장). 그때에 히스기야는 깨닫고 선지자 이사야의 말에 불평하지 않았습니다. 40장에서 하나님의 위로의 음성이 들립니다. 이사야 40장부터 제 2부가 시작됩니다. 제 1부에서는 심판의 메시지가 끊임없이 반복되었습니다. 그러나 제 2부에서는 구원의 주 메시아를 통한 하나님의 구원계획과 위로와 소망이 넘쳐흐르고 있습니다.

하나님은 이사야 선지자에게 내 백성을 위로하라고 했습니다. 하나님이 자기 백성에게 얼마나 관심을 가지시고 사랑하시는가를 보여주고 있습니다. 6-8절은 인생과 하나님의 말씀과의 관계를 비교하는 내용입니다. 인간은 너무나 약하고 순간적인 존재이지만, 하나님의 말씀은 영원하다는 것입니다. 우상은 허무합니다. 하나님만 앙망하면 날마다 새 힘을 얻을 것입니다.

하나님의 위로가 성도의 새 힘입니다. 이 시간도 위로하시는 하나님의 음성을 듣고 만나는 시간이 되기를 바랍니다.

기도 _ 하나님, 독수리가 날개짓하며 올라가듯 늘 우리에게 새 힘을 주시며 마음에 늘 겸손하고 온유한 마음을 가지고 살게 하옵소서.

223. 너는 내 것이라

본문 사 43:1-28 / **찬송** 216장 / **요절** 사 43:1

"야곱아 너를 창조하신 여호와께서 지금 말씀하시느니라 이스라엘아 너를 지으신 이가 말씀하시느니라 너는 두려워하지 말라 내가 너를 구속하였고 내가 너를 지명하여 불렀나니 너는 내 것이라"

고난 뒤에는 항상 위로가 있습니다. 하나님은 고난주시고 때리기를 원하시는 분이 아니십니다. 하나님은 자기 백성의 목자가 되시기에 가르치시고 인도하시는 것입니다(40장). 하나님은 택한 백성을 도우십니다. 진노 뒤에는 가리어졌던 하나님의 사랑이 나타납니다. 하나님은 지렁이 같이 약한 자를 붙드시사 강하게 하십니다(42장).

이사야 41장에 보면, 이스라엘은 여호와의 종이라 했고, 백성들은 하나님의 선민이라고 표현했습니다. 그러나 43장에서는 '너는 내 것이라'고 했습니다. 하나님은 소유주요, 창조주 이십니다. 하나님은 인간을 귀하게 여기시고 사랑하십니다. 그리고 존귀히 여긴다고 했습니다. 인간은 의존적 존재입니다. 하나님을 의지할 때 존재가치가 회복되는 것입니다. 모든 것의 가치는 제자리에 있을 때 발휘되는 것입니다.

하나님의 관심은 자기 백성들에게 있습니다. 범죄하고 실수해도 관심은 자기 백성에게 있습니다. 우리는 하나님의 것이라는 존재의식과 존재가치를 발견해야 될 것입니다.

기도 _ 저희를 너는 내 것이라 칭해주신 하나님, 감사합니다. 하나님의 자녀답게 생활하며 이를 통하여 하나님께 영광 돌리기를 원합니다.

224. 회개하고 돌아오라

본문 사 48:1-22 / **찬송** 527장 / **요절** 사 48:9

"내 이름을 위하여 내가 노하기를 더디 할 것이며 내 영광을 위하여 내가 참고 너를 멸절하지 아니하리라"

하나님은 신실하신 분이십니다. 우상은 거짓입니다. 우상은 복을 줄 수 없지만, 하나님은 자기 백성에게 생수와 복을 주십니다. 우상숭배하는 것만큼 어리석은 일이 없습니다. 그러나 하나님께 돌아오면 다 용서하여 주십니다. 다 도말해 주십니다(44장). 하나님 외에는 참신이 없습니다.

하나님은 고레스를 도구로 사용하여 유대인들을 포로 생활에서 해방시킬 것을 예언하셨습니다. 바벨론의 대표적 우상이 벨과 느보입니다. 벨은 바벨론 수호신이고, 느보도 벨과 같이 바벨론 왕조의 수호신입니다. 하반신이 짐승의 모양으로 만들어졌습니다.

이스라엘 백성들이 바벨론 포로생활을 하게 되므로 거기에 동화되어 우상을 섬기는 일이 생길 것입니다. 그래서 45장에는 여호와만이 참신이고 우상과는 비교도 되지 않는 신임을 강조합니다.

47장은 바벨론 멸망 예고이고, 48장은 택한 백성들에 대한 책망과 약속입니다. 강대국 바벨론은 이스라엘을 연단하는 막대기요 훈련도장입니다. 다른 강대국을 들어 바벨론을 쳐 멸망케 하고 유다 백성은 구원하십니다. 그러나 조건이 있습니다. 회개하라는 것입니다.

회복은 회개를 전제 조건으로 합니다. 유대인이 불의하나 하나님은 바벨론에서 구원하실 것을 약속했습니다. 하나님께서 자기이름을 위하여 유다 백성을 보존하십니다. 유다를 통하여 기어코 하나님의 영광을 나타내실 것입니다. 그것은 장차 오실 예수 그리스도를 통해 구원 사역을 세계 만방에 펼쳐 나갈 것을 예고하신 것입니다.

하나님은 우리를 버릴 수 없기 때문에 끝까지 회개를 권고하십니다.

기도 _ 끝까지 참고 기다리시는 하나님, 저의 죄와 불의를 용서하려 주옵시고, 죄악을 좇아 살지 않도록 도와주옵소서.

225. 그리스도의 고난

본문 사 53:1-12 / **찬송** 303장 / **요절** 사 53:5

"그가 찔림은 우리의 허물 때문이요 그가 상함은 우리의 죄악 때문이라 그가 징계를 받으므로 우리는 평화를 누리고 그가 채찍에 맞으므로 우리는 나음을 받았도다"

사 42:1-9, 49, 50, 53장을 'servant songs'(종의 노래)라고 합니다. 여호와의 종은 예수 그리스도를 나타냅니다. 여호와의 종은 하나님의 영광을 나타내는 사명이 있습니다. 여호와의 종은 순종으로 승리하게 됩니다.

순종의 절정은 고난입니다. 사람들에게 멸시받는 고난, 우리의 죄와 고난과 징벌을 담당하신 대속의 고난, 죽을 곳으로 끌려가서 희생하신 고난은 예수 그리스도의 고난의 절정입니다. 본문은 고난의 모양, 고난의 실상, 고난의 이유, 고난에 임하는 자세, 고난의 결과에 대해서 말씀하고 있습니다. 예수 그리스도의 고난으로 구원계획을 이루셨습니다.

예수 그리스도는 많은 사람의 죄를 친히 담당하셨습니다. 그래서 죄인을 의롭게 하셨습니다. 예수 그리스도는 고난으로 사망의 권세를 정복하셨습니다. 그러므로 누구든지 그를 믿으면 구원받고 부활의 영광에 참여하게 됩니다.

십자가 고난은 죽은 고난이 아니라, 사는 고난이며 영광의 고난입니다. 기독교는 고난의 종교입니다. 그러나 부활이 있는 종교이지 고난으로 끝이 나는 1차원의 종교는 아닙니다. 우리는 주님의 고난을 생각하고 감사하며, 내 몫의 십자가를 내가 지고 주님의 발자취를 따라가야 할 것입니다.

기도 _ 사랑의 주님, 주님의 희생의 고난으로 새 생명을 얻게 된 우리들, 우리도 우리에게 주어진 사명을 위해 땀과 눈물과 피를 흘리게 하여 주시옵소서.

237

226. 하나님의 초청

본문 사 55:1-13 / 찬송 526장 / 요절 사 55:6

"너희는 여호와를 만날 만한 때에 찾으라 가까이 계실 때에 그를 부르라"

예수 그리스도의 고난의 십자가 은혜를 깨닫고 그 은혜를 입은 자는 감격과 찬양이 생활 가운데 넘치게 됩니다. 그래서 53장에 이어 54장 1절에 '노래할지어다' 라고 했습니다. 우리에게 노래를 부를 수 있도록 노래에 생명을 불어넣을 수 있는 분은 예수 그리스도 뿐입니다. 우상 숭배자는 그 어떤 찬양도 있을 수 없습니다.

43, 54, 55장은 모두 서로 연결이 되는 내용입니다. 우리에게 필요한 것은 믿음입니다. 주님의 약속을 믿는 믿음입니다. 하나님은 구원으로 인도하는 초청을 우리에게 하시고 계십니다. 목마른 인생들을 향하여 값없이 최고의 값싼 것을 제공하시면서 초청하십니다. 이것이 하나님의 은혜입니다. 구원의 초청에 응하는 자는 그 영혼이 살아날 것인데, 이것은 영원히 변치않는 하나님의 약속입니다.

하나님께서는 처음 아브라함과 언약을 세우셨고(창 12:1-3, 15:1-21, 17:1-14) 모세와(출 2:24-25, 33:1) 다윗에게도(삼하 7:12-16) 반복하여 언약을 세우셨습니다.

다윗의 자손으로 이 땅에 오실 예수 그리스도가 인생의 모든 문제를 해결하고, 구원으로 인도하여 줄 확실한 구세주 이십니다. 이것은 우리에게 주시는 복된 언약이고 기회입니다. 이 초청의 기회를 놓치지 말아야 되는 것입니다. 본문에 마시고 먹는 것은 인생문제의 해결과 행복을 나타내는 표현입니다. 하나님의 초청은 복된 초청입니다. 우리는 늘 하나님의 사랑의 초청에 감사하며 구원의 선물을 주셨음에 감사해야 할 것입니다.

기도 _ 하나님, 저희들에게 구원의 선물을 주심을 감사드립니다. 헛된 삶이 되지 않게 하나님 안에서 최선의 삶을 살게 하옵소서.

227. 나의 기뻐하는 금식

본문 사 58:1-14 / 찬송 374장 / 요절 사 58:6

"내가 기뻐하는 금식은 흉악의 결박을 풀어 주며 멍에의 줄을 끌러 주며 압제 당하는 자를 자유하게 하며 모든 멍에를 꺾는 것이 아니겠느냐"

이사야 56장과 57장은 윤리적인 교훈을 많이 담고 있습니다. 공평한 의를 행하며 안식일을 지키라고 했습니다. 사회생활은 공평과 의를 실천하고, 종교생활은 안식일을 거룩히 지키는 것이 기본입니다.

자녀를 생산치 못하는 자나 이방인도 소망이 있습니다. 그러나 파수꾼들이 소경이 되고 잠자고 있으면 안 되는 것입니다. 파수꾼은 하나님의 종이며 사명자들입니다. 57장은 의인이 죽는 것은 피난 가는 것이며 하나님의 백성이 우상을 섬기는 것은 망할 일이고, 하나님을 의지하는 자는 땅을 차지한다는 내용입니다. 하나님은 모든 것을 통치하고 겸손한 자와 함께 하십니다. 하나님의 진노는 잠깐이고 회개하는 자에게는 다시 평강을 주십니다.

58장은 유다 백성의 죄를 책망하라고 명하시고 금식에 대해서 말했습니다. 금식이라고 해서 무조건 다 좋아하시는 하나님이 아니십니다. 하나님이 기뻐하시는 금식이 있습니다. 금식의 목적은

첫째, 자기의 목소리를 하나님께 상달시키려는 것입니다. 즉 하나님께서 관심을 가져 주시기를 바라는 것이 목적입니다.

둘째, 금식은 자기와의 싸움입니다. 자기를 철저히 낮추고 겸손해 지는 것입니다.

셋째, 죄를 맑게 하는 몸의 행위입니다. 몸으로 회개하며, 생명을 걸고 하는 것입니다.

하나님께 상달되는 금식은 흉악의 결박을 풀어주며, 멍에의 줄을 끌러주며, 압제 당하는 자를 자유케 하고, 모든 멍에를 꺾으며, 주린 자에게 식물을 나눠주며, 유랑하는 빈민을 영접하며, 벗은 자를 보면 입히며, 골육(친척)을 돌봐주는 것입니다.

이런 일을 하지 않으면서 드리는 금식은 가증한 것이며, 하나님께서 기뻐하지 않는다는 것입니다. 즉 금식은 자기 변화인 것입니다.

기도 _ 하나님, 하나님이 기뻐하시는 금식이 어떤 것인가를 깨닫고 금식을 주님과 이웃의 고난에 동참하며 우리가 변화되는 역사가 있게 하옵소서.

239

228. 소망의 그날

본문 사 61:1-11 / 찬송 488장 / 요절 사 61:10

"내가 여호와로 말미암아 크게 기뻐하며 내 영혼이 나의 하나님으로 말미암아 즐거워하리니 이는 그가 구원의 옷을 내게 입히시며 공의의 겉옷을 내게 더하심이 신랑이 사모를 쓰며 신부가 자기 보석으로 단장함 같게 하셨음이라"

58장 13-14절에 또 다시 안식일을 바로 지킬 것을 권면하시고 바로 지키는 자가 받을 복에 대해 말씀하셨습니다. 하나님의 관심은 인간입니다. 그래서 '감찰'이란 말이 자주 나옵니다. 인류의 소망은 하나님이십니다. 오랫동안 기다리고 바라던 소망의 빛이 이제 실현되기 시작합니다.

죄의 해결책은 믿음과 회개임을 강조하시고 일어나 빛을 발하라고 말씀하십니다. 60장부터는 축복된 아침 서광이 비추기 시작하여 점점 더 강하게 비칩니다. 61장은 구원의 기쁜 소식으로 가득 차서 저절로 어깨가 들썩들썩 거리는 내용들입니다. 그 기쁨의 근원은 시시하고 순간적인 것이 아닙니다. 근본적인 것입니다. 하나님의 구원과 의의 옷입니다. 이 기쁨은 아무도 빼앗아 갈 수 없습니다.

징계와 채찍은 하나님의 본심이 아닙니다. 하나님의 어쩔 수 없는 공의요, 훈련을 위한 과정일 뿐입니다. 그 과정을 통하여 하나님은 우리에게 상한 마음을 고쳐 주십니다. 갇힌 자에게 자유를 주십니다. 소경이 볼 수 있게 하십니다. 은혜 받을 만한 때를 선언하십니다. 슬픈 자를 위로하고 희락의 기름으로 기름 부음을 받게 하십니다. 하나님의 영원한 언약은 구체적으로 실현됩니다. 기독교는 소망의 종교입니다. 예수 그리스도는 인류와 소망입니다.

기도 _ 사랑의 하나님, 우리에게 하나님과 나의 소망을 주시고 고난과 역경과 환난 속에서도 인내하며 기뻐할 수 있는 성도들이 되게 하옵소서.

229. 보라 새 하늘과 새 땅

본문 사 65:1-25 / **찬송** 246장 / **요절** 사 65:17

"보라 내가 새 하늘과 새 땅을 창조하나니 이전 것은 기억되거나 마음에 생각나지 아니할 것이라"

하나님은 우리에게 변하지 않을 소망을 주셨습니다. 그 소망은 혜성처럼 떴다가 안개처럼 사라지는 일시적인 소망이 아닙니다. 절대적이며 영원한 소망입니다.

시온의 영광을 약속하신 여호와는 당신의 백성들을 '헵시바'라고 하며, 그들이 사는 땅을 '쁄라'라 하리라고 했습니다. '헵시바'는 '하나님이 기뻐하신다, 나의 기쁨이 그에게 있다'는 표현입니다. '쁄라'는 '결혼한 여자, 결혼을 했다'는 뜻입니다. 이러한 변치 않는 하나님의 사랑이 인류의 소망입니다. 그러나 너무나 대조적인 63장은 하나님의 복수의 드라마입니다. 사랑에 대한 배신은 심판입니다. 하나님의 구원은 원수를 멸하는 완전한 구원이요, 가라지를 가려내는 구별된 구원입니다. 새 하늘과 새 땅에서 전개될 하나님의 백성들의 축복과 영광은 지상에서는 흉내도 내볼 수 없는 영광스러운 장면입니다. 하나님은 반역하는 자들과 순종하는 자들의 내일은 너무나 대조적입니다.

65-66장은 결론인데, 성도에게 약속된 미래의 영광과 축복의 내용입니다. 이사야는 성령의 불로 입술이 태움을 받고 변화된 입술로, 성령이 말하게 하심을 따라 하나님의 메시지와 긍휼히 여기심을 끝까지 거역하는 자들에게는 영원히 돌이킬 수 없는 징벌이 내려질 것을 전파하며, 회개하고 하나님을 믿는 자들에게는 신천신지의 행복을 누리게 될 것을 외쳤던 것입니다.

기도 _ 사랑의 하나님, 우리를 사랑의 대상으로 삼아주심을 감사합니다. 우리도 변치 않을 사랑으로 하나님을 사랑하게 하옵소서.

230. 부름받은 예레미야

본문 렘 1:1-19 / 찬송 323장 / 요절 렘 1:5

"내가 너를 모태에 짓기 전에 너를 알았고 네가 배에서 나오기 전에 너를 성별하였고 너를 여러 나라의 선지자로 세웠노라 하시기로"

예레미야는 40년간 눈물로 복음 전파에 힘썼습니다. 그러면서 끝까지 버림당하고 돌에 맞아 순교한 선지자입니다. 눈물을 흘리며 하나님의 심판을 외치고 회개를 촉구했으며, 타락하고 완고한 백성들은 회개를 몰랐습니다.

예레미야는 제사장의 아들이며 결혼하지 않고 지내도록 명령받았습니다. 그는 태어나기도 전에 이미 하나님이 그를 택하셨습니다. 그는 유대의 죄를 열거하며 바벨론에 포로 될 것과 하나님의 심판을 외칠 때 그의 가족들에게도 박해를 받았습니다. 고향 사람들, 같은 종교계 사람들에게도 박해를 받았습니다. 심지어 선지자 직분을 행하지 못하도록 위협을 받았습니다.

예루살렘의 몰락과 성전의 파괴, 여호아하스 왕의 애굽에서의 죽음, 여호야김 왕의 애도 받지 못한 처량한 죽음, 여호야긴의 왕통 단절, 바벨론의 멸망에 대해 예언한 선지자였습니다. 그리고 거짓 예언자들이 우후죽순처럼 일어나는 것을 책망했습니다. 그러나 예레미야서 마지막 부분에는 새 언약의 때가 이루어질 것이 예언됩니다. 불변하고 영원한 소망의 때가 오게 될 것이라는 희망의 메시지였습니다.

하나님은 예레미야를 부르셔서 그와 함께 하실 것이니 두려워 말고 담대히 하나님의 말씀을 전하라고 했습니다. 끓는 가마의 환상을 보여 주시며 유다를 징계하시는 하나님의 채찍이 북에서부터 오며, 살구나무 가지의 환상은 하나님 말씀은 깨어있는 자들에게는 반드시 이루어 질 것에 대한 보증인 것입니다.

우리는 하나님의 말씀을 그대로 수용하는 자세, 그리고 듣기 싫든 좋든 그대로 증거하는 믿음이 우리에게 있어야 하겠습니다. 우리는 이시대에 부름 받은 선지자입니다. 어려움과 고난이 있다 할지라도 예레미야처럼 선지자의 사명을 다하는 성도들이 되어야 하겠습니다.

기도 _ 하나님, 어떤 위험이 온다 해도 주님을 부인하지 않으며, 주님의 뜻을 증거할 수 있는 그리스도인이 되게 하옵소서.

231. 의인 한 사람이라도 있다면

본문 렘 5:1-31 / **찬송** 461장 / **요절** 렘 5:1

"여호와께서 이르시되 이스라엘아 네가 돌아오려거든 내게로 돌아오라 네가 만일 나의 목전에서 가증한 것을 버리고 네가 흔들리지 아니하며"

선지자의 메시지는 바로 삶으로 전했습니다. 이스라엘은 하나님의 사랑을 버리고 우상과 이방 민족을 의지하고 따르다가 재앙을 자초하게 됩니다. 버림받아야 마땅한 유다의 죄에 대해 회개를 촉구합니다. 하나님께서는 이스라엘을 너무너무 사랑하셔서 회개를 원하셨지만 그들은 돌이키기를 거절했습니다. 그러나 하나님은 완전히 진멸하지는 않으시겠다고 말씀하셨습니다.

"너희가 만일 공의를 행하며 진리를 구하는 자를 한 사람이라도 찾으면" 예루살렘에 의인 한 사람이라도 있다면 예루살렘 죄는 용서 받았을 것입니다. 찾아도 만날 수 없는 의인의 기갈은 심판이 당연한 것입니다. 그러나 하나님은 심판하지 않으려고 참고 인내하며 여러 가지 방법을 모색하셨습니다.

유다는 귀천의 분별없이 다 하나님을 거역하고 있었습니다. 영적인 침체나 영적 수준의 비참은 결국 심판을 초래하는 원인이 됩니다. 바벨론이나 이방 나라는 선민을 심판시키는 막대기일 뿐입니다. 의인 한 사람의 영향이 얼마나 큰가를 다시 한 번 생각해야 될 것입니다.

나 한 사람의 기도, 나 한 사람의 믿음, 나 한 사람의 신실, 나 한 사람의 희생이 전체를 살린다는 사실을 인식하고, 우리는 최선을 다하여 하나님께 인정받아야 할 것입니다.

기도 _ 사랑의 하나님, 우리는 하나님의 심판의 대상이 아니라 변치않는 사랑과 복의 대상임을 깨닫고 하나님 앞에서 신실하고 정직하게 살게 하옵소서.

232. 하나님은 열방의 왕이십니다

본문 렘 10:1-22 / **찬송** 516장 / **요절** 렘 10:10

"오직 여호와는 참 하나님이시요 살아 계신 하나님이시오 영원한 왕이시라 그 진노하심에 땅이 진동하며 그 분노하심을 이방이 능히 당하지 못하느니라"

유다의 죄는 우상숭배와 위선이었습니다. 예레미야가 백성의 죄상을 고발한 가운데 하나는 그들이 그들의 죄에 대하여 얼굴도 붉히지 않을 정도로 죄의 감각이 마비되어 버린 상태라는 것입니다. 그래서 성전이 악한 자들과 우상 숭배자들의 회집장소로 잘못 사용되었습니다. 6장 1-8절에 보면 하나님께서 예루살렘 침략을 허락하셨다는 경고가 나옵니다. 이방 나라가 하나님의 백성을 치는 것도 하나님이 허락하셔야 가능한 것입니다. 성전 제사까지 외식으로 타락했으니 하나님이 그냥 볼 수가 없었던 것입니다.

하나님의 진노에 대한 대책이 없으므로 예레미야는 탄식하지 않을 수 없었습니다. 심지어 하나님 알기를 싫어하는 정도까지 왔으니 갈 데까지 간 것입니다. 하나님은 예레미야 선지자를 통하여 열방을 배우지 말라고 권고하셨습니다. 하나님은 참 하나님이시오, 열방의 왕이시며 영원한 왕이심을 말하고 있습니다.

우상은 참신이 아닙니다. 천지를 지은 신이 아닙니다. 이스라엘의 무지와 죄악은 결국 무서운 결과를 초래할 것을 경고합니다. 그것은 바벨론 군대에게 포위당할 것을 말합니다. 그러면서도 하나님은 유다 민족이 당할 극심한 재난을 보여주면서도 '내 장막, 내 자녀'라고 말합니다.

10장 마지막 부분은 선지자의 기도입니다. 선지자는 너그러이 징계하실 것을 간구하고 있습니다. 우리는 하나님만이 참 하나님이시며 살아계신 하나님, 열방의 왕이심을 고백하는 신앙을 가져야 될 것입니다.

기도 _ 열방의 왕 되신 하나님, 하나님만이 참신이시며, 만왕의 왕이심을 우리로 하여금 증거할 수 있게 하옵소서.

233. 썩은 띠의 교훈

본문 렘 13:1-27 / **찬송** 397장 / **요절** 렘 13:16

"그가 어둠을 일으키시기 전, 너희 발이 어두운 산에 거치기 전, 너희 바라는 빛이 사망의 그늘로 변하여 침침한 어둠이 되게 하시기 전에 너희 하나님 여호와께 영광을 돌리라"

선지자의 메시지의 공통점은 '회개하라 그렇지 않으면 심판을 받는다'는 것입니다. 예레미야는 시청각 교육의 전문가입니다. 예레미야서에는 10가지 시청각 도구가 있는데 그 첫 번째 나오는 것이 썩은 띠입니다(13:1-11, 13:12-14, 14:1-9, 16:1-9, 18:1-6, 19:1-13, 24:1-10, 27:1-11, 32:6-15, 42:8-13).

하나님께서 예레미야에게 허리띠인 베띠를 취하여 그것을 유브라데 물가에 묻으라고 명하셨습니다. 그리고 후에 그것을 다시 파라고 하십니다. 결과는 더 이상 쓸모없는 썩은 띠였습니다. 이는 하나님과의 친밀한 교제의 관계로 부름 받은 유다가 이제 그 부패로 인하여 띠처럼 심판 가운데 던져지게 되었음을 의미합니다.

이스라엘의 범죄는 언약의 배역이었고, 그 언약은 파기 되었고, 결과는 언약적 재앙 하에 놓이게 된 것입니다. 불순종의 결과는 어떻게 된다는 것을 말씀했습니다. 그러나 심판의 징계는 하나님의 복수의 칼을 휘두르는 결과가 아니고 사랑의 징계요, 사랑의 훈계임을 잊어서는 안 될 것입니다.

13장의 베띠의 비유나 포도주 병의 비유는 모두 회개를 권고하며 교만을 회개치 아니하면 멸망한다는 내용입니다. 교만 중 최고의 교만은 인간이 하나님을 믿지 않는 것입니다. 예레미야의 간절한 권고의 메시지는 교만하지 말라는 것입니다. 스스로 낮추어 하나님께 영광을 돌리라는 것입니다. 교만은 패망의 선봉입니다.

우리는 썩은 띠처럼 하나님과의 관계가 파괴되고 있지는 않나 살펴보고 바른 관계 속에 하나님께 인정받는 성도들이 되어야 하겠습니다.

기도 _ 자비의 하나님, 하나님과의 불가분(不可分)의 복된 관계가 범죄와 교만으로 파기되지 않도록 인도하시고 권고하여 주시옵소서.

234. 하나님을 믿어라

본문 렘 17:1-27 / **찬송** 382장 / **요절** 렘 17:7

"그러나 무릇 여호와를 의지하며 여호와를 의뢰하는 그 사람은 복을 받을 것이라"

이사야 선지자가 메시아 오실 것에 대한 예언을 가장 많이 했다면 예레미야는 심판 후의 영광에 대한 예언을 많이 했습니다. 14, 15장은 가뭄에 대한 여호와의 말씀입니다. 선지자는 하나님께 탄원하는 기도를 드립니다. 그런데 하나님께서는 유다 백성이 너무 너무 회개치 아니하니까 벌하기를 작정했으니 그들을 위하여 복을 비는 기도를 하지 말라고 했습니다. 징벌의 목적은 여호와께서 하나님이심을 알게 하시는 데 있습니다.

사람을 믿지 말고 하나님을 믿어야 합니다. 17장의 핵심은 '오직 하나님께만 구원이 있다'는 교훈입니다. 아무리 어려운 환난 중에서도 하나님을 자기 소망으로 삼는 자는 궁극적으로 구원을 얻게 되는 것입니다.

선지자는 하나님을 '영화로우신 보좌', '우리의 성소', '이스라엘의 소망', '생수의 근원', '나의 찬송', '나를 구원하실 분', '나의 피난처'라고 고백하고 있습니다. 예레미야는 고독하고 외로운 선지자였습니다. 그렇게 세상이 우상으로 마비가 되어도 예레미야의 신앙만은 철철두철미했습니다. 변치 않는 신앙, 이것이 선지자의 자세요, 성도의 신앙의 자세이어야 합니다. 나는 어떤 신앙을 가지고 있습니까?

기도 _ 구원자 되신 하나님, 세상이 더욱 더 악해져가도 주님을 향한 믿음을 굳게 지키며, 변치 않는 신앙으로 하나님께 인정받게 하옵소서.

235. 하나님의 절대 주권

본문 렘 18:1-23 / **찬송** 549장 / **요절** 렘 18:5

"그 때에 여호와의 말씀이 내게 임하니라 이르시되"

18-20장은 중요한 말씀을 담고 있습니다. 18장은 토기장이의 비유가 있고, 19장은 오지병 비유가 있습니다. 오지병은 보기 좋은 물병으로 토기를 구워 만든 것입니다.

하나님께서 선지자를 토기장이의 집으로 인도하셨습니다. 그리고 진흙으로 토기장이가 만든 여러 가지 그릇을 보여 주시면서 하나님의 주권을 설명해 주셨습니다. 하나님은 인간의 운명을 좌우하십니다.

19장에 '하시드문'(2절)은 '질그릇 조각의 문'이라고 합니다. 이 문은 '태양문'이라고도 부르는 예루살렘 성의 동쪽 문입니다. 흰놈의 골짜기는 바알 산당과 우상숭배가 성행했기 때문에 살육의 골짜기라고 이름이 바뀌어졌습니다. 그곳은 신약에서 계헨나, 즉 지옥으로 쓰여 진 쓰레기장입니다. 토기장이의 비유가 하나님의 절대적 주권을 의미하는 것이었다면 오지병의 상징은 그 주권이 유다에 적용되는 것이라고 할 수 있습니다.

예레미야는 안타까웠습니다. 말씀을 그대로 전했으나, 백성들은 회개치 않고 핍박과 조롱으로 그를 괴롭혔기 때문에 그는 더욱 답답했던 것입니다. 그러나 선지자는 이런 고통 속에서도 '찬양'으로 마무리되고 있습니다. 개인으로부터 국가, 우주의 모든 역사는 하나님의 절대 주권 하에 있음을 다시 한 번 믿고 하나님을 전적으로 의지해야겠습니다.

기도 _ 하나님, 만물의 절대 주권이 하나님께 있음을 고백합니다. 우리도 하나님의 주권아래 거하여 안전하고 승리의 삶이 되게 하옵소서.

236. 한 의로운 가지

본문 렘 23:1-40 / **찬송** 250장 / **요절** 렘 23:5

"여호와의 말씀이니라 보라 때가 이르리니 내가 다윗에게 한 의로운 가지를 일으킬 것이라 그가 왕이 되어 지혜롭게 다스리며 세상에서 정의와 공의를 행할 것이며 형통하며"

자신의 죄를 회개하기 보다는 자신들이 범한 죄과를 회피하기에 급급한 자들은 결국 심판을 받고야 맙니다. 하나님께서는 최후의 순간까지 기다리고 권유하셨습니다(렘 21:8). 위정자들을 위시하여 백성들까지 도덕적으로나 종교적으로 부패할 때로 부패했습니다.

예레미야 22:13에 "불의로 그 집을 세우며 불공평으로 그 다락방을 지으며 그 이웃을 고용하고 그 고가를 주지 않는 자에게 화 있을진저" 했습니다. 시드기야는 선지자에게 기도를 요청했으나 하나님을 의지하기보다 급하니까 기사만 바라는 자세였습니다.

유다 말기에 왕들이 포로가 되고 죽음이 있을 거라고 선고되었습니다. 공평과 정의가 사라진 책임이 왕들에게 일차적으로 있기에 하나님의 심판을 면할 길이 없는 것입니다. 외치는 자의 소리는 하나님을 거역한 죄 때문에 멸망당했다는 사실입니다. 그러나 예언의 핵심은 메시아의 도래에 맞추어져 있습니다. 참 목자 되신 메시아 그는 한 의로운 가지로 구원과 평안을 주시는 분이십니다.

소망은 있습니다. 유다의 남은 자가 포로에서 돌아올 것이며, 그 남은 자를 다스릴 참 목자를 세우시겠다는 것입니다. 선지자까지 타락하여 거짓선지자들이 여기저기서 일어나는 때에 의로우신 구세주가 오심은 이 땅의 영원한 소망이 됩니다. 하나님의 소명 없이 증거 하는 자는 다 거짓 선지자의 후손들입니다.

세상 끝 날에는 거짓 선지자들이 많이 일어난다고 했습니다. 그것은 심판이 임박했다는 증거입니다.

기도 _ 소망되신 하나님, 세상에 나가서 공평과 정의를 행하시는 하나님을 증거하게 하옵소서.

237. 단 한마디도 빼지 말고 그대로 다 전하라

본문 렘 26:1-24 / **찬송** 520장 / **요절** 렘 26:2

"여호와께서 이와 같이 말씀하시니라 너는 여호와의 성전 뜰에 서서 유다 모든 성읍에서 여호와의 성전에 와서 예배하는 자에게 내가 네게 명령하여 이르게 한 모든 말을 전하되 한 마디도 감하지 말라"

24장에 나오는 무화과 두 광주리의 환상은 좋은 무화과는 포로로 잡혀간 자들을 의미하고 나쁜 무화과는 본국에 남아 있는 유대인들을 상징합니다. 유다가 70년간 바벨론 포로생활을 하게 될 것을 예언했습니다(25장). 그러나 바벨론도, 주변의 여러 변방들도 망할 것을 선포했습니다.

망할 짓을 하고도 사람들은 망한다고 하면 다 싫어합니다. 회개하지 아니하면 다 망한다는 메시지가 점점 더 강하게 선포되자 예레미야를 체포했습니다. 체포한 자들은 제사장들과 선지자들입니다. 그들은 오히려 예레미야를 거짓 선지자 취급을 했습니다. 영계가 어두워진 영적 귀머거리요 소경이었습니다. 그러나 예레미야는 한 마디도 빼지 않고 그대로 전했습니다. 선지자는 시대 조류나 상황에 영향을 받으면 안 됩니다. 하나님께 받은 말씀 그대로 전해야 되는 것입니다.

항상 복음의 원수는 종교인을 가장한 사탄의 부하들입니다. 예수를 죽이는데 앞장선 자들도 바리새인들이었습니다. 우리도 영적으로 침체되면 복음의 원수가 될 수도 있다는 사실을 명심해야 합니다.

기도 _ 하나님, 하나님을 믿지 않는 많은 세상 사람들에게 주님의 말씀을 담대하게 전할 수 있도록 믿음을 주옵소서.

238. 회복의 약속

본문 렘 30:1-24 / **찬송** 382장 / **요절** 렘 30:10

"여호와의 말씀이니라 그러므로 나의 종 야곱아 너는 두려워하지 말라 이스라엘아 놀라지 말라 내가 너를 먼 곳으로부터 구원하고 네 자손을 잡혀 있는 땅에서 구원하리니 야곱이 돌아와서 태평과 안락을 누릴 것이며 두렵게 할 자가 없으리라"

심판에 관한 메시지를 듣기 좋아하는 자는 없습니다. 예레미야를 통하여 심판의 메시지를 들은 자들은 반발했습니다. 특별히 궁전에서 강한 반발이 일어났습니다.

여호야김의 통치 기간 중에는 사형 판결로 위협을 받기도 했습니다. 시드기야왕 시대에는 예레미야가 자기 목에다 멍에를 메었습니다. 이것은 유다 백성들이 자유를 속박당하게 되고, 바벨론의 압제에 신음하게 될 것을 상징적으로 나타나 보인 것입니다. 그러나 항상 문제는 타락한 제사장들과 거짓 선지자들에게 있습니다. 거짓 선지자 하나냐와 그에게 미혹된 영적으로 마비된 제사장들이 문제였습니다. 하나냐는 그에게 미혹된 영적으로 마비된 제사장들이 문제였습니다. 하나냐는 거짓 평화를 외치면서 백성들에게 아부했습니다. 하나님뿐 아니라 스마야라는 거짓 선지자가 나타나 예레미야를 왜 잡아 가두지 않았느냐는 책망의 편지를 써서 모든 백성과 스바냐와 모든 제사장들에게 보냈습니다. 진리와 비진리의 대결은 치열합니다.

예레미야는 유다 포로들에게 편지를 써서 전심으로 하나님을 찾고 예언된 기간이 다 찰 때까지 기다려야 된다는 사실을 말했습니다. 고국으로 돌아가려는 노력은 헛수고라는 사실을 알려 주었습니다. 거짓 선지자들은 빨리 돌아가게 된다고 거짓 예언을 했기에 여기에 속지 말라는 것입니다(29장).

30장은 위로와 치유와 회복의 약속입니다. 지금까지는 계속 경고였으나, 30장에 와서는 위로와 회복의 약속으로 가득 차 있습니다. 하나님의 정하신 때가 이르면 고국으로 귀환하도록 하시겠다는 말씀입니다.

하나님은 자기 백성을 괴롭히는 것을 그대로 두시지는 않으십니다. 성읍과 성전은 다시 회복되고, 자손이 번성할 것이며, 하나님과의 계약은 실현될 것이라는 말씀입니다. 자기 백성을 향한 하나님의 열심에 우리는 감사해야 할 것입니다.

기도 _ 자비의 하나님, 우리를 미혹하는 많은 거짓 선지자들이 많으나 구별할 수 있는 영안을 주시고 저들을 대적하여 승리하게 하옵소서.

239. 부르짖으라

본문 렘 33:1-26 / 찬송 337장 / 요절 렘 33:3

"너는 내게 부르짖으라 내가 네게 응답하겠고 네가 알지 못하는 크고 은밀한 일을 네게 보이리라"

31장 역시 30장에 계속 되어지는 위로와 구원의 말씀입니다. 그리고 메시아 왕국이 실현 될 새 언약을 주셨습니다. 하나님의 말씀을 그대로 전한 예레미야는 시위대 뜰에 갇혀 있었습니다. 하나님은 예레미야에게 위로의 말씀을 주셨습니다(32장). 하나님께서 자기 백성에게 큰 징벌을 주신 것처럼 큰 복을 주실 것을 약속했습니다. 하나님은 죽이기도 하시고 살리기도 하시며 상하게도 하시고 낫게도 하시는 분이십니다(신 32:19, 삼상 2:6).

하나님은 계속적으로 언약 성취를 약속하셨습니다(33장). 하나님은 자기를 의지하고 부르짖는 자에게는 비밀을 알려 주시고, 응답하시겠다는 약속을 하셨습니다. 우리가 어떠한 상황에 놓인다 할지라도 하나님의 위로를 구하는 자는 먼저 힘써 기도해야 할 것입니다.

예레미야는 단지 심판의 메시지만을 선포한 것은 아닙니다. 그러므로 30-33장은 위로의 메시지로 충만합니다. 신랑과 신부의 즐거운 목소리가 더 이상 들리지 않을 것이라는 예언이 변하여 신랑 신부의 기쁨과 환희에 넘친 목소리가 예루살렘에서 다시 들릴 것을 예언하였습니다. 하나님께 부르짖는 자는 하나님의 계획을 깨달을 수 있습니다.

우리는 하나님을 가까이 하고 부르짖음으로 하나님의 뜻을 바로 깨닫는 영적인 밝은 지각을 은사로 받도록 힘써야 할 것입니다.

기도 _ 하나님 아버지, 어떤 상황에서도 먼저 하나님을 의지하며, 하나님께 부르짖는 믿음을 허락하여 주시옵소서.

240. 순종의 복

본문 렘 35:1-19 / 찬송 455장 / 요절 렘 35:15

"내가 내 종 모든 선지자를 너희에게 보내고 끊임없이 보내며 이르기를 너희는 이 제 각기 악한 길에서 돌이켜 행위를 고치고 다른 신을 따라 그를 섬기지 말라 그리 하면 너희는 내가 너희와 너희 선조에게 준 이 땅에 살리라 하여도 너희가 귀를 기 울이지 아니하며 내게 순종하지 아니하였느니라"

　예레미야서는 크게 두 부류로 나눌 수 있습니다. 1-33장은 예언적인 설교가 주류를 이루고 있습니다. 그러나 34-52장은 주로 예레미야의 개인적인 마음 의 상처와 시련이 많이 기록되어 있습니다. 언약이 파기되고 두루마리가 불타 고 잔인한 박해가 있다고 할지라도 예레미야는 거짓 선지자들과 합류하지 않고 끝까지 선지자 본래의 사명에 충실했습니다. 이스라엘 백성들은 선지자의 경고 를 듣고 일시적 순종이 나타났으나 위기를 당하자 그만 불순종하고 자기들의 생각대로 했습니다. 그들은 계명을 무시했습니다. 7년이 지난 히브리 노예들에 게 자유를 주었다가 다시 끌어다 종으로 삼았던 것입니다(34장).

　레갑 자손은 제사장이나 레위 족속이 아닌데도 금욕적인 신앙의 모범을 보이 는 생활을 했습니다. 그래서 레갑 자손들을 통해 불순종하는 유다를 부끄럽게 하시며 교훈하셨습니다. 인간은 하나님의 말씀에 대해 보편적으로 세 가지 반 응이 나타납니다.

　첫째는 예레미야처럼 하나님의 말씀에 순종하는 자, 둘째는 유다처럼 보이는 생활을 했습니다. 그래서 레갑 자손들을 통해 불순종하는 유다를 부끄럽게 하 시며 교훈하셨습니다. 인간은 하나님의 말씀에 대해 보편적으로 세 가지 반응 이 나타납니다.

　첫째는 예레미야처럼 하나님의 말씀에 순종하는 자, 둘째는 유다처럼 무시해 버리는 자, 셋째는 여호야김처럼 노골적으로 반대하는 자입니다. 결국 무시해 버리는 자나 반대하는 자, 즉 불순종하는 자는 멸망하고야 맙니다. 우리는 불순 종하는 자와 멍에를 같이 메지 말아야 합니다.

　레갑 자손은 그의 조상 요나답의 명령을 잘 준수하여 경건한 신앙생활을 유 지하므로 자손들이 영원히 끊어지지 않는 축복을 받았습니다. 이들은 제사장 도 레위인도 아니었습니다. 그러나 하나님과 영적인 교제가 이루어지므로 영 적 축복과 범사의 복을 받게 된 것입니다.

기도 _ 하나님, 주님 말씀을 지켜 행함으로 주님께 인정받으며, 축복된 자의 삶을 살아가게 하옵소서.

241. 사명 완수 때까지 보호하시는 하나님

본문 렘 39:1-8 / 찬송 419장 / 요절 렘 39:17

"여호와의 말씀이니라 내가 그 날에 너를 구원하리니 네가 그 두려워하는 사람들의 손에 넘겨지지 아니하리라"

36장부터는 예루살렘의 향락과 애굽에로의 망명이 45장까지 계속됩니다. 예레미야의 예언을 기록한 두루마리를 여호야김 왕에게 읽어줄 때 그는 찢어 불에 태워버렸습니다. 말씀에 대한 반응은 회개냐 거부냐 입니다. 그는 양심에 채찍이나 경고를 듣고 회개는커녕 두루마리를 찢어 불에 태웠습니다(36장). 심지어 예레미야를 체포하라는 명령까지 내렸던 것입니다. 그러나 선지자를 찾아내지는 못했습니다.

예레미야는 시드기야 왕 때 감옥에 갇히게 되었습니다. 물론 시드기야가 예레미야를 가둔 것은 아닙니다. 방백들의 모함에 의해서입니다. 예레미야가 아나돗으로 가고자 성문을 나섰을 때 그가 적에게 망명한다는 누명으로 붙잡아 가둔 것입니다. 예레미야는 토굴에 갇히게 되었습니다(37장). 토굴에 갇힌 예레미야는 시드기야 왕에 의해 구출되었습니다(38장).

본문 39장은 예언대로 예루살렘이 함락된 내용입니다. 바벨론 군대가 예루살렘에 진입해서 완전히 함락시키고, 시드기야 왕을 비롯해서 방백들과 백성들을 예루살렘으로 끌고 갔습니다. 그런 와중에도 예레미야는 바벨론 왕의 호의로 보호받았습니다. 특히 느부갓네살의 시위대장이 예레미야를 보호해 주었습니다.

우리가 분명히 알 수 있는 것은 하나님의 맡기신 사명을 완수할 때까지는 결코 하나님께 데려가지 아니하시고 어떤 방법, 어떤 모양으로든지 보호하신다는 사실입니다.

하나님을 진실되게 섬기는 에벳멜렉은 하나님이 보호해 주실 것이라고 예레미야가 예언했습니다. 예레미야는 시위대 뜰에 있으면서 예언했습니다. 그는 어떤 위치에 있는지 그에게 주어진 사명은 실천했습니다. 우리는 하나님께서 맡기신 사명을 완수하기 위해 최선을 다해야겠습니다. 그 사명을 이루기까지 하나님께서는 우리와 끝까지 함께 가신다는 사실도 잊지 말아야 합니다.

기도 _ 우리의 보호자이신 하나님, 하나님의 보호하심을 의지하여 우리에게 맡겨진 사명을 최선을 다해 감당하도록 도와주옵소서.

242. 여호와가 이같이 말씀하시느니라

본문 렘 44:1-29 / **찬송** 190장 / **요절** 렘 44:25

"만군의 여호와 이스라엘의 하나님께서 이와 같이 말씀하시되 너희와 너희 아내들이 입으로 말하고 손으로 이루려 하여 이르기를 우리가 서원한 대로 반드시 이행하여 하늘의 여왕에게 분향하고 전제를 드리리라 하였은즉 너희 서원을 성취하며 너희 서원을 이행하라 하시느니라"

하나님의 백성들이 죄를 깨닫지 못하고, 회개치 아니하므로 포로로 끌려 갔습니다. 그러나 하나님의 말씀은 선지자의 입으로 계속 전해졌습니다. 하나님은 예레미야를 보호하셨습니다.

느부갓네살 왕은 자신의 손 안에서 마음대로 움직일 꼭두각시 통치자를 세웠습니다. 느부사라단은 예레미야를 풀어 주었고 예레미야는 성에 남아있는 길을 택했습니다. 그리고 예레미야는 그의 동족들에게도 유다를 떠나지 말고 남을 것을 권고했습니다. 그러나 살아남은 유대인들은 잔인하게 그다랴 총독을 살해해 버렸습니다(41장). 하나님의 명령을 무시하고 요하난의 인도 하에 안전을 위해 애굽으로 도망갔습니다. 이때 예레미야도 강제로 끌려가게 된 것입니다.

하나님이 다시 예레미야에게 나타나셔서 바벨론 왕 느부갓네살을 통해 애굽으로 파멸시키리라는 사실을 알려 주셨습니다. 예레미야는 거기에서도 예언했습니다. 40-45장까지 "여호와가 이같이 말씀하시느니라"는 말이 10번 이상이나 나옵니다.

이스라엘은 애굽에 가서도 계속 우상 숭배를 했습니다. 유다 백성들은 영적으로 마비될 대로 마비되었습니다. 우상숭배 때문에 망해서 이방 나라의 밥이 되고, 도망 와서 살면서도 그들은 계속 망할 것만 했습니다. 하나님이 가장 싫어하시는 것은 우상숭배입니다. 우리는 영적으로 굳어질 대로 굳어진 영적 질병을 회개하여 용서받고 하나님만을 잘 섬겨야 할 것입니다.

기도 _ 하나님, 우리의 영적인 감각이 무디어 지지 않도록 성령의 강권적인 역사로 간섭하여 주옵소서.

243. 이스라엘의 구원

본문 렘 50:1-20 / **찬송** 325장 / **요절** 렘 50:20

"여호와의 말씀이니라 그 날 그 때에는 이스라엘의 죄악을 찾을지라도 없겠고 유다의 죄를 찾을지라도 찾아내지 못하리니 이는 내가 남긴 자를 용서할 것임이라"

바룩은 예레미야의 예언을 기록한 자입니다. 바룩은 애굽으로 예레미야와 같이 끌려갔습니다. 예레미야의 동역자인 바룩의 고통과 슬픔이 담겨있고 그에 대한 많은 위로의 말씀이 담겨져 있는 내용이 45장입니다. 46장에 다시 애굽의 멸망을 예언합니다. 그리고 유다 백성에 대한 위로의 말씀이 있습니다. 47장은 블레셋 멸망에 대한 예언이고, 48장은 모압의 멸망에 대한 예언입니다. 49장 역시 암몬과 에돔, 다메섹의 멸망을 예언했습니다.

하나님께서 진노의 잔을 쏟아 붓기 시작하였고 하나님의 계획은 철저히 진행되어 갔습니다. 애굽은 우상숭배 때문이고, 블레셋도 마찬가지이며 모압도 '그모스'라는 우상을 하나님으로 섬겼습니다. 암몬도 말각(밀곰)우상을 섬기고 있었습니다.

오늘 말씀은 바벨론 멸망의 예언입니다. 사실은 바벨론을 들어 여러 열방들을 다 멸망시켰는데 하나님께서는 바벨론을 막대기로 사용하시고 마지막으로 바벨론도 멸망시킬 것을 예언하고 있습니다. 바벨론은 열방 중에서 가장 강했습니다. 그러므로 교만했고 교만하므로 심판을 받게 되는 것이다. 하나님께서는 바벨론을 멸망시키고 포로로 잡혀간 이스라엘과 유다 자손들은 고국으로 귀환하게 될 것이라고 하셨습니다. 하나님이 남겨두신 그루터기는 끈질기게 살아남게 되는 것입니다.

바벨론이 망하므로 70년 포로생활은 끝이 나고 이스라엘은 회복의 전기를 맞이하게 된 것입니다. 성경에서는 포로 되었던 이스라엘을 흩어진 양떼, 잃은 양떼로 비유했습니다. 지도자의 범죄로 70년이란 포로생활의 고통을 당하고 하나님의 자비와 은총으로 하나님이 치셨으나 싸매어 주고 고쳐 주시는 사랑을 받게 된 것입니다.

기도 _ 사랑의 하나님, 죄의 결과가 엄청난 재앙이라는 것을 깨닫고 교만하지 말고 우리의 모든 것을 하나님께 의지하게 하옵소서.

244. 예언은 성취되다

본문 렘 52:1-34 / **찬송** 412장 / **요절** 렘 52:34

~~~~~~~~~~~~~~~~~~~~

"바벨론의 느부갓네살 왕이 나를 먹으며 나를 멸하며 나를 빈 그릇이 되게 하며 큰 뱀 같이 나를 삼키며 나의 좋은 음식으로 그 배를 채우고 나를 쫓아내었으니"

예레미야 마지막 장인 52장에서 하나님의 도구였던 바벨론이 교만으로 멸망의 재앙이 내려질 것과 유다 왕국의 패망사건이 소개되고 있습니다.

하나님께서는 많은 종들을 보내셔서 회개를 촉구했으나 그들은 깨닫지 못하고 심판을 자초하게 된 것입니다. 바벨론이 침공시 바벨론 시위대 장관 느붓라단의 만행은 이루 말할 수 없었습니다. 성전과 왕궁, 그리고 모든 집들을 불살랐습니다. 성전 내의 기구들을 모두 약탈해 갔습니다. 대제사장 스라야와 부제사장 스바냐를 비롯하여 지도층 인물 72명을 사로잡아 느부갓네살로 하여금 처형시키도록 하였습니다.

느부갓네살에 의해 바벨론에 잡혀간 숫자는 느부갓네살 제 7년에 3,023명, 제 18년에 832명, 제 23년에 745명 등 모두 4,600명이었습니다.

우리는 이스라엘의 역사를 통하여 하나님의 변함없는 사랑을 발견해야 합니다. 그리고 회개치 아니하면 심판을 면하지 못한다는 사실을 명심해야 합니다. 우리의 영적인 지각이 어두워지지 않도록 늘 기도하고 경성해야 합니다. 잘못을 저질렀을 때는 즉시 회개해야 하는 것입니다.

기도 _ 하나님, 하나님의 말씀은 일점일획도 변함이 없음을 인식하고 하나님 말씀 순종에 온 힘을 기울일 수 있도록 도와주옵소서.

245. 어찌하여

본문 애 1:1-11 / **찬송** 144장 / **요절** 애 1:11

"그 모든 백성이 생명을 이으려고 보물로 먹을 것들을 바꾸었더니 지금도 탄식하며 양식을 구하나이다 나는 비천하오니 여호와여 나를 돌보시옵소서"

애가를 히브리어 성경에서는 '애카'라고 불렸습니다. 이 말은 '슬프다'는 뜻인데 '애가'란 말과 발음이 비슷합니다. 또 '애가'는 '어찌하여'란 뜻을 가진 단어인데 이것은 극도의 슬픔을 나타냅니다. 이스라엘 백성들은 애가(lamentation)를 주로 상가집에서 사용했습니다.

예레미야 애가서는 다섯 편의 애가를 모은 것입니다. 이 애가는 시온의 딸의 죽음을 슬퍼하는 내용인데 시온의 딸은 예루살렘 성과 성전을 상징합니다. 즉 예루살렘 성과 성전의 함락을 탄식하는 내용입니다. 외형적인 파괴를 슬퍼하는 것이 아니라 교회의 타락을 탄식했습니다.

예루살렘은 영적 중심이요 하나님의 거주지였습니다. 이곳은 선지자들이나 제사장을, 유다의 지도자들이 모두 모여 있는 곳입니다. 예루살렘이 무너진 것은 신정 정치가 정지된 상태입니다. 그러므로 애가서의 주제는 교회의 수난입니다(애 1:4, 2:6, 7, 22).

예루살렘의 함락은 교회의 부패에 기인합니다. 교회의 부패는 성전 봉사자들의 부패입니다. 그래서 회개를 촉구하는 부르짖습니다. 마음과 행위를 돌이켜 하나님께 돌아가도록 권면하고 있습니다. 1장은 예루살렘성의 멸망, 2장은 멸망의 원인, 3장은 회개의 촉구, 4장은 예루살렘의 폐허, 5장은 하나님의 긍휼을 구하는 기도의 내용입니다.

죄는 모든 것을 잃어버리게 합니다. 죄는 극도의 슬픔을 안겨줍니다. 하나님은 사랑과 공의의 하나님이십니다.

기도 _ 사랑의 하나님, 범죄의 결과가 이렇게 슬프다는 사실을 깨닫게 하시니 감사합니다. 범죄로 행하는 생각과 행동을 주님께서 다스려 주옵소서.

246. 긍휼을 베푸시는 하나님께 돌아가자

본문 애 3:1-54 / **찬송** 278장 / **요절** 애 3:24

"내 심령에 이르기를 여호와는 나의 기업이시니 그러므로 내가 그를 바라리라 하도다"

죽은 지 오래된 자 같은 예루살렘이지만 회개는 새 생명을 줍니다. 죄는 영적 사망을 가져옵니다. 회개는 영적 새싹이 나게 합니다. 우리는 예레미야애가서를 통해 하나님의 심판은 항상 즉각적이지는 않지만 확실하다는 자에게는 하나님의 위로가 주어집니다. 자비로우신 하나님의 위로(22-27), 의로우신 하나님의 위로(28-36) 그리고 주관자가 되시는 하나님의 위로(37-40)가 회개하는 자에게 주어집니다.

한탄의 눈물은 비극의 표현이지만 회개의 눈물은 위로를 받게 됩니다. 하나님께 범죄하고 타락하고서도 영적인 감각의 마비로 눈물을 잃어버리지는 않았습니까? 회개의 눈물은 폐허 속에 소망을 줍니다. 오늘 우리는 영적 각성과 회개의 눈물을 흘려야 되는 시대에 살고 있습니다. 총회장이 울고, 목사가 울고, 장로가 울고, 교인들이 울어야 될 때입니다. 회개의 눈물은 사라지고 부정과 부패가 기승을 부리고 있습니다. 누구를 원망하고 누구를 탓하겠습니까? 금이 빛을 잃고, 정금이 변한 시대에 살고 있는 우리가 아닙니까?

소금이 그 맛을 잃었습니다. 등불은 꺼져갑니다. 기름은 떨어졌습니다. 그러나 하나님의 긍휼은 무한하십니다. 이것이 소망입니다. 우리가 하나님께로 돌아가야 하는 이유입니다.

기도 _ 하나님 아버지, 우리의 날을 새롭게 하옵소서. 우리의 영적인 마비를 통화하오니 영적 소생함과 정결한 마음을 주시옵소서.

247. 실패는 결코 끝이 아닙니다

본문 겔 1:1-28 / **찬송** 429장 / **요절** 겔 1:20

"영이 어떤 쪽으로 가면 생물들도 영이 가려 하는 곳으로 가고 바퀴들도 그 곁에서 들리니 이는 생물의 영이 그 바퀴들 가운데에 있음이니라"

이스라엘에서는 하나님이 에스겔에게 보여준 환상의 계시입니다. 에스겔서는 다니엘서나 계시록과 함께 묵시 문학에 속합니다. 에스겔은 바벨론의 제 2차 유다 침략 때 여호야긴 왕과 함께 포로가 됐습니다. 당시 바벨론에 포로 된 자들의 모습은 3종류로 구분할 수 있습니다.

① 망국의 울분을 극복하지 못하고 절망에 빠진 자들과

② 자포자기 상태에서 바벨론의 이방 풍속에 동화되어 사는 자들과

③ 다시 빠른 시일 내에 유대 땅으로 귀환할 수 있게 되리라는 거짓 예언자들의 달콤한 예언에 빠져 마음이 들떠 있는 사람들입니다.

이런 상황 가운데 에스겔 선지자는 예루살렘 멸망이 불가피하다는 사실을 확실히 예언하고 아울러 하나님의 약속의 때가 되면 언약의 백성들이 회복된다는 비전을 보여주었던 것입니다.

에스겔서도 다른 예언서와 마찬가지로 미래에 대한 예언과 과거, 현재에 일어날 일들을 설명합니다. 1-32장 까지는 죄악에 대한 심판의 경고이고, 33-48장은 새로이 회복될 영광을 언급하고 있습니다.

1장은 머리말로 시작하여 미생물의 이상과 바퀴의 이상, 궁창의 이상, 하나님의 영광의 형상들이 기록되어 있습니다. 이것은 하나님의 영광과 위엄, 하나님의 속성과 권능, 하나님의 세계의 체계와 역사를 나타내는 내용들입니다.

하나님이 만유의 주시며, 역사를 주관하시며, 택한 백성을 회복시켜 주시는 절대 능력자이심을 보여줍니다. 우리는 환난 많은 세상에 삽니다. 이상이 없는 신앙생활은 암담합니다. 하나님이 보여주시는 소망의 메시지가 그리고 하나님을 믿는 절대적 믿음이, 각박하고 사악한 세상을 살아가며 승리하는 우리들의 모습이 되어야 할 것입니다.

기도 _ 사랑의 하나님, 많은 사람이 절망하고 좌절하고 세상에 동화된다 할지라도 우리는 주님만 바라보고 약속의 말씀 붙잡고 승리할 수 있도록 도와주시옵소서.

248. 먹고 전하라

본문 겔 2:1-10 / **찬송** 399장 / **요절** 겔 2:8

"너 인자야 내가 네게 이르는 말을 듣고 그 패역한 족속 같이 패역하지 말고 네 입을 벌리고 내가 네게 주는 것을 먹으라 하시기로"

에스겔은 예레미야와 동시대 인물입니다. 에스겔은 바벨론에서 이미 포로생활을 하고 있는 유대인들에게 하나님의 심판의 의미를 설명하고 있었습니다. 2장은 에스겔이 소명을 받게 된 내용입니다. 하나님께서 에스겔에게 "인자야 일어서라" "내가 네게 말하리라"고 하셨습니다. 에스겔은 주님의 위엄 앞에 엎드렸습니다. 이것은 그의 겸손한 태도와 하나님에 대한 신뢰를 나타냅니다. 하나님이 쓰시는 사람의 공통점은 믿음과 겸손입니다.

에스겔서에서 인자란 말이 93번이나 나오는데 이것은 에스겔을 가리킵니다. 그리고 '나는 여호와다'는 말이 50회 이상 반복됩니다. '여호와 앞에 인자' 이것이 사명자의 모습입니다.

첫째, 사명자의 길은 고난의 길입니다. 가시와 찔레와 함께 처하며, 전갈 가운데 거하는 것과 같은 고난의 길입니다.

둘째, 사명자는 어떤 상황에서도 두려워하지 말아야 합니다. 선지자는 두려워하고 무서워하면 하나님의 말씀을 그대로 전할 수 없습니다.

셋째, 선지자는 충실해야 합니다. 백성들이 듣지 않더라도 낙망하지 말고 충실히 고해야 합니다. '내 말로 고하라' 이것은 가감하지 말고 전하라는 명령입니다.

넷째, 가장 중요한 것은 먹고 전해야 됩니다. 말씀을 받아먹고 전해야 합니다. 하나님이 주시는 말씀을 받아먹어야 합니다. 이것은 순종과 체험을 말합니다. 내가 먹어 보지도 않은 말씀을 전한다는 것은 가식이요, 허식입니다. 3장에 보면 에스겔은 말씀을 받아먹었습니다. 말씀에 익숙한 자가 되어야 전할 수 있습니다. 먹지도 안 한 말씀을 전한다는 것은 앵무새는 되어도 사명자는 될수 없습니다.

기도 _ 사랑의 하나님, 오늘 이 시대에 우리가 해야 될 일이 무엇인지 말씀으로 가르쳐 주옵소서.

249. 예언대로 멸망될 예루살렘

본문 겔 4:1-17 / 찬송 366장 / 요절 겔 4:3

"또 철판을 가져다가 너와 성읍 사이에 두어 철벽을 삼고 성을 포위하는 것처럼 에워싸라 이것이 이스라엘 족속에게 징조가 되리라"

하나님은 실패가 없으십니다. "너희가 나를 여호와인 줄 알리라"고 하신 하나님은 하나님의 거룩한 계획을 어떤 역사의 소용돌이 속에서도 이루어 가시는 것입니다. 하나님께서 에스겔에게 예루살렘이 바벨론에 포위되어 침략 받을 것을 보여주셨습니다.

예루살렘에서는 거짓 선지자들이 우후죽순처럼 일어나 바벨론이 곧 멸망하고 포로된 백성들이 곧 돌아온다고 했습니다. 그래서 포로로 잡혀온 자들이 곧 고국으로 돌아갈 줄 알았습니다. 그들이 잘못을 깨닫고 회개하려고 하지는 않고 곧 귀국이 이루어질 줄 알았던 것입니다.

하나님은 에스겔에게 정확성을 기하기 위하여 박석, 즉 토판에다 그림을 그리라고 하셨습니다. 이것이 장래에 그들에게 징조가 되리라고 했습니다. 그것은 성이 포위될 것과 바벨론 군대가 칠 것과 철 성벽을 쌓을 것을 보여주셨습니다. 4장에는 어려운 용어들이 많이 있습니다. '박석'은 당시 건축자재로 돌 혹은 흙으로 만든 벽돌의 일종입니다. '운제'는 성을 에워싸고 공격할 때 사용하는 높은 사닥다리입니다. '토둔'은 성을 공격하려고 흙으로 높이 쌓은 언덕을 뜻합니다. '공성퇴'는 성벽이나 성문을 부수기 위해 사용하는 무기인데 기둥처럼 생긴 큰 나무입니다. 그 나무의 머리에는 금속으로 씌워져 있습니다. '전철'은 철성벽을 만드는데 사용하는 철판입니다.

이스라엘 백성들은 에스겔의 경고를 무시한 채 회개치 않았습니다. 5:11-12에 보면 하나님이 더욱더 진노했습니다. 그들은 이방인보다 더 악하였습니다. 주의 법을 지키지 않고 깨닫지 못했습니다. 성도가 성도의 신분을 지키지 못할 때 하나님의 진노의 대상이 됩니다. 우리는 우리의 영적인 침체에 이르지 않도록 조심해야 할 것입니다.

기도 _ 하나님, 주님의 뜻을 깨닫고도 자아의 욕심 때문에 불순종할 때가 많이 있습니다. 용서하여 주옵시고, 주의 법을 지켜 행하게 도와주옵소서.

250. 유다의 종말이 이르렀음

본문 겔 7:1-27 / **찬송** 376장 / **요절** 겔 7:4

"내가 너를 불쌍히 여기지 아니하며 긍휼히 여기지도 아니하고 네 행위대로 너를 벌하여 네 가증한 일이 너희 중에 나타나게 하리니 내가 여호와인 줄을 너희가 알리라"

하나님이 여호와이신 줄 알게 하기 위해 이스라엘을 심판하시고, 또 이스라엘을 버리지 않으시고 구원하실 것을 에스겔을 통해 예언하셨습니다. 하나님이 하나님이신 줄 알게 하기 위해서 이고, 하나님의 백성이 깨닫고 회개케 하기 위해서입니다. 더 나아가 더 큰 축복을 주시기 위한 방편입니다. 그러므로 우리 성도들은 무슨 일을 만나든지 나와 하나님과의 관계를 우선 점검해야 합니다. 죄를 깨닫고 가슴 아프게 생각하며 하나님께 전심으로 돌아와야 되는 것입니다.

칼과 기근과 염병으로 심판할 것을 예언한 그대로 본격적인 멸망의 날이 가까이 이르렀음을 7장에서 보여주고 있습니다. 하나님은 행위대로 징벌하십니다 (7:3, 4, 8, 9). 유다 백성들은 오염물(더러운 물건), 즉 쓰레기처럼 취급을 당하게 될 것입니다. 유다의 멸망은 우상 숭배와 사악함 그리고 영적 무관심 때문입니다. 그 결과 예루살렘의 완전 파괴와 성전으로부터 하나님의 영광이 떠나게 되었습니다. 하나님이 바벨론을 몽둥이로 사용하셔서 치셨습니다. 바벨론은 포악과 잔인성을 그대로 발휘했습니다.

'때가 이르렀고, 그날이 가까웠다'는 최종 경고가 오늘 우리에게 주시는 경고인지도 모릅니다. 당신은 하나님의 경고가 임할 행동을 하고 계시지는 않습니까? 이미 임한 하나님의 최후의 경고를 혹시라도 못 듣고 있지는 않는지 다시 한 번 우리의 신앙을 점검해 보아야 할 것입니다.

기도 _ 하나님, 이 시간 하나님의 세미한 음성을 듣는 시간, 하나님의 섭리를 보는 시간이 되게 하옵소서.

251. 환상 중에 본 이스라엘의 죄악성

본문 겔 8:1-14 / **찬송** 282장 / **요절** 겔 8:4

"이스라엘 하나님의 영광이 거기에 있는데 내가 들에서 본 모습과 같더라"

에스겔이 성전 안에 들어갔을 때 성전 안에는 우상으로 가득했습니다. 국제적인 거짓 종교가 다 집결되어 있었습니다. 북쪽 문에는 성(sex)의 여신인 가나안의 아스다롯 우상이 있었고(6:3), 성전 안의 다른 방에서는 70명의 장로들이 애굽의 신비적인 종교에 몰두해 있었습니다(8:7). 바벨론의 우상숭배도 역시 성전 안에서 행해지고 있었습니다. 태양을 함께 절을 하는 사람, 별을 숭배하는 모습들이 있었습니다.

그런데도 거짓 선지자들은 듣기 좋은 평강만 약속하고 외치고 있었습니다. 하나님은 우상숭배를 제일 싫어하시는데 그들은 만들어 놓은 우상, 그려 놓은 우상, 하나님이 지어 놓은 자연계를 우상화하여 섬기고 지도자들이 앞장서서 우상을 섬겼던 것입니다. 이런 죄악으로 예루살렘에 거하는 유다 백성들이 살육을 당하게 될 것을 이어서 보여주셨던 것입니다(9장).

10장에도 예루살렘 멸망에 대한 환상입니다. 그룹 사이에서 가져온 숯불이 제단 위에 쏟아지고 하나님의 영광이 성전을 떠나가는 내용입니다. 그리고 그것이 속히 이루어질 것을 말씀했습니다(12장). 하나님은 거짓을 말씀하시는 분이 아니라 계획대로 이루시는 분이십니다.

우리는 늘 하나님의 섭리와 계획을 볼 줄 알고 그대로 이 백성들에게 전해야 될 사명이 있습니다. 우리는 눈을 들어 이 시대를 바라보고 세상에 휩쓸리지 않도록 기도해야 하겠습니다.

기도 _ 하나님, 재물과 명예와 같은 인간적인 우상을 찾지 않게 하옵시고, 창조주 하나님만 섬기며 사랑하게 하옵소서.

252. 가장 위대한 자

본문 겔 13:1-23 / **찬송** 516장 / **요절** 겔 13:23

"너희가 다시는 허탄한 묵시를 보지 못하고 점복도 못할지라 내가 내 백성을 너희 손에서 건져내리니 내가 여호와인 줄을 너희가 알리라 하라"

에스겔 13장은 거짓 선지자들에 대한 저주가 기록되어 있습니다. 거짓 선지자들은 '예루살렘이 결코 멸망하지 않으며 평강하다'고 예언했습니다. 이들은 성경이 '우매하다'고 했습니다. 하나님의 계시 없이 외쳐대는 자는 우매한 자들입니다. 이들을 '황무지에 있는 여우'같다고 했습니다. 자기 이익을 위해서 교활하다는 것입니다. 이들의 특성은 영혼을 조금도 귀하게 여기지 않는다는 것입니다. 그리고 그들에게 임할 심판을 두려워하지 않습니다.

종교개혁자인 루터의 유명한 95개조 항의 마지막 부분에 에스겔 13장 10절 이하의 말씀이 인용되었습니다.

92. 그리스도의 백성에게 '평강 평강'이라고 말하는 모든 선지자들은 쫓아 버려라. 그들에겐 결코 평강이란 없다.

93. 그리스도의 백성들에게 '십자가 십자가'라고 말하는 모든 선지자들은 복이 있도다. 그러나 결코 그들에겐 십자가가 없다.

94. 그리스도인들은 그들의 머리 되신 예수 그리스도를 고통과 죽음과 심지 어는 지옥을 통과하기까지 열심히 쫓을 수 있도록 권면 받아야 한다.

95. 그리하여 거짓된 평강이 주는 안도감을 통해서가 아닌 많은 환난을 통해서 천국에 들어가는 것을 확보해야 한다.

거짓 선지자들은 듣기 좋은 말만하기 때문에 사람들에게 환영을 받았습니다. 그러나 에스겔은 그들의 행위를 틈이 난 벽에 회칠하는 것으로 비교했습니다. 하나님과 우상을 겸하여 섬길 수는 없기 때문입니다. 그런데 우상을 섬기는 자들에게 평강을 선포한다는 것은 심판을 면하지 못할 일입니다. 심지어 노아나 다니엘이나 욥 같은 이들이 중보기도를 한다고 할지라도 심판을 면할 수 없다는 것입니다.

오늘 우리 시대에도 회개의 메시지보다는 성도들이 주일을 범하고 우상을 섬겨도 여전히 축복의 메시지만 전달하고 있지는 않습니까?

기도 _ 사랑의 아버지, 우리가 우매자가 되지 않도록 도와 주옵시고, 우매자를 따르지도 말게 하옵소서.

253. 열매 맺지 못하는 포도나무

본문 겔 15:1-8 / **찬송** 212장 / **요절** 겔 15:2

"인자야 포도나무가 모든 나무보다 나은 것이 무엇이랴 숲속의 여러 나무 가운데에 있는 그 포도나무 가지가 나은 것이 무엇이랴"

포도나무의 가치는 나무에 있는 것이 아니라 열매에 있습니다. 열매 맺지 못하면 잘라 불에 태워 버려야 합니다. 에스겔서에는 6가지 비유가 있습니다.

① 열매 맺지 못하는 포도나무(15:1-8)
② 생기가 되었던 양녀(16:1-63)
③ 독수리 두 마리(17:6-21)
④ 아름다운 백향목(17:22-24)
⑤ 어미 암사자와 그 새끼들(19:1-9)
⑥ 음부인 두 자매(23:1-49)

포도나무는 성경에 있어서 이스라엘에 대한 일반적인 상징입니다. 포도나무는 집을 짓는 데나 가구를 만들거나 연료로 사용하는 데는 적당치 않습니다. 오직 열매를 맺는 데에 가치가 있는 것입니다. 포도나무의 사명은 열매 맺는 것이기에 열매를 맺지 못할 때는 불태워 버려질 것입니다.

유다가 바로 이러합니다. 소금의 가치는 맛을 내는 데 있고, 등불의 가치는 빛을 내는 데 있습니다. 성도가 성도로서의 사명을 다하지 못하면 열매 맺지 못하는 포도나무와 같이 되는 것입니다.

요한복음 15장엔 예수님이 자신을 포도나무라고 했습니다. 그리고 성도는 가지라고 했습니다. 성도가 예수 안에 있어야 열매 맺는 삶을 살 수 있다는 것입니다. 예수로부터 떨어져 있으면 결코 열매를 맺을 수 없는 것입니다.

기도 _ 자비로우신 하나님, 우리가 주님 안에 늘 거하며 주님의 인도를 받아 열매 맺는 삶을 살게 하옵소서.

254. 우상숭배와 배교의 죄

본문 겔 23:1-49 / **찬송** 94장 / **요절** 겔 23:35

"그러므로 주 여호와께서 이같이 말씀하셨느니라 네가 나를 잊었고 또 나를 네 등 뒤에 버렸은즉 너는 네 음란과 네 음행의 죄를 담당할지니라 하시니라"

하나님께서 애굽에서 고난당하는 이스라엘을 구원하셔서 시내산 언약을 주시고, 온갖 사랑과 자비를 다 베풀어 주셨습니다. 그런데 이 이스라엘이 하나님의 사랑과 신의를 저버리고 거리의 창기처럼 되어버렸다는 것입니다. 즉, 우상을 섬기는 영적인 음녀가 되었다는 것입니다(16장). 17장에 독수리 두 마리는 바벨론과 애굽을 가리킵니다. 아름다운 백향목은 메시아를 의미합니다. 18장에는 범죄하는 그 영혼은 죽고야 만다는 사실을 강하게 말하고 있습니다.

사람은 행한 대로 보응을 받습니다. 아비가 신포도를 먹으므로 아들의 이가 신 것이 아닙니다. 악인은 선한 조상을 가졌을 지라도 재앙을 당하게 됩니다. 선을 행하는 사람은 악한 조상을 가졌을지라도 형통하게 되는 것입니다. 그러므로 자신의 현재의 고난을 타인에게 원인을 돌리지 말아야 됩니다.

19장에 어미 암사자와 새끼는 유다 왕국 즉 다윗 왕가를 가리킵니다. 계속 이스라엘의 패역함과 가증함이 지적되고 있습니다(20장). 하나님의 칼이 이스라엘 전역에 임할 것을 예언했습니다(21장). 예루살렘의 죄악상을 하나 하나 다 열거했습니다. 너무 너무 가증한 죄악들입니다(22장). 백성들, 제사장 모두 죄악 가운데 빠졌습니다.

23장의 음부인 두 자매 비유는 애굽인들과의 부정한 교제를 의미합니다. 이것은 애굽의 종교와 모든 풍속 그리고 우상적인 정치 구조가 사마리아와 예루살렘 전역에 영향을 미쳤음을 의미하는 것입니다. 앗수르와 동맹도 맺고 바벨론과 부정한 관계도 가지는데 이것은 모두 영적인 간음입니다.

영적 간음은 하나님의 심판을 면치 못할 것입니다.

기도 _ 하나님, 우리 마음속에 하나님보다 그 어떤 것도 더 사랑하는 마음을 송두리째 뽑아 주옵소서.

255. 막대기로 사용하신 이방 나라

본문 겔 25:1-7 / **찬송** 288장 / **요절** 겔 25:7

"그런즉 내가 손을 네 위에 펴서 너를 다른 민족에게 넘겨 주어 노략을 당하게 하며 너를 만민 중에서 끊어 버리며 너를 여러 나라 가운데에서 패망하게 하여 멸하리니 내가 주 여호와인 줄을 너희가 알리라 하셨다 하라"

　23장에서 하나님과 이스라엘 백성과의 관계를 남편과 아내로 비유했습니다. 하나님은 온 마음이 질투의 불로 타오르는 남편으로 범죄한 이스라엘은 방종한 음녀로 비유되어 있습니다. 24장에 와서 끊는 가마 비유를 통해 지금까지 예고되었던 바벨론에 의해 예루살렘 멸망이 시작되고 있음을 보여주고 있습니다. 범죄한 이스라엘 백성들은 진노의 매를 통하지 않고는 정결케 만드는 방법이 없음을 보여줍니다.

　25장에서 이방 족속인 암몬, 모압, 에돔, 블레셋 족속에 대한 심판이 예언되었습니다. 32장까지는 모두 이스라엘 주변 국가들의 멸망이 예언되었습니다. 26-27장은 두로에 대한 심판, 28장은 두로와 시돈에 대한 심판, 29장은 애굽에 대한 심판, 30장 역시 애굽의 멸망, 31장 앗수르에 대한 심판, 32장은 애굽의 비참한 모습을 슬퍼하는 내용입니다.

　여기서 우리가 깨달은 것은 이방나라는 모두 다 이스라엘을 훈련하고 연단하는 막대기로 사용하셨다는 것입니다. 암몬 족속들은 이스라엘의 멸망을 기뻐했습니다. 그러나 그들은 바벨론에게 망했습니다. 하나님께 버림받으면 끝나는 것입니다. 두로 역시 그 당시 해운업이 번성하므로 세계의 무역을 장악하는 부강한 나라였습니다. 그래서 그들은 거만했습니다. 결국 두로도 망했습니다. 이스라엘의 원수들을 하나하나 제거해 주시고 고국에 돌아와서 살 수 있도록 서서히 역사를 진행하고 계시는 것입니다.

　하나님을 모르는 자들은 강하면 교만해 집니다. 그래서 하나님보다 자기 힘을 의지합니다. 교만하고 악하면 망합니다. 이것은 하나님의 교육적인 목적도 있습니다. 우리는 사용되는 사명자는 될지언정 이용되는 막대기는 두지 말아야 할 것입니다.

기도 _ 하나님, 우리로 하여금 하나님의 선한 일을 하는 일꾼이 되게 하시고 하나님 나라 확장에 크게 쓰임 받는 자가 되게 하옵소서.

256. 사랑과 공의의 하나님

본문 겔 33:1-33 / **찬송** 291장 / **요절** 겔 33:11

"너는 그들에게 말하라 주 여호와의 말씀이니라 나의 삶을 두고 맹세하노니 나는 악인이 죽는 것을 기뻐하지 아니하고 악인이 그의 길에서 돌이켜 떠나 사는 것을 기뻐하노라 이스라엘 족속아 돌이키고 돌이키라 너희 악한 길에서 떠나라 어찌 죽고자 하느냐 하셨다 하라"

　하나님의 대표적인 속성이 사랑과 공의입니다. 흔히 하나님은 죄는 미워하시되 죄인은 사랑하신다는 말을 합니다.

　하나님께서 에스겔에게 파수꾼으로서 사명을 다할 것을 다짐시키셨습니다. 그리고 이스라엘의 재건과 회복에 대해서 말씀하십니다. 하나님은 진노 중에도 사랑을 베푸십니다.

　첫째, 하나님은 악인의 멸망도 기뻐하지 않으십니다. 그러기에 암몬 족속들이 이스라엘 멸망을 기뻐한 죄로 그들도 멸망 받았습니다.

　둘째, 하나님은 공의로 심판하시되 회개하여 사는 것을 기뻐하십니다.

　하나님께서 예수님을 이 땅에 보내신 것은 죄인을 구원하시기 위해서입니다. 의인을 구하러 오신 분이 아닙니다. 우리는 모두 죄를 회개하고 하나님의 사랑을 믿어야 되는 것입니다. 하나님은 죄악으로 죽는 것보다 회개하여 사는 것을 기뻐하십니다.

기도 _ 사랑의 하나님, 우리는 타인이 망하는 것을 보고, 특히 원수가 망하는 것을 보고 기뻐하고 즐거워할 것이 아니라 불쌍히 여기며 구원의 방주로 이끌 수 있는 선한 일꾼들이 되게 하옵소서.

257. 참 목자와 거짓 목자

본문 겔 34:1-31 / **찬송** 569장 / **요절** 겔 34:16

"그 잃어버린 자를 내가 찾으며 쫓기는 자를 내가 돌아오게 하며 상한 자를 내가 싸매 주며 병든 자를 내가 강하게 하려니와 살진 자와 강한 자는 내가 없애고 정의대로 그것들을 먹이리라"

이스라엘은 거짓 목자들의 잘못된 인도 때문에 회복이 지연되었습니다. 본문에 나오는 거짓 목자들은 이스라엘 정치 지도자들과 종교 지도자들을 가리키고 있습니다. 당시 지도자들은 너무나 부패하고 타락해서 백성들을 돌아보기는커녕 착취하고 괴롭혔던 것입니다. 더구나 종교 지도자들은 거짓 예언을 하고 하나님과의 영적인 교제가 단절되었는데도 하나님께 무엇을 받아 전하는 척하는 종교적 사기 행각을 계속했습니다.

에스겔 34장은 요한복음 10장에 나오는 선한 목자 되시는 예수님의 모습과 흡사합니다. 그리고 누가복음 16장에 잃은 양을 찾으시는 목자의 모습과도 같습니다. 거짓 목자는 양을 망하게 하고 참 목자는 양을 살리고 살찌게 합니다. 푸른 초장 잔잔한 물가로 인도하십니다. 우리는 참 목자 되시는 예수님의 인도를 받아야 합니다.

기도 _ 참 목자 되신 예수님, 양 같은 우리를 구원하시기 위해 생명을 버리신 은혜와 사랑을 감사합니다. 날마다 목자의 인도를 잘 따르게 하옵소서.

258. 무리가 나를 여호와인 줄 알리라

본문 겔 36:1-38 / **찬송** 397장 / **요절** 겔 36:23

"여러 나라 가운데에서 더럽혀진 이름 곧 너희가 그들 가운데에서 더럽힌 나의 큰 이름을 내가 거룩하게 할지라 내가 그들의 눈 앞에서 **너희로 말미암아** 나의 거룩함을 나타내리니 내가 여호와인 줄을 여러 나라 사람이 알리라 주 여호와의 말씀이니라"

36장 15절에 "무리가 나를 여호와인 줄 알리라"고 했고, 36장 38절에 "그들이 나를 여호와인 줄 알리라"고 했습니다. 하나님께서 자기 이름을 위해 자기 백성을 이전의 영광으로 다시 회복시켜 주실 것을 약속했습니다. 이스라엘의 환난의 기억이 구원의 경험과 감사의 예배로 바꾸어 질 것을 말했습니다.

하나님을 대적하는 백성은 망합니다. 남의 피를 흘리면 자기의 피도 흘리게 됩니다. 우리는 하나님의 법과 순리대로 살아야 합니다. 하나님은 이스라엘의 멸망을 기뻐하지 않으십니다. 다만 그들이 하나님을 배반했기 때문에 마음 아파하시는 것입니다.

이스라엘이 회복되면 다시 농사를 지을 수 있고, 생육하고 번성하며, 분쟁이 사라지게 될 것입니다. 정말 이스라엘에게 희망찬 약속입니다. 여기서도 하나님의 본심은 재앙이나 심판이 아니라는 사실을 알 수 있습니다. 우리는 자신을 통하여 많은 사람들이 사랑의 하나님을 느끼도록 해야겠습니다.

기도 _ 은혜와 사랑이 풍성하신 하나님, 하나님의 사랑을 우리가 깊이 깊이 깨달아 감사하며, 이웃에게도 그 사랑을 배울 수 있는 성도가 되게 하여 주옵소서.

259. 회복의 비결

본문 겔 37:1-28 / **찬송** 399장 / **요절** 겔 37:5

～～～～～～

"주 여호와께서 이 뼈들에게 이같이 말씀하시기를 내가 생기를 너희에게 들어가게 하리니 너희가 살아나리라"

에스겔은 하나님의 말씀을 대언했습니다. 이스라엘 미래의 중생을 선언했습니다. 흩어진 뼈들이 재결합되고 하나님의 생기로 소생된 마른 뼈들은 예전보다 더욱더 영광스럽고 강한 새 이스라엘이 될 것을 말했습니다. 회복은 하나님을 의지하고 절망을 극복하는 자들에게 주어집니다(11절). 좌절하고 절망하면 회복할 수가 없습니다.

에스겔 골짜기 뼈들은 모두가 절망에 빠진 이스라엘 백성들의 형편이라는 것입니다. 즉 희망을 버린 이들을 가리키는 것입니다. 국가가 가정이나 개인이나 희망을 제거하며 살았으나 실상은 죽은 자와 같은 것입니다. 그러므로 절망에 빠지지 말아야 합니다.

다음은 말씀을 들어야 합니다(7-10). 마른 뼈처럼 소망이 없는 상태인 것 같은 이스라엘 백성들의 살길은 오직 하나님의 말씀을 듣는데 있습니다. 요한복음 5:25에서 예수께서 말씀하시기를 "죽은 자들이 하나님의 아들의 음성을 들을 때가 오나니 곧 이때라 듣는 자는 살아나리라"고 했습니다.

이스라엘의 회복은 부활의 상징입니다. 말씀의 역사 없이는 영적인 부흥도, 생명도 없다는 사실을 깨닫게 합니다. 이스라엘의 회복은 하나님의 말씀의 약속을 믿고 확신을 가져야 합니다. 확신이 있는 한 망하지 않습니다. 희망이 있습니다. 마른 뼈도 회복시키시는 하나님은 능력의 하나님이십니다.

기도 _ 하나님, 좌절 속에 희망을 주시며, 낙심할 때 용기를 주셔서 주 하나님의 능력을 의지하여 승리하는 삶을 살게 하옵소서.

260. 하나님이 곡을 심판하실 것입니다

본문 겔 36:1-23 / **찬송** 360장 / **요절** 겔 36:19

"내가 질투와 맹렬한 노여움으로 말하였거니와 그 날에 큰 지진이 이스라엘 땅에 일어나서"

에스겔 38장은 이스라엘과 곡의 전쟁에 대해서, 39장은 곡에 대한 이스라엘의 승리에 대해서 말씀하셨습니다.

곡과 이스라엘의 전쟁은 사도 요한이 본 환상(계 20:1-10)과 같은 맥락으로 봅니다. 이 전쟁은 선과 악의 최후의 전쟁입니다.

곡(Gog)은 마곡(Magog) 땅에 살면서 로스와 메섹과 두발을 다스리는 왕입니다. 곡은 역사적인 인물임은 틀림없으나 누구인지는 확실히 모릅니다.

전쟁은 전적으로 하나님의 손에 달려 있습니다. 하나님께서 계획하시고, 싸우시고, 승리하게 하십니다. 그러므로 성경은 언제나 인간의 힘으로는 불가능하다는 사실을 강조합니다.

하나님께서 함께 하시기 때문에 이스라엘이 승리하게 되는 것입니다. 이것은 하나님의 열심과 긍휼과 보호로 이루어집니다. 최후의 승리자는 성도요, 성도가 승리하는 것은 하나님의 계획안에 있는 것입니다.

교회를 대항하고 성도를 괴롭히는 세력은 결국 망하게 됩니다.

곡과 마곡은 소돔과 같은 운명이 될 것입니다.

우리는 하나님의 은혜로 승리할 것을 미리 약속받고 싸우고 있습니다. 오늘도 승리할 줄 믿고 담대하게 살아갑시다.

기도 _ 승리를 주시는 하나님, 우리에게 큰 능력을 주셔서 영적인 싸움에서 지치지 않고 승리할 수 있도록 도와주옵소서.

261. 회복된 성전

본문 겔 40:1-49 / **찬송** 249장 / **요절** 겔 40:2

"하나님의 이상 중에 나를 데리고 이스라엘 땅에 이르러 나를 매우 높은 산 위에 내려놓으시는데 거기에서 남으로 향하여 성읍 형상 같은 것이 있더라"

곡과 마곡의 파멸 후에 회복된 성전의 설계도를 보여 주고 있습니다. 하나님은 파괴된 성전을 버리지 아니하시고 새 성전이 지어지게 될 것을 예언했습니다.

이것은 영원한 새 예루살렘, 낙원의 복구를 의미합니다. 에스겔은 성소에 이르러(41:1-2) 성전 안에 들어갔습니다. 그리고 점점 더 높이 올라갈수록 넓어졌습니다.

에스겔 40-48장까지는 에스겔이 본 성전 환상인데 그 중에서 40-42장은 성전과 그 부속 건물에 대한 규격과 설명입니다.

성전 회복은 성도의 소망입니다. 하나님께서 성전 회복의 내용을 보여주시고 이스라엘 백성들에게 내리신 명령은 우상 숭배를 금지하라는 것입니다. 그리고 하나님의 성전에 대해 거룩함을 깨닫게 했습니다.

성도의 사명은 하나님께만 영광 돌리는 것입니다. 그리고 회복된 낙원에서 영원히 하나님을 섬기며 찬양할 것입니다.

우리는 회복된 성전에 대한 소망을 가지고 하나님만 섬겨야 할 것입니다.

기도 _ 사랑의 하나님, 우리의 마음에 성령이 계신 성전임을 고백합니다. 죄로 인해 파괴되었던 우리 마음의 성전이 보혈로 씻음 받아 정결한 성전이 되게 하옵소서.

262. 여호와의 영광이 전에 가득하더라

본문 겔 43:1-27 / **찬송** 550장 / **요절** 겔 43:5

"영이 나를 들어 데리고 안뜰에 들어가시기로 내가 보니 여호와의 영광이 성전에 가득하더라"

에스겔 43-44장은 회복된 성전에서 드려질 예배의 규례에 대해 언급하고 있습니다.

에스겔은 성전 동쪽 문에서 여호와의 영광의 광채가 음성으로 들렸습니다. 동쪽 문을 지나 성전 안에 들어가니 여호와의 영광이 가득했던 것입니다. 하나님의 성전은 하나님의 영광이 가득해야 합니다. 성전의 주인은 하나님이십니다. 그렇기 때문에 하나님께서는 성전에서 철저하게 우상 숭배를 금지하셨습니다.

성전은 하나님의 보좌요, 하나님의 발을 두는 처소입니다. 그리고 택한 백성과 영원히 거할 처소입니다. 보이는 성전은 지상 교회입니다. 지상 교회는 전투 교회라고 합니다. 그러나 천상 교회는 영원한 승리의 교회, 하나님의 영광이 영원히 나타나는 교회입니다.

특별히 44장에 가서는 지도자는 타락해서는 안 되고 모든 면에 모범이 될 것을 강조했습니다. 45장에도 역시 지도자는 공의롭게 다스리고, 강포하지 말고, 토색하지 말아야 할 것을 말씀했습니다.

하나님께서는 자상하신 분이십니다. 자기 백성에 대한 지극한 관심을 가지시고 자기 백성을 통해 예배 받으시기를 원하십니다. 그러므로 우상을 멀리하고 특히 성전 봉사자들이 앞장서서 자기의 사명을 다해야 할 것입니다.

우리는 우리의 교회가 여호와의 영광이 가득하도록 기도해야 할 것입니다.

기도 _ 영광 받으시기를 하나님, 주를 경외하며 사랑하는 마음이 변치 않게 하시고 주의 선한 도구가 되어 아버지께 영광 돌리게 하옵소서.

263. 하나님의 백성이 드려야 할 예배

본문 겔 46:1-24 / **찬송** 35장 / **요절** 겔 46:15

"이같이 아침마다 그 어린 양과 밀가루와 기름을 준비하여 항상 드리는 번제물로 삼을지니라"

인간이 하나님께 예배드리는 시간이야말로 가장 복된 시간입니다.

거룩한 주일을 통해 우리는 하나님의 음성을 듣고 하나님의 손길을 체험해야 합니다.

그리고 하나님의 신선하고 신령한 생명의 양식을 먹고 마시며 구속의 사랑을 감사해야 할 것입니다.

하나님께 드리는 예배는 하나님께서 정하신 것이요, 명령입니다. 그러므로 우리는 정성을 다해 드려야 합니다. 성도의 예배는 지상에서 뿐만 아니라 천상에서도 계속 됩니다.

에스겔서 47장의 문지방 밑에서 나오는 물이 바다에 흘러들어가서 바다가 살아났습니다. 이것은 복음의 능력을 말합니다. 복음을 통해 죽은 자가 살아나고, 번성이 계속되며, 열매를 맺는 역사가 일어날 것입니다.

에스겔이 본 생수의 근원지는 성전이었습니다. 예수님이 친히 자신을 성전으로 비유하셨습니다. 복음은 예수고, 예수는 생명입니다. 예수 그리스도의 복음이 들어가는 곳마다 생명의 역사가 일어납니다.

우리는 예배를 통해 예수를 만나고 소생함을 받아야 합니다.

우리 교회가 생수의 근원지가 되도록 기도해야 합니다.

기도 _ 예배 받으시기를 좋아하시는 하나님, 우리의 일상생활이 곧 예배가 되도록 경건한 삶을 살게 하시고, 신령과 진정으로 예배에 임할 수 있도록 인도하옵소서.

264. 하늘나라의 풍성

본문 겔 48:1-35 / **찬송** 429장 / **요절** 겔 48:35

"그 사방의 합계는 만 팔천 척이라 그 날 후로는 그 성읍의 이름을 여호와삼마라 하리라"

에스겔서 마지막 부분은 너무나 은혜로운 장면입니다.

에스겔 47장에서 생명수 강을 중점적으로 소개합니다. 이 생명수의 근원은 예수 그리스도이심을 우리는 의심할 여지가 없습니다.

하늘나라의 풍성한 모습, 죽은 자가 살아나고, 모든 생물이 번성하고, 각종 먹을 실과가 자라는 모습은 계시록에 사도 요한이 본 천상의 세계와 비슷합니다.

에스겔 48장 역시 레위지파 분깃에 대해 기록하고 있습니다. 이것은 하나님의 백성들이 받아야 할 하늘의 분깃과 하나님이 거기 계시는 '여호와삼마'의 복을 누릴 것을 말하고 있습니다.

에스겔서의 최종 결론인 새 예루살렘 성의 전경은 우리 성도 모두의 소망의 성입니다.

하나님이 계시는 그 곳, 그 곳이 행복의 성, 영원한 하나님의 나라입니다.

하나님이 계시는 곳에는 부족함이 없습니다.

우리는 에스겔이 본 이상을 보면서 역경 가운데서, 어려운 현실 가운데서 승리하시기 바랍니다.

기도 _ 소망의 하나님, 영원한 하늘나라를 소망하며 기쁨으로 살아가게 하옵시고, 아멘, 주 예수여 오시옵소서 하면서 그 날을 기다리게 하옵소서.

265. 다니엘의 신앙

본문 단 1:1-16 / **찬송** 586장 / **요절** 단 1:8

"다니엘은 뜻을 정하여 왕의 음식과 그가 마시는 포도주로 자기를 더럽히지 아니하리라 하고 자기를 더럽히지 아니하도록 환관장에게 구하니"

다니엘서는 본서에 기록된 사건의 주인공인 다니엘의 이름을 따라 붙인 것입니다.

예수님께서 마태복음 24:15에 '선지자 다니엘이 말 한 바' 라고 언급했습니다. 이것은 다니엘서의 예언들이 다니엘에 의해 전해졌다는 것입니다. 다니엘서는 모든 시대를 위한 책이며, 하나님의 절대 주권을 나타낸 책입니다.

하나님은 역사의 지배자 되시고 절대 주권자가 되십니다. 그 앞에서는 어느 누구도 거스리거나 역행할 수 없습니다. 구약의 계시록이라고 할 수 있는 다니엘서는 앞으로 전개될 인류역사의 전반을 상징적으로 예언하고 있습니다.

다니엘 1:1-21은 다니엘의 헌신, 2:1-7:28까지는 이방 세계의 역사, 8:1-12:13까지는 이스라엘의 구원으로 구성되어 있습니다. 즉 1-6장은 헌신과 역사 이야기이고, 7-12장은 다니엘이 본 이상들입니다. 다니엘서는 에스겔서와 같이 바벨론 포로 중에 있을 때 기록된 것입니다.

다니엘의 신앙은 그의 헌신으로 나타나고 있습니다. 다니엘뿐 아니라 그의 친구들도 단호하고, 분별력 있는 결정을 했습니다. 그들의 영적인 순결은 그들 신앙의 열매요, 산 신앙의 표현입니다. 다니엘과 그의 세 친구의 결심은 단호했습니다. 진미와 술로 자신을 더럽히는 것을 용납하지 않았습니다. 이것은 신앙에서 나온 결단입니다. 먹는 것이 신앙보다 더 중요하지 않고, 마시는 것, 환경, 왕의 명령이 신앙보다 더 중요하지 않았던 것입니다.

만일 우리가 이런 환경에 있다면 어떻게 하겠습니까? 매일 매일 생활에 우리의 결단은 실천되고 있는지 점검해 보아야겠습니다. 우리의 신앙을 점검하여 다니엘처럼 지조 있는 신앙생활을 하시기 바랍니다.

기도 _ 하나님, 갈 바를 모를 정도로 영적인 세상이 혼탁하여 있는 이 때에 우리에게 영적인 분별력을 주셔서 신앙의 절개를 지킬 수 있도록 도와주옵소서.

266. 신앙의 절개로 왕을 굴복시킴

본문 단 3:1-30 / **찬송** 460장 / **요절** 단 3:18

"그렇게 하지 아니하실지라도 왕이여 우리가 왕의 신들을 섬기지도 아니하고 왕이 세우신 금 신상에게 절하지도 아니할 줄을 아옵소서"

다니엘 시대에 바벨론은 지상에서 최고의 세력을 지닌 나라였습니다. 다윗의 후손들이 이제 세계적인 제패를 꿈꾸는 바벨론 제국의 영광을 위해 일해야 하는 지경에 이르렀습니다. 그러나 그들은 우상에게 바쳐진 음식을 강압적으로 먹게 했을 때 그들은 굴복하지 않고 거절하였습니다.

바벨론 왕 느브갓네살은 거대한 신상에 대한 꿈을 꾸었습니다. 그것은 이 세상의 세력은 결국 몰락하고야 말 것에 대한 꿈이었습니다. 그러나 느부갓네살은 그 꿈의 뜻도, 꿈 내용도 잊어 버렸습니다.

다니엘이 기도하고 간구하여 하나님께서 주시는 지혜와 명철로 그 꿈을 해석하게 되었습니다. 다니엘은 꿈 해석을 통하여 하나님께서 장래일을 하게 하신 것과 그 꿈이 참되고 그 해석이 확실함을 강조했습니다. 그 결과 느부갓네살 왕은 다니엘을 제 2인자로, 사드락과 메삭과 아벳느고를 고관으로 등용하였습니다.

다니엘 3장에는 사드락, 메삭, 아벳느고가 갈대아 출신들에 의해 참소를 당합니다. 그것은 느부갓네살 왕이 만든 신상 앞에 절하지 않았기 때문입니다. 그들은 왕의 명령이라도 우상에게 절할 수는 없었습니다. 그로 인해 평소보다 7배나 뜨거운 풀무불에 던짐을 받았으나 죽지 않고 타지도 않았습니다. 세 사람을 던졌는데 네 사람이 불속에서 움직이고 있었습니다.

느부갓네살 왕은 하나님의 능력을 깨닫고 "지극히 높으신 하나님의 종 사드락, 메삭, 아벳느고야 나와서 이리로 오라"고 외쳤습니다. 죽음을 각오한 신앙은 결국 왕을 굴복시키고 왕으로 하나님을 찬양케 했습니다. 신앙의 정절을 지키고 목숨까지 내놓을 때 하나님께서는 그들을 머리털하나 상하지 않도록 보호하신 것입니다.

기도 _ 우리를 지키시는 하나님, 지혜를 주셔서 하나님의 것과 세상의 것을 잘 구별하게 하시고 하나님이 원하시는 것을 이루어 드리는 믿음의 장부가 되게 하옵소서.

267. 메네 메네 데겔 우바르신

본문 단 5:1-31 / **찬송** 262장 / **요절** 단 5:28

"베레스는 왕의 나라가 나뉘어서 메대와 바사 사람에게 준 바 되었다 함이니이다 하니"

세상에서는 권력을 굴복시키기 위해서 더 큰 권력을 필요로 합니다. 그러나 신앙의 힘은 세상의 그 어떤 권력도 감당하지 못합니다. 참 신앙의 힘은 위기에 처했을 때 나타나게 되어 있습니다.

다니엘은 느부갓네살의 꿈을 해석했으며, 하나님의 살아계심을 증거했습니다. 그 꿈은 그대로 이루어졌습니다. 하나님께서는 교만한 바벨론 왕 느부갓네살을 꺾어 그의 입술로 하나님을 찬양하도록 했습니다. 느부갓네살 왕이 죽고 벨사살 왕이 섭정왕으로 바벨론을 다스릴 때에 연회장의 벽에 글씨가 나타났습니다. 다니엘이 그것을 해석했습니다.

벨사살 왕은 방탕과 우상 숭배에 열중하는 자였습니다. 귀인들을 천 명이나 참석시킨 큰 잔치 중에 손가락이 나타나 왕궁 촛대 맞은편 벽에 '메네 메네 데겔 우바르신'이라는 글씨가 나타났습니다. 이는 하나님께서 달아보니 모자란다는 의미입니다.

벨사살 왕의 잔치에 참여한 자들은 술을 마신 후 노골적으로 금, 은, 동, 철, 목, 석으로 만든 우상을 찬양했습니다. 그는 왕권을 이용해 하나님의 성호와 주권을 무시하고 인정치 않는 행동을 했던 것입니다.

그러나 벨사살 왕은 보고도 깨닫지 못했습니다. 망할 사람은 봐도 깨닫지 못하며 가르쳐 주어도 회개하지 않았습니다. 그날 밤에 벨사살 왕은 죽임을 당하고 다리오가 나라를 얻게 되었습니다.

우리는 다니엘서 4-5장을 통해 용서받을 사람과 망할 사람을 대조적으로 할 수 있습니다. 망할 사람은 영적인 지각이 어두워 깨닫지 못하고 계속 망할 짓만 합니다. 우리도 교만하면 영적 지각이 어두워지게 됩니다. 겸손히 하나님의 음성에 귀를 기울여 하나님의 참 뜻을 깨닫는 성도들이 되시기 바랍니다.

기도 _ 심판 주이신 하나님, 우리의 하루하루의 생활이 심판받는 자와 같이 조심하며 경건한 삶을 살도록 도와주옵소서.

268. 다니엘의 불굴의 신앙

본문 단 6:1-28 / **찬송** 341장 / **요절** 단 6:23

"왕이 심히 기뻐서 명하여 다니엘을 굴에서 올리라 하매 그들이 다니엘을 굴에서 올린즉 그의 몸이 조금도 상하지 아니하였으니 이는 그가 자기의 하나님을 믿음이 었더라"

다니엘서에서는 세 사람의 통치자들을 통해 주는 교훈이 있습니다. 벨사살에게서는 그의 왕국의 종말을 볼 수 있고, 다리오와 느부갓네살에게서는 하나님과 같아지려는 자기 숭배의 파국을 볼 수 있습니다.

다니엘에게서는 아무리 어려운 시련이 와도 기도하였고, 하나님을 더욱 의지하는 모습을 볼 수 있습니다.

다리오 왕이 전국을 통치하던 시대에 방백이 120명, 그 위에 총리가 3명 있었는데 그 중 한 사람이 다니엘이었습니다. 그의 능력은 다른 사람들보다 뛰어났습니다. 왕이 다니엘을 앞세워 전국을 다스리게 했습니다. 그러자 총리들과 방백들이 다니엘을 모함할 구실을 찾다가 다니엘이 기도하는 모습을 보고 그를 탄압할 목적으로 악법을 만들었습니다. 그들은 왕 앞에 충성을 가장하여 앞으로 30일 동안 왕 앞에 특별 충성기간을 만들어 누구든지 왕 외에 어느 신에게나 사람에게 무엇을 구하면 사자굴에 던져 넣기로 금령을 세우고 법안을 통과시켰습니다.

그러나 다니엘은 그것을 알고도 여전히 하루 세 번씩 예루살렘을 향하여 창문을 열고 기도했습니다. 다니엘은 죽는다 하더라도 기도를 중단할 수는 없었습니다. 그 결과 다니엘은 사자굴에 던져졌습니다. 세상에서 제일 큰 악법은 예수를 믿지 못하게 막는 것이며, 기도를 못하게 하는 것입니다. 하나님은 사자의 입을 막으사 머리털 하나 해하지 못하게 했습니다. 하나님의 백성에게 대항하기 위해 만들어진 것은 어떤 것도 제 기능을 발휘할 수 없다는 사실을 알아야 합니다.

우리에게 만일 이런 일이 있다면 그래도 계속 기도할 수 있겠습니까? 다니엘의 신앙은 하나님의 마음을 움직이게 했습니다.

기도 _ 사랑의 하나님, 불굴의 신앙과 믿음을 주옵소서. 하나님의 사람으로 부족함 없게 하시고 우리로 하여금 하나님의 사람으로 부족함이 없게 하시고 우리로 하여금 불굴의 신앙과 믿음을 갖게 하옵소서.

269. 다니엘의 태도

본문 단 9:1-27 / 찬송 214장 / 요절 단 9:19

"주여 들으소서 주여 용서하소서 주여 귀를 기울이시고 행하소서 지체하지 마옵소서 나의 하나님이여 주 자신을 위하여 하시옵소서 이는 주의 성과 주의 백성이 주의 이름으로 일컫는 바 됨이니이다"

느부갓네살이 세상의 제국들을 통치하는 것 같지만 역사의 주도권은 하나님께서 가지고 계십니다. 예수님의 재림으로 세상 통치자들의 통치는 끝이 납니다.

다니엘 8장에 다니엘이 본 숫양과 숫염소 그리고 하나님의 백성들과 싸우는 작은 뿔에 대한 환상은 메대와 바사, 헬라제국의 시대에 일어날 사건들을 보여주신 것으로 유대인들로 하여금 대비토록 하기 위한 것입니다.

다니엘은 이스라엘 백성들이 하나님께 범죄하여 죄를 짓고 많은 어려움을 당함을 보고 그냥 있을 수가 없었습니다. 그리고 앞으로 도래할 여러 가지 예언적 환상을 보고 그는 하나님께 기도했습니다. 자신이 금식하고 회개했습니다. 베옷을 입고, 재를 무릅쓰고 기도했습니다. 하나님을 청종치 못하므로 고난을 통감하며 회개하며, 하나님의 은총을 구하는 기도를 드렸습니다.

다니엘의 기도 이후 70이레에 대한 가브리엘의 설명이 나옵니다. 70이레에 대한 해석은 여러 가지입니다. 그리스도의 초림이라고도 하며, 로마에 의해 주후 70년 예루살렘이 멸망한 사건이다. 혹은 예수 그리스도의 시대와 적그리스도의 시대라고 해석하는 자들도 있지만 어쨌든 과거와 현재에 다 적용되는 예언인 것만은 틀림없습니다.

때와 기한은 아버지가 아십니다. 우리는 늘 준비하여 흔들리지 않아야 될 것입니다.

기도 _ 우리의 모든 것을 아시는 하나님, 죄를 보고 슬퍼할 수 있게 하시고 의로 보고 기뻐할 수 있는 살아있는 믿음을 갖게 하여 주옵소서.

270. 너는 가서 마지막을 기다리라

본문 단 12:1-13 / **찬송** 249장 / **요절** 단 12:13

"너는 가서 마지막을 기다리라 이는 네가 평안히 쉬다가 끝날에는 네 몫을 누릴 것임이라"

다니엘이 힛데겔 강가에서 본 환상은 미래에 일어날 예언적인 내용입니다.

다니엘 10-12장까지는 환상의 연결입니다. 다니엘이 본 세마포 옷을 입고, 정금띠로 띠고, 황옥 같은 몸, 번개 같은 얼굴빛, 횃불 같은 눈, 빛나는 놋과 같은 팔과 발, 무리와 같은 소리를 들었습니다. 이 환상은 요한계시록 1:13-16의 내용과 유사합니다. 이 사람은 천사라기보다 예수 그리스도로 보아야 합니다. 인자 같은 이의 환상을 본 다니엘은 힘이 빠져 죽은 자 같이 되었지만 그의 말소리를 들을 때에 무한한 위로를 받으며 깊은 잠이 들었다고 했습니다.

다니엘 10-12장은 종말에 관한 일입니다. 세계 역사의 진행 과정에서 바사와 헬라의 왕위 계승과 안티오쿠스의 잔인한 통치를 설명하고 있는 내용입니다. 여기에서도 세계의 역사는 하나님께서 주관하고 계신다는 사실을 강하게 나타내고 있습니다.

하나님께서 다니엘에게 "너는 가서 마지막을 기다리라"고 했습니다. 하나님의 말씀은 일점일획도 변치 않고 이루어집니다.

말세에는 세상 지혜와 권세가 신에 도전하며 창조자를 무시합니다. 그것이 말세의 바벨론 문명입니다. 그러나 주님을 기다리는 자는 주님께서 보호해 주시며 구원을 주십니다.

우리는 날마다 주님을 대망하며, 말씀을 지키며, 하나님의 말씀으로 힘을 얻고 나아가야 되겠습니다.

기도 _ 하나님, 우리는 언제나 주님을 사모하고 기다리는 삶이 되게 하시고 굳게 소망을 잡고 흔들리지 않도록 인도하여 주옵소서.

271. 여호와께로 돌아가자

본문 호 1:1-11 / **찬송** 275장 / **요절** 호 1:11

"이에 유다 자손과 이스라엘 자손이 함께 모여 한 우두머리를 세우고 그 땅에서부터 올라오리니 이스르엘의 날이 클 것임이로다"

성경은 인간 구원을 위한 하나님의 계획을 적어 놓은 책입니다. 호세아서는 호세아가 기록했습니다. 그 이름의 뜻은 '구원'이라는 뜻입니다. 여호수아의 본명이 호세아임을 보아 여호수아와 같은 이름입니다.

호세아는 이사야와 같은 시대에 북왕조 이스라엘에서 활동한 선지자입니다. 호세아 시대에 북왕조는 국력이 크게 부흥되었지만 종교적 타락은 심각했습니다. 물질적으로는 풍요하고 영적으로는 빈곤했습니다. 그래서 호세아는 '여호와께로 돌아가자'고 외쳤습니다. 북이스라엘의 패망을 경고하였던 것입니다.

호세아 1-6장은 호세아의 가정생활에 대해서, 7-14장은 이스라엘의 국가 생활에 대하여 기록하고 있습니다. 1-6장까지 선지자 가정의 음행과 나라의 음행을 나타내고 있습니다. 호세아의 아내 고멜은 음행했으나 호세아는 신실했습니다. 이스라엘은 우상을 섬기는 영적 음란이 성행했으나 여호와께서는 신실하십니다. 고멜이 음행하고 불성실하듯이 이스라엘은 우상 숭배에 깊이 빠져 있었고 하나님을 무시했습니다.

하나님의 사랑은 한계가 있는 인간의 사랑이 아니라, 초월적 사랑입니다. 하나님께서 호세아에게 음행한 고멜을 아내 삼으라고 명하심으로 하나님과 타락한 자기 백성과의 관계를 깨닫게 하셨습니다. 하나님의 사랑은 너무나 감동적입니다. 하나님의 사랑에는 어떤 것도 녹아버리고 맙니다. 우리의 더럽고 추한 죄도 하나님의 사랑에 녹아버리게 됩니다.

우리는 하나님의 사랑에 완전히 포로가 된 삶이어야 됩니다. 그 사랑에 우리의 삶을 드려야 할 것입니다.

기도 _ 사랑의 하나님, 생명을 주시기까지의 사랑 무한 감사드립니다. 우리의 전 인격을 드려 하나님을 사랑하고 우리의 전 삶도 하나님께 드리게 하옵소서.

272. 하나님을 모르면 망합니다

본문 호 4:1-19 / **찬송** 528장 / **요절** 단 4:6

"내 백성이 지식이 없으므로 망하는도다 네가 지식을 버렸으니 나도 너를 버려 내 제사장이 되지 못하게 할 것이요 네가 네 하나님의 율법을 잊었으니 나도 네 자녀 들을 잊어버리리라"

호세아는 1, 2장에서 이스라엘의 죄를 통탄하며 고발합니다. 여호와는 질투 하시는 남편이십니다. 여호와는 아내 같은 자기 백성이 바알 우상을 섬기며 풍 요를 기대하는데 대해 진노하셨습니다. 그런데 이해할 수 없는 것은 이런 가운 데서도 이스라엘에게 언약을 세우시고 소망의 선물들을 약속하신다는 것입니 다. 그러므로 하나님의 백성들에 있어서 심판은 저주가 아니고 자기 백성들을 훈련시키기 위한 것입니다.

인간은 변하지만 하나님의 사랑과 약속은 변치 않습니다. 하나님을 아는 것이 지식의 근본입니다. 하나님을 아는 것은 인격적인 만남과 교제를 의미합니다. 하나님을 아는 지식이 없으면 망하는 것입니다. 우리는 하나님의 뜻을 깨달아 야 합니다. 하나님을 모르면 소망이 없습니다.

이스라엘 백성들의 죄악은 있어야 할 것이 없는 것입니다. 하나님을 아는 지 식이 없었습니다. 이스라엘 백성들의 죄악은 해서는 안 될 우상 숭배를 했습니 다. 저주(즉 거짓 맹세), 사위(거짓말), 살인, 투절(도적질)을 했으며, 심지어 제 사장들까지 범죄의 선봉에 섰습니다. 그러면서도 제사장들과 이스라엘 백성들 은 자신의 범죄를 깨닫지 못하고 오히려 교만했습니다. 그러한 죄는 벌을 면치 못하며 멸망을 초래했습니다.

무지와 교만은 멸망을 초래하므로 우리는 하나님을 알아야 합니다. 알되 힘 써 알아야 합니다.

우리는 하나님의 뜻을, 하나님의 사랑을 얼마나 깨닫고 감사하고 있습니다.

기도 _ 하나님, 진리의 영이 오셔서 의에 대하여 진리에 대하여 심판에 대하여 깨닫 게 하여 주시옵소서. 변치 않는 하나님의 사랑의 약속을 기억하면서 더욱더 하나님 을 아는데 힘쓰는 자가 되게 하옵소서.

273. 범죄하면 망한다

본문 호 9:1-17 / 찬송 523장 / 요절 호 9:17

"그들이 듣지 아니하므로 내 하나님이 그들을 버리시리니 그들이 여러 나라 가운데에 떠도는 자가 되리라"

이스라엘 범죄의 결과는 결국 패망을 가져 왔습니다. 처음에는 애굽에게 도움을 구하다가 다음은 앗수르에게 손을 내밀었습니다. 여호와께로 돌아오라고 간절히 간절히 외쳐도 깨닫지 못한 그들은 필경은 앗수르 왕에 의해 침략당할 것이며 전쟁 포로로 잡혀 가고야 말 것입니다.

앗수르 사람이 이스라엘 왕이 되고, 이스라엘 사람들은 노예가 되고, 이스라엘은 더 이상 축제의 잔치는 사라지고, 에브라임의 영광이 새같이 날아가고야 말 것입니다(9:11).

하나님은 형식을 원치 아니 하시고 신실을 원하십니다. 하나님의 말씀을 거역하는 것이 바로 하나님을 거역하는 행위입니다. 그들은 어려움이 오자, 회개하고 하나님을 의지하지 않고 외세에 의존했던 것입니다. 이스라엘은 하나님을 잊어 버렸습니다. 우상과 교만에 빠지면 영적인 침체가 옵니다. 그러면 영적인 감각이 마비가 되어 도무지 깨닫지 못합니다.

범죄하면 망하기 때문에 서로서로 깨닫게 하고 회개를 권유해야 합니다. 말씀대로 살기를 사랑으로 권유해야 합니다. 하나님의 법을 어기고, 우상을 섬기고, 하나님을 무시하는 행위는 비참한 결과를 가져오게 됩니다.

호세아 9장에 보면 자원의 고갈과 자손의 희귀입니다. 죄의 결과는 탄식을 가져왔습니다. 호세아는 앞으로 닥칠 이스라엘의 처참한 죄악의 결과 앞에 하나님께 부르짖을 수밖에 없었습니다.

우리도 오늘의 현실 앞에 우리의 삶을 사랑으로 나타내며 진리를 외치고 기도하는 길밖에 없습니다.

기도 _ 하나님 아버지, 우리의 영적인 지각이 마비되지 않게 하옵시며, 이 백성들의 죄악을 깨닫게 하옵소서.

274. 내가 어찌 너를 버리겠느냐

본문 호 11:1-12 / **찬송** 311장 / **요절** 호 11:8

"에브라임이여 내가 어찌 너를 놓겠느냐 이스라엘이여 내가 어찌 너를 버리겠느냐 내가 어찌 너를 아드마 같이 놓겠느냐 어찌 너를 스보임 같이 두겠느냐 내 마음이 내 속에서 돌이키어 나의 긍휼이 온전히 불붙듯 하도다"

이스라엘이 범죄했습니다. 하나님의 심판의 날은 계속해서 연기되었으나 마침내 비극적인 심판의 돌풍이 불어오기 시작했습니다.

그렇게도 호세아가 외쳤지만, 그 어떠한 반대가 있다 할지라도 계속하여 회개를 외치는 설교를 했지만 그들은 회개하고 돌아오지 않았습니다.

그들은 두 마음을 품었습니다. 하나님과 바알 사이에서 갈팡질팡 했습니다. 그들은 하나님을 저버리고 다윗왕가를 배반했습니다. 그들은 벧아웬의 송아지를 섬겼으며 사마리아의 왕을 섬겼습니다.

이스라엘은 형통할 때에 하나님의 은혜를 잊어버리고 우상을 섬겼습니다. 두 마음을 품었습니다. 하나님을 두려워하지 않았습니다.

그래서 타국의 지배를 받게 하시겠다는 것입니다. 그날은 심판의 날이요, 고통의 날입니다. 그러나 회개하기만 하면 의를 비처럼 내리실 것입니다. 지금이 하나님을 찾을 때인데, 하나님은 이스라엘을 도무지 버릴 수 없어 기다리시는데, 그렇게도 하나님은 당신의 백성을 사랑하고 아끼시는데, 지금까지 베푸신 하나님의 사랑을 다 잊어버리고 돌같이 완악한 마음을 가지고 있었습니다.

인간은 이렇게도 변덕스러운 것입니다. 이스라엘 백성들을 향하여 조소하고 비난할지는 모르나 그것이 바로 오늘 나의 삶의 모습이라는 사실을 깨닫지 못합니다.

기도 _ 사랑과 공의의 하나님, 하나님은 우리를 너무너무 사랑하고 아끼시는데 우리는 깨닫지 못할 때가 많사오니 성령으로, 말씀으로 날마다 깨닫게 하시고 하나님께서 행할 수 있게 하옵소서.

275. 이스라엘아 돌아오라

본문 호 13:1-14:9 / **찬송** 525장 / **요절** 호 14:1

"이스라엘아 네 하나님 여호와께로 돌아오라 네가 불의함으로 말미암아 엎드러졌느니라"

이스라엘은 본래 보잘것없는 존재였습니다. 그러나 하나님은 이스라엘을 선택하셔서 인도하시고 보호해 주셨습니다. 그런데 이스라엘은 하나님을 배반하고 하나님의 은혜로 풍족하게 된 그들은 하나님께 감사하지 않고 오히려 그 풍족으로 인해 교만해져 우상을 섬기는데 열심을 다했습니다. 하나님께서 제일 싫어하시는 일들만 했습니다. 그로 인해 하나님께 미움을 받았습니다.

그래도 하나님께서는 이스라엘이 멸망하는 것을 기뻐하지 아니하시고 "이스라엘아 네 하나님 여호와께로 돌아오라"고 선지자를 통하여 권고하십니다. 돌아오기만 하면, 회개하기만 하면 용서해 주시겠다고 했습니다.

회개는 성령의 역사입니다. 회개하면 구원의 복을 주십니다.

14:4-8은 회개하는 자에게 주시는 하나님의 복이 언급되어 있습니다. 회복의 은총을 주십니다. 뿌리 깊은 나무처럼 흔들리지 아니하는 복을 주십니다. 레바논의 백향목과 포도나무 같이, 감람나무 같이 번성할 것을 약속했습니다. 푸른 잣나무 같이 열매 맺게 하십니다.

호세아서 마지막 장은 너무나도 간절하게 회개를 권고하고, 수많은 축복들을 약속하십니다.

회개만이 회복이요, 회개만이 살 길이요, 회개만이 복 될 것입니다.

기도 _ 긍휼의 하나님, 우리로 하여금 자신을 살펴 회개케 하시고 주님의 약속된 복을 받아 누리게 하옵소서.

276. 재앙을 소멸시키는 비결

본문 욜 1:1-20 / **찬송** 184장 / **요절** 욜 1:14

"너희는 금식일을 정하고 성회를 소집하여 장로들과 이 땅의 모든 주민들을 너희 하나님 여호와의 성전으로 모으고 여호와께 부르짖을지어다"

요엘은 메뚜기 재앙이 가져온 파멸을 상기시키면서 이것이 장차 올 심판에 비하면 아무것도 아니라고 유다 백성들에게 외쳤습니다. 더 큰 재앙을 당하기 전에 빨리 회개할 것을 촉구했습니다. 회개만 하면 하나님께서 무서운 심판은 다른 곳으로 돌리시고 축복을 주실 것을 약속했습니다.

요엘서는 선지자 요엘이 기록했습니다. 요엘은 '여호와는 나의 하나님'이라는 뜻입니다. 브두엘의 아들이라고만 알려져 있을 뿐 성경상의 다른 기록은 없습니다. 요엘서는 '주의 날', '여호와의 날'이 임박했다는 사실을 깨우쳐 줍니다.

요엘서의 역사적 배경은 주전 약 835년경으로 보며, 구약 성경 중에 유일하게 '성령강림'에 대하여 예언하고 있습니다. 1:1-2:17까지는 메뚜기 재앙에 대해서, 2:18-3:21까지는 구원과 회복에 대한 내용입니다.

예언의 초점은 하나님의 백성에 대한 과거의 심판과 미래의 때를 위해 이제라도 금식하며 회개하라고 외쳤습니다. 지금 당장 진정으로 회개하면 포도가 풍성하고 젖이 풍성하고, 물이 풍성하게 되는 형통과 번영을 약속하는 외침이었습니다. 죄는 무서운 재앙을 가져오고 회개는 놀라운 구원의 복을 가져옵니다. 오늘 우리에게 주시는 하나님의 말씀입니다.

기도 _ 보호자가 되시는 하나님, 우리의 부족함을 채워주시고 강하게 도와주셔서 우리에게 임할 재앙을 물리치게 하옵소서.

277. 공법을 물같이, 정의를 하수같이

본문 암 1:1-15,5:24 / **찬송** 460장 / **요절** 암 5:24

"오직 정의를 물 같이, 공의를 마르지 않는 강 같이 흐르게 할지어다"

아모스는 뽕나무 재배를 하면서 생계를 유지하던 농부였습니다. 양떼를 돌보고 있는 동안 하나님의 부르심을 받았습니다.

우리가 여기서 참고할 것은 예수님의 제자나 모든 선지자가 부름 받을 때는 자기의 현직에 충실히 일하고 있었다는 사실입니다. 유다 광야 지역인 드고아 목자 출신인 아모스는 이사야처럼 왕궁에 속한 선지자도, 예레미야처럼 제사장 출신도 아니었습니다. 아모스는 주로 유다의 웃시야 왕과 이스라엘의 여로보암 2세 때 활동한 선지자입니다.

아모스는 강하게 여성 운동을 일으켰습니다. 아모스를 통해서 깨달을 것은, 참 신앙은 사회적으로 정치적으로 정의가 수반되고 윤리가 정착되어야 한다는 것입니다. 그런데 그것은 하나님 중심생활일 때 가능하다는 것입니다. 아모스는 아모스의 예언, 설교, 환상들로 구성되어 있습니다. 북왕국 이스라엘은 외적으로는 튼튼했습니다. 번창하는 경제, 안정된 정부였습니다. 그러나 영적으로는 우상 숭배, 불의, 탐욕, 위선, 학대, 오만으로 가득 찼습니다. 뇌물을 받고 재판하고 가난한 사람을 학대했습니다.

아모스는 '회개하라'고 외칩니다. 그렇지 않으면 '망한다'는 것입니다. 재앙을 피하는 길은 회개뿐입니다. 그러나 이스라엘은 완악했습니다. 배가 고파도 뉘우침이 없고 목이 말라도 회개치 않았습니다. 심지어 재앙을 받아도 회개하지 않았습니다.

회개는 하나님을 찾는 것입니다. 영원하시고 전능하신 하나님, 그 하나님께 나아와야 사는 것입니다. 하나님은 제사보다 순종을 더 원하시고 공법이 물같이 정의가 하수처럼 흐르는 것을 원하십니다.

하나님을 멀리하면 모든 것이 파괴되고 맙니다. 하나님과 함께 하는 삶, 이것이 인생의 보람입니다.

기도 _ 정의의 하나님, 우리로 하여금 불의와 마귀에 대적하게 하시고, 정의와 하나님 뜻에 순종하는 참 신앙인이 되게 하옵소서.

278. 선지자를 모함하면 망합니다

본문 암 7:1-17 / **찬송** 569장 / **요절** 암 7:17

"여호와께서 이와 같이 말씀하시기를 네 아내는 성읍 가운데서 창녀가 될 것이요 네 자녀들은 칼에 엎드러지며 네 땅은 측량하여 나누어질 것이며 너는 더러운 땅에서 죽을 것이요 이스라엘은 반드시 사로잡혀 그의 땅에서 떠나리라 하셨느니라"

육체의 일에는 몰두하고 영적인 일에 태만한 자들은 기도하지 않습니다. 그리고 하나님의 경고와 심판에 대해서는 무관심하고, 어떻게 하면 이 세상에서 사치하고 향락을 누릴까 하는 데만 관심을 가집니다.

하나님께서 아모스에게 기근의 재앙과 불의 재앙과 다림줄을 보여주셨습니다. 그것은 봄에 일어나는 황충 재앙에 대한 환상으로 기근을 예고한 것이고, 둘째 환상은 목초지와 물의 근원을 마르게 하는 여름 가뭄입니다. 아모스는 이 무서운 재앙을 거두어 달라고 간절히 기도했습니다. 그리고 다림줄을 띄우고 쌓은 담 곁에서 주께서 다림줄을 잡고 서 계시는 것을 보여 주셨습니다. 이것은 심판이 임박했다는 것을 나타내며 아무도 변경할 수 없다는 것입니다.

이때 대제사장 아마샤는 여로보암 왕을 방문하여 아모스가 예언한 것은 벧엘에서 일어난 일이 아니라, 아모스가 개인적으로 왕에게 적용시켜 반란을 꾀하고 있다고 이간을 해서 아모스를 탄압하고 만들었습니다. 옛날이나 지금이나 입신양명을 꾀하고 현실주의에 도취된 타락한 종교운동은 교회의 위치나 직권을 이용하여 자기에게 거침돌이 되는 자를 없애려고 합니다.

아마샤는 아모스에게 "선견자야 너는 유대 땅으로 도망하여 가서 거기서나 떡을 먹으며 거기서나 예언하고 다시는 벧엘에서 예언하지 말라. 이는 왕의 성소요 왕의 궁임이니라"고 모욕적인 말을 했습니다. 그때 아모스는 자신은 하나님 "네 아내는 성읍 중에 창기가 될 것이요, 네 자녀들은 칼에 엎드러지며 네 땅은 줄 띄워 나누일 것이며 너는 더러운 땅에서 죽을 것이요 이스라엘은 정녕 사로잡혀 그 본토에서 떠나리라 하셨느니라"고 말했습니다.

아모스는 계속해서 과실담은 광주리 이상을 보았습니다. 이스라엘에게 임할 멸망과 영적 기갈의 때를 보게 되었습니다. 심지어 성전 기둥이 무너져 버리는 이상을 봄으로 예루살렘 성전의 파괴와 메시아가 오심으로 완전히 새 시대가 도래 할 것을 전했습니다. 인간은 타락해도 하나님의 약속은 이루어집니다.

기도 _ 하나님, 사랑의 마음을 우리에게 주셔서 모든 사람을 용서하고 사랑하며 선한 주의 종의 교훈을 잘 따를 수 있도록 하옵소서.

279. 행한 대로 받습니다

본문 옵 1:1-21 / **찬송** 544장 / **요절** 옵 1:15

"여호와께서 만국을 벌할 날이 가까웠나니 네가 행한 대로 너도 받을 것인즉 네가 행한 것이 네 머리로 돌아갈 것이라"

오바댜는 구약 성경 중 가장 짧은 21절로 구성된 책이지만 놀라우리만큼 내용이 풍부한 책입니다.

간단한 환상이 우리에게 충고와 경고를 주며, 모든 시대에 적용되는 내용으로 구성되어 있습니다.

오바댜는 에돔의 오만한 죄악과 하나님에 대한 그리고 유대인이 당할 잔인한 학대에 대한 경고의 메시지입니다.

에돔은 에서의 후손입니다. 에서는 야곱의 형입니다. 하나님은 야곱을 택했습니다. 그런데 에돔은 역사적으로 계속 그 형제의 나라 유다를 괴롭혔습니다. 그리고 그들은 천연적 요새 지역이므로 적의 침략으로부터 보호받을 수 없었기에 교만하고, 유다가 침략을 당할 때 도와주지 않고 오히려 이방나라 편에서서 유다를 공격했던 것입니다. 그래서 15절에 보면 "너의 행한 대로 너도 받을 것인즉" 이라고 했습니다. 에돔은 주후 70년경 영원히 망했습니다. 역사에서 자취를 감추었습니다.

에돔의 열망의 원인은 교만입니다. 하나님께서 치시면 멸시를 받고 천연적인 요새도 구원할 수가 없는 것입니다.

하나님은 모르시는 같아도 다 알고 계시며, 안 보시는 것 같아도 다 보고 계십니다. 하나님을 무시하고 교만하면 잘 될 것 같아도 결국은 망합니다.

기도 _ 하나님, 우리의 영적인 무지와 육적인 안일이 교만한 인격으로 만들기 쉽사오니 항상 말씀의 거울 앞에 겸손히 자신을 살피게 하옵소서.

280. 21세기와 나는 누구인가

본문 욘 1:1-17 / **찬송** 518장 / **요절** 욘 1:10

"자기가 여호와의 얼굴을 피함인 줄을 그들에게 말하였으므로 무리가 알고 심히 두려워하여 이르되 네가 어찌하여 그렇게 행하였느냐 하니라"

요나서는 아밋대의 아들인 선지자 요나의 기록입니다. 요나에 대한 기록은 열왕기하 14:25에서만 있고 그 외에는 없습니다. 전설에 의하면 요나는 사렙다 과부의 아들이라고 합니다.

요나는 '비둘기'라는 뜻입니다. 요나서는 불순종하는 요나, 기도하는 요나, 순종하는 요나, 불평하는 요나로 형성되어 있습니다. 불순종의 결과는 풍랑을 만났고 순종의 결과로 니느웨가 구원되었습니다.

하나님께서 요나를 불러서 앗수르의 수도 니느웨로 가서 멸망이 임박했음을 전하라고 했습니다. 그러나 앗수르인들은 잔인하고, 이스라엘의 원수였기 때문에 요나는 그들을 두려워하면서 경멸하였습니다. 그래서 요나는 니느웨로 가지 않고 반대편으로 갔습니다. 그 결과 폭풍 속에서 바다에 던져진 요나는 물고기 뱃속에 들어가게 되었고 회개하며 기도했습니다. 그 결과 물고기가 요나를 토해 내었고 요나는 니느웨로 가서 하나님의 명하신 대로 회개하라고 선포했습니다. 사람들이 회개하자 요나는 기분이 좋지 않았습니다. 하나님은 박 넝쿨을 통해서 요나의 불평을 지적하여 하나님의 사랑과 긍휼을 깨닫게 했습니다.

요나는 배안에서 불순종하였고, 물고기 안에서 회개하며 기도하였고, 성안에서 전도했습니다. 그리고 다시 성 밖에 나와서는 불평했습니다. 인간의 연약성을 그대로 나타낸 솔직한 요나의 모습입니다.

그러나 우리는 한 사람의 회개와 외침이 십이만 명의 백성을 구원한 역사를 보았습니다. 사망에서 생명으로 옮겼습니다. 나는 요나처럼 내가 가야할 곳을 가지 않고 다른 곳으로 도망치고 있지는 않는지 살펴보아야 하겠습니다.

기도 _ 순종을 원하시는 하나님, 말씀에 우리 앞길을 비춰보게 하시고 말씀에 절대적인 순종을 하는 우리가 되게 하옵소서.

281. 좋은 소식과 나쁜 소식

본문 미 1:1-16 / **찬송** 515장 / **요절** 미 1:12

"마룻 주민이 근심 중에 복을 바라니 이는 재앙이 여호와께로 말미암아 예루살렘 성문에 임함이니라"

미가 선지자는 호세아와 동시대에 활동한 선지자입니다. 미가 시대의 사회는 각 분야에 골고루 죄가 침투해 거짓 선지자들이 판을 치며, 상황에 따라 아부하고, 돈에 매수 되었습니다. 왕자들은 가난한 자들을 억압하고, 부패한 재판관들은 불의를 허용했습니다. 미가 시대에는 설교자들이 긍정의 꼭두각시로 하나님의 진리를 선포하는 선지자들을 쫓아내는 그런 때였습니다.

미가는 그의 동족들에게 죄에서 돌이켜 하나님께 돌아오라고 외쳤습니다. 그러나 그의 메시지에는 모두 관심이 없었습니다. 사람들이 세속화되어 버리면 영적인 설교는 아무런 권위가 없어집니다.

7장으로 된 미가서는 징벌과 약속과 용서로 연결되어 있습니다. 미가는 좋은 소식과 나쁜 소식을 동시에 전했습니다. 남은 자들에 대한 희망, 부패한 자들에 대한 심판입니다. 미가는 낮은 산지의 모레셋 출신이었습니다. 그는 목동 아모스와 닮았습니다. 그는 도시 출신도 아니고, 정치적 배경도 없는 보잘 것 없는 존재였지만, 하나님의 말씀을 받아 그대로 전하는 홀로서기의 외롭고 힘든 십자가의 길을 가야만 했던 것입니다.

거짓 선지자들이 합세하여 미가의 예언을 방해했습니다. 옛날이나 지금이나 선지자의 길, 정의와 진리의 길은 방해와 핍박이 많은 외로운 길입니다. 미가는 야곱의 허물과 이스라엘 족속의 죄악을 알려야만 했습니다. 그리고 백성들에게 내릴 심판을 경고해야만 했습니다.

심판의 원인은 지도자의 타락 즉 악한 일을 계획하고, 착취하고, 뇌물을 좋아하고 공의를 미워하는 것입니다. 선지자들은 거짓 예언을 밥먹듯이 하였고, 그로 인한 종교적 부패로 사회 각 분야에 타락을 가져오게 했습니다.

오늘 우리 시대의 고민이 무엇입니까? 종교적 타락이요 지도자들의 부패입니다. 세상은 그렇다 하더라도 교계 지도자들이 세상과 야합하여 부정을 고발하기는커녕 아부하며 축복을 빌어주는 모순의 역사가 계속되지 않았는가 생각하며 반성해야 할 것입니다.

기도 _ 자비의 하나님, 우리가 하나님의 도구가 되어 세상에서 빛이 되며 소금이 될 수 있도록 하시며 하나님께 영광 돌리게 하옵소서.

282. 미래의 통치자 메시아

본문 미 5:1-14 / **찬송** 92장 / **요절** 미 5:2

"베들레헴 에브라다야 너는 유다 족속 중에 작을지라도 이스라엘을 다스릴 자가 네게서 내게로 나올 것이라 그의 근본은 상고에, 영원에 있느니라"

미가가 갖고 있는 좋은 소식은 메시아의 통치라는 내용입니다. 이스라엘을 다스릴 메시아가 일어나고, 의의 날, 평강의 날을 맞이하게 될 것입니다.

메시아는 유대 땅 베들레헴에서 탄생될 것을 너무나 정확히 예언하고 있습니다. 창세기 3:15에 예언된 그 예언이 이제 구체화 되는 것입니다.

메시아가 오셔서 자기 백성들을 양떼 돌보듯 돌보시는 선한 목자가 될 것이며, 그는 평강의 왕으로서 죄에 포로된 자들을 속량하여 영원한 구원을 허락하실 것입니다.

하나님은 하나님의 계획과 비밀을 순진한 농촌 출신 미가를 통하여 선명하게 계시하시고 예언케 하셨습니다.

메시아가 통치하시므로 본래 약하던 남은 자는 다시 강해질 것이며 대적들은 진멸하고 평강이 임할 것이라는 소망의 메시지는 초림의 예수를 예언함과 동시에 재림하실 예수 그리스도의 통치를 예언하기도 하는 것입니다.

성도의 소망은 메시아의 통치입니다. 주님이 통치하시는 그날까지 이 땅은 마귀와 세상과 불법이 득세하며 악마는 최후의 발악을 할 것입니다.

현재 내 마음에 메시아가 통치할 때 그가 바로 남은 자이고 하나님의 영광과 평강을 소유할 자입니다.

기도 _ 하나님, 내 맘속에 좌정하시어 나를 통치하시고 나는 주의 종으로 수종들게 하옵소서.

283. 화 있을진저, 피 성이여

본문 나 1:1-15 / **찬송** 495장 / **요절** 나 1:6

"누가 능히 그의 분노 앞에 서며 누가 능히 그의 진노를 감당하랴 그의 진노가 불처럼 쏟아지니 그로 말미암아 바위들이 깨지는도다"

나훔서는 하나님께서 대적들을 모두 무찌르는 가장 위대하고 철저한 보복자로 표현하고 있습니다. 나훔의 예언은 니느웨를 향한 멸망이 예언되어 있습니다. 나훔은 엘고스라고 불리는 마을 출신이란 기록 외에는 알 길이 없으며 엘고스라는 마을이 어디에 위치해 있었는지도 알 수 없습니다.

니느웨는 앗수르의 수도입니다. 앗수르는 B.C.722-721년 사이에 사마리아를 멸망시켰고 북왕국 사람들을 포로로 잡아 갔습니다. 유대에게는 위협적인 존재였습니다. 요나가 니느웨 멸망을 예고했을 때 그들은 회개함으로 멸망을 피할 수 있었으나 오래지 않아 또다시 극도의 잔인함과 사악함으로 되돌아갔고 마침내 B.C.612년에 멸망하고야 말았습니다.

본서는 유대 나라에 대해서는 전혀 언급이 없고 이웃나라 앗수르의 멸망에 대해서만 언급하고 있습니다. 우상 숭배한 니느웨는 멸망한다는 사실을 강조하므로 하나님께서 세계의 통치가 되심을 나타내고 있습니다. 나훔 3:1에는 니느웨의 참상을 말했습니다. "화 있을진저 피 성이요 그 속에는 궤휼과 강포가 가득하며 늑탈이 떠나지 아니하는도다" 했습니다.

하나님은 선민의 대적들을 무찌르고 선민들을 위하여 기적을 베푸시며 환난에서 피하게 하십니다. 이방 나라라도 회개하면 용서하시고 선민이라도 범죄하면 징벌하시는 하나님은 공의의 하나님이십니다.

요나의 전도로 회개한 후 니느웨에는 106년이란 세월이 흘러갔습니다. 백성들의 회개 정신과 신앙의 부흥은 사라졌습니다. 하나님께서는 그 땅의 죄악을 간과하지 않으시고 맹렬한 진노의 불에 타버릴 것을 예언했던 것입니다.

우리도 신앙의 부흥이 계속 이어지지 아니하면, 믿음의 전통이 이어지지 아니하면, 죄악과 부패의 소용돌이 속에 파멸과 비극적인 운명을 가져오고야 만다는 사실을 명심해야 합니다.

기도 _ 공의의 하나님, 우리 속에 있는 자아가 나를 주장하지 않게 하시고 오직 성령이 간섭하셔서 하나님의 사람으로 복된 삶을 살게 하옵소서.

284. 오직 의인은 믿음으로 살리라

본문 합 1:1-2:20 / **찬송** 384장 / **요절** 합 2:4

"보라 그의 마음은 교만하며 그 속에서 정직하지 못하나 의인은 그의 믿음으로 말미암아 살리라"

하박국은 레위의 찬양 대원들 중의 한 사람이었다고 추정합니다. 하박국은 음울하게 시작하여 영광으로 끝납니다. 하박국은 하나님께 여러 번 질문을 했습니다. 하나님께서 어찌하여 유다보다 훨씬 죄 많은 이방 나라들을 사용하여 유다에게 벌을 주십니까? 라는 질문입니다.

그러나 하나님은 악을 방관하시는 분이 아니라 다만 오래 참고 계신다는 사실을 깨닫게 해주셨습니다. 하나님께서는 악을 징계하기 위해 더 악한 나라들을 일으켜 치게 하시지만 결국은 그들도 심판을 하시는 것입니다.

하박국서의 핵심은 결국 악인은 망하고 의인은 믿음으로 산다는 것입니다. 의인은 하나님의 기쁨이요, 힘이요, 즐거움이 됩니다.

하박국은 3장으로 되어 있습니다. 마지막 3장은 찬양과 기도로 끝이 납니다.

하나님께서는 자기 백성을 버리지 않습니다. 자기 백성을 해하는 원수들의 세력을 완전히 도말해 버리실 것입니다.

원수들은 시시각각으로 하나님의 백성들을 해하려 하지만 하나님께서는 그들에게 오히려 치명타를 가하십니다.

우리가 살아가는 과정에도 하박국과 같은 의심과 질문이 없지 않을 것입니다. 그럴 때마다 믿음으로 극복하고 확신 가운데 승리해야 합니다. 우리는 어떠한 환경 속에서도 믿음을 지켜야 할 것입니다.

기도 _ 하나님, 믿음 없는 자 되어 책망 받지 않게 하시고 믿음 있는 자 되어 칭찬 받고 하나님의 선한 일에 쓰임 받는 일꾼들이 되게 해 주옵소서.

285. 여호와의 희생의 날

본문 습 1:1-18 / **찬송** 543장 / **요절** 습 1:7

"주 여호와 앞에서 잠잠할지어다 이는 여호와의 날이 가까웠으므로 여호와께서 희생을 준비하고 그가 청할 자들을 구별하셨음이니라"

스바냐 선지자는 그의 4대 조상이 히스기야 왕입니다. 스바냐는 왕족 혈통의 선지자입니다. 그의 이름의 뜻은 '하나님께서 그를 숨기셨다' 입니다.

스바냐서는 요시야 왕 때 기록되었습니다. 주전 722년 북이스라엘이 망하고, 남쪽 유다는 히스기야 왕의 기도와 선정으로 유지되다가 므낫세 왕과 아돈 왕의 악행으로 남쪽 유다는 완전히 우상의 소굴이 되었습니다. 이 때 스바냐는 하나님을 배반하는 백성들을 향하여 멸망과 심판을 외치면서 회개를 촉구했습니다.

'여호와의 희생의 날'은 바로 하나님의 분노의 날을 의미합니다. 하나님께서 분노하셔서 질투의 불을 보내어 환난과 고통이 계속될 것이며, 황폐와 파괴의 날이며, 구름과 흑암의 날이 될 것입니다.

하나님의 심판은 우상을 섬긴 자들과 온갖 더러운 일을 행한 자들, 여호와를 배반한 자들에게 무섭게 임하며 아무도 막을 수 없다는 것입니다. 그러므로 늦기 전에 회개해야 합니다. 하나님을 찾고 규례를 지키면 파멸에서 구원될 수 있습니다.

참된 성도나 교회는 심판에서 제외될 것입니다. 하나님을 찾고 규례를 지키면 파멸에서 구원될 수 있습니다. 참된 성도나 교회는 심판에서 제외될 것입니다. 제사장들은 혼합주의에 빠져 있고, 궁궐은 타락하였고, 하나님의 심판은 가까워 오고 있지만 그래도 끝까지 믿음 지키는 남은 자들이 있기에 하나님께서는 소망을 약속하십니다.

'시온의 딸아 노래할지어다. 이스라엘아 기쁘게 부를 지어다.' 끝까지 믿음 지키는 자는 구원을 얻습니다.

기도 _ 자비의 하나님, 믿음에 믿음을, 인내에 인내를 주셔서 끝까지 신앙의 절개를 지키게 하옵소서.

286. 성전을 건축하라

본문 학 1:1-15 / 찬송 208장 / 요절 학 1:8

"너희는 산에 올라가서 나무를 가져다가 성전을 건축하라 그리하면 내가 그것으로 말미암아 기뻐하고 또 영광을 얻으리라 여호와가 말하였느니라"

학개 선지자는 바벨론 포로에서 귀환한 잔존자들을 위하여 사역했던 포로이후의 최초의 선지자였습니다. 학개서는 B.C. 520년 다리오 왕 2년에 기록된 것으로 봅니다. 학개는 스가랴와 함께 귀환한 백성들에게 성전 재건을 격려한 선지자입니다.

유대인들이 스룹바벨의 인도 하에 1차 귀환이 이루어졌을 때 이미 성전재건 공사가 시작되었습니다. 그러나 사마리아 사람들의 방해로 이 거룩한 공사는 중단되어 버렸습니다. 이로 인해 백성들은 비판적이고 영적으로 무기력 상태에 빠지게 되었는데 학개와 스가랴가 나타나 성전 완공을 독려했습니다. 그래서 성전 공사가 중단된 지 14년 만에 다시 재건이 되었고, 주전 516년 다리오 왕 제6년에 성전 재건의 사역이 완성되었습니다.

학개서는 너무나 평범한 진리이면서도 의미심장한 진리를 가르치고 있습니다. 그것은 순종하면 하나님의 격려와 능력을 주시지만 불순종하면 흉년, 실패 등 갖가지 난처한 문제들을 만나게 된다는 것입니다. 그리고 2:7에 "만국의 보배가 나타나 만국을 진동시킨다"는 말은 메시아 도래에 관한 예언으로 봅니다. 물론 초림과 재림을 다 포함합니다.

학개 1장은 성전 재건을 간절히 호소하고, 2장은 재건될 성전의 영광, 3장은 순종하는 자가 받을 복, 4장은 스룹바벨이 입을 영광에 대해 말합니다. 보이는 하나님의 전은 보이지 아니하는 영광의 하늘나라, 하나님의 보좌의 상징입니다. 보이는 성전의 파괴나 허물어짐은 영적인 무능과 신앙의 무기력을 나타내는 것입니다.

우리가 하나님을 진심으로 섬기고 하나님을 기쁘시게 하기를 원한다면 하나님의 전을 아름답게 꾸미고 정성을 쏟아야 할 것입니다. 스룹바벨은 성전 재건 운동에 앞장 선 자이기에 하나님께서 스룹바벨에게 엄청난 축복을 약속하셨습니다. 우리는 주님의 몸된 교회에 내가 할 일이 무엇인지 찾아 하나님을 기쁘시게 해야 할 것입니다.

기도 _ 사랑의 하나님, 성전에 모여 말씀 듣고 기도하기를 힘쓰며 주께서 피흘려 사신 교회를 정결하게 지키게 하옵소서.

287. 여호와께로 돌아오라

본문 슥 1:1-21 / 찬송 273장 / 요절 슥 1:3

"그러므로 너는 그들에게 말하기를 만군의 여호와께서 이처럼 이르시되 너희는 내게로 돌아오라 만군의 여호와의 말이니라 그리하면 내가 너희에게로 돌아가리라 만군의 여호와의 말이니라"

스가랴는 학개와 같이 성전 재건 운동을 일으킨 선지자입니다. 그는 선지자인 동시에 제사장이었습니다. 제사장 출신 선지자로는 예레미야와 에스겔이 있습니다.

스가랴는 학개보다 나이는 어렸고, 학개와 같이 동시대에 사역했지만 훨씬 오래 사역한 것으로 알려져 있습니다. 스가랴서는 메시아사상과 종말론적 주제와 관련이 있습니다. 스가랴는 메시아에 대한 예언을 많이 했습니다. 그리스도의 비천하심, 초림과 그의 인성, 그리고 그의 거부당하심과 은 30에 배반당한 일, 그의 십자가 죽음, 그의 제사장직 등을 예언합니다. 또한 스가랴서는 여호와의 절대 주권을 강조합니다.

1:3에 보면 하나님께서 선지자를 통해 이스라엘의 영적인 회복을 간절히 소원하고 있습니다. 우리가 신앙생활 하는데 가장 무서운 독소와 악한 적은 선조들의 나쁜 본을 받는 것입니다. 나쁜 전통은 수많은 후손들의 영혼을 망하게 합니다. 그래서 스가랴 선지자는 1:4에 열조를 본받지 말라고 간절히 호소합니다. 어리석은 길은 빨리 돌이켜야 합니다. 스가랴서는 항상 심판과 구원에 대한 예언이 혼합되어 있습니다.

1장에서부터 말들과 말을 탄 자들, 화석나무 사이에 선 선지자와 척량하는 한 사람, 제사장 옷, 날아가는 두루마리 현상, 네 병거의 환상 등 여러 가지 환상이 나옵니다. 이 모든 것은 하나님의 심판, 하나님의 구원, 하나님의 미래에 대한 심리를 예언한 내용들이라는 것입니다. 1장의 환상은 성전 재건에 낙심한 자들에게 용기와 소망을 주는 데 목적이 있습니다. 성전 재건을 다시 시작하는 것은 바로 회개운동입니다.

사는 길은, 복 받는 길은, 영적인 회복은 회개 운동입니다. 나쁜 영향을 단호히 거절하고 있습니까? 회개운동은 고칠 것은 고치고 끊을 것은 끊는 것입니다. 우리 조상이라도 신앙문제는 냉철해야 합니다. 여호와의 말씀에 귀를 기울여야 합니다.

기도 _ 전능하신 하나님, 우리로 하여금 하나님 중심, 성경 중심, 교회 중심의 신앙생활을 하게 하시고 하나님께서 싫어하시는 길을 가지 않게 하옵소서.

288. 내가 내 종 순을 나게 하리라

본문 슥 6:1-15 / 찬송 210장 / 요절 슥 6:12

"말하여 이르기를 만군의 여호와께서 이같이 말씀하시되 보라 싹이라 이름하는 사람이 자기 곳에서 돋아나서 여호와의 전을 건축하리라"

스가랴 2장에서 네 뿔과 네 공장에 대한 두 번째 환상이 나옵니다. 여기에서 뿔은 권세와 교만을 상징합니다. 이것은 이스라엘을 괴롭힌 원수들이 어떻게 파멸된 것인가를 보여 주므로 위로와 격려를 보내는 것입니다. 3장에 제사장 옷에 대한 환상은 장차 오실 메시아에 대한 약속과 축복을 받게 되는 것을 보여 주는 구속사적인 의미의 내용입니다. 4장에서 순금 등대 환상은 힘겨운 성전 재건 사업에 낙심하지 말도록 격려하는 내용이며 그리스도에 의해 세워질 교회를 예표하는 것입니다.

5장의 날아가는 두루마리 환상은 성격이 조금 다른 환상으로 인간의 죄악에 대한 하나님의 진노를 나타내는 환상입니다. 이제까지는 하나님의 은혜를 강조한 환상들입니다. 하나님께서는 공의의 하나님이심을 알 수 있는 내용입니다. 6장에서 네 병거에 관한 환상이 스가랴의 마지막 환상입니다. 이것은 하나님께서 역사의 주관자가 되셔서 이 지상의 모든 일을 아실뿐 아니라 직접 개입하셔서 완성시키신다는 사실을 나타내신 것입니다. 6:9-15은 환상들의 결론입니다.

지금까지 8가지 환상은 모두 하나님의 성전 건축을 격려하며 하나님 나라의 완성을 보여준 것들입니다. 그리고 모든 원수들의 심판을 선포한 것입니다. 그런데 그것을 성취할 자는 천사가 아니라 "내가 내 종 순을 나타나게 하리라"고 했습니다. 이것은 그리스도임을 명백히 하는 내용입니다.

역사를 정리하고 교회를 완성시키는 분은 예수 그리스도이십니다. 우리는 천상의 완성된 교회를 향하여 나아가는 주님의 백성들입니다. 복음은 땅 끝까지 전파되며 하나님의 구속의 역사는 이방인에게까지 이루어지는 은총이 있을 것입니다.

주님의 나라가 이루어질 때 우리 모두는 오직 하나님의 말씀만 청종하는 행복한 삶이 영원히 계속될 것입니다.

기도 _ 사랑의 하나님, 암울하게 꺼져가는 이 세상을 주께서 구원하셨듯 우리도 세상의 등불이 되게 하옵소서.

289. 은혜와 복의 메시아 통치

본문 슥 9:1-17 / **찬송** 10장 / **요절** 슥 9:16

"이 날에 그들의 하나님 여호와께서 그들을 자기 백성의 양 떼 같이 구원하시리니 그들이 왕관의 보석 같이 여호와의 땅에 빛나리로다"

스가랴 7장에서 계속적으로 역사적 교훈을 통하여 주신 하나님의 응답과, 8장에서 예루살렘에 주어질 축복에 대한 하나님의 약속으로 하나님의 뜻을 전달합니다. 더구나 형식적인 종교 생활에서 탈피하여 진정으로 하나님을 사랑하며 하나님이 원하시는 공의를 실천하며 살아야 할 것을 권고합니다.

9장에서도 이방 나라끼리 공격하고 침략이 일어날 것이나 이스라엘은 안전할 것을 보여줍니다. 특히 9:9-17에 나귀 새끼를 타고 오시는 왕과 그의 승리, 통치 및 갇힌 자에 대한 해방, 하나님의 백성들의 승리, 그리고 하나님의 자녀들이 받을 영원한 축복의 약속이 예언되어 있습니다. 예수님께서 나귀 새끼를 타시고 예루살렘에 입성하실 사건까지 예언되어 있는 말씀 그대로 성취되었습니다. 10장은 역시 9장의 연속이며 확대입니다. 메시아의 통치로 유다와 이스라엘에 주어질 은혜와 축복이 다시 강조되어 있습니다.

거짓 목자들은 은혜가 없습니다. 거짓 목자들은 복을 줄 수 없습니다. 복을 빌어 줄 수 있는 중보 기도도 할 수 없습니다. 그러므로 거짓 목자들을 의지하지 말아야 합니다. 우상 역시 아무것도 우리에게 줄 수 없습니다. 그러므로 우상에게 복을 구하는 것은 어리석은 일입니다.

하나님께서는 아브라함과 이삭과 야곱에게 맺으신 언약을 기억하시고 그의 후손들을 불러 모아 구원할 것을 약속했습니다. 하나님의 사랑은 한이 없고 그의 약속은 변하지 않습니다.

목자가 자기 양을 불러 모으듯이 하나님께서는 예수 그리스도를 보내주셔서 자기 백성들을 구원하시고 은혜와 복을 주시며 영원한 나라를 이루실 것입니다.

기도 _ 우리의 왕이 되신 하나님, 하나님께서 우리를 다스리시니 감사합니다. 순종하여 하나님 뜻을 이루는 참된 신앙인이 되게 하옵소서.

290. 너 잣나무여 곡할 지어다

본문 슥 11:1-17 / **찬송** 266장 / **요절** 슥 11:17

"화 있을진저 양 떼를 버린 못된 목자여 칼이 그의 팔과 오른쪽 눈에 내리리니 그의 팔이 아주 마르고 그의 오른쪽 눈이 아주 멀어 버릴 것이라 하시니라"

스가랴 11장에 묘사된 백향목과 바산의 나무들, 목장이 비참하게 된 것은 유다의 멸망으로 인한 예루살렘의 파괴를 상징합니다.

바산 지역은 상수리나무가 많고 목축으로 유명합니다. 스가랴는 어려운 심판이 먼저 지도자들로부터 시작될 것을 말합니다. 언제든지 부패는 지도자들부터 시작됩니다.

11:8에 한 달 동안 세 목자를 끊었다는 말은 짧은 기간 동안 새로운 목자를 택하여 다른 목자들로 교체시켰다는 말인데 이것은 교체된 수가 많다는 의미입니다. 하나님께서 직접 개혁의 몽둥이를 든 것입니다. 11:17에 우편 눈이 어두워진다는 말은 영적 지각이 어두워진다는 뜻입니다. 12장은 하나님의 진노의 심판 중에도 예루살렘을 그래도 완전히 버리지 않으시고 예수 그리스도를 보내실 것을 말씀하고 있습니다. 12:10에 '그들이 찌른 바'의 찌른 자는 그리스도를 상징합니다. 13:1에도 '더러움을 씻는 샘'이란 말은 그리스도의 대속의 피를 의미합니다.

스가랴서는 메시아 출현에 대한 예언이 많이 기록되어 있습니다. 거짓 목자가 많은 세상에 참 목자로 나타나실 것을 예언했습니다. 그리고 그대로 이루어졌습니다. 앞으로도 이루어질 것입니다. 예루살렘은 회복될 것입니다. 성전에 장사꾼들과 거짓 종교지도자들은 다 소멸되고 모든 것이 신성해지는 날이 올 것입니다.

14:8에 '생수'는 성령을 상징합니다. 그리고 예수가 '생수의 근원'입니다. 이 모든 것은 예수 그리스도로 말미암아 시작되고 이루어질 것이며 성령께서 역사하심으로 이루어질 것입니다.

기도 _ 지혜의 하나님, 우리에게 분별의 영을 주시어서 참과 거짓, 진리와 불의를 분간하여 하나님의 뜻을 이루게 하옵소서.

291. 하나님의 것을 도적질함을 책망함

본문 말 1:1-4:6 / **찬송** 327장 / **요절** 말 3:8

"사람이 어찌 하나님의 것을 도둑질하겠느냐 그러나 너희는 나의 것을 도둑질하고도 말하기를 우리가 어떻게 주의 것을 도둑질하였나이까 하는도다 이는 곧 십일조와 봉헌물이라"

말라기는 '나의 천사' 혹은 '사자'라는 의미입니다. 그의 이름은 그의 사명을 잘 나타내고 있습니다. 세례 요한이 '하나님의 사자'로 나타나기까지 구약의 선지자로서는 마지막으로 그가 전한 내용이 너무나 중요한 내용들이라고 봅니다.

하나님은 말라기를 통해 영적 개혁과 도덕적 개혁을 시도하도록 했습니다. 말라기서의 주제는 '하나님의 것을 도적질한 죄'를 지적하여 회개를 권고하는 내용입니다.

이스라엘 백성들이 우상 숭배의 행위에서는 떠났지만 불평화, 형식주의의 만연, 극단적인 회의주의에 빠지게 되었습니다. 더구나 십일조를 제대로 이행하지 않고, 안식일을 지키지 아니하며, 불신자들과 결혼했습니다. 말라기는 그럼에도 불구하고 백성들에게 그들에 대한 하나님의 사랑을 깨닫게 하기 위해 전했습니다. 1:1-5은 사랑의 메시지, 1:6-2:17은 비난의 메시지, 3-4장은 희망의 메시지입니다.

말라기는 신앙생활을 형식적으로 해서는 안 된다는 사실과 죄는 꼭 처리되어야 된다는 사실을 강조합니다. 특히 제사장들은 시대의 추세에 맞추어 행동했습니다. 그리고 타협적이었습니다. 1:6-7에 제사장들에 대한 책망이 기록되어 있습니다. 어느 시대이든지 하나님께 바치는 문제로 신앙의 장애가 됩니다만 그것이 바로 신앙의 표현이요, 고백이기에 무관할 수가 없습니다. 정성의 부족은 바로 신앙의 부족입니다. 교회는 항상 개혁되어야 합니다. 개혁은 축복의 약속을 가져옵니다.

말라기 마지막 부분은 미래를 소망하는 내용으로 끝을 맺습니다. 하나님의 말씀은 영원히 지속될 것을 나타내고 있습니다. 여호와의 날은 소망의 날입니다. 회개하고 돌아오는 자에게는 소망의 새아침이 되는 것입니다.

기도 _ 만물의 주인이신 하나님, 세상 모든 것을 저희에게 맡겨주심을 감사합니다. 선한 청지기로서 충성할 수 있게 하시되 하나님의 것을 도적질하는 자가 되지 않게 하옵소서.

4복음서

마태복음
마가복음
누가복음,
요한복음

292. 예수 그리스도 - 복음

본문 마 1:1-24 / **찬송** 116장 / **요절** 마 1:21

"아들을 낳으리니 이름을 예수라 하라 이는 그가 자기 백성을 그들의 죄에서 구원할 자이심이라 하니라"

마태복음은 마태에 의해 쓰여진 복음입니다. 복음의 내용은 그리스도입니다. 육신을 입고 오신 예수님, 십자가에 죽으시고 부활하신 예수님에 대해 증거하는 것이 복음입니다.

1774년 독일학자 그리스 바흐에 의해 마태, 마가, 누가복음을 공관복음(Synoptic)이라고 표현하였습니다. 이것은 세 사람이 쓴 내용이 공통적인 자료들이 많기 때문입니다.

마태는 가버나움 출신이고 세리직을 가졌던 자입니다. 가버나움은 예수님의 사역의 중심지였습니다.

마태복음은 유대인을 위해서 기록된 유대인이 쓴 복음서입니다. 그래서 예수님은 이스라엘 왕이시며 성경에서 약속된 분이시라는 사실을 인식하기를 호소합니다. 그래서 구약을 열한 군데 이상 인용했습니다.

복음서는 예수님의 행하신 일과 설교를 주로 기록하고 있는데, 특히 마태복음은 예수님의 첫 번째 설교 '산상수훈'으로 시작하여 열두 사도를 파송하시면서 하신 설교, 천국에 관한 설교를 비유로 말씀하신 것, 천국 및 교회의 질서에 대하여, 인자의 심판에 관한 설교 등 5번의 설교가 기록되어 있습니다.

예수 그리스도는 구원 사역을 성취하시기 위해 오셨습니다. 그것은 이미 예언된바 때가 차매 실현된 것입니다.

죄인들을 구원하시고, 자신의 보배 피로 죄인을 사하시려고 이 땅에 오신 주님, 그의 이름이 임마누엘이요 예수 그리스도이십니다.

창세기는 우주 만물과 인간 창조의 시작이고, 마태복음에 기록된 예수 그리스도의 시작은 새 창조의 시작입니다. 우리는 예수 그리스도로 말미암아 새로운 피조물이 된 사실에 대하여 진심으로 감사해야 할 것입니다.

기도 _ 전능하신 하나님, 독생자를 세상에 보내사 우리를 구원해 주심을 감사합니다. 예수님께서 우리의 구원주이시고 죽음과 부활, 승천과 재림의 신앙을 잃지 않게 하옵소서.

293. 메시아의 순종

본문 마 4:1-15 / 찬송 449장 / 요절 마 4:1-2

"그 때에 예수께서 성령에게 이끌리어 마귀에게 시험을 받으러 광야로 가사 사십 일을 밤낮으로 금식하신 후에 주리신지라"

마태복음은 예수님의 오심(배경, 탄생)으로 시작해서 예수님의 특성(요한의 증거, 예수님의 시험)이 기록되어 있습니다.

예수님의 족보를 보면 모두 하나님의 말씀에 순종한 자들의 이름만 나타나고 있습니다. 3장 역시 세례요한의 메시지로 회개와 열매 맺음에 관한 것의 기록입니다. 즉 불의와 타협하지 않는 절대순종을 요구하는 메시지입니다.

마태복음 4장도 예수님께서 사탄의 유혹에 넘어가지 않으시고, 하나님의 말씀대로 순종한 내용입니다. 순종은 믿음이며 승리입니다. 순종은 믿음의 질이며 택함받은 증거입니다.

3:11에 성령과 불로 세례 받는다는 말이 무슨 뜻입니까? 말씀으로 마음이 뜨거워져서 순종하는 태도를 말하고 있습니다. 요단강에서 예수님께서 세례를 받으신 것도 의를 이루기 위해 순종하신 태도요 본을 보이신 것입니다. 주님의 세례는 민족 대각성 운동에 대한 예수님의 관심과 참여요, 겸손한 자세입니다. 뿐만 아니라 30년의 생애가 끝나고 거룩한 사역이 시작된다는 표시입니다.

특히 사탄의 시험을 이기는 무기는 말씀이요, 승리는 순종의 행동에 의한 것입니다. 순종의 결과는 하나님께서 기뻐하셨고, 시험에서 승리를 가져왔으며, 사망의 땅과 그늘에 앉은 자들에게 빛이 되는 역할을 했습니다.

예수님의 첫 메시지는 "회개하라, 천국이 가까웠느니라"입니다. 예수님의 메시지는 불의한 길에서 돌이켜 예수를 메시아로 영접하는 자에게는 하나님 나라의 복을 선물로 받게 된다는 것입니다. 그리고 놀라운 것은 예수님께서 제자들을 부르실 때에 제자들이 무조건 순종했다는 사실입니다. 지체하지 않고 즉시 배와 그물과 가족을 버리고 주님을 좇았습니다.

하나님의 뜻에 순종하여 이 땅에 오신 예수님께서는 당신의 사역을 이루어 가시는데 순종 잘하는 제자들을 필요로 하셨던 것입니다.

기도 _ 사랑의 하나님, 순종하는 예수님의 마음을 본받아 우리도 하나님의 뜻에 전폭 순종하는 믿음의 사람이 되게 하옵소서.

294. 메시아의 교훈

본문 마 5:1-20 / 찬송 510장 / 요절 마 5:13

"너희는 세상의 소금이니 소금이 만일 그 맛을 잃으면 무엇으로 짜게 하리요 후에는 아무 쓸 데 없어 다만 밖에 버려져 사람에게 밟힐 뿐이니라"

십계명은 시내산에서 선포되었습니다. 유대인들은 율법에 대한 형식적인 순종을 통하여 구원얻기를 소망했습니다. 그 결과 그들은 율법의 종이 되었던 것입니다. 그래서 그들은 율법으로부터 빠져 나가기 위해 갖은 수단을 썼습니다.

마태복음 5-7장은 산에서 가르치신 예수님의 설교요, 교훈입니다. 이 설교는 하나님 나라에서의 실제적인 삶에 대한 완전한 윤리대강령입니다.

8가지 복음 중 처음 4가지는 자기 자신에게는 의가 없음을 발견하는 단계이고, 다음 4가지는 복 받을 사람이 마땅히 행해야 할 책임에 대해서 강조한 내용입니다.

8복에 나타나는 '복'이란 말은 '마카리오이'입니다. 성도가 누리는 행복의 최상급을 의미합니다. 심령의 가난은 영적인 갈급을 나타내며 겸손한 자세를 말합니다.

애통하는 자는 자기 자신에게는 구원받을 만한 조건이나 가치가 전혀 없는 상태를 나타냅니다. 온유한 자는 주님의 사랑을 가슴에 품고 이웃을 대하는 태도입니다.

의에 주리고 목마름은 영적인 갈망입니다. 긍휼히 여기는 자는 예수 그리스도의 은혜를 입고 사랑을 입은 자들이 베푸는 자비의 삶입니다.

마음이 청결한 자는 회개하는 마음과 그 마음이 행위의 거룩으로 연결되는 것을 말합니다.

화평케 하는 자는 화평을 만드는 자들, 화평을 위해 일하는 자들입니다. 예수의 삶을 본받는 것입니다. 의를 위해 핍박을 받은 자는 불의와 타협하지 않는 신앙의 절개를 지키는 태도입니다.

소금과 빛과 같이 맛을 내고 밝게 하는 것이 곧 복 있는 자의 삶의 영향력을 말하는 것입니다. 복음은 율법의 완성이지 폐지나 반박이 아닙니다.

예수님께서는 그 당시 형식적이고 잘못된 의식을 참다운 신앙 생활로 바꾸어 가기를 원하셔서 올바른 신앙생활의 자세를 가르치셨습니다.

기도 _ 복의 근원이신 하나님, 심령이 가난하고 온유하며 의를 위해 핍박을 받되 이겨내는 참다운 신자가 되어서 하나님께서 주시려하는 복을 다 받을 수 있도록 도와주옵소서.

295. 메시아의 신유의 역사

본문 마 8:1-34 / **찬송** 471장 / **요절** 마 8:3

"예수께서 손을 내밀어 그에게 대시며 이르시되 내가 원하노니 깨끗함을 받으라 하시니 즉시 그의 나병이 깨끗하여진지라"

마태복음 8-9장에서는 그의 완전하신 메시아의 능력을 나타내는 행동이 기록되어 있습니다.

질병, 자연의 힘, 영의 세계를 지배하시는 예수님의 권세를 열가지 기적을 통해 집중적으로 다루고 있습니다.

산에서 가르치시고 설교하신 후 내려오셔서 병자들을 고쳐주시며 자신이 하나님의 아들이요, 메시아이심을 증거해 주셨습니다.

특히 마태복음 8장 전분부에 세 종류의 병을 고쳐주셨습니다. 문둥병자, 백부장 하인의 중풍병, 베드로의 장모의 열병 등입니다. 그러나 예수님께서는 무엇보다도 영적인 병을 고치는 데 목적을 두셨습니다. 영적으로 고침받아 천국 백성이 되게 하는 것이 목적이었습니다.

예수님께서는 의인을 부르러 오신 분이 아니고 죄인을 부르러 오셨습니다. 그래서 자신이 메시아이심과 오신 목적을 나타내신 후 12제자들을 부르셨습니다. 이것은 그들을 통해 천국 복음을 전하게 하기 위한 것입니다.

이름이 먼저 나오는 제자가 보편적으로 사역을 많이 했습니다. 예수님께서는 제자들에게 전도의 순서를 가르쳐 주셨습니다. 먼저 이스라엘로 파송하셨습니다. 나중에 승천하신 후에는 이방인에게 전파하게 하셨지만 먼저는 언약의 백성들이었습니다.

예수님의 제자인 우리는 주님의 말씀에 순종하여 제자로서의 의무를 잘 감당할 때 영을 치료하고 육을 치유하는 신유의 역사가 나타날 것입니다.

기도 _ 치료의 하나님, 먼저 우리의 영적 병들을 치유하여 주시옵소서. 그리고 능력받아 죽어가는 영혼들을 고치고 살리는 복음의 능력을 나타내게 하여 주옵소서.

296. 메시아에 대한 반응

본문 마 12:1-37 / **찬송** 407장 / **요절** 마 12:35

"선한 사람은 그 쌓은 선에서 선한 것을 내고 악한 사람은 그 쌓은 악에서 악한 것을 내느니라"

예수님께서는 안식일의 주인이십니다.

예수님께서는 성전보다 더 큰 이십니다. 그러나 바리새인들은 예수님이 메시아라는 주장을 입증할 만한 또 다른 표적을 요구했습니다.

예수님께서는 메시아이며 요나보다 더 크시고, 솔로몬보다 더 크신 분이십니다. 그러나 예수님께서는 바리새인들에게 고향 나사렛에서 무례한 대우를 받으셨습니다. 바리새인들은 귀신왕인 바알세불을 힘입어 귀신을 쫓아낸다고 비난했습니다. 그러나 예수님께서는 성령의 능력으로 귀신을 쫓아낸다는 사실을 강조했습니다. 그리고 예수님의 사역을 믿지 않는 것은 곧 성령의 권능을 부인하는 것이며, 살아계신 하나님을 모독하고 훼방하는 행위라고 말씀하셨습니다. 예수님을 믿지 않는 죄는 사함을 받을 수 없습니다. 바리새인들과 서기관들이 표적을 구한 것은 예수를 믿기 위한 목적이 아니라 이적을 행하시는 예수님에게서 흠을 잡기 위한 목적이었습니다.

예수님께서 요나의 표적 밖에 보일 것이 없다는 것은 예수님께서 십자가에서 죽으시고 3일 만에 부활하실 것을 예고하신 것입니다. 부활은 구속의 완성이요, 이적 중 최고의 이적입니다. 13장에 하나님의 나라에 대한 비유에서도 자신을 메시아로 받아들이는 자들이 누리게 될 하나님의 주관과 통치하에서의 행복을 말합니다.

세례 요한을 죽이고, 예수님을 메시아로 영접하지 않고, 그들의 완악함이 계속 나타나고 있으나 예수님께서는 최선을 다해 복음을 전하셨습니다.

두로와 시돈 그리고 갈릴리 호숫가에서 말씀을 전하시고, 4천 명을 먹이시는 기적을 행하시므로 자신이 메시아이심을 나타내셨습니다.

기도 _ 하나님, 우리의 구주요 주인은 하나님이심을 고백합니다. 맡겨주신 사명을 철저히 순종하여 살아가게 하옵소서.

297. 메시아의 설교

본문 마 16:1-28 / **찬송** 341장 / **요절** 마 16:24

"이에 예수께서 제자들에게 이르시되 누구든지 나를 따라오려거든 자기를 부인하고 자기 십자가를 지고 나를 따를 것이니라"

마태복음 16-17장에서 예수님께서는 설교를 통해 자신의 모습을 밝히셨습니다. 사람들이 나를 누구라고 하느냐 물으시고 사람들의 잘못된 반응과 안식을 고치기 위해 제자들에게 자신의 정체를 분명히 밝히셨습니다. 예수님께서는 여러 가지 이적을 통해 자신이 메시아임을 증거하셨습니다. 그리고 이제는 자신이 메시아 사역을 완결시켜야 할 때가 온 것을 아셨습니다.

16장부터 예수님의 십자가에 대한 발표는 예수 그리스도께서 오신 목적을 밝혀주는 것입니다. 예수님의 십자가는 일시적 유익이나 처방이 아니라 영원한 구원입니다.

사탄은 십자가보다 쉬운 방법으로 영원한 것을 얻으라고 간교하게 권유했습니다. 그러나 그것은 영원을 잃어버리게 하는 계략입니다. 예수님께서는 자기를 따르려고 하는 자들에게 자기를 부인하고 십자가를 져야 한다고 가르치셨습니다.

우리가 그리스도를 위해 겸손하고, 그 어떤 수치와 고난이 따른다 할지라도 오히려 기쁨으로 여기고, 오직 주를 위해 희생하며 봉사해야 될 줄 압니다. 예수님께서는 한 생명의 가치 즉 한 영혼의 가치에 대해서도 기존 개념과는 달랐습니다. 재물이나 명예나 쾌락보다도 더 귀하게 여기셨습니다. 한 영혼이 천하보다 귀하다고 말씀하셨습니다.

영혼은 그 기원에 있어서는 거룩합니다. 영혼은 그 본질에 있어서는 신령합니다. 영혼은 그 존재에 있어서는 영원합니다. 영혼은 그리스도의 보혈로 구속받았기 때문입니다. 예수님께서는 자신이 메시아 되심을 말씀하시고 그를 믿는 자에게 주어질 구원과 영광을 선포하셨습니다.

기도 _ 자비하신 하나님, 우리가 예수님을 따르기 위해 맡겨진 십자가를 바로지고 좌로나 우로나 치우치지 않는 굳은 신앙을 소유하도록 도와주시옵소서.

298. 메시아의 행동과 비유

본문 마 22:1-22 / 찬송 163장 / 요절 마 22:14

"청함을 받은 자는 많되 택함을 입은 자는 적으니라"

예수님께서 십자가에 죽으셔야 된다는 사실을 처음부터 말씀하시지는 않으셨습니다. 3년이 거의 다 되어서야 말씀하셨습니다. "이때로부터 예수 그리스도께서 자기가 예루살렘에 올라가 장로들과 대제사장들과 서기관들에게 많은 고난을 받고 죽임을 당하고 제 삼일에 살아나야 할 것을 제자들에게 비로소 가르치시니" 예수님께서는 앞으로 일어날 일에 대하여 미리 말씀하여 마음에 준비를 시킨 후 예루살렘에 입성했습니다. 그러나 제자들은 세 번이나 반복해서 언급하신 예수님의 말씀을 주의해서 듣지 않았습니다.

여리고를 거쳐 예루살렘으로 입성하실 때 소경들이 '다윗의 자손'이여 하면서 부르짖을 때 예수님이 눈을 뜨게 해 주셨고, 어린아이들이 호산나 환호성에 앞장서고, 무리들이 환영했습니다.

예수님께서는 마태복음 18장에서 겸손과 용서에 대해 교훈을 하시고, 19장에서는 겸손한 어린이에 대해 축복하시고 물질로 인해 교만한 청년은 실족하게 되었습니다. 20장에 인자가 온 것은 섬김을 받으러 온 것이 아니로 섬기러 오셨다는 사실을 강조하셨습니다. 그리고 21장에 새끼 나귀를 타고 예루살렘에 입성하셨습니다.

20장에 포로된 품꾼 비유에서 하나님의 보상은 실적보다는 정신에 토대를 둔다는 것입니다. 21장에서 열매 없는 무화과나무에 대한 저주는 예수님께서 행하신 유일한 심판의 기적입니다. 이스라엘이 열매 맺지 못하는 무화과 같았습니다. 22장의 혼인잔치 비유는 메시아를 부인하는 유대인에게 향한 경고입니다.

예비하시고, 청하시고, 예복입지 않은 자를 심문하여 추방해 버리는 등의 비유 내용은 하나님께서 베푸신 구원의 잔치에 대한 유대인들의 냉담을 드러내고 있으며 구원은 믿음으로 얻는다는 사실을 강조하고 있습니다.

믿음은 바로 주인이 시키는 대로 행하는 순종입니다. 우리는 예수님의 복음에 대하여 순종의 태도를 가지고 한평생 순종의 삶을 살아야 하겠습니다.

기도 _ 하나님 아버지, 우리를 예수님의 신부로 맞아 주시니 감사합니다. 신앙의 정절을 지키고 순종하며 신랑되신 예수님을 죽기까지 사랑하도록 도와주옵소서.

299. 메시아의 예언

본문 마 25:1-30 / **찬송** 330장 / **요절** 마 25:21

"그 주인이 이르되 잘하였도다 착하고 충성된 종아 네가 적은 일에 충성하였으매 내가 많은 것을 네게 맡기리니 네 주인의 즐거움에 참여할지어다 하고"

마태복음 23-25장까지는 종말적 심판에 대한 내용입니다. 심판은 불신자에게만 있는 것이 아니라 교회에 다니는 불신자 즉 외식자, 형식적인 신앙자에게도 있을 것을 말씀하셨습니다. 여기에서 종교적 가식이 얼마나 가증스럽고 무섭다는 것을 깨닫게 합니다.

24-25장은 감람산에서 가르치신 것입니다. 종말이 되면 예수 잘 믿는 사람은 더 잘 믿게 되고, 악한 자는 더욱더 악하게 될 것을 예고하셨습니다.

말세에는 거짓 그리스도가 많이 일어나며 난리와 난리의 소문이 들리고, 처처에 기근과 지진이 일어나며, 천재지변이 많이 일어날 것을 말씀했습니다. 뿐만 아니라 성도의 박해, 배교, 거짓 선지자들이 출현하는 현상이 있을 것입니다. 그러므로 우리는 깨어 있는 성도, 성령 충만한 성도가 되어서 노아 식구처럼 구원받는 성도가 되어야 할 것입니다.

25장의 열 처녀 비유, 달란트 비유, 양과 염소의 비유는 모두 그리스도의 재림의 임박성을 강조하는 내용입니다. 그리고 꼭 깨어있어 준비하라는 것입니다. 우리는 달란트 비유를 통해 하나님의 종이라는 사실과 우리의 가진 바 모든 것은 주님의 것이라는 사실을 명심하여 주님의 날을 기다리며 충성해야 할 것입니다. 충성하지 않는 자에게는 저주만 있습니다.

각자에게 주신 재물이나 은사는 영적인 교만이나 자랑거리로 주신 것이 아닙니다. 교회를 위해, 타인을 위해 잘 사용하라고 주신 것입니다.

우리는 과연 하나님께서 각자에게 주신 기회와 은사 그리고 모든 것을 어떻게 사용하고 있는가를 반성해야 하겠습니다. 주인이 돌아올 때 부지런한 자는 보상을 받을 것이고 무익한 자는 저주를 받을 것입니다.

기도 _ 만왕의 왕이신 하나님, 우리를 청지기로 불러 주시고 하나님의 일을 맡겨 주심을 감사합니다. 충성하여 많은 이익을 남겨 칭찬받는 종이 되게 하옵소서.

300. 예수님의 메시아로서의 사역 결론

본문 마 28:1-20 / 찬송 518장 / 요절 마 28:19-20

"그러므로 너희는 가서 모든 민족을 제자로 삼아 아버지와 아들과 성령의 이름으로 세례를 베풀고 내가 너희에게 분부한 모든 것을 가르쳐 지키게 하라 볼지어다 내가 세상 끝날까지 너희와 항상 함께 있으리라 하시니라"

주님이 행하신 모든 것은 수욕과 희생과 구원을 상징하는 것들입니다. 베다니에게 기름 부음 받은 사건, 유월절 준수와 성찬식, 겟세마네의 주님의 기도, 유대인과 로마인에 의해 체포되셔서 재판에 회부된 사건, 형을 선고받고 사형이 집행되어 무덤에 장사되고 영광스러운 부활의 능력은 모두 구원의 역사를 이루시는 주님의 사역의 상징에서 실제로 전개되어간 것입니다.

예수님은 의롭고 흠이 없으신 목자요, 세상 죄를 지고 가시는 어린 양입니다. 주님은 생명의 본체이며, 영적 부활, 육체적 부활의 책임을 맡고 계시며 성도 부활의 첫 열매이십니다.

주님은 승천하시면서 분명한 사명을 주셨습니다. 먼저, 천사들이 무덤을 찾아간 자들에게 일러준 말과 맥을 같이하는 데 두려워 말고 빨리가서 예수 그리스도의 부활의 소식을 전하라는 것이었습니다. 이제는 두려워 말라는 정도가 아니라 하늘과 땅의 모든 권세를 예수님께서 주셨으니 이 권세를 가지고 가라고 하셨습니다.

가서 모든 족속으로 제자 삼고 아버지와 아들과 성령의 이름으로 세례를 주라고 명하셨습니다. 주님께서 분부한 모든 것을 가르치고 그것을 지키게 하되 세상 끝 날까지 함께 하시겠다고 하셨습니다.

메시아 사역의 결론은 바로 그를 따르는 제자들의 사역의 본격적인 시작입니다.

우리는 우리가 무엇을 해야 할 것인가에 혼란은 있을 수 없습니다. 너무나 분명합니다. 우리는 주님의 분부를 목숨을 다하여 준행해야 할 것입니다.

기도 _ 구원의 하나님, 만민 구원의 뜻을 보여주시고 우리로 하여금 그 뜻을 이루도록 하심을 감사드립니다. 내 집부터 시작하여 전 인류를 향한 복음 전파자로 삶을 살게 하옵소서.

301. 나를 따르라

본문 막 1:1-28 / **찬송** 459장 / **요절** 막 1:17

"예수께서 이르시되 나를 따라오라 내가 너희로 사람을 낚는 어부가 되게 하리라 하시니"

마가복음은 종으로 오신 예수님에 대해서 강조합니다. 4복음서 중 가장 짧은 복음서이기도 합니다. 예수 그리스도의 계보가 나오지 않는 것은 노예의 족보에 대해 아무도 관심을 갖지 않기 때문입니다.

바나바의 조카인 마가는 처음에는 바울에게 신임을 받지 못했으나 나중에는 인정받았습니다. 혈기 왕성하고 활동적이며 정력적인 로마인들에게는 교리적인 내용은 관심이 없으므로 권능을 행하시는 예수님에 대해서 전하고 있습니다.

마가복음에는 비유나 강론보다는 예수님께서 행하신 기적에 대해 두드러지게 기록하고 있습니다. 예수 그리스도는 하나님의 아들이시면서 종으로 오셨다는 것입니다. 그러기에 종으로 오셨지만 권위를 지니고 계신 분이시요, 자기 몸을 버려 많은 사람의 대속물로 주셨지만 부활하신 분이십니다.

마태복음 1-3장은 예수 그리스도의 복음의 시작으로 행동하며 복음 전파하시는 종에 대하여, 4-7장은 섬기는 종의 역사, 8-10장은 종의 교훈, 11-13장은 종의 설교, 14-16장은 종의 고난에 대하여 기록하고 있습니다.

1장은 제자들은 부르시면서 "나를 따르라"고 하셨습니다. 2장은 기적을 행하시면서 "나를 믿으라"고 하셨습니다. 3장은 예수를 따르는 무리들에게 "나와 함께 하라"고 하셨습니다.

성령의 힘에 의해 계속되는 주님의 사역은 자신이 하나님의 아들이며 메시아 되심을 나타내셨습니다. 그러나 바리새인들과 사두개인들은 예수님을 배척했습니다. 그들은 예수님께서 전하시는 복음이 그들에게는 맞지 않음을 느꼈기 때문입니다.

사람이 물질을 버리기도 힘들지만, 자기가 갖고 있는 기본적이고 습관화된 사고방식은 더욱더 바꾸기 힘듭니다. 주님을 따르는 자는 주님을 믿고 전적으로 함께 해야 되는 것입니다.

기도 _ 사랑의 하나님, 우리의 인간적인 모든 것을 포기하며 주님만이 우리 생애의 전부가 되게 하시고 죽어도 따라가는 신앙인이 되게 하옵소서.

315

302. 능력을 행하시며 복음을 전하시는 예수

본문 막 4:1-20 / **찬송** 499장 / **요절** 막 4:20

"좋은 땅에 뿌려졌다는 것은 곧 말씀을 듣고 받아 삼십 배나 육십 배나 백 배의 결실을 하는 자니라"

마가복음에는 비유가 많지 않습니다. 그러나 4장에는 3개의 비유와 하나의 기적이 있습니다. 씨 뿌리는 비유로 시작하여 풍랑을 잔잔케 하시는 기적을 행하신 내용입니다.

5장에 귀신을 쫓으시고, 6장에는 제자들을 파송하시고, 7장에서는 이방인들에게 관심을 가지시는 내용입니다. 풍랑을 향하여 고요하라고 명령하시고, 귀신들을 쫓아내시며, 제자들을 내보내셔서 복음을 전하게 하셨습니다.

이것은 예수님 자신에게 주어진 임무를 충실히 수행하는 모습이었습니다.

예수님은 당신의 전하는 복음이 생명의 씨가 되어 30배, 60배, 100배의 열매 맺기를 원하셨습니다.

바리새인들이나 사두개인들은 종교적인 의식에는 능통했습니다. 그러나 내적인 영성이 없었습니다. 그래서 그들은 주님 앞에 책망을 받았고 경멸을 당했습니다.

손을 씻어 깨끗이 하는 것도 중요하지만 그 마음이 더욱더 깨끗해야 되고 날마다 회개로 심령을 깨끗케 하는 것이 더 중요하다는 것입니다.

우리는 외식을 중요시하지는 않습니까? 내용에 대하여 얼마나 관심을 가지고 계십니까? 외식과 형식은 무능한 종교로 능력 없는 가르침이 될 뿐입니다.

복음은 능력입니다. 능력은 깨끗한 마음속에 거하시는 성령에 의해 나타나게 됩니다.

기도 _ 중심을 보시는 하나님, 우리도 권세 있는 힘, 권세 있는 복음을 나타낼 수 있도록 청렴한 마음 주옵소서. 형식과 의식을 중요하게 생각하는 어리석은 자가 되지 않게 도와주옵소서.

303. 사람들이 나를 누구라고 하느냐

본문 막 8:1-38 / **찬송** 96장 / **요절** 막 8:29

"또 물으시되 너희는 나를 누구라 하느냐 베드로가 대답하여 이르되 주는 그리스 도시니이다 하매"

마가복음 6장에서는 5천 명을 먹이신 오병이어의 기적을 행하셨습니다. 8장 에서는 4천 명을 먹이신 칠병이어의 기적이 있습니다. 오병이어의 기적에서는 먹고 남은 것이 12광주리였으나 칠병이어에서는 일곱 바구니가 되었습니다. 6 장에서는 유대인들을 먹이셨으나 8장에서는 이방인들을 먹이셨습니다.

8장에서는 예수님의 질문이 많습니다. 5절 "너희에게 떡 몇 개나 있느냐?", 23절 "너희는 나를 누구라고 하느냐?", 17절 "너희가 어찌 떡이 없음으로 의논 하느냐, 아직도 알지 못하며 깨닫지 못하느냐, 너희 마음이 둔하냐", 18절 "너 희가 눈이 있어도 보지 못하며 귀가 있어도 듣지 못하느냐 또 기억하지 못하느 냐", 19절 "내가 떡 다섯 개를 오천 명에서 떼어 줄 때에 조각 몇 바구니를 거 두었더냐", 21절 "아직도 깨닫지 못하느냐", 37절 "사람이 무엇을 주고 제 목 숨과 바꾸겠느냐"

예수님께서는 많은 사람들과 제자들이 자신이 하나님의 아들이라는 사실을 깨닫기를 원했습니다. 9장에 변형되신 예수님은 자신의 고유한 영광을 나타내 십니다. 예수님은 하나님의 아들이시지만 죽으셔야 하고 고난 받으셔야 하고 그리고 부활하신 것이라고 말씀하셨습니다.

예수님은 헤롯의 위임을 가지고 기적을 행하시는 분이 아니라 낮아질 대로 낮 아진 상태와 삶 속에서 신의 능력을 나타내셨던 것입니다.

우리는 누구를 믿느냐도 중요하지만 예수를 누구로 알고 믿느냐가 더 중요합 니다. 우리는 예수를 누구로 알고 믿습니까? 섬김을 받으시는 예수가 아니라 섬기러 오신 예수 그 분이 바로 우리의 구세주이십니다.

기도 _ 사랑의 주님, 우리의 영안이 어두워지지 않게 하시고, 주님의 역사와 주님을 바로 알고 사림이 있게 하옵소서.

304. 예수님의 예언

본문 막 13:1-37 / **찬송** 129장 / **요절** 막 13:37

"깨어 있으라 내가 너희에게 하는 이 말은 모든 사람에게 하는 말이니라 하시니라"

예수님은 나귀를 타시고 예루살렘에 입성하셨습니다. 많은 사람들이 호산나 찬송하며 환영했습니다. 예수님을 따르는 무리들은 열광적이었습니다.

예루살렘 성전을 청결케 하시고, 두 렙돈을 헌금하는 과부를 보시고, 제자들에게 마지막 가르침을 주셨습니다.

예수님의 마지막 한 주간을 보면 월요일에 예루살렘에 입성하셔서 성전을 청결케 하시고 무화과나무를 저주하셨습니다. 화요일은 말라죽은 무화과나무를 보시고 믿음의 기도에 대한 교훈을 하셨고 수요일에 대한 성경의 기록은 없습니다. 목요일엔 최후의 만찬, 겟세마네 동산의 기도, 유다의 배신, 금요일에 심문 받으시고, 십자가에 못박혀 죽으시고 장사지낸바 되었습니다. 토요일은 무덤이 지켜지고 주일에 부활하셔서 제자들에게 보이셨습니다.

13장은 성전에서 나오셔서 감람산에서 하신 말씀으로 마지막 날에 대한 예수님의 직접적인 예언입니다. 여러 가지 징조를 말씀하시면서 경고하셨습니다. 주의하라, 깨어 있으라고 권하셨습니다. 13장 마지막 부분에는 계속 반속해서 깨어 있으라고 권고하십니다.

예수님은 영적인 침체와 태만을 가장 우려하셨습니다. 졸고 있는 병사는 죽은 병사와 별 차이가 없습니다. 우리가 주님을 기다리는 자세는 깨어 있어 주의하고 조심하셔야 합니다.

영적인 침체는 시대감각을 마비시키고 미련한 다섯 처녀처럼 되게 합니다. 우리는 늘 긴장된 자세로 주님을 맞이할 준비를 하면서 하루하루를 승리하도록 해야 할 것입니다.

기도 _ 하나님, 예수님의 생애과정에서 우리를 사랑하심을 볼 수 있습니다. 우리도 생애를 통하여 예수님을 사랑하고 그 뜻을 순종할 수 있도록 도와주시옵소서.

305. 예수님의 명령

본문 막 16:1-20 / **찬송** 270장 / **요절** 막 16:15

"또 이르시되 너희는 온 천하에 다니며 만민에게 복음을 전파하라"

예수님이 십자가에 죽으실 날이 임박했을 때 베다니 시몬의 집에서 한 여자(문둥이)는 귀한 향유를 가지고 와서 예수님께 부어드렸고, 가룟 유다는 자신의 실속에 눈이 어두워서 예수님을 은 30에 팔았습니다.

예수님께서 겟세마네 동산에서 기도하시고, 고난당하시고, 죽으시고, 부활하신 사실들로 마가복음은 끝납니다.

하나님께서는 죄로 병든 인간을 예수님의 보혈로 씻어 주시기 위해 십자가를 지시고 돌아가셨습니다. 그리고 주님은 부활하셨는데 부활하신 주님은 여러 번 다른 모습으로 나타나셨습니다. 그리고 제자들에게 주워질 권세를 약속하셨습니다. 복음을 전할 때 많은 표적이 나타날 것이며 악령의 세력을 힘 있게 쫓아 낼 것을 말씀하셨습니다.

제자들은 힘 있게 말씀을 전했습니다. 주님의 명령에 순종하는 자는 능력이 주어집니다. 무능은 바로 불순종과 태만입니다. 성도는 누구나 복음을 전해야 할 사명이 있습니다. 복음 전파의 사명은 어떤 특별한 성도에게 있는 것이 아닙니다. 방법상의 차이는 있을 수 있으나 본질상의 차이는 없습니다.

복음전파는 선택이 아니라 필수요, 명령입니다. 그러므로 우리에게 선택권이 있는 것이 아닙니다. 복음을 증거하지 아니하면 주님의 제자로서의 명령을 어기는 것입니다. 복음을 전혀 증거하지 않는데 능력을 받았다는 것은 있을 수 없습니다.

우리는 얼마나 능력을 행합니까? 우리는 얼마나 복음을 증거합니까? 나만 다니는 것으로 만족하시는 않습니까? 구원의 감격은 바로 복음 증거로 증명됩니다.

기도 _ 하나님, 우리들에게 능력과 권능을 주셔서 하나님의 지상 명령을 최선을 다하여 지켜 행하게 하옵소서.

306. 믿음과 경건의 사람들

본문 눅 1:1-25 / **찬송** 217장 / **요절** 눅 1:6

"이 두 사람이 하나님 앞에 의인이니 주의 모든 계명과 규례대로 흠이 없이 행하더라"

바울의 동역자이며 의사였던 이방인 출신 누가는 예수님을 죄 많은 인간을 구원하기 위해 오신 완전한 인간으로 묘사했습니다.

누가는 보편적으로 연대순으로 예수님의 생애를 기록했습니다. 예수님의 나사렛 갈릴리에서 예루살렘까지의 행적을 교육받은 자로서 수준 높고 질서 정연하게 기록하였습니다.

참된 인간이신 예수님은 이 땅에 오시고, 사역하시고, 배척 받으시고, 정죄 받으시고, 가르치시고, 승리하신 메시아이심을 증거했습니다.

1장에는 저술의 방법과 목적을 기록하고 세례 요한의 출생 과정이 세밀하게 기록되었습니다. 그리고 예수 그리스도의 수태가 예고되었습니다. 2장에서는 예수 그리스도의 탄생과 유년시절, 3장은 세례 요한의 사역과 예수님의 족보 등입니다.

특히 1장에서 하나님께서는 엘리사벳 같은 자를 어두운 시대에 남겨 두시고 사용하셨음을 보여주십니다. 14-25절은 주 앞에 나타나서 예수님의 길을 예비했습니다. 26-38절은 말씀에 순종한 마리아에 대해서와 39-56절은 마리아의 감사 찬송의 내용입니다. 57-66절은 세례 요한의 탄생 기사를 많은 절수를 할애해서 세밀히 기록하고 있습니다. 61-80절은 사가랴의 감사 찬송입니다. 믿음 좋은 사람이 다 등장합니다. 즉 믿음 좋고 경건한 노부부, 세례 요한, 마리아 등입니다.

하나님의 역사는 언제나 믿음의 사람들을 통해서 나타납니다. 우리도 하나님께 쓰임 받는 믿음의 사람이 되어야 할 것입니다.

기도 _ 은혜의 하나님, 하나님의 역사를 이루어 가시는데 부족하지만 저희가 감당할 수 있도록 인도하시고 하나님의 귀한 도구로 사용하여 주옵소서.

307. 시험을 이기시고 사역한 예수님

본문 눅 4:1-30 / **찬송** 341장 / **요절** 눅 4:12-13

"예수께서 대답하여 이르시되 주 너의 하나님을 시험하지 말라 하였느니 마귀가 모든 시험을 다 한 후에 얼마 동안 떠나니라"

예수님께서 세례를 받으신 후 성령이 비둘기처럼 임하고 하늘에서 기쁨의 음성이 들렸습니다. 이러한 영광스럽고 은혜스러운 장면 이후에 마귀의 시험이 왔습니다. 하나님은 기뻐하셨는데 마귀는 분노했습니다. 그러나 예수님은 하나님의 말씀으로 능히 승리하셨습니다.

그 후 안식일에 회당에서 이사야 61:1-28을 읽으시며 자신에 대해서 드러내셨습니다. 그리고 더러운 귀신들린 자를 가버나움 회당에서 고쳐주셨습니다. 예수님께서는 복음을 증거하기 위해 병자를 고치시고 하나님의 말씀을 가르치셨습니다.

누가복음 5-6장은 이적과 교훈으로 가득 차 있습니다. 이적으로 고기를 잡게 하시고 문둥병자와 중풍병자를 고치시고 금식에 대해 교훈하셨습니다. 특히 6장에서는 4가지 축복과 4가지 저주가 있습니다. 예수님은 제자들을 세우셔서 가르치시고 주님의 일에 동참하도록 하셨습니다.

주님의 복음은 유대인에게나 이방인에게 차별 없이 다 전파되었습니다. 유대인이든 이방인이든 병자를 고치시고 죽은 자를 살리시고 영육을 치료하셨습니다.

어느 시대이든 복음 사역자들을 위해 희생적으로 헌신하는 자들이 있습니다. 자신이 죄인임을 깨달은 한 여인은 메시아 되시는 예수님께 옥합을 깨뜨려 예수님의 발아래 엎드리어 눈물로 발을 적시고 머리털로 씻으며 그 발에 입을 맞추었습니다.

예수님은 죄인을 구원하시기 위해 오셨습니다. 우리는 예수님을 메시아로 믿는 신앙고백이 있을 때 회개와 헌신이 그 증거로 나타나게 될 것입니다. 구원의 확신이 없으면 참다운 헌신도 이루어지지 않습니다.

기도 _ 하나님, 예수께서 우리의 구세주이심을 고백합니다. 주를 위한 진정한 봉사와 헌신이 있게 하옵소서.

308. 예수를 따르는 자의 각오

본문 눅 9:1-62 / **찬송** 349장 / **요절** 눅 9:62

"예수께서 이르시되 손에 쟁기를 잡고 뒤를 돌아보는 자는 하나님의 나라에 합당하지 아니하니라 하시니라"

9:50절까지는 주로 갈릴리를 중심으로 한 사역입니다. 9:51-19:27까지는 예루살렘으로 올라가시면서 행하신 사역입니다. 그리고 19:28-23:49은 예루살렘에서의 최후 시간이고, 23:50-24:53은 예루살렘에서 십자가의 죽음과 승리입니다.

9장은 갈릴리 전도활동의 말기입니다. 예수님의 사역중 주요 부분을 차지하고 있는 갈릴리 전도는 제자들을 부르시고 훈련하시고 그들을 파송하는 것으로 일관됩니다. 먼저 12제자의 전도 훈련을 시킨 다음 실습하도록 했습니다. 전도하는 제자들에게 귀신을 제어하며 병을 고치는 능력과 권세를 주셨습니다. 그리고 아무것도 가진 것 없이 믿음으로 나아갈 것을 가르치셨습니다. 그들의 전도의 효과는 그들이 생각하던 것보다 그 이상이었습니다.

10-17절은 예수님이 목자로서 무리를 사랑하시는 심정을 볼 수 있습니다. 그리고 많은 사람들에게 자기가 누구시라는 사실을 바로 알리는 것이 가장 중요했습니다.

예수를 잘못 알면 모든 것이 다 잘못 되어 버립니다. 베드로는 '하나님의 아들'이라고 정답의 고백을 했습니다. 예수를 따르는 자들은 예수를 바로 알고 증거해야 됩니다. 그리고 제자의 길은 영화의 길이 아니라 고난의 길입니다. 인류와 세속의 일을 초연해야 합니다. 마치 쟁기를 잡은 농부처럼 뒤를 돌아보지 말고 예수를 따르는 일에 전념해야 합니다.

완전한 헌신, 즉각적인 순종, 확고한 결단이 제자가 취해야 할 태도요, 길입니다. 제자와 청중과는 다릅니다. 제자는 방관자가 아닙니다. 제자는 품군이 아닙니다. 자기 자신을 포기하고 주인의 뜻을 따라야 하는 것입니다.

기도 _ 능력의 하나님, 주를 따르는 종으로 어떤 환난과 고난도 참고 견디며 끝까지 종의 모습을 견지하도록 도와주시옵소서.

309. 당신의 이웃을 사랑하라

본문 눅 10:25-37 / 찬송 294장 / 요절 눅 10:27

"대답하여 이르되 네 마음을 다하며 목숨을 다하며 힘을 다하며 뜻을 다하여 주 너의 하나님을 사랑하고 또한 네 이웃을 네 자신 같이 사랑하라 하였나이다"

예수님은 남성다운 기백과 용기가 있는 분이었습니다. 예수님께서는 살기 등등한 자들이 예수님을 체포하여 어떻게 죽일 것인가 철저히 계획하고 있었지만 이것을 알고도 예루살렘으로 향하셨습니다.

10장에서 예수님은 또 다시 70인 전도대를 둘씩 짝을 지어서 보내셨습니다. 그리고 일꾼이 부족한 것을 안타까워 하셨습니다. 제자들의 전도 메시지는 하나님의 나라가 가까웠다는 것이었습니다.

어떤 율법사가 일어나 예수를 시험하여 내 이웃이 누구냐고 묻는 질문에 예수님께서는 선한 사마리아 사람을 비유로 대답해 주셨습니다. 당시 랍비들은 유대인들만 '네 이웃'이라고 가르쳤습니다.

강도들에 의해 옷이 벗겨지고, 상처를 당하고, 거의 죽은 상태인 사람들을 제사장은 지나가면서 무관심했습니다. 이 제사장은 예루살렘에서 제사장 직무를 수행하고 여리고로 돌아가는 길이었습니다. 왜냐하면 당시 여리고에는 2천명의 사제들이 살고 있었다고 합니다. 다음에 지나간 레위인도 마찬가지였습니다. 그러나 사마리아 사람은 동정심을 가지고 가까이 와서 기름과 포도주를 붓고 싸매며 최선을 다해 치료하고 구해 주었습니다.

예수님께서는 강도 만난 자의 이웃은 사마리아인이라는 사실을 인지시켜 주셨습니다. 유대인의 기본 관념이 잘못된 것임을 지적함과 동시에 예수님이 우리의 이웃이 된다는 사실을 가르치셨습니다. 그리고 우리도 이런 자들의 이웃이 될 것을 말씀하셨습니다.

"가서 너도 이와 같이 하라"는 주님의 말씀은 우리가 어떻게 신앙생활을 해야 될 것인지 가르쳐 주신 것입니다. 우리는 우리의 이웃을 진정으로 사랑해 본 적이 있습니까? 피하여 지나가지는 않았습니까?

기도 _ 사랑의 하나님, 사랑의 대계명을 지키되 하나님을 사랑하고 이웃을 내 몸과 같이 사랑하는 예수님의 참 제자가 되게 하여 주옵소서.

310. 좁은 문은 힘써야 들어간다

본문 눅 13:1-35 / **찬송** 521장 / **요절** 눅 13:24

"좁은 문으로 들어가기를 힘쓰라 내가 너희에게 이르노니 들어가기를 구하여도 못하는 자가 많으리라"

어느 시대이든 주님을 위해 충성하고 헌신하는 숨은 일꾼이 있습니다. 마르다나 마리아는 정말 주님을 위한 헌신적인 봉사자들이었습니다.

누가복음 11장은 하나님 나라의 도래를 선언하셨습니다. 예수님은 중립적 태도를 지적했습니다. 신앙은 중립이 있을 수 없습니다. '표적이냐, 생명 구원이냐? 예수님이 선지자냐, 그리스도냐? 겉이 중요하냐, 속이 중요하냐? 근본적인 변화냐, 외형적인 변화냐?'에 대해서 강하게 지적하고 있습니다.

12장은 바리새인의 집에서 행하신 교훈들입니다. 외식을 버리고 두려워할 자를 두려워해야 되며 탐심을 물리치고 오직 하나님의 나라를 구해야 될 것을 가르치셨습니다. 필요를 채워 주시는 하나님이시기에 준비하고 있어야 함과 제자는 환난과 박해를 각오해야 함을 가르치셨습니다.

이어서 13장에는 회개할 것과 열매 없는 무화과나무의 비유, 18년간 병들었던 여인의 치료, 하나님나라에 대한 비유가 나타나 있습니다. 그리고 구원얻는 숫자에 대해서 질문할 때 좁은 문으로 들어가기를 힘쓰라고 했습니다. 들어가기를 구해도 힘쓰지 아니하면 멸망한다고 했습니다. 구원받는다고 자신하던 자들이 심판날에 심판의 자리에 있게 될 것을 경고했습니다.

예수님은 헤롯이 자신을 해하려 한다는 소식을 듣고도 조금도 동요하지 않으셨습니다. 예수님께서는 죽으러 오셨습니다. 그러나 자신의 사역을 마치기 전에는 그 누구도 죽을 수 없었습니다. 예수님은 자신의 죽음을 앞두고 제자들을 단단히 훈련시키시고 교육시키셨습니다.

제자가 되려면 자기를 부정하고 자기 십자가를 지고 예수님을 좇을 것을 말씀하셨습니다. 망대를 세우는 사람처럼, 전쟁에 나가는 사람처럼 각오와 위험을 감수해야 된다는 것입니다. 신앙의 길, 생명의 길은 좁은 길입니다.

기도 _ 생명을 주신 하나님, 주님의 제자가 되는 길은 험하고 자기부정이 있어야 함을 믿습니다. 죽음을 불사하는 참 제자가 되어 아버지께 영광 돌리게 하옵소서.

311. 사람을 사랑하고 용서하라

본문 눅 17:1-21 / 찬송 522장 / 요절 눅 17:4

"만일 하루에 일곱 번이라도 네게 죄를 짓고 일곱 번 네게 돌아와 내가 회개하노라 하거든 너는 용서하라 하시더라"

누가복음 15장은 잃은 양 비유 - 목자 - 100:1(100마리중에 1마리 잃음)
잃은 은전 비유 - 가정주부 - 10:1, 잃은 아들 비유 - 아버지 - 2:1
잃은 양 비유에서 양을 위해 생명을 버리신 하나님의 아들 예수 그리스도의 사랑을 볼 수 있습니다. 잃은 은전 비유에서는 결혼한 여인들이 지참금을 소유하고 있었던 것 중에 잃었던 것을 찾은 것은 우리 죄인들을 위한 하나님의 사랑을 깨달을 수 있는 비유입니다. 탕자 비유에서는 아버지로서의 하나님 마음을 이해할 수 있습니다. 기쁨은 찾음과 연결되어 있습니다.

16장은 불의하고 부정직한 청지기 비유가 기록되어 있습니다. 비유를 통해 성도의 재물 관리는 어떻게 해야 할 것인가를 제시하고 있다. 하나님과 재물을 함께 섬길 수 없습니다. 재물은 하나님을 섬기는 도구이지 재물이 섬김의 대상이 될 수는 없습니다.

부자와 거지 나사로 이야기는 돈과 연락을 사랑하면 그 영혼을 잃어버리게 된다는 교훈이 있습니다. 인간의 운명은 지상에서 결정된다는 진리를 깨달을 수 있습니다.

16-17장에서는 사람을 사랑하고, 영혼을 사랑하시는 하나님의 사랑과 우리가 무엇을 사랑하고 살아야 할 것인가를 가르쳐 줍니다. 17장에는 형제를 실족시키지 말고 용서하라는 교훈입니다. 그리고 믿음을 위한 기도와 겸손을 가르칩니다. 우리는 하나님의 사랑으로 용서를 잃은 자들입니다. 우리도 용서하고 사랑해야 됨이 우리의 사명입니다.

우리의 삶속에서 우리 형제, 자매, 이웃을 얼마나 사랑하며 용서하고 있는지 반성하며 그러한 삶을 살도록 최선을 다해야 할 것입니다.

기도 _ 사랑과 용서의 하나님, 사랑과 용서 때문에 살게 된 저희들 사랑을 실천하지 못하고 용서하는 삶을 살지 못했음을 고백합니다. 실천할 수 있는 믿음을 주옵소서.

312. 잃어버린 자를 찾아 구원하시는 예수님

본문 눅 19:1-10 / 찬송 500장 / 요절 눅 19:10

"인자가 온 것은 잃어버린 자를 찾아 구원하려 함이니라"

누가복음 17장 후반부에 열 문둥병자를 예수님께서 완치시켜 주셨으나, 감사하고 사례한 자는 사마리아 출신 한 사람 밖에 없었습니다. 예수님은 너무 너무 안타깝고 서운해 하셨습니다. 그 사건 이후 예수님은 인자의 날, 즉 재림에 대해 설명하셨습니다. 그날에 예수님은 베들레헴에 오시는 것이 아니라 우주적인 재림이 되는 것입니다. 그때는 노아의 때나 롯의 때와 같이 갑자기 임하기 때문에 준비한 자는 구원받고 준비하지 아니한 자는 구원받지 못합니다.

예수님의 비유와 교훈은 계속 되어서 18장에 과부의 끈기 있는 기도, 바리새인과 세리의 기도, 어린이에 대한 태도, 재물의 위험성, 그리스도의 수난 예고, 여리고의 한 소경을 고치신 일이 기록되어 있습니다. 19장은 삭개오를 부르신 예수님과 예루살렘 입성이 주요 내용입니다. 18장 마지막 부분에 거지 소경을 구원하시고 19장 서두에는 부자 삭개오를 구원하신 내용이 있습니다. 예수님은 부자이든 가난한 자이든 잃어버린 자를 찾아 구원하기 위해 오셨습니다.

삭개오는 부자이고 세리장이었으나 고민이 있고, 갈등이 있고, 만족이 없었습니다. 그러나 그의 열심은 대단했고 열심히 있다 보니 세리장이 되었고 부자가 된 것입니다. 반면에 순종도 잘했습니다. 순종을 잘하다 보니 구원도 받은 것입니다. 그는 기쁜 마음으로 예수님을 영접했습니다. 그는 그와 예수님과의 관계를 의식했지 주위 여론이나 사람을 의식하지 않았습니다. 그는 난관을 극복하는 간절함과 추진력이 있었습니다. 상황을 극복하는 지혜가 있었고 결단력도 있었습니다. 그래서 구원 받았습니다.

예수님께서는 부르짖는 자의 소원을 다 들어 주시고, 찾는 자 만나 주시고, 두드리는 자 열어 주십니다.

기도 _ 하나님, 우리를 먼저 선택하시고 구원해 주심을 감사합니다. 선택된 자로서 최선의 삶을 살도록 도와주옵소서.

313. 고난의 잔

본문 눅 22:1-23 / **찬송** 198장 / **요절** 눅 22:20

"저녁 먹은 후에 잔도 그와 같이 하여 이르시되 이 잔은 내 피로 세우는 새 언약이니 곧 너희를 위하여 붓는 것이라"

예수님의 관심과 예수님의 안목은 보통 사람과는 달랐습니다. 세리장 삭개오는 소문난 죄인이요, 멸시받는 세리직을 가진 자였으나 예수님께서는 삭개오 집에 유하셨습니다.

어느 이름 모를 한 과부의 하찮은 연보가 예수님의 눈에는 관심의 대상이 되었습니다. 20장은 유대 지도자들과의 논쟁으로 가득찬 장입니다.

예수님의 권위에 대하여, 악한 농부의 비유, 납세에 대하여, 부활에 대하여, 다윗의 자손에 대하여 논쟁하는 내용입니다. 그리고 서기관들을 경계하셨습니다.

누가복음 21장은 세상 끝날의 징조에 대해서, 22장은 예수님의 최후의 만찬과 체포당하시고 조롱당하시는 고난에 대하여 기록하고 있습니다.

주님의 십자가 고난은 구원 사역의 절정입니다. 예수님께서는 십자가에서의 죽음이 임박하자 포도주와 떡으로 성찬식을 거행하셨습니다. 주님께서 베푸신 잔은 예수께서 사람을 위하여 흘리는 피를 상징하는 것이라고 설명하셨습니다. 떡은 그리스도께서 우리를 위해 창에 찔리시고 살을 찢기신 사실을 보여주시며 이를 기념하라고 말씀하셨습니다.

우리 개혁주의는 성찬식을 주님께서 영적으로 함께 임하신다는 '영적인 임재성'을 일반적으로 따르고 있습니다.

감람산에서 주님의 기도는 정말 하나님의 뜻대로 되기를 바라는 기도와 간절한 간구였습니다. 고난의 잔은 기도하는 자만이 감당할 수 있습니다. 우리도 비장한 각오를 가지고 주님의 고난의 발자취를 따라가야 되겠습니다.

기도 _ 구원의 하나님, 구원의 길이 험난하셨듯 우리가 주님을 따르는 길이 험하다 할지라도 견디며 극복할 수 있도록 도와주옵소서.

314. 그는 여기 계시지 않고 살아나셨느니라

본문 눅 24:1-12, 36-53 / **찬송** 167장 / **요절** 눅 24:6

"여기 계시지 않고 살아나셨느니라 갈릴리에 계실 때에 너희에게 어떻게 말씀하셨는지를 기억하라"

예수님께서는 죽음을 정복하셨습니다. 빈 무덤 앞에 서 있는 자들은 '두려워하는' 여자들이었습니다. 예수님께서는 최후의 만찬의 따뜻한 사랑과 겟세마네 동산에서의 정신적 고통, 베드로의 비극적인 부인, 죄 없으신 예수님이 가장 포악한 죄인처럼 재판을 당하시고, 로마식 사형집행의 잔인한 고통을 당하시고 죽어 장사지낸 지 사흘 만에 흑암의 세력 속에서 찬란한 부활의 아침을 밝히셨습니다.

무덤은 죄인이 있을 곳이지 예수님께서 있을 곳이 아닙니다. "그는 여기 계시지 않고 살아나셨느니라" 죽음의 권세를 이기신 그리스도 즉 구속의 완성은 현실 역사 속에 실현된 것입니다.

엄숙한 고독의 장소, 기도의 결단, 하늘의 도움, 무서운 고난, 잔인한 배신, 세속 권세의 난무, 죄인의 장소요 조롱의 장소 골고다, 죽음의 장소 골고다가 예수 그리스도의 부활로 긍휼의 장소로, 증거의 장소로, 구원의 장소로, 기억의 장소로 변화되고 기독교의 새 기원을 이루게 된 것입니다.

부활의 아침에 주님을 만난 여인들의 기쁨은 바로 오늘날 모든 성도들의 기쁨입니다. 이 부활 사건을 통하여 복음은 땅끝까지 전파되게 된 것입니다. 기독교는 죽음의 종교가 아니라 부활의 종교입니다. 부활의 확신 없이는 주님의 고난의 발자취를 도저히 따라갈 수 없는 것입니다.

부활하신 주님은 역사 속에 사라지신 분이 아니라 오늘도 아니 세상 끝날까지 우리와 함께 해 주신다고 약속하셨습니다.

우리는 주님의 신실한 약속을 붙잡고 생명 다하는 날까지 부활의 주님을 증거하는 데 최선을 다해야 될 것입니다.

기도 _ 생명의 주인이신 하나님, 예수님의 죽으심과 부활과 승천, 그리고 약속대로 다시 오실 예수 그리스도를 믿는 핵심적인 신앙과 그것을 세상 끝까지 전할 수 있는 믿음의 역꾼들이 되게 하옵소서.

315. 말씀이 육신이 되시다

본문 요 1:1-34 / **찬송** 88장 / **요절** 요 1:1

"태초에 말씀이 계시니라 이 말씀이 하나님과 함께 계셨으니 이 말씀은 곧 하나님이시니라"

요한복음은 '예수의 사랑하시던 그 제자'인 사도 요한이 기록했습니다.

본서의 기록 목적은 '예수는 하나님의 아들'이시다는 사실을 확신시키는데 있습니다.

마태복음은 예수 그리스도의 기원에 대한 설명으로 복음서를 시작합니다. 마가복음은 예수 그리스도의 복음의 시작이란 말로 시작됩니다. 누가복음은 처음부터 말씀의 목격자 된 자들에 대하여 말합니다. 사도행전은 "먼저 쓴 글에는 무릇 예수의 행하시며 가르치시기를 시작하심부터" 기록했다고 말합니다. 그러나 요한복음은 "태초에……"라고 구절로 시작이 됩니다.

예수 그리스도는 말씀이 육신이 되신 분이십니다. 하나님께서 세상을 말씀으로 창조하셨습니다. 예수님께서는 말씀에 대하여 말하는 자이십니다. 그 말씀은 시작이자 완성이며 알파와 오메가요, 처음이요, 나중이십니다. 하나님의 아들이신 예수 그리스도는 바로 하나님의 어린양으로 묘사되었습니다. 창세기는 하나님의 형상대로 인간을 만드신 것으로 시작이 되었고, 요한복음은 인간의 형상 안에 하나님께서 들어오시는 재창조로 시작이 됩니다.

복음의 시작이요, 진리의 시작이요, 하나님의 언약의 신실성이 역사 속에서 이루어지는 시작입니다. 세례 요한은 자신은 단지 선구자에 불과하며 예수님이 주님이시고, 신랑이시며, 어린양이심을 명백히 밝혔습니다.

우리는 예수를 누구로 알고 있습니까? 예수에 대한 확실한 믿음을 가지고 있습니까? 예수가 하나님의 아들이심을 확신합니까?

예수 그리스도가 내 속에 오심으로 재창조의 시작이 이루어지고 있다는 확신 속에 살아가야 할 것입니다.

기도 _ 사랑의 하나님, 말씀으로 우리를 찾아오시고 우리와 같이하여 주시며 큰 위로와 힘을 주시니 감사합니다.

316. 육으로 난 것은 육이요 영으로 난 것은 영이니

본문 요 3:1-21, 4:1-42 / 찬송 94장 / 요절 요 3:5

"예수께서 대답하시되 진실로 진실로 네게 이르노니 사람이 물과 성령으로 나지 아니하면 하나님의 나라에 들어갈 수 없느니라"

예수님의 첫 번째 이적은 변화시키는 이적이었습니다. 그리고 기쁨을 중단시키지 않고 촉진시키는 이적이었습니다.

2장은 첫번째 이적과 첫 번째 심판에 관한 기사가 있습니다. 예수님은 성전 내의 세속주의를 배격했습니다. 자신들의 이익과 종교를 혼돈하는 행위를 심판하셨습니다. 성전을 깨끗하게 하기 위해서는 청소 작업 즉 심판이 필요했습니다.

3장은 기독교의 중요한 중생(거듭남)의 교리가 소개된 내용입니다. 예수 그리스도께서는 거듭남의 필요성, 성격, 신비로움, 그 결과에 대하여 니고데모에게 가르치셨습니다. 죄인이 거듭나는 것은 성령의 역사입니다. 세례 요한은 경쟁자가 아니라 성취자이신 예수 그리스도를 소개하고 그의 길을 예비한 것입니다. 니고데모에게 구원받기 위한 첫 번째 단계인 거듭남의 교리를 가르치셨고 4장에서는 수가성 여인의 거듭남과 구원받는 과정과 증거가 기록되어 있습니다.

4장에서는 예수님께서는 주님이시요, 인간이시요, 유대인이시며, 예언자이시고, 메시아, 치료자, 하나님, 구세주로서의 모습이 나타나고 있습니다. 현실 세계의 것들을 통해 영의 세계를 설명하므로 영적인 눈이 밝아지고 새로운 인간으로 거듭나는 역사가 이루어지고 있습니다. 구세주와 죄인, 구세주와 씨 뿌리는 자, 구세주와 사마리아 사람, 구세주와 병든 자의 만남은 바로 회개와 생명 구원의 역사가 이루어지는 것입니다.

많은 사람들이 예수를 믿게 되었고 두 번째 이적으로 거의 죽게 된 아들을 고쳐주신 것입니다. 변화시키고, 살리시고, 슬픔이 기쁨으로 변화되는 구세주의 역사는 우리에게 놀라운 진리를 깨닫게 하는 내용들인 것입니다.

기도 _ 능력의 하나님, 육에 속하지 않고 영에 속한 자가 되게 하심을 감사합니다. 우리의 삶을 통하여 많은 사람들에게 기쁨과 소망이 되고 위로가 될 수 있게 해 주옵소서.

317. 예수님은 생명의 떡입니다

본문 요 6:1-35 / **찬송** 198장 / **요절** 요 6:35

"예수께서 이르시되 나는 생명의 떡이니 내게 오는 자는 결코 주리지 아니할 터이요 나를 믿는 자는 영원히 목마르지 아니하리라"

예수님의 사역은 성전이나 유대인의 회당에 한정되어 있지 않습니다. 예수님은 언제 어디에서든지 말씀과 치유의 손길을 준비하고 계십니다.

요한복음 5장은 중풍병자의 수족을 강건케 하신 기적의 장입니다. 6장에는 5천명을 먹이시고 난 다음 "나는 생명의 떡이다"고 하셨습니다. 요한복음엔 예수님께서 "나는 -이다"는 자기 설명이 7번 나옵니다.

6:35 "내가 곧 생명의 떡이니", 8:12 "나는 세상의 빛이니", 10:7 "나는 양의 문이라", 10:11, 14 "나는 선한 목자라", 11:25 "나는 부활이요 생명이니", 14:6 "나는 곧 길이요 생명이니", 15:1 "내가 참포도나무요".

예수님과 항상 적대적 관계를 가지고 충돌을 한 유대인들은 예수님이 하늘로부터 내려온 산 떡이라고 한 예수님의 말씀을 거부하고 받아들이지 않았습니다. 예수님께서 말씀하시기를 인자의 살과 인자의 피를 먹고 마시지 아니하면 너희 속에 생명이 없다고 하셨습니다.

예수님께서는 이미 성례전 상징들을 통해 계시하셨습니다. 그러나 무리들은 생명의 떡보다는 육신의 배고픔에 시달리고 있었습니다. 결국은 생명의 떡을 기다리며 남은 자는 12명이요 그 중에 가룻 유다도 섞여 있었습니다. 베드로는 "주여 영생의 말씀이 계시매 우리가 뉘게로 가오리까?" 했습니다. 베드로는 주님이 생명의 떡인 줄 알았다고 고백한 것입니다.

생명의 떡이신 예수를 믿지 않고는 영생이 없습니다. 믿는다는 것은 바로 먹는 것처럼 믿어야 되는 것입니다.

우리는 어떠합니까? 육신의 떡이 우선입니까, 생명의 떡이 우선입니까?

기도 _ 생명의 주인이신 하나님, 주님은 나의 생명의 떡이 되심을 감사를 드립니다. 영적인 굶주림 없이 하나님의 선한 사역에 귀한 도구가 되게 하옵소서.

318. 선한 목자되신 예수님

본문 요 10:1-39 / **찬송** 569장 / **요절** 요 10:11

"나는 선한 목자라 선한 목자는 양들을 위하여 목숨을 버리거니와"

요한복음 7:1-10:42까지는 예수님께서 예루살렘에서 가르치신 교훈들입니다. 장막절(초막절)이 되자 예수님은 예루살렘으로 올라가셨습니다.

예수님에 대한 반대와 변론이 점점 고조되고 있을 때 예수님께서는 자신이 메시아라는 사실을 가르치셨습니다. 자신이 목마른 자에게 생수가 되신다는 사실과 세상의 빛으로 오셨다는 사실을 선포하셨습니다.

간음한 여인을 용서하여 주시고 자신이 세상의 빛이라고 설교하고 나면서부터 소경된 자의 눈을 뜨게 하셨습니다. 또한 자신이 부활이요 생명이라고 가르치시면서 죽은 나사로를 살리셨습니다. 예수님은 우리도 소경인가 하고 질문하는 바리새인들에게 선한 목자에 대한 비유로 교훈하셨습니다. 예수님께서는 양들을 위해 목숨을 버리는 선한 목자되십니다.

양은 자기 목자의 소리를 빨리 알아차립니다. 그러나 다른 사람의 목소리에는 따르지 않는 특이한 동물입니다. 예수님께서는 자기 양들을 끝까지 돌보시며 끊임없이 보호해 주실 것을 약속하셨습니다.

예수님의 말씀 때문에 그를 죽이려는 시도가 또 한 번 일어나게 됩니다. 사탄은 항상 진리를 싫어합니다.

종교적 가식으로 살아오면서 한몫 보던 그들의 삶에 도전과 비판을 받자 예수님을 없애야 되겠다는 생각이 발동하게 된 것입니다. 양들을 위해 생명을 버리신 예수님, 예수님이 선한 목자 되심을 믿고 진실로 감사해야 할 것입니다.

빛이요, 생명이요, 선한 목자 되시는 예수님, 주님의 은성을 듣고 그의 발자취를 따라 가는 양들이 되어야 할 것입니다.

기도 _ 선한 목자 되신 하나님, 양처럼 무력한 저희들을 선한 목자가 되어서 인도하여 주심을 감사드립니다. 목자장 예수님을 잘 따라가는 우리가 되게 하옵소서.

319. 내가 깨우러 가노라

본문 요 11:1-16 / **찬송** 366장 / **요절** 요 11:11

"이 말씀을 하신 후에 또 이르시되 우리 친구 나사로가 잠들었도다 그러나 내가 깨우러 가노라"

예수님께서는 나사로의 죽음을 잠든 것으로 보셨습니다. 제자들은 진짜 잠든 것으로 오해 했습니다. 예수님께서는 죽은 지 나흘이나 된 무덤 속에 있는 나사로를 살리셨습니다. 이 일로 인하여 제자들이 신앙은 많이 달라졌습니다. 예수님은 부활이요 생명입니다. 그러나 이 소문을 들은 가야바는 공의회 의장으로서 예수님을 죽이려고 공회를 소집했습니다. 가야바는 안나스의 사위요, 제사장입니다.

예루살렘에 올라가면서 베다니에 들렀습니다. 물론 죽으실 줄 알면서 예루살렘에 가신 것입니다. 베다니는 나사로가 사는 동네로 예수님을 위해 큰 잔치가 베풀어졌습니다. 마리아는 비싼 향유를 예수님의 발에 부었습니다.

가룟 유다는 예수님이 체포될 것을 알고 자기 갈 길을 계획했습니다. 예루살렘에 입성한 예수님은 제자들에게 말씀의 중요성을 교훈하시고 13장에 와서는 서로 사랑하라고 가르치면서 손수 제자들의 발을 씻어 주셨습니다.

사랑의 계명 즉, 새 계명을 주시고 유다의 배신과 베드로의 부인을 예고하셨습니다. 그리고 제자들에게 위로의 말씀을 주셨습니다. 마음에 근심하지 말라고 하셨고 보혜사 성령이 오실 것을 약속하셨습니다.

제자들에 대한 교훈은 계속 됩니다. 예수님의 고별 설교이기도 합니다. 예수님과 신자들과의 관계, 신자들 상호간의 관계, 신자들과 세상과의 관계에 대해 말씀하셨습니다.

포도나무 가지는 원줄기를 떠나서는 살 수 없습니다. 예수 안에 있는 자에게는 예수의 생명을 받는 것입니다. 그리고 무엇이든지 구하면 이루어 주십니다. 주님은 날마다 우리에게 영원한 생명을 주십니다. 우리를 살려주신 주님의 은혜를 진심으로 감사해야 할 것입니다.

기도 _ 부활이요 생명이신 주님, 우리 생명의 주관자가 되심을 감사드립니다. 베드로처럼 어리석은 행동을 하지 않게 하시고 항상 깨어서 주의 일에 수종드는 종이 되게 하옵소서.

320. 예수님의 중보기도

본문 요 17:1-26 / **찬송** 134장 / **요절** 요 17:9

"내가 저희를 내가 그들을 위하여 비옵나니 내가 비옵는 것은 세상을 위함이 아니요 내게 주신 자들을 위함이니이다 그들은 아버지의 것이로소이다"

예수님은 제자들이 당하게 될 고난도 예고하셨습니다. 그리고 예수님의 떠나가심과 성령의 오심에 대해 말씀하셨습니다. 특별히 제자들에게 기도할 것을 권고하셨습니다.

요한복음 17장은 예수님의 중보기도인데 대제사장으로서의 기도입니다. 먼저 주님 자신을 위해 기도하셨습니다. 6-19절은 제자들을 위한 기도입니다. 20-26절은 온 세상을 위한 기도입니다.

예수님은 교회와 성도가 하나 될 것을 간절히 기도했습니다. W.C.C의 에큐매니컬 운동은 일치운동입니다. 그러나 오늘날 이 운동은 교리를 아예 무시하고 그리스도 안에서의 일치가 아닌 의식을 앞세우고 그 의식을 중심으로 타 종교까지도 흡수하려는 탈기독교적 연합운동입니다.

제자들이 하나 되고, 보전되고, 거룩해지기를 기도하신 예수님의 기도는 오늘 우리에게 많은 교훈을 줍니다. 교회는 영원히 보전되어야 합니다. 그러므로 그 어떤 핍박 속에서도 교회는 생명을 유지했던 것입니다. 그리고 교회가 거룩을 잃게 되면 교회의 본질을 잃어버리게 됩니다. 내가 거룩하니 너희도 거룩해야 된다고 했습니다.

교회는 하나 되어야 합니다. 그래야 복음을 힘있게 전할 수 있게 되고, 영원한 천국에 살 하나님의 백성이기에 하나의 공동체가 되어야 하는 것입니다.

교리적으로 예수님의 기도를 분류한다면 1-5절은 구원에 대한 내용입니다. 6-19절은 성도에 대한 내용입니다. 20-26절은 영원에 대한 내용입니다. 예수님의 기도는 이루어졌고 이루어져 가고 있습니다.

기도 _ 하나님 아버지, 기도를 통하여 우리가 힘을 얻고 능력으로 승리하게 하시니 감사드립니다. 교회를 위해서, 나라를 위해서, 세계를 위해서 기도할 수 있는 기도의 사람이 되게 하옵소서.

321. 십자가의 길

본문 요 19:1-30 / **찬송** 150장 / **요절** 요 19:1

"이에 빌라도가 예수를 데려다가 채찍질하더라"

요한복음 18장은 동산에서 잡히셔서 심문당하시고 십자가를 지시고 가는 과정에 대한 내용입니다. 엄청난 혼선이 일어났습니다. 베드로가 예수님을 부인하고 빌라도는 사상 최대의 불법 재판을 하게 된 것입니다.

요한복음 19장에서 예수님은 사형 선고를 받고 십자가에 못 박히셨습니다. 견딜 수 없는 매질과 모욕, 만왕의 왕이신 주님이 거짓 왕 대우를 받으셨습니다. 주님은 죄 없으시면서 정죄를 당하셨습니다. 예수님은 스스로 십자가를 지셨고 죽음의 길을 택하셨습니다.

예수님은 죄인을 구원하기 위해 하나님의 어린양으로서 번제물이 되신 것입니다. 요셉은 자기 무덤을 예수님께 바쳤습니다. 예수님은 요셉이란 이름을 가진 사람과 관련이 있습니다. 구약시대의 요셉은 예수님의 모형이었습니다. 예수님은 요셉이란 이름을 가진 자를 통해서 태어나셨고 최후의 죽음도 요셉이란 이름을 가진 자에 의해 시체가 무덤 속에 장사 지낸바 되었습니다.

하나님께서는 항상 사람을 예비하셨습니다. 참 신앙은 십자가의 길에서 나타납니다. 예수님은 하나님께서 보내신 하나님의 아들로서 죄 없으신 몸으로 고난을 받으시고 죽으심으로 죄인을 구원하셨습니다.

십자가 위에서 다 이루었다고 말씀하셨습니다. 누구를 위한 고난이었습니까? 누구를 위한 조롱이었습니까? 누구를 위한 오판이었습니까? 누구를 위한 눈물이었습니까? 누구를 위한 고독이었습니까? 누구를 위한 십자가였습니까? 누구를 위한 장사입니까? 바로 나를 위한 것이었습니다. 우리는 예수님께 진심으로 감사하고 영광을 돌려야 합니다. 그러므로 주님을 섭섭하게 하지 않도록 노력하고 충성해야 할 것입니다.

기도 _ 우리를 구원하기 위해 고난당하신 예수님, 감사와 영광을 돌립니다. 우리도 주님의 은혜 감사하여 내 몫의 십자가 지고 주를 따르게 하옵소서.

322. 네가 나를 사랑하느냐

본문 요 21:1-19 / **찬송** 314장 / **요절** 요 21:15

"저희가 조반 먹은 후에 예수께서 시몬 베드로에게 이르시되 요한의 아들 시몬아 네가 이 사람들보다 나를 더 사랑하느냐 하시니 이르되 주님 그러하나이다 내가 주님을 사랑하는 줄 주님께서 아시나이다 이르시되 내 어린 양을 먹이라 하시고"

예수님은 세상의 빛이십니다. 그러므로 어두움에 갇혀 있을 수 없습니다. 근심이 있는 곳에, 실망이 있는 곳에, 슬픔이 있는 곳에, 실수가 있는 곳에 부활하신 예수님은 찾아 오셨습니다.

의심 많던 도마가 신앙 고백을 하게 되었으며, 아무도 의심할 수 없는 부활의 사건은 제자들과 모든 기독교인들의 소망이요 용기가 되었습니다.

특히 부활하셔서 나타나신 예수님은 숨을 내쉬면서 "성령을 받으라"고 말씀하셨습니다. 제 1창조 때 아담에게 생기를 불어 넣으신 분이 부활로 시작된 제 2창조의 첫 열매가 되셔서 오순절 때 사도들에게 성령수여의 상징적 행위를 하셨습니다.

예수님은 부활 후 기록상으로 보면 여러 번 나타나셨습니다. 막달라 마리아에게, 다른 부인들에게, 엠마오로 가는 두 제자에게, 베드로에게, 열 제자에게, 열한 제자에게, 일곱 제자에게, 갈릴리 산에서 제자들에게, 500여 형제에게 일시에, 주님의 동생 야고보에게, 감람산에서 11제자에게, 다메섹 도상 바울에게 등입니다.

요한복음 21장은 요한복음의 결론이며 주님의 소원입니다. "네가 나를 사랑하느냐?"고 디베랴 바닷가에 나타나셔서 베드로에게 질문하신 예수님은 바로 오늘, 우리를 향하여 질문하고 계십니다. 신앙생활은 '예수사랑'에서 출발해야 됨을 교훈하고 있습니다. 예수님은 우리를 목숨을 다해 사랑하셨습니다. 사랑을 갚는 것은 사랑밖에 없습니다. 예수님을 사랑하는 방법은 복음을 전하고 주님의 어린 양들을 먹이고 치는 것입니다.

우리는 주님을 얼마나 사랑합니까? 진정으로 마음을 다해 우리 주님을 사랑해야 하겠습니다.

기도 _ 사랑의 하나님, 우리의 모든 것을 비쳐 주님을 사랑하게 하옵시고, 예수님의 사랑을 널리 전하게 하옵소서.

신약 역사서

사도행전

323. 예루살렘과 온 유대와 땅끝까지

본문 행 1:1-26 / **찬송** 516장 / **요절** 행 1:8

"오직 성령이 너희에게 임하시면 너희가 권능을 받고 예루살렘과 온 유대와 사마리아와 땅 끝까지 이르러 내 증인이 되리라 하시니라"

　사도행전은 그리스도의 승천과 교회의 역사적인 탄생으로 시작하여 주후 60년경 바울의 투옥으로 끝이 납니다. 사도행전은 누가에 의해 기록되었습니다. 복음서의 후편이요, 서신의 기초입니다.

　사도행전 1-7장은 예루살렘에서 일어난 주님의 역사이고, 8-9장은 유대와 사마리아에서 일어난 주님의 역사이며, 10-28장은 땅끝까지 이른 주님의 역사에 대한 기록입니다.

　사도행전 1-7장은 베드로가 주요 인물이고, 8-9장은 스데반과 빌립이 주요 인물이며, 10-28장은 바울이 주요 인물입니다. 그리고 누가는 예루살렘을 강조합니다. 예수님이 승천하신 장소가 예루살렘입니다. 오순절 사건이 예루살렘에서 일어났습니다. 누가는 예루살렘이 언약의 거룩한 도시임을 강조합니다. 예루살렘은 사도들이 복음 증거하다가 체포 되었던 곳이고, 야고보가 순교한 곳입니다.

　예수님이 승천하신 후 120명에 의해 복음의 사역은 계속 되었습니다. 500여 명의 승천의 광경을 보았지만 약속대로 모여서 성령을 기다리며 기도한 자들은 120명이었습니다. 열심히 모여 기도하는 동안 가룟 유다는 스스로 자살하고 맛디아가 새로운 각오로 출발하였습니다.

　마음을 같이 하여 전적으로 기도에 힘쓰므로 오순절 날 성령이 충만히 임했습니다. 성령을 받자 그들은 모두 복음의 증인이 되었습니다. 성령 받지 않고는 복음의 증인이 될 수 없습니다.

　복음의 증인 사역은 주님 오실 그날까지 계속되어야 할 것입니다.

기도 _ 우리를 제자로 부르신 주님, 땅 끝까지 이르러 주님의 증인이 될 수 있도록 믿음과 용기 그리고 힘을 주옵소서.

324. 일어나 걸어라

본문 행 3:1-26 / **찬송** 381장 / **요절** 행 3:6

"베드로가 이르되 은과 금은 내게 없거니와 내게 있는 이것을 네게 주노니 나사렛 예수 그리스도의 이름으로 일어나 걸으라 하고"

은혜 있는 교회, 성령 충만한 교회, 교회가 교회다워지려면 항상 사도의 가르침을 받고 서로 교제하며 떡을 떼며 기도하기를 힘써야 됩니다.

오순절 성령 강림이 바람같이, 불의 혀같이, 방언으로 임하셨습니다. 은혜로운 교회는 먼저 입술의 변화에서부터 시작됩니다.

앉은뱅이가 일어나 걷게 된 기적은 영적으로 무기력하던 시대에 걷기도 하며 뛰기도 하는 새로운 역사의 도래를 의미하는 영적인 의미를 주기도 합니다.

수백 년 동안 앉은뱅이처럼 된 예루살렘 성전이 성령의 역사로 새로운 교회의 시대가 시작된 것입니다. 오랫동안 앉아 있는 무능한 종교적 전통이 세상의 조롱과 무시와 비난의 대상이 되었던 것입니다.

앉은뱅이가 일어난 역사 이후 하루에 남자만 5천명이 믿게 된 부흥의 역사가 일어났습니다. 그러나 그렇게 많은 사람이 회개하고 은혜 받아도 새 술에 취했다고 하면서 핍박하고 믿지 않는 자들이 있었는가 하면 아나니와 삽비라처럼 거짓으로 헌신하는 자도 있었습니다.

예수님 설교에도 은혜 받지 못하고, 죽은 지 나흘이나 되는 무덤 속에 있는 나사로를 살리는 광경을 보고도 믿지 않고 핍박하는 자들도 있었으니 택함 받지 않은 자들은 완악할 대로 완악했습니다.

성령의 역사가 강할수록 악마의 반발도 거세어 갔습니다. 그래도 우리는 일어나서 걷기도 하며 뛰기도 해야 할 것입니다. 발과 발목이 힘을 얻어야 될 것입니다. 우리가 핍박하고 조롱하는 상태는 아니라고 할지라도 앉은뱅이 상태는 아닌가 스스로 진단해야 할 것입니다.

기도 _ 하나님 아버지, 믿음의 앉은뱅이에서부터 일어나 뛰되 복음을 들고 뛰게 하시고 봉사의 헌신의 발로 뛰게 하옵소서.

325. 집사의 선택기준

본문 행 6:1-7 / 찬송 495장 / 요절 행 6:3

"형제들아 너희 가운데서 성령과 지혜가 충만하여 칭찬 받는 사람 일곱을 택하라 우리가 이 일을 그들에게 맡기고"

초대교회는 급성장했습니다. 반면에 악마의 발악도 강했습니다. 강한 핍박이 있었으나 사도들은 담대했습니다. 위협이나 죽음을 두려워하지 않았습니다. 베드로가 감금되지만 수천 명을 인도하는 도구로 쓰임을 받았습니다.

아나니아와 삽비라는 성령의 은혜스러운 교제를 파괴하는 자들이었습니다. 죄의 심각성을 깨닫게 하는 아나니아, 삽비라의 죽음은 거룩한 공회의 권위를 나타내고 있었던 사건입니다.

사도행전 5장에서는 안으로부터의 정화와 밖으로부터의 핍박이 교회가 연단을 받습니다. 이기적인 거짓말과, 민족 간의 분쟁, 스데반의 순교로 교회는 더욱더 든든히 세워져가고, 제자의 수는 날마다 증가해 갔습니다.

사람이 점점 많아지자 일을 질서 있게 하기 위해 사도들이 기도와 말씀을 전하는 일에 전념하고 구제나 다른 일에 시간을 뺏기지 않기 위해 집사를 선택하게 되었습니다.

성령 충만하고, 지혜 있고, 칭찬 듣는 사람, 일곱을 택하여 안수했습니다. 성령 충만은 믿음의 실력자를 말하고, 지혜 충만은 봉사하는 실력자를 말하고, 칭찬 듣는 자는 인격의 실력을 말합니다.

직분을 잘 선택하므로 교회의 원망과 혼란을 정리하고 교회는 더욱더 부흥되어 갔습니다. 스데반은 믿음이 충만한 자였습니다. 그는 복음을 위해 기독교의 첫 순교자가 되었습니다. 스데반의 피는 교회의 씨앗이 되고 거름이 되었습니다. 사울이 거듭나게 되고, 핍박으로 흩어졌던 교회는 점점 성장해 갔습니다.

우리는 내가 희생하고, 내가 충성할 때 교회 부흥의 씨앗이 된다는 사실을 명심해야 할 것입니다.

기도 _ 권능의 하나님, 하나님 보시기에 아름답도록 성결하고 신실하고 정직하고 온유한 마음을 우리가 가지도록 도와주옵소서.

326. 사울이 바울되다

본문 행 9:1-31 / **찬송** 259장 / **요절** 행 9:15

"주께서 이르시되 가라 이 사람은 내 이름을 이방인과 임금들과 이스라엘 자손들에게 전하기 위하여 택한 나의 그릇이라"

하나님께서 사울을 회심시켜 선교사로 만들 계획을 하고 계셨음을 누가 알았겠습니까? 그는 열렬한 바리새인 이었습니다. 기독교를 몹시도 핍박하던 자입니다. 오순절 사건 이후 약 3년 만에 기적이 일어났습니다. 박해의 주동자이던 사울이 다메섹으로 가는 길에서 예수 그리스도를 만나 그의 음성과 밝은 빛 앞에 엎드려졌습니다. 그는 땅에 엎드려 지면서 눈이 먼 상태가 되었다가 아나니아를 통하여 세례를 받고 건강이 회복되었습니다. 그러나 가르치고 세례를 주고 하는 일은 아나니아에게 시키셨습니다. 사울은 주님의 음성과 아나니아의 인도를 다 순종했습니다.

사울은 새 사람이 되어 다메섹에서 예수가 하나님의 아들 되심을 전파했습니다. 그 후 사울은 핍박 받는 자가 되었고 하나님은 바나바를 만나게 해서 바울의 반려자가 되게 했습니다. 베드로는 예루살렘 교회의 최고의 지도자였습니다. 그는 이방교회를 순방하게 되어 룻다도 갔고 욥바도 갔습니다.

베드로는 성령의 인도에 순종하여 군대장관 고넬료를 만납니다. 다시 11장에는 예루살렘 교회의 논쟁이 있었는데 해결되고 안디옥으로 복음이 전파되었습니다. 그 이후 박해자 헤롯은 야고보를 죽이고 베드로를 가두었으나 천사의 도움으로 풀려나는 역사가 이루어졌습니다. 하나님께서는 헤롯을 쳐서 죽게 하였습니다.

사도행전 13장에서는 이방 선교의 본격적 서막이 열립니다. 여기서 바나바와 바울이 다시 등장하게 됩니다. 안디옥은 선교의 모체교회입니다. 하나님은 사울을 예비하셔서 바울 되게 하시고 안디옥 교회의 선교사로 파송시켜 활동하도록 만드셨습니다. 하나님은 사람을 쓰십니다. 쓰시되 회개시켜 쓰십니다. 쓰시되 열심 있는 자를 쓰십니다.

기도 _ 사랑의 하나님, 사울이 바울이 되어 죽도록 충성했듯이 우리도 더 큰 변화를 받아 큰 역사를 이루도록 인도하여 주옵소서.

327. 사도 바울의 전도여행

본문 행 14:1-28 / 찬송 500장 / 요절 행 14:15하

"여러분에게 복음을 전하는 것은 이런 헛된 일을 버리고 천지와 바다와 그 가운데 만물을 지으시고 살아 계신 하나님께로 돌아오게 함이라"

바울은 바나바와 함께 본격적인 선교 여행을 시작했습니다. 수리아의 안디옥에서 실루기아로, 실루기아에서 구브로섬 살라미와 바보로, 구브로 섬에서 밤빌리아의 버가로, 비시디아의 안디옥으로, 이고니온으로, 루스드라로, 더베로, 다시 루스드라로, 이고니온으로, 비시디아의 안디옥으로, 밤빌리아의 버가로, 버가에서 앗달리아의 실루기아, 다시 수리아 안디옥으로 돌아오게 됩니다. 바울과 바나바의 전도 여행은 엄청난 성과가 있었습니다.

바보에서 바예수라고 하는 거짓 선지자를 징계했습니다. 버가에서는 동행하던 마가가 돌아갔고, 이고니온에서는 돌에 맞아 죽을 뻔하였습니다. 루스드라에서는 나면서 앉은뱅이 된 자를 고쳤고, 다시 돌에 맞아 거의 죽게 된 지경까지 이르렀습니다. 선교에는 먼저 선교에 사명이 있는 신실한 사람을 보내야 하며, 또한 복음을 가지고 가야 합니다. 그리고 기도하는 후원자와 선교헌금 후원자가 많아야 됩니다.

15장에서 예루살렘 총회가 개최되었습니다. 이것은 바울과 바나바와 전도 여행의 성공에 자극을 받은 듯한 어떤 유대인들이 예루살렘 교회로부터 안디옥에 와서 할례를 받지 않고 모세의 율법을 지키지 아니하면 구원을 얻지 못한다고 이방인 성도들에게 가르쳤습니다. 이 문제를 이방인 성도들이 예루살렘에 있는 사도들에게 문의하기로 했습니다. 이것이 율법이냐 은혜냐, 행함으로냐, 믿음으로냐? 하는 문제를 다루는 모임이었습니다. 베드로의 발언과, 바나바와 바울의 선교 보고, 야고보의 발언 등 여러 사람들의 의견과 보고를 거쳐 결론을 내렸습니다. 할례의 짐을 지우지 않고 이방인 개종자들은 스스로 삼가야 할 것을 지시했습니다.

하나님의 은혜로, 믿음으로 구원 얻는다는 진리를 명백하게 하는 회의였습니다. 바울과 바나바를 안디옥으로 보내는 것이 옳다고 추천했습니다. 선교는 복음적이고 교리에 맞아야 됩니다.

기도 _ 우리를 전도자로 세우신 하나님, 복음을 거저 받았으나 이웃에게 아니 세계에 복음을 거저 줄 수 있도록 도와주옵소서.

328. 계속되는 선교여행

본문 행 15:36-16:24 / **찬송** 502장 / **요절** 행 16:10

"바울이 그 환상을 보았을 때 우리가 곧 마게도냐로 떠나기를 힘쓰니 이는 하나님이 저 사람들에게 복음을 전하라고 우리를 부르신 줄로 인정함이러라"

사도행전 15:36-18:22까지는 사도 바울의 제 2차 선교 여행 기록입니다. 제 2차 선교 여행은 바나바와 이별하고 사도 바울에 대한 실라를 동반한 여행이며 루스드라에서는 디모데가, 드로아에서는 누가가 합세했습니다. 바울은 소아시아를 넘어서 유럽으로 건너갔습니다.

마게도냐 지방에서는 빌립보와 데살로니가 지방을 거쳐 아가야 지방 즉 아덴과 고린도에서 전도하고 안디옥으로 귀환 길에 올랐습니다. 바울과 실라가 빌립보에서 따뜻하게 영접을 받지만 그들은 복음을 전하다가 점을 쳐서 돈버는 일을 망치게 하였다고 매질을 당하고 투옥이 되었습니다. 그러나 하나님께서는 이 일까지도 이용하셔서 간수와 그의 가족을 구원으로 이끄셨습니다.

복음의 확장은 우연히 이루어지지 않습니다. 누군가가 희생하고, 핍박을 당하고, 고난의 언덕을 넘어야 하는 것입니다. 바울은 때를 얻든지 못얻든지 복음을 전하기에 힘쓴 자였습니다. 그 결과 핍박과 역경의 열매를 맺은 것입니다.

루디아는 그리스도를 알게 된 후 자기 집과 재산을 선교사들이 마음대로 사용할 수 있도록 하였습니다. 루디아는 그리스도께 사로잡힌 교양인을 대표합니다. 아무리 어려운 핍박 속에서도 하나님은 사람을 사용하셔서 복음 사역을 계속할 수 있게 하십니다.

사도 바울의 2차 선교 여행은 많은 열매를 맺었습니다. 우리는 복음을 위해서 얼마나 희생하고 있습니까? 눈물을 흘리며 씨를 뿌리는 수고 없이 열매를 기다리는 어리석은 자가 되지 않아야 하겠습니다.

기도 _ 선교의 대장이신 주님, 우리도 바울처럼 선교정신이 투철하게 되어서 끝까지 복음을 전하는 자가 되게 하옵소서.

329. 제 3차 선교여행

본문 행 20:19-35 / 찬송 495장 / 요절 행 20:24

"내가 달려갈 길과 주 예수께 받은 사명 곧 하나님의 은혜의 복음을 증언하는 일을 마치려 함에는 나의 생명조차 조금도 귀한 것으로 여기지 아니하노라"

사도행전 18:23-21:26은 바울의 3차 선교 여행에 대한 내용입니다.

제 1, 2차 여행에는 예루살렘 총회와 바나바와의 결별 등 큰 사건들이 있었습니다. 제 3차 선교 여행은 이미 선교한 지역을 심방하고 목회하는 양육을 계속하는 선교 여행이었습니다(약 A.D. 55-59년).

사도 바울은 제 3차 선교 여행 대부분의 여정을 에베소에서 보냈습니다.

아볼로는 학문과 성경에 능한 자로 고린도 교회에 많은 유익을 준 반면 19:23-41에서 데메드리오 사건은 사도 바울의 선교 사역에 제동을 거는 사탄의 발악이었습니다. 그는 아데미 신상을 만들어 큰 사업을 하는 자였습니다. 그런데 사도 바울의 전도 사역으로 그의 사업에 많은 지장을 가져오자 그는 동업자들을 불러 모아 소요를 일으키고 바울을 처벌해야 된다고 분노했습니다.

사도행전 20장엔 바울의 밀레도에서의 고별 설교가 있습니다. 3년 동안 정성스럽게 사역하였던 에베소 지방의 장로들을 청하여 고별 설교를 했습니다. 사도 바울은 과거를 회상했습니다. 오직 주만 섬기는 일에 전념했으며 유대인에게나 헬라인에게 차별 없이 오직 교회의 유익을 좇아 가르쳤다고 했습니다. 그는 세속적인 목표를 정하지 않았습니다. 그리고 장로들에게 너희 자신과 교회를 위해 삼가라고 했습니다. 교회의 주인은 주님이시다는 사실을 명심하고 교회 감독자로서 본을 보이며 교인들을 잘 다스릴 것을 권면했습니다.

우리는 어디에 전념하고 있습니까? 세속적인 목표가 삶의 전부는 아닙니까? 얼마나 영혼 구원에 힘쓰고 있습니까?

기도 _ 사랑의 하나님, 우리를 교회에 유익한 존재가 되게 하시며 오직 주만 섬기는 일과 복음 증거로 열매 맺는 자들이 되게 하옵소서.

330. 로마로 가야 하리다

본문 행 25:1-22 / **찬송** 508장 / **요절** 행 25:21

~~~~~~~~~~

"바울은 황제의 판결을 받도록 자기를 지켜 주기를 호소하므로 내가 그를 가이사에게 보내기까지 지켜 두라 명하였노라 하니"

복음이 힘 있게 증거되는 반면 갈수록 핍박도 거세어 갔습니다. 사도 바울의 3차 전도 여행이 끝나자 예루살렘에서 유대인들에 의해 죽게 될 운명에 처하게 되었습니다. 3차 선교 여행의 노정은 안디옥에서 갈라디아, 브르기아 지역, 에베소, 드로아, 밀레도, 두로, 가이사랴, 그리고 예루살렘 도착이었습니다.

사도행전 22장은 사도 바울의 회심 동기에 대해 설명하는 자기 간증입니다. 그리고 공회 앞에서 변론하므로 유대인의 음모가 밝혀지고 벨릭스에게 이송되었습니다. 바울을 죽이려고 유대인 40명이 결사적으로 동맹하여 행동했습니다. 심지어 식음을 전폐하고 죽이려고 했습니다.

벨릭스 앞에서 바울이 변증 할때 벨릭스는 무죄를 알고도 판결을 지연시켰습니다. 그리고 벨릭스의 후임으로 총독 베스도가 왔습니다. 베스도 역시 유대인의 고소 내용이 바울을 사형시킬 죄에 해당되지 않는다는 것을 알고도 유대인의 환심을 사기 위해 예루살렘으로 이송하여 재판을 받을 것을 권했습니다. 그러나 바울은 이를 거부하고 오히려 로마의 황제에게 직접 받겠다고 청원했습니다. 이것은 로마 시민권을 가진 바울의 권리를 주장한 것이며 로마에 가고 싶은 그의 기도 제목을 실현시키기 위한 것이었습니다.

바울은 로마에 가서 복음을 전하는 것이 그의 최대의 소원이었습니다. 죽기 전에 로마에 가서 복음을 전하고 싶었습니다. 왜냐하면 그때 당시 로마는 최대 강국이며 세계의 문화와 군사, 경제의 중심지였기 때문입니다. 로마인 한 사람에게 복음을 전하면 그 효과는 엄청난 것이기 때문입니다.

생명을 걸고 복음을 전하는 자는 두려움이 없습니다. 우리도 복음전파의 비전을 가지고 사명을 감당하는 자들이 되어야 하겠습니다.

기도 _ 구원의 하나님, 세계 복음화를 위한 하나님의 뜻에 맞추어 우리의 몸과 마음과 시간과 모든 것을 바쳐 복음을 전하는 일에 앞장서게 하옵소서.

331. 하나님의 말씀을 담대히 증거하다

본문 행 28:1-31 / 찬송 499장 / 요절 행 28:31

"하나님의 나라를 전파하며 주 예수 그리스도에 관한 모든 것을 담대하게 거침없이 가르치더라"

복음이 사도행전 26장에서도 세 부류의 사람을 볼 수 있습니다. 첫 번째 베스도는 하나님에 대해서 무지한 사람입니다. 하나님의 초자연적인 역사를 무시하고 모르는 자였습니다. 두 번째 아그립바 왕은 하나님의 역사를 인정도 하고 시인하기도 했으나 자기의 지위와 체면 때문에 예수를 영접하지 않았습니다. 세 번째 바울은 하나님을 기쁘시게 해 드리는 자였습니다.

그의 과거는 비록 하나님을 잘못 섬기고 예수 그리스도를 부인했지만 이제는 회개하여 예수 그리스도를 전하기 위해 생명을 거는 자였습니다. 그는 예수 그리스도의 복음을 증거하다가 온갖 핍박과 유대인의 중상 모략을 당했습니다. 아그립바 왕은 바울의 변증을 듣고 아무 죄가 없음을 알고 가이사에게 보냈습니다. 그것은 바울이 가이사에게 호소했기 때문입니다. 여러 차례의 재판이 끝나고 이제 바울은 다른 죄수들과 로마로 호송됩니다. 마침내 로마에 가려던 바울의 소망이 이루어지게 된 것입니다. 그러나 항해 도중 광풍이 일어나자 죄수의 몸이던 바울은 전도자로 변했습니다. 그리고 배의 선장이 되었습니다.

멜리데라는 섬에서 겨울을 지내게 된 바울은 자기에게 주어진 시간과 기회를 최대한 활용했습니다. 독사에서 물린 바울이 죽지 않고 아무 이상이 없자 주민들은 놀라게 되었습니다. 그리고 열병과 이질에 걸린 보블리오의 아버지를 낫게 해주었습니다.

사도행전은 예루살렘에서 시작된 복음이 마침내 로마에 가서 말씀을 전하고 가르치는 것으로 끝이 납니다. 세상의 어떤 권세도 복음을 막을 수는 없습니다. 복음은 성령 충만한 하나님의 사람들을 통해 증거되고 복음이 증거되는 곳마다 구원의 역사는 일어납니다.

기도 _ 역사의 주인이신 하나님, 우리가 부족하지만 하나님의 귀한 도구가 되어서 하나님의 선교 역사에 참여할 수 있도록 함께 하옵소서.

서신서

바울서신

로마서

고린도전·후서

갈라디아서

에베소서

빌립보서

골로새서

데살로니가전·후서,

디모데전·후서

디도서

빌레몬서

일반서신

히브리서

야고보서

베드로전·후서

요한일·이·삼서

유다서

332. 복음을 부끄러워하지 않는 바라

본문 롬 1:1-17 / 찬송 498장 / 요절 롬 1:16

"내가 복음을 부끄러워하지 아니하노니 이 복음은 모든 믿는 자에게 구원을 주시는 하나님의 능력이 됨이라 먼저는 유대인에게요 그리고 헬라인에게로다"

로마서는 바울이 쓴 서신입니다. '믿음으로 의롭게 된다'는 근본 진리를 다루고 있습니다.

로마서 1-11장은 악인이 선해질 수 있는 방법, 12-16장은 선인이 보다 새로운 생활을 하는 방법에 대해서 기록하고 있습니다. 그래서 첫째 부분은 교리를 다루고 두 번째 부분은 실제적인 문제를 다루고 있습니다.

로마서는 신약에서 가장 긴 서신입니다. 약 7,100 단어나 됩니다. 그 당시 가장 긴 편지가 4,500 단어였다고 합니다.

로마서를 읽는 동안 예루살렘을 향한 바울의 관심을 기억해야 합니다. 그리고 바울은 복음이 땅 끝까지 전파되기를 한없이 소원했고 서바나로 가기를 원했습니다.

바울은 자신을 예수 그리스도의 종이라고 했습니다. 율법적인 종이 아니라 사랑에 포로가 된 자원하는 종입니다. 사도 바울은 그리스도의 종이 되어 그리스도의 복음을 전하는데 힘썼습니다.

바울이 전하는 복음은 창작이 아니라 하나님께서 구약시대부터 여러 모양과 선지자들을 통해 계시하신 것과 약속대로 이 땅에 오셔서 메시아로서의 사명을 완성하신 예수 그리스도의 그 자체의 복음이었습니다.

이 복음은 의요, 생명이요, 구원이기에, 너무나 기쁘고 감격했기에 부끄러움 없이 생명을 걸고 증거했던 것입니다.

바울의 최대 관심사는 복음 증거입니다. 우리는 복음에 대한 감격을 가지고 복음 증거에 최선을 다하는 삶을 살아야 하겠습니다.

기도 _ 능력의 하나님, 우리에게도 바울처럼 식지 않는 선교의 열정을 주옵소서.

333. 의인은 없습니다

본문 롬 4:1-25 / 찬송 268장 / 요절 롬 4:24

"의로 여기심을 받을 우리도 위함이니 곧 예수 우리 주를 죽은 자 가운데서 살리신 이를 믿는 자니라"

2장에서는 유대인의 죄에 대해서 말합니다. 1:18-32에서 이방인의 죄에 대해 종교적인 죄와 성윤리의 타락, 그리고 전 인격의 타락에 대해 논란 후 2장에 와서 유대인의 죄에 대해 말합니다. 유대인은 남을 판단하는 죄와 하나님의 인자와 용납과 참으심을 멸시하는 죄입니다. 그리고 무엇보다도 회개치 않는 죄입니다.

3장에서는 전인류의 죄에 대해 논합니다. 여기에서 의인은 없다는 사실을 강조합니다. 하나님을 모르는 죄와 입술이 범죄하고 왕들이 부패하다는 것입니다. 그러므로 하나님의 은혜가 아니면 의롭다 하심을 받을 길이 없습니다.

4장은 하나님의 은혜로 의롭다 함을 받으며, 인간이 하나님을 믿을 때 의롭다함을 받을 수 있음을 교훈하고 있습니다. 하나님을 믿는 자에게 의롭다 하심을 입게 하실 것을 약속하셨습니다. 하나님은 약속을 지키시는 신실하신 분이십니다.

하나님의 은혜를 입은 자는 바랄 수 없는 중에 바라며 더욱 믿음이 견고해집니다. 그리고 하나님께서 영광을 돌립니다. 죄의 해결책은 회개와 하나님의 은혜와 자비 밖에 없습니다.

예수 그리스도의 죽음은 죄의 대가를 치르신 것입니다. 의롭다 칭함을 받는 길은 오직 하나님의 은혜입니다.

우리는 진정으로 하나님의 은혜와 자비를 감사해야 할 것입니다.

신앙의 삶은 바로 감사요, 은혜에 대한 반응입니다. 의인이 되는 조건이 아니라 의인된 후의 반응입니다.

기도 _ 사랑의 하나님, 죄인 된 우리를 불러 구원해 주시고 의인이라 청해 주심을 감사합니다. 우리의 삶이 하나님 보시기에 정결하고 깨끗할 수 있도록 도와주옵소서.

334. 죄에서 해방된 자의 생활

본문 롬 6:1-23 / 찬송 268장 / 요절 롬 6:4

"그러므로 우리가 그의 죽으심과 합하여 세례를 받음으로 그와 함께 장사되었나니 이는 아버지의 영광으로 말미암아 그리스도를 죽은 자 가운데서 살리심과 같이 우리로 또한 새 생명 가운데서 행하게 하려 함이라"

믿음으로 의롭다 함을 얻은 것은 하나님의 은혜요, 하나님과의 바른 관계입니다. 인간은 범죄로 말미암아 하나님과 화평하지 못하고 지냈으나 예수 그리스도의 죽으심으로 그를 믿는 자는 하나님과 화목하게 되었습니다.

즉, 화평은 그리스도의 중보로 이루어졌다는 것입니다. 화평은 하나님과의 화목이 이루어진데서 오는 양심의 평정성을 말합니다.

성도는 환난을 이기고 인내하고 연단 받아 소망을 이루게 됩니다. 아담 한 사람의 불순종으로 모든 사람이 죄인된 것처럼 예수 그리스도의 순종으로 그를 믿는 모든 자는 의롭다 하심을 입게 되는 것입니다. 이는 그리스도와 함께 옛사람은 죽고 새 사람으로 태어나게 되는 것입니다. 새롭게 태어난 자는 의의 병기로 드리는 삶을 살아야 하는 것입니다. 이제는 죄의 종이 아니라 의의 종이요, 성령으로 사는 새 생활이 계속되는 것입니다.

그리스도와 연합한다는 의식이 세례입니다. 성결 또는 성화의 삶이 시작된다는 의미입니다.

로마서 3:21-5장 까지는 의인의 교리에 대한 설명입니다. 6-8장 까지는 성결의 교리입니다. 우리 성도는 세례를 통하여 그리스도와 연합하였기 때문에 이제는 하나님의 은혜 아래 있고 율법 아래 있지 않습니다. 그러므로 은혜의 능력을 소유하게 되어 죄가 왕노릇 하지 못하고 적극적으로 거룩함에 이르는 열매를 맺게 됩니다.

우리는 날마다 열매 맺는 생활을 해야 합니다. 그것이 죄에서 해방된 자의 삶이요, 증거입니다. 부끄러운 죄의 생활을 해서는 안 됩니다. 영원한 생명을 누리는 자답게 살아야 합니다.

기도 _ 죄에서 해방을 주신 주님, 이제 우리는 날마다 의의 병기로 드리는 삶이 이루어져 변화되고 열매 맺게 하옵소서.

335. 누구든지 믿음으로 구원 얻습니다

본문 롬 10:1-21 / **찬송** 542장 / **요절** 롬 10:10

"사람이 마음으로 믿어 의에 이르고 입으로 시인하여 구원에 이르느니라"

로마서 7장에서는 율법은 죄를 드러나게 하고 정죄한다는 사실을, 8장은 성령님께서 죄를 이기신다는 사실을 설명합니다.

내가 율법에서 자유한다면 율법의 도덕적인 요구를 무시할 수가 있겠습니까? 자유는 범법이나 무시가 아닙니다. 방종과 자유는 다릅니다. 이제는 종으로서의 굴레나 멍에가 아니라, 자유인으로서 능동적으로 행하는 자의 삶입니다.

9장에서 사도 바울은 동족인 유대인들이 구원받지 못하고 있음을 근심하고 있습니다. 하나님의 구속의 역사가 이스라엘에게만 주어지는 줄 알았고, 예수 그리스도와의 관계없이도 구원받을 것이라는 착각에 빠져 있었습니다.

그러나 바울은 10장에서 누구든지 하나님의 복음이나 예수 그리스도를 믿으면 구원받고, 믿지 아니하면 구원받을 수 없다는 사실을 가르쳐 주고 있습니다.

믿음은 들음에서 나고 들음은 누군가가 전하는 자가 있어야 가능하다는 사실을 깨닫게 해줍니다.

하나님은 회개하고 돌아오기를 오래 참고 기다리십니다. 이스라엘은 하나님의 초대에 거절하므로 버림을 받았습니다. 그러나 하나님은 참고 기다리십니다. 이방인의 수가 차면 유대인도 믿게 될 것입니다.

하나님은 신실하십니다. 그 약속은 불변하십니다. 그리고 그의 능력은 무한하십니다.

기도 _ 믿음으로 구원을 주신 하나님, 그 은혜와 섭리에 감사드리며, 그 기쁨의 복음을 믿지 않는 자들에게도 전할 수 있도록 입을 열어 주옵소서.

336. 그러므로 이렇게 살아라

본문 롬 12:1-21 / **찬송** 50장 / **요절** 롬 12:2

"너희는 이 세대를 본받지 말고 오직 마음을 새롭게 함으로 변화를 받아 하나님의 선하시고 기뻐하시고 온전하신 뜻이 무엇인지 분별하도록 하라"

이 사도 바울은 로마서 11장까지는 믿음의 기초에 대해서 설명했습니다. 기독교 핵심 교리는 역동적입니다. 믿음은 행동입니다. 어떻게 행동하느냐에 따라 영향이 미칠 것입니다.

하나님께서 우리에게 주신 은사를 활용하여 서로 서로 사랑하고, 봉사하고, 용납하고, 문안하라는 것입니다.

12장부터는 기독교인의 윤리의 대강령이라고 할 수 있습니다. 신앙생활은 마음과 몸으로 하는 것이고 주님께 몸과 마음을 드리는 것입니다. 지체로서의 임무를 다하며 현실 속에서 사랑을 실천해야 되는 것입니다. 특히 지체로서의 3가지 권면이 있습니다. 먼저 자신을 알아야 하고, 서로 서로 지체가 됨을 알고 수용하라는 것입니다. 그리고 모든 은사는 하나님께로부터 온다는 것입니다.

예언의 은사는 믿음의 분수대로 하라고 했습니다. 섬기는 일은 섬김으로 하고, 가르치는 자는 가르침으로 하고, 권위 있는 자는 위로함으로 하라고 했습니다. 구제는 성실하게, 다스리는 자는 부지런해야 하고, 긍휼을 베푸는 자는 즐거움으로 해야 됩니다.

그리스도인의 삶에는 성스러운 책임이 있습니다. 하나님과 조화가 이루어진 성도는 이웃과도 조화를 모색해야 합니다. 사회에서 악에게 지면 안 됩니다. 선으로 악을 이겨야 합니다.

우리는 구원받은 자로서의 감격이 있습니다. 그리스도의 지체로서의 생활이 이루어집니까? 이웃과 세상 국가에 대해서도 우리의 임무를 다하며 선으로 악을 이기는 생활을 계속 해 나가야 할 것입니다.

기도 _ 하나님, 주님을 믿고 의지하며 사는 그리스도인답게 이 세대를 본받지 않고 하나님의 뜻이 무엇인지 분별하여 주 안에서 하나 되며, 형제를 사랑하고 섬기며 살아가게 하옵소서.

337. 칭찬받는 일꾼

본문 롬 16:1-27 / 찬송 313장 / 요절 롬 16:19

"너희의 순종함이 모든 사람에게 들리는지라 그러므로 내가 너희로 말미암아 기뻐하노니 너희가 선한 데 지혜롭고 악한 데 미련하기를 원하노라"

지도자의 마음에 아름답고도 감격스러운 기억으로 남을 청지기들이 얼마나 될런 지를 생각게 하는 구절들입니다. 나는 지도자들에게 어떤 기억을 남기는 존재인지 생각해 보아야 합니다. 아름다운 기억을 남길 수 있고, 괴로운 기억도 남길 수 있습니다. 아니면 아무런 기억도 없는 존재도 될 수 있습니다.

사도 바울은 선교를 위해 몸과 시간과 재산을 바쳐 섬긴 자들을 잊을 수가 없었습니다.

누구든지 크게 사역하려면 숨은 봉사자가 많이 있어야 합니다.

뵈뵈 집사는 여집사로서 이름 그대로 일꾼이었습니다. 사도 바울이 인정하는 일꾼이었습니다.

일꾼은 첫째 지도자에게 인정받아야 됩니다. 특히 브리스가와 아굴라는 목숨까지도 아끼지 않는 충직한 종들이었습니다.

그들의 집은 집회소였습니다. 마음이 열린 성도였습니다.

일꾼들에 대한 칭찬과 기도로 로마서가 끝이 납니다. 성도는 일하다가 모든 생기 끝나야 합니다.

주님 앞에 칭찬받고, 지도자에게 칭찬받고, 이웃에게 인정받는 자가 되기를 바랍니다.

기도 _ 하나님, 주의 말씀을 듣고 전하는데 힘쓰는 일꾼이 되게 하시며, 성도를 사랑으로 섬기는 칭찬받는 일꾼이 되기를 원합니다.

338. 신앙의 대상은 예수 그리스도뿐입니다

본문 고전 1:1-31 / **찬송** 94장 / **요절** 고전 1:18

"십자가의 도가 멸망하는 자들에게는 미련한 것이요 구원을 받는 우리에게는 하나님의 능력이라"

　고린도는 무역의 중심지였습니다. 특히 그리스로 항해하는 모든 배들은 바로 고린도 함께 정박했습니다. 부자나, 부두에서 일하는 노동자나 모두 각자의 쾌락을 좇아서 행동하였습니다. 그 당시 이방 종교나 철학은 도덕적 부패를 억제하는데 무능했습니다. 게다가 고린도에 있는 교회까지 문제가 생겼습니다.
　교회 내에 당파싸움, 불륜사건, 소송사건, 혼인문제, 우상의 제물문제, 성찬에 관한 문제, 성령의 은사 및 그 사용에 관한 문제, 부활 문제, 헌금 문제 등이 있었습니다.
　사도 바울은 기독교의 교리와 실제에 관한 중요한 사항들에 대하여 답변하면서 그들의 죄에 대한 책망을 덧붙여 답장을 보냈던 것입니다. 고린도서에는 교리적인 문제, 개인적인 문제, 목회적인 요소들이 깊이 있게 다루어져 있고, 문제 해결에 대한 실제적 상황과 적용들이 기록되어 있습니다.
　교회는 불완전한 사람들의 집단이기에 여러 가지 문제점이 있을 수 있습니다. 날마다 빗나간 잘못된 행위를 바로 잡아가야 하는 것입니다. 고린도 교회는 4개의 파당이 있었습니다. 바울파, 아볼로파, 게바파, 그리스도파가 있었습니다. 이들은 서로 자랑하며 다투었습니다. 사도 바울은 신앙의 대상은 예수 그리스도뿐이며 속죄자도 예수 그리스도뿐임을 강조했습니다.
　사람은 그 누구도 신앙의 대상이 될 수는 없습니다. 우리는 잘못된 신앙이나 파당으로 구속의 진리를 변질시키거나 교회 부흥의 암적인 존재가 되어서는 안 됩니다. 예수 그리스도의 이름으로 세례 받은 성도는 모두 하나가 되어야 할 것입니다.

기도 _ 하나님, 우리의 신앙이 오직 주님만을 향하게 붙들어 주옵시고 날마다 우리의 신앙을 살펴보며 깨어있게 하옵소서.

339. 그리스도를 본받자

본문 고전 4:1-21 / **찬송** 455장 / **요절** 고전 4:16

"그러므로 내가 너희에게 권하노니 너희는 나를 본받는 자가 되라"

바울의 전도 내용은 '예수 그리스도와 그의 십자가'였습니다. 이것은 너무나 단순하고 미련해 보이나 하나님의 지혜이고 능력이었습니다.

인간의 말이나 인간의 지혜로 전도의 효과가 나타나는 것이 아니라 성령의 능력과 말씀의 능력으로 열매 맺게 되는 것입니다. 육에 속한 자는 중생치 못한 자요, 신령한 자는 거듭난 자를 의미합니다. 그리고 육신에 속한 자는 거듭났다 하더라도 그의 생활 내용이 아직은 육신적 원리를 따라 사는 사람을 말합니다.

교회 내의 분쟁은 일꾼 중심이거나 인간중심이기 때문에 발생합니다. 바울은 고린도 교인들에게 '나를 본받는 것이 바로 그리스도를 본받는 것이다'고 했습니다. 그것은 바울의 삶은 그리스도만 목표삼고 본받는 삶이었다는 사실을 말하고 있습니다. 세계 종교의 영향을 다 받고 있는 고린도는 이방 종교의 영향으로 성적으로 문란했습니다. 바울은 고린도가 음행이 성행했기에 음행에 대한 죄의식이 없어 교회 내에서도 그것을 예사로 생각하는 사례를 알고 순결을 지킬 것을 권고했습니다.

교회는 사회와 다릅니다. 그러므로 사회의 부도덕을 따르거나 용납해서는 안 되는 것입니다. 교회가 세속화되면 안 되고 사회가 교회화 되도록 해야 합니다. 교회 일을 세상에 소송한다는 것은 영적인 권위를 추락시키는 죄가 됩니다. 그리고 자유를 남용하면 방종이 되는 것입니다. 성도는 항상 규모 있게 생활해야 됩니다. 결혼이나 이혼문제, 재혼문제도 교회가 세상윤리보다 앞서야 되며, 금욕도 방종도 아닌 질서대로 행할 것을 권하고 있습니다.

우리는 그리스도가 우리 삶의 표준인 것을 알고 교회 생활이나 사회생활에 있어서 좌로나 우로나 치우치지 말아야 할 것입니다.

기도 _ 사랑의 하나님, 세상적 삶에 탐익하지 않게 하시고 주님의 마음을 본받아 온유하고 겸손하며 사랑하는 삶을 살게 하옵소서.

340. 우상 제물에 대한 성도의 태도

본문 고전 8:1-13 / **찬송** 523장 / **요절** 고전 8:13

"그러므로 만일 음식이 내 형제를 실족하게 한다면 나는 영원히 고기를 먹지 아니하여 내 형제를 실족하지 않게 하리라"

고린도는 세계적인 상업 도시였습니다. 그것은 에게해와 아드리아해 사이의 좁은 지협에 위치한 전략적 요충지였기 때문입니다. 세계의 상인들이 드나들다 보니 세계적인 풍습과 종교의 영향도 자연히 받게 되었던 것입니다. 고린도에서 가장 눈에 띄는 것은 사당들과 신전들입니다. 그 중 아프로디테 신전은 서울 남산 꼭대기에 있는 전망대처럼 높은 위치에 크게 세워졌습니다. 이 세계적인 도시는 유흥과 매춘과 타락이 무성하여 심지어 '고린도 사람처럼 행한다'는 말이 생기기까지 했습니다.

고린도전서 8-10장까지는 우상 제물에 대한 성도들의 태도를 많이 설명하였는데 이는 우상에게 바쳐진 고기를 성도들이 먹어도 되느냐는 고린도교회의 질문에 답하는 내용입니다. 당시 고린도에서는 도살되는 모든 고기는 신전에서 잡았습니다. 시민들이 바치는 막대한 제물의 일부는 사제가 취하고 나머지는 시장에 팔았습니다. 그래서 성도들이 고기를 사서 먹을 수 있느냐? 우상에게 바쳐진 고기와 음식들을 어떻게 해야 하느냐는 질문입니다.

성도들의 삶의 대원칙은 사랑입니다. 사랑은 덕을 세우는 것입니다. 그러므로 영적으로 어린 성도들의 상태를 고려해야 합니다.

음식물을 임의로 먹어도 되지만 양심에 거리끼면 안 먹어도 되며, 먹지 말아야 할 경우도 있다는 사실을 말합니다. 성도라 하더라도 죄에 빠질 위험성이 있거나 육적인 것은 피해야 합니다. 불신자의 초청에도 응하여 아무 거리낌 없이 먹을 수 있습니다. 그러나 그것이 우상의 제물이라고 미리 말해 줄 때는 양심을 위해서 먹어서는 안 된다는 것입니다. 모든 것이 자유에 속하지만 그 자유로 남을 넘어지게 해서는 안 됩니다. 성도는 먹든지 마시든지 주의 영광을 위해서 해야 합니다. 언제든지 하나님의 영광을 먼저 생각하며 사는 태도가 성도의 자세이기 때문입니다.

기도 _ 하나님, 생활 속에서 형제와 자매들을 실족케 하는 행동을 하지는 않았는지요, 성도된 자로서 본을 보이며 서로의 교제 속에 하나님의 영광을 먼저 생각하게 하옵소서.

341. 그리스도를 본받는 자가 되라

본문 고전 11:1-34 / 찬송 455장 / 요절 고전 11:1

"내가 그리스도를 본받는 자가 된 것 같이 너희는 나를 본받는 자가 되라"

우리는 선을 위해서는 불필요한 습관을 기꺼이 버려야 합니다. 그 어떤 습관과 행위도 영적인 손실을 가져올 때는 삼가 하든지, 절제 하든지, 포기 하든지 해야 하는 결단이 필요합니다.

교회가 세상에 영향을 끼쳐야지 세상의 영향을 받아서는 안 됩니다. 교회가 세속화 되는 것이 아니라 세상이 교회화 되어야 합니다. 우리는 예수님께서 세상에 끼친 영향을 생각해야 합니다. 교회는 그리스도를 본받아야 됩니다. 세상과 교회 사이에는 끊임없이 갈등이 있습니다.

11장은 여자의 머리에 수건을 쓰는 것과 성만찬에 대한 교훈입니다. 고린도교회는 주로 헬라인들과 유대인들로 구성되어 있었습니다. 유대인과 헬라인들은 서로 관습이 다르기 때문에 교회에서 수건을 머리에 쓰느냐 안 쓰느냐는 중요한 문제였습니다. 그 문제로 교회의 질서가 흐려졌습니다.

본래 유대인들이 기도할 때는 남녀 모두가 수건을 썼습니다. 그러나 헬라인들은 쓰지 않았습니다. 특히 부도덕한 고린도에서는 여자가 짧은 머리나, 머리에 수건을 쓰지 않고 돌아다니는 것은 그녀가 자기 남편을 존중하지 않거나 다른 남자를 유혹하려는 표시로 해석 되었습니다.

머리에 수건을 쓰는 것은 예속의 표시입니다. 나는 남편에게 속해있다는 표시입니다. 그러기에 바울은 머리에 수건을 쓰라고 했습니다. 이것은 하나의 질서와 정신을 강조한 것입니다. 즉 질서대로 살아가라는 것입니다.

고린도교회는 성찬의 오용과 무질서가 난무했습니다. 그래서 성찬의 유래를 설명했습니다. 결론은 성도의 모든 행위의 표준은 예수 그리스도입니다. 예수 그리스도를 본받는 삶을 살아야 하는 것입니다. 특히 공적예배는 신중히 해야 합니다.

기도 _ 하나님, 세상 속에서 믿지 않는 자들과 더불어 생활하지만 그들을 의지하고 바라보는 것이 아니라, 오직 예수님의 마음을 본받아 예수님 마음을 내 마음에 품고 살아가게 하옵소서.

342. 더욱 좋은 은사를 사모하라

본문 고전 12:1-31 / **찬송** 441장 / **요절** 고전 12:31

"너희는 더욱 큰 은사를 사모하라 내가 또한 가장 좋은 길을 너희에게 보이리라"

고린도전서 12:1-4:40까지는 성령과 교회의 질서에 대해 기록하고 있습니다. 고린도전서 12장은 영적인 은사들에 대해 말하고, 13장은 그리스도의 사랑에 관한 사랑의 찬가입니다.

모든 영적 은사는 그리스도의 몸에 덕을 세우기 위해서 사랑 안에서 행하여져야 합니다. 은사는 다양하게 주어지지만 한 성령께서 나누어 주시는 것입니다.

한 몸에 많은 지체가 있듯이 성령의 은사는 다양합니다. 은사의 출처는 성령이시고, 은사는 다양하며, 은사의 목적인 교회를 유익하게 하는 일을 하기 위해서임을 강조합니다. 그러므로 은사를 통해 봉사하고 덕을 세워야 합니다. 은사 중에 최고의 은사는 사랑의 은사입니다. 모든 은사에 사랑을 더해야 합니다. 그 어떤 은사도 사랑이 없는 은사는 유익되지 않습니다.

사랑이 없으면 가장 영광스러운 은사도 가치가 없으며, 어떤 열심도 아무 쓸모가 없고, 유익이 안 되며, 하나님 앞에 인정받을 수가 없습니다. 고린도전서 13장은 흔히들 '사랑장'이라고 합니다. 사랑은 성령을 좇아 행할 때 생기는 결과입니다. 14장에도 영적 은사에 대해 말하면서 사랑을 추구하라고 먼저 강조하고 있습니다.

우리는 우리의 마음에 사랑이 있으며 우리의 삶을 통해 사랑이 표현되고 있는지 늘 반성하며 살아가야 할 것입니다.

기도 _ 사랑의 하나님, 우리의 심령에 충만한 성령의 역사로 사랑의 삶이 이루어지게 하시고, 그를 통하여 교회와 사회에 덕을 끼며 그리스도의 영광을 드러내게 하옵소서.

343. 부활 신앙

본문 고전 15:1-22 / 찬송 165장 / 요절 고전 15:15

"또 우리가 하나님의 거짓 증인으로 발견되리니 우리가 하나님이 그리스도를 다시 살리셨다고 증언하였음이라 만일 죽은 자가 다시 살아나는 일이 없으면 하나님이 그리스도를 다시 살리지 아니하셨으리라"

기독교는 부활의 종교입니다. 고린도전서 15장은 부활에 대해 확증하고 설명합니다. 예수님은 성경대로 죽으시고 성경대로 사흘 만에 부활하셨습니다. 예수님의 부활은 목격자들이 많습니다. 사도 바울이 회심하게 된 것도 부활하신 주님을 만났기 때문입니다.

그리스도의 부활은 성도들의 부활의 보증이며 첫 열매입니다. 부활 신앙을 가져야 견고하며, 흔들리지 않고 항상 주의 일에 힘쓰는 자들이 될 수 있습니다.

만일 그리스도의 부활이 없었다면 우리의 삶을 결코 완성될 수 없습니다. 우리의 신앙도 헛것이 될 것입니다. 예수 그리스도는 부활하셔서 오늘도 우리와 함께 계시며 우리를 인도하십니다.

부활 신앙이 아니면 흔들립니다. 주의 일에 힘쓸 수가 없습니다. 고린도전서는 마지막 16장에서 고린도교회를 향한 바울의 마지막 훈계로 끝이 납니다. 연보에 관한 교훈과 부활과 권면이 있습니다.

연보는 든 사람이 예배를 드릴 때마다 정성껏 하라고 미리 준비하며 가르칩니다. 우리는 항상 깨어서 말씀대로 행하고 믿음에 굳게 서서 강건해야 될 것입니다.

기도 _ 사랑의 하나님, 우리에게 부활의 소망을 주시니 감사합니다. 믿음 위에 믿음을 더하여 주옵소서.

344. 환난에 대하여 인내하라

본문 고후 1:1-24 / **찬송** 336장 / **요절** 고후 1:4

"우리의 모든 환난 중에서 우리를 위로하사 우리로 하여금 하나님께 받는 위로로써 모든 환난 중에 있는 자들을 능히 위로하게 하시는 이시로다"

고린도교회에 두 번째 보낸 편지를 고린도후서라고 합니다. 고린도전서는 상당히 체계적입니다. 즉 잘못된 것을 바로 잡아주고 바로 세우고자 하는 내용입니다.

그러나 고린도후서는 체계적이라기보다는 개인적이고 감정적인 내용이 많습니다. 사도 바울이 강한 개성이 나타나 있습니다. 특히 교회 생활에 있어서 실천을 강조합니다. 교회 직분자들의 사역과, 교회가 사회에서 감당해야 할 일이 무엇인가를 가르칩니다. 그리고 자신의 사도로서의 권위를 설명합니다.

고린도후서 1-5장은 복음의 일꾼인 바울에 대해서 위로자 바울, 일꾼 바울, 사도 바울, 고난 받는·바울, 중보자 바울, 즉 자신에 대한 내용입니다. 고린도후서 6-9장은 주로 권면입니다. 예루살렘에 있는 가난한 성도들을 위한 연보와 청지기로서의 직분에 대해 설명하며 권면하고 있습니다. 고린도후서 10-13장은 복음의 일꾼으로서 사도 바울의 권위를 설명합니다.

신앙생활의 길은 고난의 길입니다. 그러나 복음을 위해 고난당하는 자들은 또한 하나님의 위로가 있습니다. 성도의 고난은 형벌이 아니라 하나님과 영적인 교제의 단계로 가는 기회요, 하나님의 방법일 뿐입니다.

사도 바울은 자신이 당한 환난에 대해 간증하면서 하나님을 의지하라고 권면하고 있습니다. 불신 세계에서 믿음을 지키고 환난을 극복한다는 것은 힘들고 어려울지라도 주님의 고난을 생각하며 나아갈 때 하나님의 무한한 위로가 있는 것입니다.

살아있는 고기가 물을 거슬러 올라가는 것은 힘이 들지만 즐거운 일입니다. 즐거운 고난 이것이 살아있는 성도의 삶의 현장이요, 실상입니다. 환난 중에도 인내하며 기뻐하며 살아가는 성도가 되어야겠습니다.

기도 _ 사랑의 하나님, 세상에서 좌절하고 실패할 때에 위로자가 되어 주시고 방패가 되어주셔서 감사합니다. 주의 위로를 의지하여 환난과 핍박 속에서도 승리하게 하옵소서.

345. 질그릇 안에 있는 보배

본문 고후 4:1-18 / **찬송** 564장 / **요절** 고후 4:7

"우리가 이 보배를 질그릇에 가졌으니 이는 심히 큰 능력은 하나님께 있고 우리에게 있지 아니함을 알게 하려 함이라"

교회는 의인이 모이는 곳이 아니라 죄인이 모이는 곳입니다. 범죄자가 잘못을 뉘우치고 회개했을 때 용서해야 합니다. 2장은 바울이 고린도교회를 얼마나 사랑하고 있는가를 나타내고 있습니다.

사도 바울은 3:1-6:10까지 사도직의 영광에 대해서 말하고 있습니다. 신약의 사도직이 구약의 그것보다 더 우월하다는 사실을 말합니다. 바울은 빛의 직분을 강조했습니다. 사도는 오직 예수 그리스도만 증거하는 영광스러운 직분이지만 고난이 따르는 직분이기에 소망을 바라보고 인내해야 될 것을 말합니다.

복음 증거의 삶은 가장 축복된 삶입니다. 그러나 핍박과 고난도 적지 않습니다. 바울은 복음을 보배라고 했습니다. 그리고 복음 전하는 자를 질그릇으로 표현했습니다. 성도는 복된 복음을 전하는 질그릇에 불과합니다. 천하고 깨어지기 쉬운 육체이지만, 우리가 받은 복음은 비교할 수 없는 보배임을 깨달아야 합니다. 그러므로 우리는 핍박 속에서도 낙심치 말아야 할 것입니다.

육신의 장막은 잠깐이요, 하늘의 장막은 영원한 것입니다(5장). 그리스도 안에 있는 자는 다 새로운 피조물이 되어 생명의 은총을 입은 하나님의 백성들이 된 것입니다. 하나님의 백성들은 화목하며 구별된 생활을 해야 합니다.

기도 _ 사랑의 하나님, 질그릇 같은 인생에게 소망을 주시니 감사합니다. 보배로운 복음을 널리 전하게 능력을 주옵소서.

346. 성도의 생활

본문 고후 9:1-15 / 찬송 361장 / 요절 고후 9:6

"이것이 곧 적게 심는 자는 적게 거두고 많이 심는 자는 많이 거둔다 하는 말이로다"

사도 바울은 성도들의 신앙의 미덕과 도덕적 순결을 중요시 했습니다. 바울의 도덕적 순결은 깨끗함과 지식, 오래 참음과 자비였습니다. 그리고 그의 신앙의 미덕은 성령의 감화와 거짓 없는 사랑, 진리의 말씀과 하나님의 능력이었습니다. 사도 바울은 그의 몸을 의의 병기로 주께 드리는 삶을 살았습니다.

사도 바울은 7장에서도 계속적으로 성도의 구별된 생활을 권면합니다. 거룩함을 온전히 이루고 화해의 삶을 권면하고 있습니다.

성도는 연보 생활에도 자발적이고, 헌신적인 모범을 보여야 합니다. 마게도냐 교회는 모범적으로 연보했다고 자랑했습니다. 연보는 미리 준비해서 해야 하며, 심는 대로 거둔다는 사실을 명심해야 합니다. 성도는 소유자가 아니라 관리자입니다. 그러므로 인색함이나 무성의는 하나님께서 기뻐하시지 않습니다.

형언할 수 없는 하나님의 사랑에 대한 감사의 표시로 신앙생활을 해야 하며, 하나님의 주권을 인정하며 청지기로서의 삶을 살아야 합니다. 성도의 생활은 교회에서든지, 사회에서든지 하나님 중심이요, 하나님께서 기뻐하시는 일에는 앞장서고 적극적이어야 합니다.

우리는 베풀며 나누는데 너무 인색하며, 모든 것을 내 것으로 착각하고 있지는 않는지 반성하며 성도로서의 바른 삶을 살아야 하겠습니다.

기도 _ 하나님, 주의 사랑을 다른 사람들에게 나누며, 베풀 수 있는 참된 그리스도인이 되게 하옵소서.

347. 내 능력이 약한 데서 나타나는 하나님의 능력

본문 고후 12:1-21 / 찬송 354장 / 요절 고후 12:10

"그러므로 내가 그리스도를 위하여 약한 것들과 능욕과 궁핍과 박해와 곤고를 기뻐하노니 이는 내가 약한 그 때에 강함이라"

고린도후서 10-13장은 바울 자신에 관한 내용들이 많습니다. 자신의 사도직에 대한 변호(10장)와 자신의 인내(11장), 그리고 신령한 체험(12장)과 그의 계획과 마지막 권면이 기록되어 있습니다.

사도 바울은 고린도 교회의 여러 가지 문제점들을 처리하기 위하여 사도로서의 권위를 의지하게 됩니다. 그가 고린도교회를 방문할 계획을 하고 있으면서 방문 시 기쁨의 시간이 되기 위하여 거역하는 자들이 회개할 것을 강한 어조로 권면하고 있습니다. 바울은 자랑하되 그리스도 안에서 자랑했습니다. 그리고 스스로 교만해지지 않으려고 노력했습니다. 남달리 받은 신령한 체험이 오히려 교만하게 만들고, 은혜를 쏟아 버리게 만들고, 예수님처럼 대접받도록 만들 위험성을 항상 경계했던 것입니다.

사람은 외모로 판단합니다. 그러나 하나님께서는 외모로 판단하지 않습니다. 문제는 하나님께 붙들리어 쓰임 받고 있느냐에 있습니다. 사도 바울은 부득이하게 사도권을 자랑합니다. 이것은 거짓 사도들로 인해 혼란이 있었기 때문입니다.

그는 환상과 계시의 체험이 14년 전에 있었음을 처음 입을 열어 말했습니다. 성도에게 절제의 은사는 모든 것에 필요합니다.

그는 마지막으로 온전하라, 위로를 받으라, 마음을 같이하라고 부탁하고 평강을 빌었습니다. 축도는 끝마치는 순서가 아니라, 구원 받은 성도들에게 하나님의 축복이 임하기를 비는 진정한 축복의 기도입니다.

기도 _ 사랑의 하나님, 하나님의 무한한 능력의 손에 잡힌바 되게 하시고, 주님의 강함을 믿고 의지하므로 능력 있는 삶을 살게 하옵소서.

348. 그리스도 외에 다른 복음은 없습니다

본문 갈 1:1-24 / **찬송** 516장 / **요절** 갈 1:7

"다른 복음은 없나니 다만 어떤 사람들이 너희를 교란하여 그리스도의 복음을 변하게 하려 함이라"

갈라디아서는 로마서 다음으로 교리적으로 기록된 바울 서신입니다. 갈라디아서의 핵심은 죄와 율법의 저주로부터 구원받은 자들의 자유를 선언하고 있습니다. 또 이 세상과 자신의 욕심으로부터 벗어나 사는 비결과 성령 안에서 성공적인 삶을 논증하고 있습니다.

유대인들은 항상 인간을 율법의 자로 재었습니다. 사람이 의롭게 되는 것은 하나님의 은혜입니다. 율법이란 단어가 37회나 반복되는 것을 볼 때 율법주의 자들 때문에 갈라디아 교회가 어려움을 겪고 있었음을 알 수 있습니다.

사도 바울은 1장에서 예수 그리스도 외에는 다른 복음이 없음을 강조합니다. 다른 복음은 예수 그리스도에 다른 것을 첨부하는 것입니다. 예수 그리스도 외에는 다른 그 어떤 것도 첨부되어서는 안 되는 것입니다. 우리는 사람에게 좋게 한다고 복음을 악용하거나, 변질키시지 말아야 합니다.

복음은 언제나 그리스도에 초점을 맞추어야 합니다. 사도 바울은 자신이 복음을 위해 부름 받았다는 사실을 간증했습니다. 복음은 하나님의 은혜로 하나님의 뜻에 맞게 이루어져야 합니다.

복음은 그리스도를 중심으로 하는 십자가 복음입니다. 예루살렘 종교 지도자들은 믿음을 더 하기 위하여 율법을 지켜야 한다고 주장했습니다. 그리고 율법을 지키는 것이 영광된 일이라고 주장했습니다. 그러나 복음은 오직 믿음으로만 의롭게 되는 것임을 주장합니다. 그 어떤 것도 추가될 수 없습니다.

기도 _ 사랑의 하나님, 예수 그리스도 외에 다른 복음이 없음을 깨닫고 길과 진리와 생명이신 주님을 위하여 사는 삶이 되게 하옵소서.

349. 복음과 믿음 그리고 십자가

본문 갈 3:1-29 / **찬송** 303장 / **요절** 갈 3:24

"이같이 율법이 우리를 그리스도께로 인도하는 초등교사가 되어 우리로 하여금 믿음으로 말미암아 의롭다 함을 얻게 하려 함이라"

복음은 그리스도에 관한 기쁜 소식입니다. 믿음은 하나님께서 주시는 선물입니다. 믿음은 하나님께서 보내신 예수 그리스도가 나의 구세주 되심을 믿는 것입니다.

십자가는 복음의 내용이요, 핵심입니다. 인간의 죄를 대신 지신 그리스도의 속죄, 사역, 즉 구원 사역의 상징입니다.

복음으로 인해 하나님의 사랑과 구원 계획을 깨닫습니다. 믿음으로 하나님의 사랑에 대한 구원 계획을 받아들일 수 있는 것입니다.

십자가는 구원 사역 속으로 인도하십니다. 복음과 믿음과 십자가는 불가분의 관계를 가지고 있습니다. 그러므로 율법은 인간이 죄인임을 깨닫게 하는 역할을 하는 것이지 의롭게 하지는 못합니다. 즉 율법을 지키는 것은 의롭다 함을 얻은 은혜 받은 자들이 하나님께 영광을 돌리기 위해 지키는 것이어야 합니다.

하나님의 은혜 아래 있는 자들은 자유함이 있습니다. 그리스도 안에서 자유함을 얻은 자는 욕심을 따라 살지 않고 성령을 따라 삽니다. 욕심은 육체의 일입니다. 육체의 일은 방종과 우상숭배, 분쟁, 시기, 원수 맺는 것, 시기, 분냄, 당 짓는 것 등입니다.

성령의 일, 성령을 따라 사는 것은 욕심을 십자가에 못 박고, 성령의 지배를 받는 삶입니다. 이것이 의롭게 된 자의 삶인 것입니다.

기도 _ 하나님, 율법에 얽매여 참 하나님의 뜻을 발견하지 못하고 바리새인과 같은 삶을 살 때가 많습니다. 용서하여 주옵시고 십자가의 도를 먼저 기억하게 하옵소서.

350. 예수 그리스도는 교회의 머리시다

본문 엡 1:1-23 / **찬송** 208장 / **요절** 엡 1:23

"교회는 그의 몸이니 만물 안에서 만물을 충만하게 하시는 이의 충만함이니라"

에베소서는 교리편(1-3장)과 실천편(4-6장)으로 구성되어 있습니다. 에베소서의 중심 교훈은 '그리스도예수 안의 성도들'에 대한 내용입니다. 즉, 그리스도 안에서의 용납(1장), 그리스도 안에서의 연합(2장), 그리스도 안에서의 접근(3장), 그리스도 안에서의 행함(4-5장), 그리스도 안에서의 전쟁(6장)등의 내용입니다.

바울은 4:1에서 "너희가 부르심을 입은 부름에 합당하게 행하라"는 명령으로 후반부를 시작합니다. 1장에서는 예수 그리스도가 교회의 머리가 되심을 강조하고 있습니다. 예수 그리스도가 구원의 기초입니다. 교회는 그리스도의 몸입니다. 구원 얻은 성도의 모임이 교회입니다. 구원은 하나님의 은혜로운 선물입니다.

하나님께서는 사도 바울을 통해 이방인 구원을 계획하시고 이루어 가셨습니다. 이것은 갑자기 이루어진 것이 아니라 만세 전에 예정하신 것입니다.

예수 그리스도는 교회의 머리이시기 때문에 하나가 되어야 합니다. 그것은 몸이 하나이기 때문입니다. 성령도 하나이고, 한 소망이시며, 한 주님이 시기에 하나가 되어야 합니다. 하나님께서도 한 분이시기 때문에 하나이어야 됩니다.

성도는 옛사람을 벗어 버리고 새 사람을 입어 하나님의 자녀다운 삶을 살아야 하는 것입니다. 교회의 머리는 예수 그리스도이시기에 머리되시는 주님의 뜻대로 살아야 합니다. 몸은 머리의 지시대로 움직여야 하기 때문입니다.

기도 _ 하나님, 오늘도 교회의 머리 되신 예수님을 기억하며, 주님과 하나가 되어 주님의 뜻대로 살게 하옵소서.

351. 성도의 생활

본문 엡 5:1-33 / **찬송** 552장 / **요절** 엡 5:8-9

"너희가 전에는 어둠이더니 이제는 주 안에서 빛이라 빛의 자녀들처럼 행하라 빛의 열매는 모든 착함과 의로움과 진실함에 있느니라"

하나님의 자녀는 하나님을 본받아야 합니다. 하나님을 닮아가야 하나님을 기쁘시게 해 드릴 수 있습니다. 그리스도께서 우리를 사랑하신 것같이 우리도 사랑을 실천해야 합니다. 사랑의 삶은 음행과 온갖 더러운 것과 탐욕을 버리는 것입니다. 특히 말을 조심해야 합니다. 어리석은 말이나 희롱의 말을 해서는 안 됩니다.

성도는 빛의 자녀들처럼 행해야 됩니다. 빛은 착함, 의로움, 진실함입니다. 빛의 자녀는 어두운 가운데 행하면 안 됩니다. 은밀한 죄를 버리고 깨어 있어야 합니다.

성도는 지혜롭게 행해야 합니다. 지혜로운 자는 세월을 아낍니다. 주의 뜻을 분별합니다. 술 취하지 아니합니다. 성령 충만한 생활을 합니다. 신령한 노래를 부릅니다. 주님을 찬양합니다. 하나님께 감사합니다. 그리스도께 복종합니다.

성도는 가정생활에서 본이 되어야 합니다. 남편과 아내 관계는 그리스도와 교회의 관계로 상호 사랑과 순종의 원리 위에 있음을 교훈하고 있습니다. 사랑과 순종의 바탕 위에 둔 가정은 견고하고 행복한 가정이 될 수 있습니다.

그리고 6장에는 부모와 자녀윤리, 주인과 종의 윤리, 그리스도인의 영적 싸움에 대해 언급하고 있습니다. 성도는 생활 가운데서 육적 승리와 영적 승리를 다 쟁취해야 합니다.

기도 _ 하나님, 죄인 된 우리를 주님의 자녀로 삼아 주셔서 감사합니다. 주님의 자녀답게 빛 가운데 행하게 하시며 성도로서의 삶을 통하여 하나님께 영광을 돌리게 하옵소서.

352. 그리스도가 존귀케 되기를 바람

본문 빌 1:1-30 / **찬송** 549장 / **요절** 빌 1:20

"나의 간절한 기대와 소망을 따라 아무 일에든지 부끄러워하지 아니하고 지금도 전과 같이 온전히 담대하여 살든지 죽든지 내 몸에서 그리스도가 존귀하게 되게 하려 하나니"

빌립보서는 사도 바울이 옥중에서 쓴 편지입니다. 그는 복음을 전하다 핍박으로 인해 로마 감옥에서 고난을 당하고 있었습니다. 그러면서도 그는 여전히 기뻐하고 감사했습니다. 빌립보 교인들에게도 주 안에서 기뻐하며 주 안에서 평강을 누리라고 권하고 있습니다.

사도 바울은 복음에 합당하게 생활하라고 권면합니다. 그리고 살든지 죽든지 그리스도가 존귀케 되는 것이 그의 삶의 목표임을 강조합니다. 그는 그리스도를 위하여 생명까지 바칠 각오가 되어 있었습니다.

우리는 주의 것입니다. 그러므로 주를 위해 살고 주를 위해 죽을 각오가 되어 있어야 합니다. 주의 것이 되었으므로 오직 감사와 기쁨으로 생활해야 됩니다. 2장은 그리스도의 겸손을 본받아라, 3장은 유대주의자들의 거짓 교훈을 삼갈 것을 권면하고 있습니다.

4장은 성도의 삶은 하나님의 뜻대로 살아야 함을 권면합니다. 성도는 무엇에든지 참되며, 경건하며, 하나님 보시기에 바르게 살며, 정결하며, 사랑할만하며, 칭찬할만 하며, 어떤 경우를 당하든지 하나님의 뜻대로 살아야 할 것을 권면합니다.

기도 _ 사랑의 하나님, 우리는 늘 그리스도를 존귀케 하는데 우리의 모든 것을 바치게 하옵소서.

353. 그리스도는 누구신가

본문 골 1:1-29 / **찬송** 96장 / **요절** 골 1:18

"그는 몸인 교회의 머리시라 그가 근본이시요 죽은 자들 가운데서 먼저 나신 이시니 이는 친히 만물의 으뜸이 되려 하심이요"

에베소서, 빌립보서, 골로새서, 빌레몬서는 바울이 옥중에서 기록했기 때문에 '옥중서신'이라고 합니다. 당시 골로새 교회는 이단의 도전을 받고 있었습니다. 그러나 이단에 아직 미혹되지는 않은 상태였습니다.

그 당시 이단은 할례, 금식, 의식적인 금기 사항을 지켰고, 금욕주의를 강조했습니다. 그리고 중개자로서 천사숭배, 영계에 들어가려면 신비적 체험을 해야 한다고 강조하는 자들입니다. 이들은 동양의 신비주의와 유대교의 율법주의가 혼합된 교리를 가지고 침투했습니다. 그래서 사도 바울은 그리스도가 만유의 주가 되시며, 교회의 머리되심을 강조했습니다.

골로새서 1장은 그리스도는 우리의 영적인 머리가 되심을, 2장은 우리의 구세주이심을, 3장은 우리의 최고 주권자이신 그리스도에 대해서 교훈하고 있습니다. 그러므로 골로새서는 그리스도가 누구신가에 대해 설명하고 있습니다 (15-20). 그는 창조주이시며 구세주 이십니다. 하나님과 우리 사이를 화목하게 하셨습니다. 특히 바울은 골로새 교인들에게 기도에 힘쓰며 자기에게 주어진 직분을 다하라고 권면하고 골로새서는 끝이 납니다.

세상의 철학이나 헛된 속임수로 예수가 그리스도이심을 부인하는 것은 이단이므로 미혹을 받지 말아야 합니다. 옛날이나 지금이나 이단들은 간교한 방법으로 가장해서 나타나지만 결국은 끝이 드러나고야 맙니다.

성도들은 위엣 것을 찾고 땅의 것을 버리며, 성도답게 생활하는 것이 성도의 본분입니다. 의식주의 종교나 금욕주의 철학, 속임수 등은 오히려 성도들의 삶의 질서를 파괴하는 것입니다. 성도일수록 가정생활에도 본을 보이고 사회에서도 의무를 충실히 감당해야 됩니다.

우리는 그리스도가 우리의 구주되심을 다시 한 번 확신하면서 우리에게 주어진 사명에 최선을 다해야겠습니다.

기도 _ 하나님, 말씀에 굳게 서서 이단에게 미혹되지 않고, 주님 향한 신앙을 지켜 성도의 본분을 충실히 행하는 자가 되게 하옵소서.

354. 예수님은 다시 오십니다

본문 살전 1:1-10 / **찬송** 179장 / **요절** 살전 1:10

"또 죽은 자들 가운데서 다시 살리신 그의 아들이 하늘로부터 강림하실 것을 너희가 어떻게 기다리는지를 말하니 이는 장래의 노하심에서 우리를 건지시는 예수시니라"

데살로니가서의 주제는 예수 그리스도의 재림입니다. 데살로니가 교인들 중에서 재림에 대한 잘못된 견해와 잘못된 생활을 시정해 주고 있습니다. 재림을 소망하는 성도는 더욱이 이 지상의 삶에도 충실해야 될 것을 강조합니다. 1장은 재림과 구원, 2장은 재림과 봉사, 3장은 재림과 굳건함, 4장은 재림과 죽음, 5장은 재림과 거룩함에 대하여 조리 있게 교훈하고 있습니다.

데살로니가 교인들은 많은 핍박을 경험한 자들입니다. 그러기에 먼저 위로의 말을 합니다. 믿음, 소망, 사랑의 삶을 격려하고 칭찬했습니다. 그리고 충성된 종들에게 격려의 말을 많이 했습니다. '형제들아' 라는 말이 14번이나 반복되는 것으로 보아 데살로니가 교인들을 사랑하는 마음으로 친근하게 교훈하고 있습니다.

그리스도의 재림에 대하여는 신약성경에 318회나 언급되어 있습니다. 그 중 데살로니가전서에 20여회나 나옵니다. 예수님께서는 반드시 오십니다. 그러므로 늘 깨어 오늘의 삶에 충실해야 됩니다. 언제 오시는가, 어떤 징조가 있는가는 그렇게 중요하지 않습니다. 우리에게 가장 중요한 것은 다시 오시는 주님을 맞이할 준비가 중요한 것입니다. 주님의 재림을 준비하는 자들은 세상 풍조를 따라 살지 않고 거룩하게 살아야 합니다.

성도들에게는 부활의 소망이 있습니다. 부활의 소망 가운데 항상 깨어 근신하면서 오늘에 주어진 사명에 최선을 다해야겠습니다.

데살로니가전서 6장에는 성도들의 실생활, 즉 교회 공동체 생활과 개인적인 신앙생활, 그리고 은사에 대한 태도에 대해서 언급하고 있습니다.

우리는 주님의 재림을 대망하면서 교회 생활과 개인 생활에 거룩성과 도덕성을 유지하면서 성령 충만한 삶을 살아야 할 것입니다.

기도 _ 꼭 다시 오시겠다고 약속하신 하나님, 등불을 준비한 슬기로운 다섯 처녀와 같이 늘 주님 맞을 준비를 하고 있는 지혜로운 자가 되게 하옵소서.

355. 감사와 기도

본문 살후 1:1-12 / **찬송** 310장 / **요절** 살후 1:3

"형제들아 우리가 너희를 위하여 항상 하나님께 감사할지니 이것이 당연함은 너희의 믿음이 더욱 자라고 너희가 다 각기 서로 사랑함이 풍성함이니"

데살로니가후서도 다가올 주님의 재림에 대하여 잘못된 견해를 시정하기 위해 쓰게 된 두 번째 편지입니다. 그리고 주의 날이 임하기 전에 일어날 사건들을 자세히 설명했습니다.

데살로니가전서는 일을 하는 성도들을 칭찬하고, 후서에서는 나태한 성도들을 책망합니다. 하늘의 면류관은 이미 이 세상의 삶을 통해 얻어지는 것이지, 하늘나라에 가서 결정되는 것이 아닙니다. 이 세상 삶에서 천당과 지옥도 결정되는 것이고, 책망과 면류관, 벌과 상급도 결정되는 것입니다.

사도 바울은 먼저 1장에서 데살로니가 교인들의 믿음이 자라고 있는 것을 감사했습니다. 그들은 고난도 잘 견디며 환난도 이겨내는 성도들이었습니다. 그리고 그는 하나님의 부르심에 합당한 성도가 되게 해달라고 기도했습니다. 먹든지 마시든지 오직 주의 일을 위해 하라고 했습니다.

2장에 와서 재림에 대한 거짓 교훈에 속지 말 것을 말했습니다. 주님의 재림이 있기 전에 많은 적그리스도가 출현하고, 그리스도를 배반하는 일, 사탄의 역사가 극성스러울 것을 교훈했습니다.

거짓 교훈에 미혹되지 말고, 규모 있는 생활을 하며, 다른 사람에게 누를 끼치지 말고, 자기가 열심히 일하며 생활할 것을 당부했습니다.

우리는 성경말씀만 믿고, 새로운 교훈이나 인간의 생각에 매력을 느끼게 하는 그 어떤 것에라도 미혹되지 말아야겠습니다. 주님께서는 다시 오십니다. 그러므로 늘 깨어 근신하며, 주어진 사명에 최선을 다해야겠습니다.

주님의 일은 부피가 아니라 질입니다.

기도 _ 하나님, 환난과 핍박도 주님께서 주실 축복과 상급을 바라보며 기쁨으로 극복하게 하시며, 늘 깨어 맡겨진 사명을 잘 감당하게 하옵소서.

356. 믿음의 선한 싸움을 싸우라

본문 딤전 1:1-20 / **찬송** 360장 / **요절** 딤전 1:11

"이 교훈은 내게 맡기신 바 복되신 하나님의 영광의 복음을 따름이니라"

디모데전후서와 디도서를 목회 서신이라 합니다. 목회를 수행하는데 필요한 지침으로 가득 차 있기 때문입니다.

핵심 되는 내용은 '예수 그리스도를 너희의 구세주로 영접하라', '너희가 가르칠 때 바른 교리를 가르치라', '이 세상에서 경건한 삶을 유지하라', '여러 가지 논쟁들을 진리 가운데 올바르게 처리하라'는 것입니다.

목자는 양떼를 보호해야 합니다. 디모데전후서는 디모데에게, 디도서는 디도에게 격려하기 위해 쓰여진 것입니다. 이들은 에베소와 그레데에서 어려운 사역을 감당하고 있는 목회자들입니다.

디모데전서의 초점은 교회 조직과 활동에 맞추어 있습니다.

1장은 주로 지도자들에게, 2장은 주로 여자들에게, 3장은 주로 평신도들에게, 4장은 교리문제에 대하여, 5장은 교인들에 대한 목회자의 태도, 6장은 종의 의무와 부에 대한 교훈입니다.

신앙생활에 항상 경계할 것은 혼합주의입니다. 혼합주의는 항상 성경을 앞세우는 척 하지만 세상 철학과 거짓 교훈들로 가득합니다. 그러므로 믿음에 굳게 서야 합니다. 또한 경건에 이르는 연습에 전력해야 합니다.

목회자는 자신의 성장에 힘써야 할 것을 권면했습니다. 목회는 어느 한 부분이나 특수 계층만 다스리는 것이 아닙니다. 여러 부류입니다. 한 몸에 여러 지체가 있으나 다 몸에 속해 있는 것과 같습니다.

우리는 각자의 의무에 최선을 다해야 합니다. 나는 나에게 주어진 일에 충실하며 믿음의 선한 싸움을 싸워 승리하는 성도가 되어야 하겠습니다.

기도 _ 능력의 하나님, 저희를 항상 진리와 빛 가운데로 인도하여 주옵시고, 말씀 가운데 서서 믿음의 선한 싸움을 잘 싸워 승리하게 하옵소서.

357. 복음과 함께 고난을 받아라

본문 딤후 1:1-18 / **찬송** 358장 / **요절** 딤후 1:8

"그러므로 너는 내가 우리 주를 증언함과 또는 주를 위하여 갇힌 자 된 나를 부끄러워하지 말고 오직 하나님의 능력을 따라 복음과 함께 고난을 받으라"

목회는 복음과 함께 고난을 받으며, 십자가를 지고 주를 따르는 일입니다. 그러나 하늘의 상급과 약속이 있는 고난이기에 억지의 고난이 아닌 스스로 택한 기쁜 고난입니다.

사도 바울은 디모데에게 능력을 받아 좋은 군사로 무장하여 영력있는 목회자가 될 것을 당부했습니다. 사도는 하나님의 뜻으로 되었으며, 생명의 약속대로 된 것이며, 예수 그리스도의 사도임을 먼저 언급했습니다. 그리고 사도직은 특권임과 동시에 책임이므로 고난에 긍지를 가져야 함을 강조합니다.

믿음을 버린 자들도 있지만 충성스러운 봉사자도 있기에, 듣고 배운 바를 굳게 지키면서 사람 보지 말고 하나님께 모든 것을 맡기고 일하라고 가르칩니다.

복음 전파자는 군사처럼 담대하고 맡은 일에 희생을 각오해야 합니다(2장). 복음 전파자는 훈련과 규칙과 인내가 필요합니다. 복음 전파자는 농부처럼 시기를 놓치지 말고 일해야 됩니다. 복음 전파자는 주님과 동고동락해야 합니다. 복음 전파자는 신실해야 합니다. 말이 신실하고 삶이 신실해야 합니다.

말세에는 고통의 때가 옵니다(3장). 종교를 빙자한 유혹도 있습니다. 그러므로 말씀에 굳게 서서 전도자의 사명을 다해야 할 것입니다.

4:2에는 성도의 의무에 대해서 언급합니다. 말씀을 전파하는데, 항상 힘써야 합니다. 열심히 권해야 합니다. 오래 참음으로 권하고 경책과 권고로 권해야 합니다.

기도 _ 사랑과 능력의 하나님, 우리는 영광스러운 상급이 보장된 복음의 고난을 기쁜 마음으로 잘 극복하게 하옵소서.

358. 교회 지도자와 교인들의 임무

본문 딛 1:1-16 / **찬송** 510장 / **요절** 딛 1:3

"자기 때에 자기의 말씀을 전도로 나타내셨으니 이 전도는 우리 구주 하나님이 명하신 대로 내게 맡기신 것이라"

디도는 그레데 지방에서 목회한 목회자입니다. 그레데는 이교도의 도전과 이단의 극심한 핍박이 있는 곳이었습니다. 그리고 그레데 인들은 게으르고 거짓말쟁이들이 많았습니다.

지상교회는 다 문제가 있습니다. 그러므로 항상 복음에 최선을 다하여 이단의 도전을 막아야 하는 것입니다. 거짓 교사들의 특징은 거짓과 나태입니다. 교회는 사람과 목적이 있는 공동체입니다. 그러므로 사람을 다스리는 행정이 수반되어야 합니다.

교회가 부흥되는 곳에는 이단들도 극성을 부립니다. 그러므로 이단은 엄격히 경계하고 다스려야 합니다.

교회는 다양성 속에 일치가 이루어져야 합니다. 각자의 임무를 다해야 합니다. 2장은 늙은 남자들, 늙은 여자들, 젊은 남자들, 노예에 대하여 교훈하고 있습니다.

우리는 각자의 임무를 다할 때 하나님의 이름에 손상을 입히지 않습니다. 그리스도인들은 세상에서 선한 일에 열심을 다해야 합니다. 이 일을 위해 여러 계층들이 하나로 뭉쳐야 합니다. 성령 안에서 하나가 되어야 합니다.

신자는 세상에서 사회적 의무도 잘 지켜야 합니다. 모든 일에 빛과 소금이 되어야 합니다. 그래야 하나님께 영광이 되는 것입니다.

기도 _ 하나님, 하나님을 섬기는 자로서 맡은 바 의무를 충실히 행하는 성도가 되게 하옵소서.

359. 사랑으로 용서하라

본문 몬 1:1-25 / **찬송** 220장 / **요절** 몬 1:20

"오 형제여 나로 주 안에서 너로 말미암아 기쁨을 얻게 하고 내 마음이 그리스도 안에서 평안하게 하라"

빌레몬서는 요한 2서, 3서, 유대서와 같이 한 장으로 된 서신입니다.

빌레몬은 바울의 동역자이며, 달아난 노예 오네시모의 주인입니다. 바울은 이미 신자가 된 오네시모를 그리스도 안에서 한 형제로 받아 줄 것을 권고했습니다.

그때 당시 노예는 세상법으로 도망가다 잡히면 사형시킬 수 있었으나 바울은 화해와 용서라는 사랑의 법을 전합니다. 이것은 그리스도의 사랑인 희생과 헌신의 정신입니다. 로마 제국은 신분 차이가 매우 엄격했습니다. 특히 노예는 주인의 재산에 불과했습니다. 이런 제도가 복음으로 시정되어가는 과정에 일어난 일입니다.

사도 바울은 빌레몬에게 단호히 명령할 수도 있었으나 겸손하게 호소를 했습니다. 우리는 그리스도 안에서 다 한 형제입니다. 직책은 다를 수 있으나 주종의 관계는 있을 수 없습니다.

사실 우리는 오네시모처럼 마귀의 노예였습니다. 그러나 예수 그리스도의 사랑으로 자유함을 입었습니다. 그러므로 이제 우리는 종이 아니라 친구이고 형제가 된 것입니다.

기독교 사역은 권위와 군림이 아니라 겸손과 사랑입니다. 우리는 용서하면서 서로 서로 사랑하며 살아가야 할 것입니다.

기도 _ 우리를 용서하신 주님, 우리도 서로 용서하므로 그리스도의 사랑을 실천하며, 서로를 섬길 줄 아는 진정한 그리스도인이 되게 하소서.

360. 더 좋은 길 그리스도

본문 히 1:1-14 / **찬송** 80장 / **요절** 히 1:3

"이는 하나님의 영광의 광채시요 그 본체의 형상이시라 그의 능력의 말씀으로 만물을 붙드시며 죄를 정결하게 하는 일을 하시고 높은 곳에 계신 지극히 크신 이의 우편에 앉으셨느니라"

예수를 믿는 유대인들은 많은 핍박을 받았습니다. 주로 유대주의 자들에 의해 핍박을 받았습니다. 그래서 많은 신자들이 박해를 피하기 위해 신앙을 포기하고 유대교로 되돌아가려는 유혹을 받았습니다.

그래서 히브리서 저자는 그리스도는 모세보다, 아론보다 뛰어나시고, 율법보다 더 좋으신 분이심을 설명했습니다. 그것은 모세는 예수 그리스도에 의해 창조되었고, 예수 그리스도는 더 좋은 언약을 중재하시기 때문입니다.

히브리서 1-2장은 천사보다 뛰어나신 그리스도에 대하여, 3-4장은 모세와 여호수아 보다 뛰어나신 그리스도에 대하여, 5-7장은 아론의 제사장 직분보다 뛰어나신 그리스도에 대하여, 8-10장은 옛 언약보다 좋으신 그리스도에 대하여, 11-13장은 믿음의 본이 되신 그리스도에 대하여 기록하고 있습니다. 이렇게 뛰어나신 분이 우리의 중보자 이십니다.

히브리서는 기독론이 강조되고, 믿음이 강조되며, 설교적이고, 변증적이며 뛰어난 문학 형식입니다. 그리고 유대인들을 상대로 한 서신입니다. 히브리서 1:1-4:13까지는 주로 그리스도의 인격의 우월성을 말합니다.

4:14-10:14은 그리스도의 제사장 직분의 우월성을 강조합니다. 그리고 10:19-13:25은 그리스도 안에 있는 삶의 우월성을 말합니다.

하나님의 계시의 절정은 그리스도입니다.

우리는 예수 그리스도를 믿는 것을 너무나 다행이고 가슴 벅차는 사실임을 깨닫고 감사해야 합니다.

기도 _ 사랑의 하나님, 모든 우주 만물을 창조하신 하나님을 나의 아버지로 부를 수 있도록 해주신 은혜를 감사드립니다. 오직 예수님을 바라며 기쁨으로 살아가게 하옵소서.

361. 참된 제사장이신 예수 그리스도

본문 히 5:1-14 / **찬송** 84장 / **요절** 히 5:9-10

"온전하게 되셨은즉 자기에게 순종하는 모든 자에게 영원한 구원의 근원이 되시고 하나님께 멜기세덱의 반차를 따른 대제사장이라 칭하심을 받으셨느니라"

예수 그리스도는 대제사장 중의 대제사장이십니다. 멜기세덱은 살렘왕이었습니다. 그는 제사장으로서 아브라함에게 존경을 받았습니다. 레위 족속의 조상인 아브라함이 멜기세덱으로부터 축복을 받고 그에게 십일조를 바쳤던 사실이 있습니다.

아브라함이 멜기세덱의 권위를 인정했던 것은 레위 족속의 제사장 직분보다 더 나은 제사장 직분이 있다는 사실을 말해주는 것입니다.

그러므로 히브리서 저자는 아론의 제사장 직분과 옛 언약의 불완전함을 말하고 있는 것입니다(7:11-28). 대제사장은 공동체의 일원이어야 하고 그 공동체에서 이정을 받아야 합니다. 그리고 대제사장은 자기 임무를 스스로 얻지 않고 하나님께로부터 위임받은 자라야 됩니다.

그런데 예수 그리스도께서 바로 이와 같은 자격을 다 갖추고 계시므로 우리의 대제사장이 되시기에 합당하신 것입니다.

우리 주님은 대제사장으로서 우리를 위해 기도하십니다. 그리고 우리를 위해 자신의 몸을 희생 제물로 바치셨습니다. 그는 영원한 구원의 근원이십니다.

우리는 예수님의 순종을 배워야 합니다. 하나님의 뜻에 순종하는 것이 우리의 생의 목적입니다.

성도는 주님께서 주시는 사죄의 은총을 누리며 감사해야 합니다. 그리고 의를 행하며 그 뜻을 순종해야 합니다. 이것이 신앙의 성숙된 자들의 삶인 것입니다.

기도 _ 우리의 영원하신 대제사장이 되신 주님, 예수 그리스도로 말미암아 하나님 앞에 담대히 나아갈 수 있도록 인도하시니 감사합니다. 더욱더 주님의 뜻을 따르도록 도와주옵소서.

362. 믿음으로 살았던 사람들

본문 히 11:1-40 / **찬송** 545장 / **요절** 히 11:1

"믿음은 바라는 것들의 실상이요 보이지 않는 것들의 증거니"

믿음은 요즈음 흔히들 말하는 신념의 치원이 아닙니다. 적극적 사고방식(positive thinking)이 아닙니다. 믿음이란 말씀을 말씀으로 믿는 것입니다. 믿음의 본질을 바랄 수 없는 것을 바라고, 볼 수 없는 것을 보고, 할 수 없는 것을 하게 합니다. 믿음은 하나님께서 하나님이 원하시는 뜻대로 실행하신다는 사실을 인정하고 받아들이는 것입니다. 히브리서 11장은 선진들의 대표적인 믿음이 나열되어 있습니다.

아벨의 믿음은 하나님께서 계시하신 방법에 따라 제사를 드린 믿음입니다. 에녹의 믿음은 므두셀라를 낳은 후 300년을 하나님과 동행한 믿음입니다. 그는 하나님을 기쁘게 하는 삶을 살았습니다. 그는 육체적 죽음을 보지 않고 하늘로 올라갔습니다.

노아의 믿음은 방주를 예비한 순종하는 믿음입니다. 그는 믿음으로 심판의 날을 바라보며 준비하는 믿음이었습니다.

아브라함의 믿음은 약속의 땅을 바라고 갈 바를 알지 못했지만 하나님의 명령 따라 갈대아 우르를 떠났습니다. 그는 나그네처럼 살았고 백세에 얻은 독자 이삭도 바치는 믿음을 가졌습니다.

이삭의 믿음은 그의 임종 시에 증명되었고, 야곱을 통하여 오실 메시아를 바라보며 축복하였습니다.

야곱의 믿음은 신령한 축복을 귀히 여기고 갈수록 경건해졌습니다. 요셉의 믿음은 하나님의 약속을 믿고 인내하며 기다리는 믿음입니다. 모세의 믿음은 거절할 것은 거절하고 좋아할 것은 좋아하고, 하늘의 상을 바라보고 끝까지 참는 믿음, 그 외에도 여러 믿음의 선진들의 공통점은 많은 고난을 받았으나 다 승리했고 세상이 감당치 못했습니다.

우리도 선진들의 믿음을 본받아 믿음으로 살아 하나님께 인정받아야 하겠습니다.

기도 _ 낙심과 좌절 속에 희망을 주시며, 기쁨을 주시는 하나님, 진정으로 하나님만을 바라며 의지하는 믿음을 주옵소서.

363. 신자의 본분

본문 히 13:1-25 / **찬송** 220장 / **요절** 히 13:7

"하나님의 말씀을 너희에게 일러 주고 너희를 인도하던 자들을 생각하며 그들의 행실의 결말을 주의하여 보고 그들의 믿음을 본받으라"

믿음의 생활은 경주자와 같습니다. 예수만 바라보고, 참고, 인내하며 최선을 다해 달려야 하는 것입니다. 신앙생활은 영적 전쟁입니다. 죄와 불의와 싸워야 합니다.

히브리서 13장은 신자의 삶의 본분에 대해 설명합니다. 형제를 사랑하고, 손님 대접을 잘하고, 고통 중에 있는 자들을 위로하고, 순결을 유지하고, 만족한 삶을 추구할 것을 권합니다.

참지도자는 신앙의 행동, 즉 모범을 보여야 하고, 피지도자는 참다운 지도자의 믿음과 삶을 본받아야 합니다. 결혼 제도를 귀히 여기고 돈에 대하여 바른 태도를 가져야 합니다. 있는 것으로 만족하고 탐욕을 부리지 말아야 합니다. 특히 영적 지도자를 귀히 여기고 존경해야 합니다.

성도는 믿음으로 살아야 하고 삶의 증거가 남아야 합니다. 하나님께 영광 돌리는 삶은 믿음의 삶이요, 성도로서의 하나님의 요구에 책임을 다하는 것입니다. 이러한 삶을 살기 위해 기도하고, 서로 서로 격려해 주어야 합니다.

히브리서는 기도 부탁과 축도로서 끝이 납니다. 우리 모두는 기도의 협력이 필요하고 하나님께서 주시는 은혜와 평강이 필요합니다.

기도 _ 하나님, 연약하고 무능한 저희들에게 능력을 주시고 인도하여 주셔서 성도의 교제가 주사랑 안에서 아름답게 이루어지게 하옵소서.

364. 산 믿음은 행함으로 나타난다

본문 약 1:1-27 / 찬송 455장 / 요절 약 1:6

"오직 믿음으로 구하고 조금도 의심하지 말라 의심하는 자는 마치 바람에 밀려 요동하는 바다 물결 같으니"

야고보서는 말씀대로 사는 참 믿음은 행위의 증거가 있다는 사실을 강조합니다. 야고보서는 개인 생활에 어떤 변화도 나타나지 않는 믿음은 참 믿음이 아니라고 강조합니다. 참 믿음은 많은 시험이 있으며 이 시험을 이기고, 고난을 견디며, 말씀에 순종하며, 혀를 통제하며, 세상과 구별되며, 마귀를 대적하는 것입니다.

야고보서의 주제는 참 믿음의 척도입니다. 시험받는 믿음, 나타나는 믿음, 입증되는 믿음, 대조되는 믿음, 보상받는 믿음에 대해 설명합니다.

야고보서의 주제는 참 믿음의 척도입니다. 시험받는 믿음, 나타나는 믿음, 입증되는 믿음, 대조되는 믿음, 보상받는 믿음에 대해 설명합니다.

야고보서의 저자 야고보는 예수님의 형제라고 보지만 자신을 예수 그리스도의 종이라고 부르는 겸손한 사람입니다. 신약성경에 세베대의 아들 야고보가 있고, 알패오의 아들 야고보, 누가복음 6:16에 알려지지 않는 야고보가 있습니다. 그러나 야고보서 저자인 야고보는 예루살렘 교회 창립때 지도자요, 예수님을 누구보다 가까이 본 예수님의 형제였습니다.

1장은 특히 시험을 당할 때의 태도를 교훈하고 있습니다. 믿음으로 살려면 시험은 필연적으로 따른다는 것입니다. 시험이 오면 두려워말고 참고 견디어 이기며 하나님의 약속을 기다려야 할 것입니다. 그리고 하나님을 원망하지 말고 시험의 원인을 깨달아야 합니다.

이 세상에는 시험이 있습니다. 그러나 하나님께서 주시는 연단의 시험과 마귀가 주는 유혹의 시험은 다릅니다. 하나님께서 주시는 시험은 믿음의 성숙을 위한 것이지만, 마귀는 죽이고 멸망시키고 인격과 삶을 파괴하기 위한 시험입니다. 시험을 통해 죄의 무서움을 깨닫고 하나님의 선하심도 알아야 합니다.

기도 _ 하나님, 주께서 주시는 시험을 믿음으로 성장시키고, 축복이 있는 연단임을 믿습니다. 감사함으로 참고 견디어 승리하게 하옵소서.

365. 하나님을 가까이 하라

본문 약 4:1-17 / **찬송** 338장 / **요절** 약 4:8

"하나님을 가까이하라 그리하면 너희를 가까이하시리라 죄인들아 손을 깨끗이 하라 두 마음을 품은 자들아 마음을 성결하게 하라"

참 믿음은 시험을 이기며 듣고 행하는 믿음입니다. 행하는 믿음은 사람을 외모로 취하지 아니합니다. 사랑을 실천합니다. 항상 조심하여 말하고 행동합니다. 은혜 받은 자답게 생활합니다.

행함이 없는 믿음은 소용이 없습니다. 죽은 것입니다. 그런 믿음은 귀신들도 가지고 있습니다(2장). 사람의 신앙과 인격은 혀의 사용으로 드러납니다. 혀를 잘 다스려야 자신을 다스릴 수 있습니다(3장).

모든 싸움은 육신의 정욕에서 옵니다. 우리는 육신의 본성대로 살지 말아야 합니다. 세상을 사랑하지 말아야 합니다. 마귀를 대적하고 하나님께 순복해야 합니다. 세상을 가까이 하면 하나님과 원수가 됩니다. 세상에 속한 이기적인 욕심을 버리고 오직 겸손한 자세로 하나님께 가까이 나아가야 됩니다.

신앙생활에서 가장 중요한 것은 하나님과의 바른 관계입니다. 항상 하나님의 뜻에 순종하고 나아가야 됩니다. 많은 재물을 소유한 자나 마음이 교만한 자는 올바른 신앙생활에 재물과 교만이 무서운 적이 될 수 있기에 조심할 것을 경고합니다. 우리는 주님 오실 날을 인내로 기다리며 흔들리지 않는 믿음으로 승리해야 합니다.

기도 _ 사랑과 은혜의 하나님, 세상 유혹과 주위 환경에 흔들리지 않고, 주의 말씀 안에서 겸손히 하나님 뜻에 순복하며 하나님을 가까이 하는 생활을 하게 하옵소서.

366. 고난 중에 승리의 삶을 살아라

본문 벧전 1:1-25 / **찬송** 336장 / **요절** 벧전 1:3

"우리 주 예수 그리스도의 아버지 하나님을 찬송하리로다 그의 많으신 긍휼대로 예수 그리스도를 죽은 자 가운데서 부활하게 하심으로 말미암아 우리를 거듭나게 하사 산 소망이 있게 하시며"

베드로전후서는 심한 핍박 가운데 흩어져 있는 유대인들에게 보낸 편지입니다. 성도는 고난을 올바르게 대비하며 서로 서로 겸손한 정신으로 그리스도를 본받는 삶을 살아야 할 것을 말했습니다.

베드로전서의 초점은 그리스도인의 구원과 그리스도인의 관계 그리고 고난과 훈련입니다. 성도는 고난이 닥칠 때에 놀라지 말고, 담대하게 싸워서 이겨야 하며, 그 고난은 소망 있고 보답이 있는 고난임을 알아야 합니다.

베드로전서 1장은 고난의 목적, 2장은 고난의 모범, 3장은 고난의 복, 4장은 고난과 의에 대하여, 5장은 고난의 보상에 대하여 기록하고 있습니다.

성도는 고난의 본질과 목적을 알아야 합니다. 고난 중에 영광과 약속을 바라보아야 합니다. 고난 중에 산 소망을 더욱더 바라보아야 합니다. 고난 중에도 더욱더 충성하며, 은혜 안에 굳게 서서 더욱더 주님을 신뢰해야 합니다.

우리 주님은 고난과 승리자의 모본이십니다. 그리스도가 없는 삶은 무지의 삶이요, 욕망의 지배를 받는 삶이요, 목표가 없는 삶입니다. 고난의 목적은 성도의 믿음이 참믿음이 되도록 하는 것입니다. 소망을 가진 자는 그 어떤 역경과 고난에도 승리할 수 있습니다.

그리스도가 충만한 삶은 그 어떤 역경에도 승리할 수 있습니다. 우리는 고난이 올 때 어떤 믿음과 태도를 가집니까? 연단의 풀무를 통과하지 않고는 그 믿음의 뿌리의 깊이를 알 수 없습니다.

기도 _ 산 소망을 주신 하나님, 고난과 환난 중에서 주님을 의지하며, 그 어떤 역경 속에서도 승리하게 하옵소서.

367. 은혜 안에서 성장하다

본문 벧후 1:1~21 / **찬송** 183장 / **요절** 벧후 1:4

〰〰〰〰

"우리 주 예수 그리스도의 아버지 하나님을 찬송하리로다 그의 많으신 긍휼대로 예수 그리스도를 죽은 자 가운데서 부활하게 하심으로 말미암아 우리를 거듭나게 하사 산 소망이 있게 하시며"

베드로전후서에서 보배로운 이라는 용어는 6가지 있습니다.

① 벧전 1:7 보배로운 믿음의 시련
② 벧전 1:19 보배로운 피
③ 벧전 2:4 보배로운 산 돌
④ 벧전 2:7 보배로운 그리스도
⑤ 벧후 1:1 보배로운 믿음
⑥ 벧후 1:4 보배로운 약속입니다.

베드로전서는 외적인 박해와 고난 가운데서도 소망을 가지고 인내하라고 가르칩니다. 후서에서는 내적인 영적 투쟁과 공격을 진리의 지식을 가지고 대항하라고 가르칩니다. 베드로는 교회 안의 배교, 모든 면에서 유혹하는 도덕적 타락, 그리고 거짓 교사들이 전하는 그리스도 재림에 대한 부인에 대해 경고합니다. 베드로후서 1장은 은혜 안에서 성장하라는 권면입니다. 교회 안에 내적인 부패와 거짓교사들의 유혹을 물리치고 승리하는 비결은 성숙한 신앙을 가져야 합니다.

성도가 마땅히 힘쓰고 더욱 힘써야 할 덕목은, 믿음에 덕을, 덕에 지식을, 지식에 절제를, 절제에 인내를, 인내에 경건을, 경건에 형제 우애를 더하고 모든 것을 사랑으로 하자고 권하고 있습니다. 그러면 거짓 선생들의 유혹에 빠지지 않을 것이고, 재림에 대한 미혹자들의 유혹도 이길 수 있습니다. 항상 미혹자들은 어리석은 자와 연약한 자들을 공격의 대상으로 삼고 있습니다.

기도 _ 하나님, 믿음의 성장을 통해 성숙된 신앙을 갖게 하시고, 그 신앙을 통해 세상 유혹과 미혹자들을 능히 물리칠 수 있도록 도와주옵소서.

368. 빛이시고 생명이시고 사랑이신 하나님

본문 요일 1:1-10 / **찬송** 379장 / **요절** 요일 1:5

"우리가 그에게서 듣고 너희에게 전하는 소식은 이것이니 곧 하나님은 빛이시라 그에게는 어둠이 조금도 없으시다는 것이니라"

사도 요한은 자기가 예수의 사랑을 제일 많이 받았다고 생각했습니다. 그는 주님과의 교제를 통해 누렸던 체험을 증거하고 있습니다. 빛, 사랑, 그리고 생명이신 주님과 동행하는 삶을 살기 위해서는 그리스도 안에 거하고, 진리 안에 거하고, 사랑 안에 거하고, 확신된 믿음을 가질 것을 권하고 있습니다. 예수 그리스도의 성육신한 사실에 근거한 믿음이 아니면 거짓 영의 유혹에 넘어지기 쉬운 것입니다.

그때 당시에 이미 영지주의 이단이 태동하고 있었습니다. 예수님의 신성을 부인하는 에피온파와 예수 그리스도의 인성을 부인하는 영지주의가 있었습니다. 그리고 영적인 지식을 통해 구원을 얻는다고 생각했습니다.

사도 요한은 올바른 그리스도를 교훈함으로써 이단 사상의 침투를 막고자 했던 것입니다. 영원한 말씀이신 예수 그리스도는 빛이시고 사랑이시고 생명이십니다.

요한일서 1-2장은 하나님은 빛이라는 사실을, 3-5장은 하나님은 사랑이시다는 사실을 말합니다. 예수 그리스도를 통하여 빛의 자녀가 된 성도는 빛 가운데 행해야 되고, 빛 가운데 행하는 것이 예수 그리스도 안에, 즉 진리 안에 거하는 삶입니다. 성도는 세상을 따르면 안 됩니다. 성도는 적그리스도를 따르면 안 되며 예수 그리스도를 따라야 합니다. 예수 그리스도를 따르는 삶은 바로 계명을 지키는 삶이요, 계명 중의 계명은 사랑의 새 계명입니다. 하나님을 사랑하고 이웃을 사랑해야 되는 것입니다. 신앙생활은 바로 사랑의 생활입니다. 당신은 얼마나 사랑의 삶을 살고 있습니까?

기도 _ 빛 되신 하나님, 빛의 자녀답게 이웃을 사랑하며 예수 그리스도를 닮아가는 삶을 살게 하옵소서.

369. 진리 안에서 살라

본문 요이 1:1-13 / **찬송** 545장 / **요절** 요이 1:3

"은혜와 긍휼과 평강이 하나님 아버지와 아버지의 아들 예수 그리스도께로부터 진리와 사랑 가운데서 우리와 함께 있으리라"

요한 이서는 모범의 기쁨과 미혹에 대한 경계의 내용입니다. 요한 삼서는 세 사람의 인물 평가로써 깊은 교훈을 줍니다. 진리 안에서 행하는 것이 삶의 모범이 되며 서로 사랑하는 것이 모범입니다.

사랑은 본인도 기쁘지만, 상대방에게 기쁨을 줍니다. 사랑은 책임이 수반됩니다. 하나님을 사랑하는 것은 계명을 지키는 것입니다. 반면에 미혹자들은 경계하고 성별을 추구해야 됩니다. 성별은 말씀 안에 거하는 것이요, 미혹자들을 멀리 하는 것입니다.

요한삼서에 가이오, 디오드레베, 데메드리오 같은 사람은 지상교회가 존재하는 한 존재할 것입니다. 가이오는 나그네를 잘 대접하고, 복음 전도자들에게 쓸 것을 제공해 주는 자였습니다. 디오드레베는 교회는 다녀도 예수의 제자는 아니었습니다. 그는 남을 대접하기는커녕 오히려 남을 섬기려는 사람들을 방해했습니다. 언행의 신실성이 없습니다. 그러면서도 으뜸되기를 좋아합니다. 데메드리오는 세 가지 증거를 가진 인물입니다.

① 뭇사람들이 증거했습니다. 이는 교회의 증거를 받았다는 것입니다.

② 진리에 대하여 증거를 받았습니다. 복음에 합당한 생활로 하나님께 대하여 증거를 받았다는 것입니다.

③ 사도들 즉 지도자들에게 증거를 받았습니다.

우리는 가이오처럼 덕행을 실천합시다. 디오드레베를 본받지 맙시다. 데메드리오처럼 하나님 앞에 그리고 사람 앞에 인정을 받읍시다.

기도 _ 하나님, 주의 진리 안에서 계명을 잘 지켜 행하며, 이웃에게 기쁨을 주는 삶을 통하여 하나님 앞에나 사람 앞에 인정받는 삶을 살 수 있도록 붙잡아 주옵소서.

370. 이단을 경계하라
본문 유 1:1-25 / 찬송 348장 / 요절 유 1:10

"이 사람들은 무엇이든지 그 알지 못하는 것을 비방하는도다 또 그들은 이성 없는 짐승 같이 본능으로 아는 그것으로 멸망하느니라"

유다서는 이단에 대한 경고를 위해 기록된 서신입니다. 이단들은 가만히 침투하며, 그리스도의 신성을 부인하며 자유방임적인 생활을 하게 합니다. 유다서는 예수의 동생 유다가 쓴 서신입니다. 사실 이단은 무신론자보다 더 무섭습니다. 특히 유다서의 이단은 무법주의자들이며, 부도덕한 자들이며, 천사를 모욕하고 부정했습니다. 그들은 세상적이고, 육욕적이고, 회의적입니다. 방종으로 육체를 더럽히고 꿈꾸는 자들이었습니다. 즉 종교적 황홀상태를 체험하려고 노력하는 자들이었습니다.

12-13절은 여섯 가지 위선이 있습니다.

① 애찬의 암초입니다.
② 자기 몸만 기르는 목자입니다.
③ 바람에 불려 가는 물 없는 구름입니다. 즉 위선자들입니다.
④ 죽고 또 죽어 뿌리까지 뽑힌 열매 없는 가을 나무입니다.
⑤ 자기의 수치의 거품을 뿜는 바다의 거친 물결입니다.
⑥ 영원히 예비된 캄캄한 흑암에 돌아갈 유리하는 별들입니다.

이는 사탄의 최후를 말해줍니다. 이단의 도전은 진리를 왜곡하게 합니다. 그러므로 우리는 성령으로 기도하고, 믿음 위에 인생을 건축하고, 사랑 안에서 자신을 지켜야 합니다.

기도 _ 우리를 보호하시고 지키시는 하나님, 세상에 많은 이단들에게 미혹되지 않고 믿음을 굳게 세워 흔들리지 않도록 도와주옵소서.

신약 예언서

요한계시록

371. 예수 그리스도의 계시

본문 계 1:1-20 / **찬송** 180장 / **요절** 계 1:8

"주 하나님이 이르시되 나는 알파와 오메가라 이제도 있고 전에도 있었고 장차 올 자요 전능한 자라 하시더라"

창세기는 하나님의 구속계획에 대한 시작의 장을 여는 내용입니다. 반면에 요한계시록은 예수 그리스도의 재림과 새 하늘과 새 땅의 창조를 묘사하는 구속계획의 완성을 나타내는 내용입니다.

요한은 소아시아에 있는 일곱 교회에 문안 인사를 한 후 그가 어떻게 명령을 받아 이 책을 쓰게 되었는지 먼저 말하고 있습니다.

그리고 주님이 다시 오게 될 것을 말하고 가인이 그 눈으로 보게 될 것이라고 말합니다. 사도 요한이 밧모섬에서 도미티안 박해 중에 받은 이 계시는 승리의 계시이며, 소망과 영광의 계시이며, 역사의 주인이신 예수 그리스도의 최후의 승리를 보여준 계시입니다.

계시록에는 상징적인 수와 색깔이 나오고, 동물과 기타 여러 가지 상징적인 물건과 내용들이 많습니다. 사도 요한이 본 예수 그리스도는 인자 같은 이요, 발에 끌리는 옷을 입은 모습이요, 가슴에 띠를 띠고, 눈과 같은 흰머리를 하고 있었습니다. 그리고 눈은 불꽃같고, 발은 풀무에 단련한 빛난 주석 같고, 맑은 물소리 같은 음성이었으며, 오른 손에 일곱 별을 잡고, 그 입에서 좌우에 날선 검이 나오는 모습이요, 해가 힘 있게 비취는 얼굴을 하고 있었습니다. 이는 예수 그리스도의 통치와 능력과 승리를 나타내고 있습니다. 주님의 계시는 일점일획도 변함없이 이루어질 것입니다.

기도 _ 알파와 오메가가 되신 하나님, 하나님께서 계획하시는 그 모든 것을 믿으며, 확신 가운데 끝까지 믿음을 지킬 수 있도록 도와주옵소서.

372. 칭찬 받는 교회가 되자

본문 계 2:1-29 / **찬송** 210장 / **요절** 계 2:10

"너는 장차 받을 고난을 두려워하지 말라 볼지어다 마귀가 장차 너희 가운데에서 몇 사람을 옥에 던져 시험을 받게 하리니 너희가 십 일 동안 환난을 받으리라 네가 죽도록 충성하라 그리하면 내가 생명의 관을 네게 주리라"

요한계시록 2-3장은 소아시아 일곱 교회 사자들에게 보내는 편지입니다. 에베소, 서머나, 버가모, 두아디라, 사데, 빌라델비아, 라오디게아의 교회의 사자에게 보낸 편지입니다. 에베소 교회는 행위, 수고, 인내, 악한 자들을 용납지 아니한 것, 거짓 사도를 구별할 줄 아는 것, 게으르지 아니한 것 등에 대해 칭찬 받았습니다.

그러나 반면에 처음 사랑을 잃어 버렸기 때문에 책망 받았습니다. 서머나교회는 생명의 면류관을 약속했습니다. 교회마다 칭찬과 책망이 있고, 권고가 있습니다. 칭찬만 받은 교회, 책망만 받은 교회, 칭찬과 책망을 동시에 받은 교회가 있습니다.

그런데 일곱 교회의 편지의 공통점을 보면 ① 각 편지의 수신인이 일곱 교회 사자입니다. ② 일곱 교회에 말씀하시는 예수님의 칭호는 각각 그 교회의 상황에 매우 적합합니다. ③ 예수님의 칭찬의 말씀이 먼저 주어지고 그 다음 책망의 말씀이 주어집니다. ④ 예수님의 신적 통찰력으로 경고의 말씀이 주어집니다. ⑤ 각 편지에는 꼭 "귀 있는 자는 성령이 교회들에게 하시는 말씀을 들을 지어다" 라는 권면의 말씀이 등장합니다. ⑥ 그리고 각 편지마다 승리자에 대한 상급의 약속이 주어집니다.

우리는 주님의 칭찬과 상급을 받는 교회가 되고 또 교인이 되어야 할 것입니다.

기도 _ 사랑의 하나님, 마지막 때에 더욱 깨어 기도하며 충성하여, 하나님 앞에 칭찬 받는 교회와 성도가 되게 하옵소서.

373. 인을 떼시는 메시아

본문 계 6:1-17 / **찬송** 537장 / **요절** 계 6:1

"내가 보매 어린 양이 일곱 인 중의 하나를 떼시는데 그 때에 내가 들으니 네 생물 중의 하나가 우렛소리 같이 말하되 오라 하기로"

요한계시록 4-9장까지는 일곱 인과 일곱 나팔입니다. 하나님께서 안팎으로 쓰여진 일곱 인으로 봉한 책을 붙들고 계십니다. 환난과 심판을 주관하실 하나님의 보좌에 대한 환상을 본 후(4장) 우주와 그 가운데 있는 만물의 운명을 주관하시고 결정할 심판자이신 어린 양의 모습을 보았습니다(5장).

일곱 인으로 봉한 책은 미래의 비밀이 기록된 책입니다. 이 인으로 봉한 책은 유다의 사자(The Lion) 외에는 이 인을 뗄 자가 없습니다. 유다의 사자는 메시아를 가리킵니다.

처음 여섯 인을 떼시는 메시아는 인을 떼심으로 심판의 대권을 수행하십니다. 계시록에는 숫자가 많이 나옵니다. 7인이란 수는 완전수인데 계시록에서 제일 많이 나옵니다. 그 외에도 42개월 1,260일, 3, 3년 반, 한 때, 두 때, 반 때, 6, 12, 24, 666, 144000 등의 수가 나옵니다. 이 수는 실제로 적용되는 수도 있고 의미상으로 주어질 때도 있습니다.

인을 떼실 때에 여러 생물과 순교자들의 영혼과 부르짖음이 나옵니다. 여섯째 인을 떼실 때에 심판이 시작됩니다. 우주의 대변동이 시작됩니다. 한편 하나님의 진노와 어린 양의 진노는 여기서 그치지 않고 일곱 나팔과 일곱 대접의 재앙을 통해 계속되고 있습니다.

그러나 4-5장에서 천사들과 이십사 장로들은 하나님의 어린 양에 대해서 '영광과 존귀와 찬송을 받으시기 합당하시다'고 3번이나 공포합니다. 하나님의 심판은 합당하신 공의의 심판이요, 성도에게는 감사와 찬양의 대상이 됩니다.

기도 _ 심판주이신 예수님, 우리의 몸과 마음과 행위를 정결케 하므로 성별되게 하시고 더욱 믿음을 굳건히 세우게 하옵소서.

374. 무서운 지상 환난의 환상

본문 계 9:1-21 / **찬송** 585장 / **요절** 계 9:6

"그 날에는 사람들이 죽기를 구하여도 죽지 못하고 죽고 싶으나 죽음이 그들을 피하리로다"

천상천하에 가장 큰 사랑은 하나님의 사랑입니다. 그리고 가장 무서운 것이 어린 양의 진노입니다.

요한계시록 7장에 인 맞은 수가 144,000인데 이것은 영적으로는 하나님의 백성의 수입니다. 문자적으로는 이스라엘입니다. 그러나 이것은 상징적인 수입니다.

8장에서 첫째 나팔 재앙은 수목을 불태웁니다. 둘째 나팔 재앙은 전쟁에 대한 예고입니다. 셋째 나팔 재앙은 강과 물에 대한 재앙입니다. 넷째 나팔 재앙은 천체에 대한 재앙입니다. 다섯째 나팔 재앙은 떨어진 별과 악마적인 황충에 대한 것입니다. 떨어진 별 하나는 사탄이요, 무저갱은 짐승이나 사탄의 임시적 거처로서 지옥이라는 용어와는 구별되게 쓰이나 비슷합니다. 여섯째 나팔 재앙은 네 천사를 놓아주어 그들이 재앙을 내리는 환상입니다.

요한계시록 9:20-21에 종말적 죄악이 나타납니다. 그것은 귀신 숭배, 우상 숭배, 도덕적인 퇴폐입니다. 도덕적인 죄는 살인, 복술, 음행, 도적질 등이 대표적인 죄입니다.

회개는 하나님의 은혜입니다. 최대의 비극은 회개치 아니하는 것입니다. 오늘 우리 사회는 이런 종말론적인 죄악이 관영합니다. 회개치 아니하면 생각이 없습니다. 일곱 나팔 중 여섯 나팔은 지상에 임하는 무서운 재앙입니다.

죽기를 구하여도 얻지 못하는 재앙들은 인간에게 겁을 주기 위한 것이 아니라 역사적으로 이루어질 하나님의 말씀입니다. 그러므로 우리는 항상 회개하면서 예수님의 재림을 준비하는 믿음을 가져야 합니다.

기도 _ 하나님, 닥쳐올 환난과 심판을 부인하지 않고, 늘 깨어 기도로 준비하여 능히 이겨나갈 수 있도록 도와주옵소서.

375. 영계의 싸움

본문 계 12:1-17 / 찬송 336장 / 요절 계 12:7-8

"하늘에 전쟁이 있으니 미가엘과 그의 사자들이 용과 더불어 싸울새 용과 그의 사자들도 싸우나 이기지 못하여 다시 하늘에서 그들이 있을 곳을 얻지 못한지라"

요한계시록 10장부터 11장 14절까지는 여섯째 나팔의 재앙이 끝나고, 일곱째 나팔의 재앙이 시작되는 중간에 삽입된 내용입니다.

10장에서 힘센 천사가 가지고 있는 작은 책에 대한 환상이 나옵니다. 천사가 말하기를 그 책을 먹어 버리라고 했습니다. 입에는 꿀같이 달지만 배에는 쓴 작은 책을 요한은 먹었습니다.

하나님의 사자는 말씀을 먼저 먹고 체험한 후 전파해야 합니다. 즉 말씀으로 쓴맛 단맛을 체험해야하는 것입니다. 그리고 요한은 예언하고 기적을 행하여 마침내 간증으로 인하여 순교를 당할 두 증인이 올 것에 대비하여 성전과 제단과 그 안에서 경배하는 자들을 척량하라는 말을 들었습니다.

웅장한 찬양의 합창을 예고하면서 마지막 일곱째 나팔이 올립니다. 그런 다음 장면이 하늘로 옮겨집니다. 그래서 12장에 한 아이, 13장에서 두 짐승의 환상을 봅니다.

천사장 미가엘이 참여하는 극렬한 전쟁이 벌어집니다. 666이라는 이름의 수를 가진 미혹하는 짐승은 큰 권능을 가진 짐승이었습니다. 용이 최후의 발악을 하고, 천사장 미가엘과 그 부하들, 사탄과 그 부하들의 치열한 전투에서 사탄은 쫓겨나게 됩니다. 순교자들은 승리의 노래를 부릅니다.

짐승의 수 666은 여러 가지 견해가 있지만 적그리스도의 세력으로 보는 것이 자연스럽습니다.

어린 양의 권세가 아니면 적그리스도를 섬길 수밖에 없는 짐승과 같은 악령의 권세입니다. 그러나 예수 그리스도가 우리의 대장되시기에 믿음을 가진 자는 넉넉히 이길 것입니다.

기도 _ 하나님, 세상에서 믿지 않는 자들과의 영적 싸움을 할 때 승리할 수 있도록 능력 주시며 보호하여 주옵소서.

376. 구원과 심판

본문 계 14:1-20 / **찬송** 521장 / **요절** 계 14:7

"그가 큰 음성으로 이르되 하나님을 두려워하며 그에게 영광을 돌리라 이는 그의 심판의 시간이 이르렀음이니 하늘과 땅과 바다와 물들의 근원을 만드신 이를 경배하라 하더라"

요한계시록 14장부터는 심판자가 오셔서 심판을 행하시는 장면입니다. 짐승의 표를 받지 아니하고, 우상에게 경배하지 아니한 성도들의 미래와 짐승을 따르는 자들에 대한 심판을 보여주고 있습니다.

시온 산에 선 144,000명은 첫째, 정절이 있는 자들이고, 둘째, 어린 양을 적극적으로 따르는 자들이고, 셋째, 구속 받은 처음 익은 열매이며, 넷째, 그 입에는 거짓말이 없고, 흠이 없는 자들입니다.

복음은 구원과 심판 두 가지 측면이 있습니다. 알곡과 쭉정이를 추수 때에 잘라내듯 심판은 착오 없는 분리가 이루어질 것입니다. 그리스도 안에 죽은 자들은 복 있는 자들입니다. 저들의 수고는 끝이 나고 영광의 새아침은 밝아옵니다. 그러나 우상을 숭배하고 하나님을 믿지 아니하던 자들은 치밀한 계획에 의해 심판의 진노에 머물게 되는 것입니다.

요한계시록 12-13장을 교회의 수난사로 본다면 14장은 구원과 대심판의 환상입니다. 계시록에는 어린 양의 모습이 많이 나오는데 여러 모양입니다. 5:6에는 죽임을 당한 어린 양, 5:13에는 예배를 받으시는 어린 양, 6:1에는 일곱 인 중에 하나를 떼시는 어린 양, 7:17에는 목자가 되신 어린 양, 14:1에는 시온 산에 서 계시는 어린 양의 모습입니다.

천국과 지옥을 동시에 보여주는 본장은 모든 결정권이 어린 양의 손에 의해서 이루어지며 황당하거나 착오나 오판은 없습니다.

요한계시록 15-16장은 하나님의 진노의 심판을 상징하는 마지막 일곱 대접의 재앙에 대해서 다루고 있습니다. 이때 우상숭배의 상징인 큰 성 바벨론이 멸망합니다. 하나님을 믿는 자는 구원을 얻고 우상 숭배자는 멸망 받습니다.

기도 _ 하나님, 심판의 때에 짐승을 따르는 어리석은 자가 되지 않도록 믿음을 굳건히 지키게 하옵소서.

377. 최후 심판(바벨론 심판)

본문 계 18:1-18 / **찬송** 499장 / **요절** 계 18:10

〜〜〜〜〜〜〜〜〜〜〜〜〜〜〜〜〜〜〜〜〜〜〜〜

"그의 고통을 무서워하여 멀리 서서 이르되 화 있도다 화 있도다 큰 성, 견고한 성 바벨론이여 한 시간에 네 심판이 이르렀다 하리로다"

계시록 17-20장은 최후 심판의 일곱 가지 주요 사건들을 다룹니다.

① 바벨론의 최후 심판(17:1-18) - 교회의 입장에서
② 경제적인 측면(18:1-23)
③ 정치적인 측면(19:1-18)
④ 짐승과 거짓 선지자의 최후 심판(19:19-21)
⑤ 나라들의 최후 심판(20:7-9)
⑥ 마귀의 최후 심판(20:10)
⑦ 죽은 자들의 최후 심판(20:11-15)입니다.

하나님의 심판은 확실합니다. 주님의 부르심에 응하지 아니하면 멸망하고야 말 것입니다.

17장에서는 큰 음녀인 바벨론의 죄악상을 폭로하고 바벨론을 멸망시키는 하나님의 계획을 보여주시고, 18장에서는 멸망당한 바벨론의 모습을 구체적으로 밝혀주고 있습니다. 19장은 바벨론 멸망에 대한 감사와 어린 양의 혼인 잔치 장면을 보여주십니다. 잔치는 행복과 즐거움의 상징입니다.

바벨론은 다시 보이지 않습니다. 음악소리가 다시 들리지 않습니다. 세공업자가 다시 보이지 않습니다. 맷돌 소리가 들리지 않습니다. 등불 빛이 다시 비취지 않습니다. 신랑 신부의 음성이 다시 들리지 않습니다. 이것이 바벨론 멸망의 참상입니다.

그러나 천상의 세계에는 어린 양의 혼인 잔치가 벌어지고 있습니다. 사상 최대의 잔치입니다. 심판은 불신자에게는 두려움과 공포, 멸망의 시작, 불행의 시작이지만 성도들에게는 기쁨의 날입니다.

기도 _ 하나님, 우리에게 구원과 소망을 주시니 감사합니다. 날마다 소망 중에 인내하여 기쁨의 날을 맞이할 수 있도록 지켜 주옵소서.

378. 새 하늘과 새 땅

본문 계 22:1-20 / **찬송** 347장 / **요절** 계 22:2

"길 가운데로 흐르더라 강 좌우에 생명나무가 있어 열두 가지 열매를 맺되 달마다 그 열매를 맺고 그 나무 잎사귀들은 만국을 치료하기 위하여 있더라"

요한계시록 20장에서 최후의 심판이 끝나고 21장에는 새 하늘과 새 땅의 기쁨의 장면이 전개됩니다. 그리고 22장에서 그리스도의 재림을 선포함으로써 계시록은 끝이 납니다.

사탄의 결박과 성도의 통치는 그리스도 안에서 이루어지는 영광스러운 장면입니다. 생명책과 죽음의 책에 기록된 자들이 분류될 것입니다. 생명책은 단 한 권입니다. 복수가 아니라 단수입니다.

그러나 죽음의 족보책은 여러 책들입니다. 넓은 길에는 많은 사람들이 갔기에 많을 수밖에 없습니다. 지옥은 지금까지 느껴보지 못했던 고통의 현장입니다. 탈출이 불가능하며, 소망이 없으며, 영원합니다.

그러나 천국은 새 하늘과 새 땅입니다. 영광과 평화, 생명강과 생명나무가 있습니다. 우리가 영원히 살아갈 영광의 나라입니다. 더러운 것은 존재하지 않습니다. 비극도 존재하지 않습니다.

주님은 다시 오십니다. 하나님은 한 사람이라도 더 회개하고 구원얻게 하시기 위해 역사의 마감을 연장하고 계십니다. 그러나 그 날과 그 때는 옵니다. 심판과 생명의 역사는 차질 없이 이루어지고 있습니다.

그리스도의 신부된 성도들이여 영광스러운 어린 양의 혼인 잔치에 참여하도록 준비합시다.

믿음, 소망, 사랑으로 단장합시다. 할렐루야 준비하여 "아멘! 주 예수여 오시옵소서" 하고 기다립시다.

기도 _ 사랑의 하나님, 끝까지 믿음을 지켜서 주님이 예비하신 새 하늘과 새 땅에 들어가는 기쁨과 영광을 누리게 하여 주옵소서.

부록

예수님의 탄생과 신년

379. 예수님의 족보가 주는 영적 의미

본문 마 1:1-17 / 찬송 95장 / 요절 마 1:17

"그런즉 모든 대 수가 아브라함부터 다윗까지 열네 대요 다윗부터 바벨론으로 사로잡혀 갈 때까지 열네 대요 바벨론으로 사로잡혀 간 후부터 그리스도까지 열네 대더라"

첫째 아담의 범죄 후 인간의 역사는 죽고 죽고 죽고였습니다. 그러나 둘째 아담 예수 그리스도의 역사는 낳고 낳고 낳고입니다. 마태복음 1장은 예수님의 족보입니다. 그러면 예수님의 족보가 주는 교훈이 무엇입니까?

첫째, 하나님의 약속은 변치 않는다는 진리입니다.

하나님의 말씀은 그대로 이루어졌습니다. 아브라함에게 약속하신 그 약속이 다윗으로 내려가면서 다 이루어집니다. 모든 축복도 약속대로 이루어졌습니다. 역사는 하나님의 손안에 있습니다. 하나님의 약속은 거짓이 없으며 다 이루어집니다.

둘째, 인생은 잠깐임을 보여줍니다.

인간은 낳고 죽고, 그것의 반복입니다. 돈과 명예와 권력을 가진 자라 할지라도 죽습니다. 하나님이 허락하신 한 세대를 살다가 가는 것입니다. 인간의 역사에는 위대한 신앙의 소유자도 있으며 선한 왕도 있고, 악한 왕도 있고 비신앙인도 있습니다. 그러나 인간의 역사는 모두 낳고 죽는 것으로 끝이 납니다.

셋째, 인간이 믿을 분은 오직 예수 그리스도뿐입니다.

주님은 영원히 변치 않으시고 동일하신 분입니다. 하나님 약속대로 이 땅에 오셨고, 구원의 드라마는 차질 없이 진행되었습니다. 주님 안에서 새 세계가 창조된 것입니다. 인간의 역사는 모두 낳고 죽는 역사이지만 주님 안에서의 역사는 영생하는 역사입니다. 오직 믿을 이는 주님 밖에 없다는 사실을 믿으시기 바랍니다. 인생은 잠시잠깐 뿐인데, 순간 때문에 영원한 세계를 포기하는 어리석음을 범치 말아야 할 것입니다.

기도 _ 언제나 약속을 지키시는 하나님, 우리는 잠시 잠깐 머물다 가지만 하나님의 계획은 영원불변하심을 믿습니다. 주님 안에서 이루어질 영원한 새 세계를 가슴에 품고 오늘도 감사하며 기뻐하며 승리하는 하루 되게 하옵소서.

380. 요셉의 신앙인격

본문 마 1:18-25 / **찬송** 94장 / **요절** 마 1:23

"보라 처녀가 잉태하여 아들을 낳을 것이요 그의 이름은 임마누엘이라 하리라 하셨으니 이를 번역한즉 하나님이 우리와 함께 계시다 함이라"

많은 사람 가운데 요셉은 예수님의 육신의 부친으로 선택된 자입니다. 요셉의 신앙과 인격은 훌륭하고 본받아야 할 점이 많습니다. 성경은 그를 의인 요셉이라고 했습니다.

첫째, 요셉은 사랑의 인격자였습니다.

그는 마리아의 허물을 드러내지 않았고, 경과만 보고 속단하여 일을 처리하는 자가 아니었습니다. 처녀가 아기를 잉태한다는 것은 인간의 이성이나 경험으로는 불가능한 일입니다. 그러나 요셉은 마리아의 허물을 덮어주려 했고 가만히 끊고자 했습니다. 그는 성급하게 결정하지 않고 인내했습니다. 사랑은 허다한 허물을 덮습니다. 사랑은 무례히 행치 아니합니다. 요셉의 행위는 인격자의 성숙한 사랑의 행위였습니다.

둘째, 요셉은 마음이 온유하고 순결한 인격자였습니다.

마리아를 가만히 끊고자 한 일이나 자기의 순결을 지키려는 자세는 본받아야 할 인격입니다. 그는 원망이나 불평을 하기 전에 자신의 신앙을 지키려고 노력한 자입니다.

셋째, 요셉은 하나님의 뜻대로 순종한 신앙인이었습니다.

그는 주의 뜻을 깨닫고 조용히 순종했습니다. 주의 사자가 분부대로 순종했습니다. 자신의 뜻보다는 주님의 뜻이 이루어지기를 원했습니다. 그가 하나님의 뜻대로 순종하는 데는 상당한 인내가 필요했습니다. 어떠한 어려움도 감수하면서 순종했던 것입니다. 요셉의 신앙 인격을 본받아 하나님께 인정받는 성도들이 되기를 바랍니다.

기도 _ 자비의 하나님, 우리의 인격은 주님을 모시기에 너무나 때 묻어 있고 불순종의 습성과 미움과 교만의 뿌리가 남아 있습니다. 항상 순종하면서 믿음으로 살게 하옵소서.

381. 왜 요셉을 의로운 사람이라고 했는가

본문 마 1:18-25 / 찬송 69장 / 요절 마 1:21

"아들을 낳으리니 이름을 예수라 하라 이는 그가 자기 백성을 그들의 죄에서 구원할 자이심이라 하니라"

성경에 의로운 사람이라고 말한 사람은 흔하지 않습니다. 그런데 요셉은 의로운 사람이라고 성경이 말하고 있습니다. 그 이유를 살펴보면

첫째, 그는 인내가 대단했습니다(1:19).

약속과 법을 어기면 화가 나게 되고, 결혼문제나 정조문제는 더욱더 그러합니다. 요셉은 혈기 왕성한 젊은 나이로 분내지 않고 참고 인내했습니다.

둘째, 그는 용서하는 마음이 있었습니다.

가만히 끊고자 하는 것은 용서하는 마음입니다. 용서도 상황에 따라 다릅니다. 그러나 이런 이성문제를 용서한다는 것은 쉽지 않습니다.

셋째, 그는 생각하고 행동하는 자였습니다.

우리는 행동을 먼저 하므로 실수하고 후회합니다. 항상 먼저 생각하고 행할 때 실수를 줄일 수 있습니다.

넷째, 그는 순종하는 사람이었습니다(1:24-25).

하나님의 말씀대로 마리아를 데리고 왔습니다. 그러므로 그는 복된 은총을 받게 되었습니다. 우리 앞에는 항상 복과 저주가 있습니다. 우리의 선택이 복과 화를 결정합니다. 요셉은 순종하고 복을 받게 되었습니다.

다섯째, 요셉은 경건생활을 했습니다.

인간의 욕망 중 가장 강한 것이 정욕과 물욕입니다. 그러나 그는 결혼할 때까지 그리고 해산할 때까지 동침하지 않았습니다. 그는 주님의 뜻대로 살기로 한 경건한 청년이었습니다.

여섯째, 메시아를 기다리는 신앙인이었습니다.

그는 하나님의 말씀대로 그 이름을 예수라고 지었습니다. 그에게는 말씀이 있었기에 순종했고 경건하게 살았고 인내했습니다. 그는 의인이라고 인정받을 만한 신앙의 인물이었습니다.

기도 _ 사랑의 아버지 하나님, 하나님 앞에서나 사람 앞에 의롭다고 인정받는 삶을 살 수 있도록 도와주시옵소서.

382. 예수, 임마누엘

본문 마 1:20-25 / **찬송** 88장 / **요절** 마 1:25

"아들을 낳기까지 동침하지 아니하더니 낳으매 이름을 예수라 하니라"

"예수"라는 이름은 주의 사자가 현몽하여 지어 주었습니다. 예수는 '그가 자기 백성을 저희 죄에서 구원할 자'라는 뜻이고, 임마누엘은 '하나님이 우리와 함께 하신다'는 뜻입니다.

"예수", 예수님 자신이 자기가 길이요, 진리요, 생명이라고 했습니다. 예수님을 통해서만 영이신 하나님을 볼 수 있습니다. 예수님을 통하여만 우리는 하나님께로 갈 수 있습니다. 예수님을 통해서만 하나님의 품에 안기어 영원한 행복을 누리며 살 수 있습니다. 예수님은 진리 자체입니다. 그의 말씀은 그대로 이루어지는 진리입니다. 태초부터 계신 하나님이시며 사람이신 진리입니다. 예수님은 생명입니다(요 14:6). 생명을 창조하신 자요, 생명을 주시는 자요, 생명을 자라게 하시는 자요, 예수는 참 생명이시기에 예수께 접붙임 받지 않고는 참구원을 받을 수 없습니다.

'임마누엘', 예수님은 우리와 함께 하시는 분이십니다. 기도하는 곳에 함께 하십니다. 예배드리는 곳에 함께 하십니다. 사망의 음침한 골짜기에도 함께 하십니다. 성공이나 실패의 현장에도 함께 하십니다. 세상 끝 날까지 함께 하십니다. 세상은 변하지만 주님은 변하지 않습니다. 내가 주님을 떠나도 주님은 나를 떠나지 않습니다.

기도 _ 임마누엘의 하나님, 언제나 나와 함께 하심을 믿습니다. 우리가 좌절하지 말고 담대하게 살게 하시고 날마다 승리케 하옵소서.

383. 성령으로 잉태된 예수의 탄생

본문 마 1:20-25 / **찬송** 95장 / **요절** 마 1:20

"이 일을 생각할 때에 주의 사자가 현몽하여 이르되 다윗의 자손 요셉아 네 아내 마리아 데려오기를 무서워하지 말라 그에게 잉태된 자는 성령으로 된 것이라"

예수님은 만백성에게 복주시기 위해서 오셨습니다(1:16). 예수님은 아브라함에게 약속하신, 그리고 다윗의 자손으로 오실 왕으로 예언된 분이십니다. 그의 백성은 왕 되신 예수께 절대 복종하고 순종해야 합니다. 예수님께 복종과 순종이 없는 성탄행사는 참된 행사가 될 수 없습니다.

예수님은 동정녀에게서 탄생했습니다. 이것은 하나님의 능력이요, 신비에 속하는 것입니다. 마리아를 통하여 예수님이 나셨습니다. 예수님은 성령으로 잉태된 것입니다. 요셉은 마리아가 결혼 전에 잉태한 사실을 알고 고민했습니다. 하나님께서 깨닫게 해주기 전에는 고민했습니다. 예수님은 동정녀에게 성령으로 잉태한 것입니다.

예수님은 하나님의 약속대로 구세주로 오셨습니다. 많은 선지자들의 예언이 성취된 것입니다. 구약은 오실 예수님을 예언한 내용입니다. 모세오경에서 75번, 선지서에서 243번, 나머지 부분에서 138번 예언되었습니다. 창세기 3:15은 예수님을 통한 구원이 있을 것으로 처음으로 시사한 내용입니다. 마귀를 이길 여자의 후손(갈 4:4)은 예수님을 가리킵니다.

우리는 예수님의 성탄을 바르게 이해하고 믿어야 할 것입니다.

기도 _ 복주시기 위해 오신 주님, 주님은 나의 복이시오 구세주이심을 믿습니다. 오늘도 소망으로 살게 하시고 주님을 모르는 자들에게 복음을 전하게 하옵소서.

384. 기쁘다 구주 오셨네

본문 마 2:14 / **찬송** 117장 / **요절** 마 2:14

"지극히 높은 곳에서는 하나님께 영광이요 땅에서는 하나님이 기뻐하신 사람들 중에 평화로다 하니라"

유대민족은 우리나라의 역사처럼 침략과 포로생활, 식민지 생활이 많았습니다. 통일 왕국을 이루어 오다가 이스라엘과 유다로 분단 왕국이 되었습니다. 그러다가 주전 약 600년경에 예루살렘이 함락되었는데 처음에는 앗수르에게 포로로 끌려갔고, 두 번째는 바벨론에 의해 포로가 되었습니다. 그들은 바사제국의 집정시대에 본국으로 돌아오게 되었습니다. 본국으로 돌아온 후 400년 동안 암흑시대를 살면서 메시아를 대망하고 살았습니다. 이러한 때 주님이 오셨습니다. 예수님 나실 때의 시대적 배경은 타락한 시대였고, 절망의 시대였으며 불안한 시대였습니다.

서기관들과 바리새인들은 타락했고 민심은 살벌했습니다. 만삭이 된 여인에게도 여관 투숙객들이 한치의 양보도 하지 않는 것을 보면 민심을 알 수 있습니다. 이스라엘은 가난과 압박 속에 절망 상태였습니다. 헤롯은 유대 분봉왕이 되어 잔혹하고 강퍅했습니다. 그는 아내를 열 명이나 거느린 가정의 불륜자입니다. 그는 부모, 형제와 아내, 아들들까지 무자비하게 죽이고, 그의 정권에 반대하는 자는 다 죽이는 자였습니다.

이때 주님이 평화의 왕으로 오셨습니다. 아무도 전쟁을 좋아하지 않지만 전쟁은 인류 역사 속에 쉬지 않았습니다. 예수님은 평화의 왕이요 주인공이십니다. 또한 주님은 구세주로 이 땅에 오셨습니다. 죄인에게는 구원주가 필요합니다. 죄인 스스로는 구원 받을 길이 없기 때문입니다. 예수 그리스도를 믿는 자에게는 구원이 주어졌습니다.

주님은 인류의 소망으로 오셨습니다. 그래서 예수 그리스도로 거듭난 자는 소망가운데 살아가는 것입니다.

기도 _ 우리의 구세주이신 예수님, 주님을 통해 마음의 평강과 영원한 소망을 품고 살게 하옵소서.

385. 성탄을 맞이하는 새벽

본문 마 2:1-11 / **찬송** 123장 / **요절** 마 2:10

"그들이 별을 보고 매우 크게 기뻐하고 기뻐하더라"

복된 성탄절 새벽에 주님을 생각합니다. 주님이 이 땅에 오셔서 죄인을 구속하셨고, 마귀를 멸하셨습니다. 포로 된 자에게 자유를 주셨고, 눈먼 자에게 다시 보게 함을 주셨으며 눌린 자에게 자유와 병든 자에게 고치심을 주셨습니다.

이 시간 주님께 경배하는 자세를 가집시다. 동방박사들은 경배하기 위해 준비했습니다. 마음을 준비했습니다. 예물을 준비했습니다. 몸을 드렸습니다. 참 경배는 시간과 정성과 몸과 물질이 따라야 합니다. 참 경배는 주님을 마음 중심에 영접해야 합니다. 영접은 환영, 용납, 취함, 모셔드림의 뜻이 있습니다. 성탄 새벽, 주님을 여러분의 자녀의 권세를 주시고 하늘의 기쁨과 평화를 맛보게 합니다.

그리고 예수 그리스도의 사랑을 실천하면서 주님을 맞이해야 합니다. 그가 우리를 위해 목숨을 버리셨으니 우리가 이로써 사랑을 알고 우리도 형제를 위하여 목숨을 버리는 것이 마땅합니다.

사랑은 희생이요, 목숨까지 버리는 사랑이 참 사랑입니다. 우리는 말과 혀로만 사랑하지 말고 행함과 진실함으로 해야 할 것입니다.

기도 _ 우리를 구원하시기 위해 세상에 오신 주님, 우리는 항상 주님의 마음을 기쁘시게 해드리는 경배를 드리며, 세속에 물들지 않게 하옵소서.

386. 베들레헴의 어린이 말살

본문 마 2:16-18 / **찬송** 21장 / **요절** 마 2:16

"이에 헤롯이 박사들에게 속은 줄 알고 심히 노하여 사람을 보내어 베들레헴과 그 모든 지경 안에 있는 사내아이를 박사들에게 자세히 알아본 그 때를 기준하여 두 살부터 그 아래로 다 죽이니"

헤롯의 계략이 무너집니다. 그러자 그의 잔인성이 드러납니다. 헤롯은 사탄의 앞잡이입니다. 구세주의 출생을 가장 싫어하는 것이 사탄입니다. 악인은 회개할 줄 모르고 더 악랄해지는 것을 볼 수 있습니다.

2:16에 학살 명령이 나오는데

첫째, 그 모든 지경 안에 라고 했습니다.

둘째, 이는 베들레헴 외변 지방이면서도 베들레헴 고을에 속한 곳입니다.

셋째, 학살하게 된 이유는 자기왕권을 고수하려는 야욕입니다.

넷째, 한사람 죽이기 위해 모든 아이를 죽일 정도로 잔인한 인간이었습니다.

다섯째, 헤롯은 사탄의 본성을 드러낸 인간입니다.

다시 2:16에 학살을 실시합니다. 두 살 아래 사내아이는 다 죽임을 당했습니다. 그는 양심이 가책을 받은 흔적이 없습니다. 악인의 양심은 화인 맞았으며 남의 슬픔을 깨닫지도 못합니다.

2:18을 보면 라마에서 들리는 통곡이 있습니다. 라마는 베들레헴근방의 작은 고을입니다. 이곳에 라헬의 무덤이 있습니다(렘 31:15).라헬의 통곡은 그의 후손이 무참히 죽는 모습을 시적으로 표현한 것입니다. 이 일도 이미 예레미야 선지자를 통해 예언된 것입니다.

사탄의 지령 하에 사는 사람들, 사탄의 자녀들은 영혼을 무참히 짓밟고 죽이면서도 양심의 가책이나 회개가 없습니다. 한 영혼을 실족케 하면 차라리 연자맷돌을 목에 달고 물에 빠져 죽는 것이 낫다고 했습니다. 전도의 문 막고 한 영혼 실족케 하면 주님의 진노를 면할 길이 없습니다.

기도 _ 인류를 구원하기 위해 오신 주님, 주님께서 저들을 구원하여 주심을 감사합니다. 늘 악한 원수 마귀의 궤계를 이기게 하옵소서.

387. 직분자의 섬기는 자세

본문 롬 12:1-2 / **찬송** 220장 / **요절** 롬 12:2

〰〰〰

"하나님이 그 미리 아신 자기 백성을 버리지 아니하셨나니 너희가 성경이 엘리야를 가리켜 말한 것을 알지 못하느냐 그가 이스라엘을 하나님께 고발하되"

직분자라 함은 목사, 장로, 집사, 권사, 전도사, 서리집사, 교사, 찬양대, 권찰 등을 말합니다. 교회의 직분자는 위로 하나님을 섬기고, 아래로 이웃과 사회에 봉사해야 합니다. 특히 직분자의 봉사는 하나님께 열납이 되어야 합니다. 하나님께서 아벨의 제사는 받으셨으나 가인의 제사는 받지 아니했습니다. 그러므로 아무리 큰 업적을 남겨도 하나님이 받지 않는 것이 있고, 지극히 작은 소자에게 대접한 냉수 한 그릇처럼 하나님이 받으시는 것이 있습니다. 그러면 하나님이 받으시는 봉사는 어떠해야 합니까?

첫째, 교회를 내 몸처럼 돌보아야 합니다.

교회의 주인은 하나님이십니다. 그러므로 성도는 자신이 속해 있는 교회를 각자 내 몸처럼 돌보아야 하는 것입니다. 교회의 아픔을 내 아픔으로, 교회의 기쁨을 나의 기쁨으로, 교회의 일을 나의 일처럼 해야 합니다. 성도들 각자가 주인의식을 갖고 책임감 있게 봉사해야 합니다.

둘째, 우리 교회로 알고 돌보아야 합니다.

교회란 그 자체라 교회가 아니라 그곳에 모이는 사람들이 교회입니다. 그러므로 '우리 교회'인 것입니다. 내 교회로 알고 나의 주장만 고집해선 안 됩니다. 서로를 이해하려는 마음이 필요합니다.

셋째, 하나님의 교회로 알아야 합니다.

'우리 교회'에서 그치지 말고 '하나님의 교회'라는 것을 인식하고 돌보아야 합니다. 특별히 교회를 설립한 성도나, 제직들, 그리고 활동을 많이 하고 지명도가 높은 사람들은 더욱더 겸손하고 자중해야 합니다. 그리하여 하나님이 열납하시는 봉사가 되도록 섬겨야 합니다.

기도 _ 우리를 청지기로 불러주신 하나님, 충실한 종으로 치사 충성하는 자세를 잃지 않게 하시고 결산 때에 잘했다 칭찬받는 자들이 되게 하여 주옵소서. 얼마나 충성했으며 착하고 신실했는지 주님 앞에 자신을 반성하는 시간되게 하옵소서.

388. 장로는 복음의 일꾼

본문 골 1:21-23 / **찬송** 218장 / **요절** 골 1:23

"만일 너희가 믿음에 거하고 터 위에 굳게 서서 너희 들은 바 복음의 소망에서 흔들리지 아니하면 그리하리라 이 복음은 천하 만민에게 전파된 바요 나 바울은 이 복음의 일꾼이 되었노라"

미국 정부의 조사에 의하면 미국에는 이만 삼천 오백 여종의 직업이 있다고 합니다. 교회에도 여러 가지 직분이 있습니다. 그러나 교회의 일꾼은 복음의 일꾼입니다. 복음과 상관없는 직책은 없습니다.

복음의 일꾼이란 모두가 복음전파를 목적으로 하는 일꾼이라는 뜻입니다. 복음과 상관없는 일꾼이라면 그는 교회의 일꾼은 아닙니다.

복음의 일꾼의 기본적 자격은 첫째로, 하나님과 화목해야 합니다.

하나님과 화목지 않고는 복음의 일꾼이 될 수 없습니다. 철저한 회개와 구원의 확신이 있어야 합니다.

둘째는, 복음을 믿는 믿음이 있어야 합니다.

믿음 없이 복음의 일꾼이 될 수 없습니다. 믿음 없이 교사의 직분을 맡고, 찬양대 하고, 장로의 직책을 수행한다는 것은 우스운 얘기입니다.

세 번째로, 복음 안에서의 소망이 굳게 서야 합니다.

소망 없이는 오늘의 고난을 견딜 수 없고 쉽게 지쳐 버릴 것입니다. 누가 알아주든 몰라주든 소망만 가지고 있으면 변함없이 충성할 수 있는 것입니다. 모든 소망을 땅에 두고 있으면 복음의 일꾼으로서의 사명을 다할 수 없습니다. 우리는 복음의 일꾼이라는 사실을 알고 사회에서나 직장에서 우리가 처한 어느 곳에서든지 세상 사람들과 구별되게 살아가야 할 것입니다.

기도 _ 하나님, 우리가 얼마나 섬기는 일에 앞장섰으며 우리가 했다고 하는 그 일들이 복음의 일꾼으로 했는지 반성하게 하옵소서. 자신의 명예나 세속적인 욕망으로 일하지는 않았는지 잘못한 것은 회개케 하옵소서.

389. 세례 요한의 사명

본문 마 3:1-12 / **찬송** 369장 / **요절** 마 3:11

"나는 너희로 회개하게 하기 위하여 물로 세례를 베풀거니와 내 뒤에 오시는 이는 나보다 능력이 많으시니 나는 그의 신을 들기도 감당하지 못하겠노라 그는 성령과 불로 너희에게 세례를 베푸실 것이요"

세례 요한은 믿음 좋은 부모의 자녀였습니다. 예수님보다 6개월 먼저 태어났습니다. 세례 요한은 주의 길을 예비하는 자입니다(3:3). 미리 길을 닦았습니다. 못된 나무는 베어 내고 독사를 없애는 이러한 길을 닦는 역할을 했습니다. 그리고 세례 요한은 주의 하인(1:11)된 사명을 했습니다. 종은 어려운 일만 하고 주인이 시키는 대로 해야 합니다. 영광은 주인에게 돌려야 합니다.

또한 세례 요한은 증인의 사명을 다했습니다. 예수님이 속죄의 어린 양이 되심을 증거했습니다. 하나님의 아들되심을 증거했습니다. 그가 예수만 높이고 증거하는 일을 할 때 예수님은 여자가 낳은 자 중에 요한보다 더 큰 이가 없다고 칭찬하셨습니다. 그는 바리새인 같지 않았습니다. 검소한 생활을 하면서 모든 시선을 예수님께로 향하게 하는 일만 했습니다.

우리는 우리에게 주님께 향하고 있습니까?

모든 시선을 주님께 향하고 있습니까?

내가 영광을 가로채려고 하지는 않습니까?

우리는 세례 요한처럼 주의 길을 평탄케 하며 우리의 모든 일을 통해서 하나님께 영광을 돌리는 삶을 살아야 하겠습니다.

기도 _ 사랑의 하나님, 우리는 우리의 시선이 어느 쪽으로 가 있는지 스스로 진단케 하옵소서. 주님의 종으로서 충실했는지 자신을 살피게 하옵소서.

390. 깨어 있는 성도가 됩시다

본문 마 24:42-44 / **찬송** 429장 / **요절** 마 24:44

"이러므로 너희도 준비하고 있으라 생각하지 않은 때에 인자가 오리라"

성도의 생활은 항상 깨어 있어야 합니다. 성도가 잠들면 마귀는 공격하고 가라지를 뿌리고 갑니다. 그리고 주께서 언제 오실지 모르기 때문에(마 24:42) 깨어 있어야 합니다. 오시는 것은 분명합니다. 그러나 언제 오시는지는 모릅니다. 깨어 있다는 말은 잠을 전혀 자지 말라는 말이 아닙니다. 우리의 신앙이 잠들면 안 된다는 것입니다. 정신이 잠들면 안 됩니다. 해이해지만 안됩니다.

깨어있지 않으면 시험에 듭니다(마 26:41). 언제나 시험은 기도하지 않고 성경을 상고하지 않는 게으른 자에게 옵니다. 이 시험은 연단의 시련이 아니라 유혹입니다. 삼손이 잠자다 블레셋 원수의 밥이 되었습니다. 들릴라와 잠자는 것을 좋아하다가 능력을 빼앗긴 것입니다.

또한 그날과 그 시는 알지 못하기(마 25:13) 때문에 깨어 대기하고 있어야 합니다. 지혜로운 다섯 처녀처럼 기름을 준비하고 있어야 합니다. 지금은 자다가도 깰 때입니다.

기도합시다.

충성합시다.

사랑합시다.

항상 시간에 대한 감각에 예민합시다. 깨어 있어 주님 오실 때 기쁨으로 맞이하는 진실한 성도가 되어야 하겠습니다.

기도 _ 하나님, 우리의 신앙이 깨어 있게 하시고 산 신앙이 되게 하옵소서. 헤이해지거나 게으르거나 나태에 빠지지 않게 하옵소서.

391. 우리는 어떻게 살았는가

본문 살전 5:16-18 / **찬송** 412장 / **요절** 살전 5:18

"범사에 감사하라 이것이 그리스도 예수 안에서 너희를 향하신 하나님의 뜻이니라"

하나님은 우리가 어떻게 살기를 원하십니까? 그리고 우리는 지금까지 어떻게 살았습니까?

첫째, 항상 기뻐하는 삶이었습니까?(5:16)

인간의 행복과 기쁨을 마귀가 빼앗아 갔습니다. 그러나 예수님이 큰 대가를 치루고 찾아주셨습니다. 그래서 천국 백성의 삶의 특징 중의 하나가 기쁨이 되었습니다. 회개가 없으면 평강과 기쁨의 날이 오지 않습니다.

둘째, 쉬지 않고 기도하는 생활이었습니까?(5:17)

영혼의 호흡은 기도입니다. 쉬면 안 됩니다. 물론 쉬지 않고 기도하라고 해서 늘 앉아서 기도만 하라는 것은 아닙니다. 무슨 일을 하든지 기도로 시작하고 마치는 기도의 생활을 말하는 것입니다. 또 늘 기도하는 마음으로 살아가는 것입니다. 그리고 항상 하나님과 동행하는 삶이 기도의 삶입니다.

셋째, 범사에 감사했습니까?(5:18)

감사한 일이 있어도 감사하지 않았고 감사하는 일은 외면하지는 않았습니까? 성경은 분명히 범사에 감사하라고 했습니다. 인간 편에서 볼 때는 무조건 감사입니다. 그러나 하나님 편에서는 모두 합력하여 유익을 이루는 일이기에 감사해야 되는 것입니다.

하나님은 우리를 사랑하십니다.

우리를 통해 하나님의 뜻을 이루시기를 원하시기 때문에 우리는 항상 기뻐하며 쉬지 말고 기도하고 범사에 감사하는 삶을 살아야 할 것입니다.

기도 _ 사랑의 하나님, 우리의 삶은 하나님의 뜻이 아니었고 내 뜻이었습니다. 이제 감사하며 기도하며 찬송하며 살게 하옵소서.

392. 계속 달립시다

본문 빌 3:12-16 / **찬송** 370장 / **요절** 빌 3:14

"푯대를 향하여 그리스도 예수 안에서 하나님이 위에서 부르신 부름의 상을 위하여 달려가노라 또는 위로"

바울은 신앙인의 삶을, 목표를 정하고 뛰는 경주자와 같이 보았습니다. 이 목표는 경주자인 우리가 정한 목표가 아니라 하나님이 정하신 하나님의 목표입니다. 하나님은 만세전에 미리 우리를 택정하셨습니다(엡 2:10). 그러므로 우리 삶의 목표는 결국 하나님의 목표에 도달하는 일입니다. 아브라함은 하나님의 목표를 향해 따라가는 순종의 삶을 살았습니다. 바울은 다메섹 도상에서 예수를 만난 후 하나님께서 그에게 위대한 삶의 목표를 주셨습니다. 바울은 이 목표를 향하여 뛰고 달렸습니다. 바울은 항상 주님께 "주님, 주님께서 지금 내가 무엇을 하기를 원하십니까?" 라고 물으며 살았습니다. 그러했기에 그는 "내가 사는 것이 아니요, 내 몸에 그리스도가 산다"고 했습니다.

바울은 항상 앞을 보고 달렸습니다. 이만 하면 됐다고 안주하는 자가 아니라 앞으로 할 일을 늘 계획하고 추진하고 실천했습니다. 헬라인의 경기 중에 등에 짐을 지고 목적지를 달리는 것이 있습니다. 그리스도인들의 삶을 이런 경기 스타일로 본 것 같습니다. 바울은 타인과 비교하지 않고 하나님 앞에서 자신을 보고 늘 부족을 느끼며 최선을 다했습니다. 바울은 목표가 분명했습니다. 목표가 불분명한 달음질은 헛수고입니다. 목표가 있는 삶이 미래의 사람이요, 소망의 사람입니다.

또한 바울은 뒤에 있는 것은 잊어버리고 믿음으로 나아갔습니다. 우리의 삶속에는 얻은 것도 있고 잃은 것도 있습니다. 그런데 얻어야 할 것은 반드시 얻어야 하고 버려야 할 것은 반드시 버려야 합니다. 뿐만 아니라 잊어버려야 할 것도 있습니다. 슬프고 괴로웠던 기억들은 다 잊어버리고 앞의 것만 바라보고 나아가야 할 것입니다.

기도 _ 사랑의 하나님, 하나님만 바라보고, 하나님만 의지하고, 하나님만 소망하고, 주님만 사랑하고 칠년을 수일처럼 1년을 하루처럼 살게 하옵소서.

393. 그리스도 안에서 한 해를

본문 고후 5:17-19 / **찬송** 286장 / **요절** 고후 5:17

~~~~~~

"그런즉 누구든지 그리스도 안에 있으면 새로운 피조물이라 이전 것은 지나갔으니 보라 새 것이 되었도다"

그리스도 안에서의 삶이 신자의 삶이요, 거듭난 자의 삶입니다. 그리스도 밖에서의 삶은 불신자의 삶입니다. 예수 그리스도가 우리 신앙의 기초입니다. 예수 그리스도가 복음의 원천입니다. 예수 밖에서의 삶은 실패의 삶입니다.

그러므로 우리는 항상 예수로 삽시다.(Jesus always)

언제나 예수로 삽시다.

주일에만 찾는 예수가 아니라

당당할 때만 찾는 예수가 아니라

병들었을 때만 찾는 예수가 아니라

괴로울 때만 찾는 예수가 아니라

항상 예수로 사시기 바랍니다.

그리고 오직 예수로 사시기 바랍니다.(Jesus only)

천하 인간의 다른 이름으로 구원 얻는 길은 없습니다. 구원의 복음에는 종교 다원주의가 허용될 수 없습니다. 생명의 길은 오직 예수입니다. 아무 종교나 진실 되게 믿으면 구원 얻는 것 아닙니다. 불교나 유교나 그 어떤 종교도 그리스도 밖에서는 구원도 속죄도 영생도 없습니다. 마지막으로 영원히 예수로 사시기 바랍니다(Jesus forever)

예수는 이 땅에서만 삶의 동반자가 아닙니다. 영원을 보장하신 분이십니다. 예수 없이는 한 순간도 못 삽니다. 물을 떠난 고기가 살 수 없듯이 예수 떠난 심령은 살 수 없습니다. 영원히 예수로 사시기 바랍니다.

기도 _ 능력의 하나님, 항상 하나님을 찬송합니다. 항상 하나님을 사랑합니다. 하나님은 우리를 변함없이 사랑하시고 언제나 동일하신데 우리는 변하기를 잘 하오니 성령으로 인쳐 주시고 능력 주시옵소서.